权威 · 前沿 · 原创

皮书系列为
“十二五”“十三五”国家重点图书出版规划项目

社长致辞

蓦然回首，皮书的专业化历程已经走过了二十年。20年来从一个出版社的学术产品名称到媒体热词再到智库成果研创及传播平台，皮书以专业化为主线，进行了系列化、市场化、品牌化、数字化、国际化、平台化的运作，实现了跨越式的发展。特别是在党的十八大以后，以习近平总书记为核心的党中央高度重视新型智库建设，皮书也迎来了长足的发展，总品种达到600余种，经过专业评审机制、淘汰机制遴选，目前，每年稳定出版近400个品种。“皮书”已经成为中国新型智库建设的抓手，成为国际国内社会各界快速、便捷地了解真实中国的最佳窗口。

20年孜孜以求，“皮书”始终将自己的研究视野与经济社会发展中的前沿热点问题紧密相连。600个研究领域，3万多位分布于800余个研究机构的专家学者参与了研创写作。皮书数据库中共收录了15万篇专业报告，50余万张数据图表，合计30亿字，每年报告下载量近80万次。皮书为中国学术与社会发展实践的结合提供了一个激荡智力、传播思想的入口，皮书作者们用学术的话语、客观翔实的数据谱写出了中国故事壮丽的篇章。

20年跬步千里，“皮书”始终将自己的发展与时代赋予的使命与责任紧紧相连。每年百余场新闻发布会，10万余次中外媒体报道，中、英、俄、日、韩等12个语种共同出版。皮书所具有的凝聚力正在形成一种无形的力量，吸引着社会各界关注中国的发展，参与中国的发展，它是我们向世界传递中国声音、总结中国经验、争取中国国际话语权最主要的平台。

皮书这一系列成就的取得，得益于中国改革开放的伟大时代，离不开来自中国社会科学院、新闻出版广电总局、全国哲学社会科学规划办公室等主管部门的大力支持和帮助，也离不开皮书研创者和出版者的共同努力。他们与皮书的故事创造了皮书的历史，他们对皮书的拳拳之心将继续谱写皮书的未来！

现在，“皮书”品牌已经进入了快速成长的青壮年时期。全方位进行规范化管理，树立中国的学术出版标准；不断提升皮书的内容质量和影响力，搭建起中国智库产品和智库建设的交流服务平台和国际传播平台；发布各类皮书指数，并使之成为中国指数，让中国智库的声音响彻世界舞台，为人类的发展做出中国的贡献——这是皮书未来发展的图景。作为“皮书”这个概念的提出者，“皮书”从一般图书到系列图书和品牌图书，最终成为智库研究和社会科学应用对策研究的知识服务和成果推广平台这整个过程的操盘者，我相信，这也是每一位皮书人执着追求的目标。

“当代中国正经历着我国历史上最为广泛而深刻的社会变革，也正在进行着人类历史上最为宏大而独特的实践创新。这种前无古人的伟大实践，必将给理论创造、学术繁荣提供强大动力和广阔空间。”

在这个需要思想而且一定能够产生思想的时代，皮书的研创出版一定能创造出新的更大的辉煌！

社会科学文献出版社社长

中国社会学会秘书长

2017年11月

社会科学文献出版社简介

社会科学文献出版社（以下简称“社科文献出版社”）成立于1985年，是直属于中国社会科学院的人文社会科学学术出版机构。成立至今，社科文献出版社始终依托中国社会科学院和国内外人文社会科学界丰厚的学术出版和专家学者资源，坚持“创社科经典，出传世文献”的出版理念、“权威、前沿、原创”的产品定位以及学术成果和智库成果出版的专业化、数字化、国际化、市场化的经营道路。

社科文献出版社是中国新闻出版业转型与文化体制改革的先行者。积极探索文化体制改革的先进方向和现代企业经营决策机制，社科文献出版社先后荣获“全国文化体制改革工作先进单位”、中国出版政府奖·先进出版单位奖，中国社会科学院先进集体、全国科普工作先进集体等荣誉称号。多人次荣获“第十届韬奋出版奖”“全国新闻出版行业领军人才”“数字出版先进人物”“北京市新闻出版广电行业领军人才”等称号。

社科文献出版社是中国人文社会科学学术出版的大社名社，也是以皮书为代表的智库成果出版的专业强社。年出版图书2000余种，其中皮书400余种，出版新书字数5.5亿字，承印与发行中国社科院院属期刊72种，先后创立了皮书系列、列国志、中国史话、社科文献学术译库、社科文献学术文库、甲骨文书系等一大批既有学术影响又有市场价值的品牌，确立了在社会学、近代史、苏东问题研究等专业学科及领域出版的领先地位。图书多次荣获中国出版政府奖、“三个一百”原创图书出版工程、“五个‘一’工程奖”、“大众喜爱的50种图书”等奖项，在中央国家机关“强素质·做表率”读书活动中，入选图书品种数位居各大出版社之首。

社科文献出版社是中国学术出版规范与标准的倡议者与制定者，代表全国50多家出版社发起实施学术著作出版规范的倡议，承担学术著作规范国家标准的起草工作，率先编撰完成《皮书手册》对皮书品牌进行规范化管理，并在此基础上推出中国版芝加哥手册——《社科文献出版社学术出版手册》。

社科文献出版社是中国数字出版的引领者，拥有皮书数据库、列国志数据库、“一带一路”数据库、减贫数据库、集刊数据库等4大产品线11个数据库产品，机构用户达1300余家，海外用户百余家，荣获“数字出版转型示范单位”“新闻出版标准化先进单位”“专业数字内容资源知识服务模式试点企业标准化示范单位”等称号。

社科文献出版社是中国学术出版走出去的践行者。社科文献出版社海外图书出版与学术合作业务遍及全球40余个国家和地区，并于2016年成立俄罗斯分社，累计输出图书500余种，涉及近20个语种，累计获得国家社科基金中华学术外译项目资助76种、“丝路书香工程”项目资助60种、中国图书对外推广计划项目资助71种以及经典中国国际出版工程资助28种，被五部委联合认定为“2015-2016年度国家文化出口重点企业”。

如今，社科文献出版社完全靠自身积累拥有固定资产3.6亿元，年收入3亿元，设置了七大出版分社、六大专业部门，成立了皮书研究院和博士后科研工作站，培养了一支近400人的高素质与高效率的编辑、出版、营销和国际推广队伍，为未来成为学术出版的大社、名社、强社，成为文化体制改革与文化企业转型发展的排头兵奠定了坚实的基础。

宏观经济类

经济蓝皮书

2018年中国经济形势分析与预测

李平 / 主编　2017年12月出版　定价：89.00元

◆　本书为总理基金项目，由著名经济学家李扬领衔，联合中国社会科学院等数十家科研机构、国家部委和高等院校的专家共同撰写，系统分析了2017年的中国经济形势并预测2018年中国经济运行情况。

城市蓝皮书

中国城市发展报告 No.11

潘家华　单菁菁 / 主编　2018年9月出版　估价：99.00元

◆　本书是由中国社会科学院城市发展与环境研究中心编著的，多角度、全方位地立体展示了中国城市的发展状况，并对中国城市的未来发展提出了许多建议。该书有强烈的时代感，对中国城市发展实践有重要的参考价值。

人口与劳动绿皮书

中国人口与劳动问题报告 No.19

张车伟 / 主编　2018年10月出版　估价：99.00元

◆　本书为中国社会科学院人口与劳动经济研究所主编的年度报告，对当前中国人口与劳动形势做了比较全面和系统的深入讨论，为研究中国人口与劳动问题提供了一个专业性的视角。

中国省域竞争力蓝皮书

中国省域经济综合竞争力发展报告（2017 ~ 2018）

李建平　李闽榕　高燕京 / 主编　2018 年 5 月出版　估价：198.00 元

◆　本书融多学科的理论为一体，深入追踪研究了省域经济发展与中国国家竞争力的内在关系，为提升中国省域经济综合竞争力提供有价值的决策依据。

金融蓝皮书

中国金融发展报告（2018）

王国刚 / 主编　2018 年 6 月出版　估价：99.00 元

◆　本书由中国社会科学院金融研究所组织编写，概括和分析了 2017 年中国金融发展和运行中的各方面情况，研讨和评论了 2017 年发生的主要金融事件，有利于读者了解掌握 2017 年中国的金融状况，把握 2018 年中国金融的走势。

区域经济类

京津冀蓝皮书

京津冀发展报告（2018）

祝合良　叶堂林　张贵祥 / 等著　2018 年 6 月出版　估价：99.00 元

◆　本书遵循问题导向与目标导向相结合、统计数据分析与大数据分析相结合、纵向分析和长期监测与结构分析和综合监测相结合等原则，对京津冀协同发展新形势与新进展进行测度与评价。

社会政法类

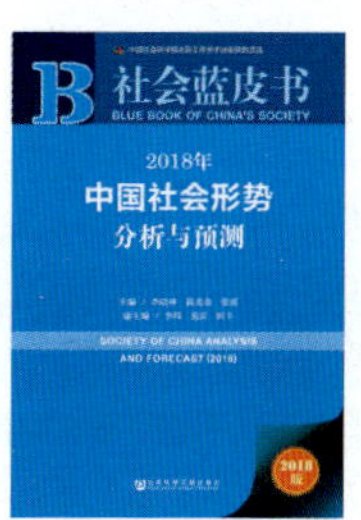

社会蓝皮书

2018 年中国社会形势分析与预测

李培林　陈光金　张翼 / 主编　2017 年 12 月出版　定价：89.00 元

◆　本书由中国社会科学院社会学研究所组织研究机构专家、高校学者和政府研究人员撰写，聚焦当下社会热点，对 2017 年中国社会发展的各个方面内容进行了权威解读，同时对 2018 年社会形势发展趋势进行了预测。

法治蓝皮书

中国法治发展报告 No.16（2018）

李林　田禾 / 主编　2018 年 3 月出版　定价：128.00 元

◆　本年度法治蓝皮书回顾总结了 2017 年度中国法治发展取得的成就和存在的不足，对中国政府、司法、检务透明度进行了跟踪调研，并对 2018 年中国法治发展形势进行了预测和展望。

教育蓝皮书

中国教育发展报告（2018）

杨东平 / 主编　2018 年 3 月出版　定价：89.00 元

◆　本书重点关注了 2017 年教育领域的热点，资料翔实，分析有据，既有专题研究，又有实践案例，从多角度对 2017 年教育改革和实践进行了分析和研究。

社会体制蓝皮书

中国社会体制改革报告 No.6（2018）

龚维斌 / 主编　2018 年 3 月出版　定价：98.00 元

◆　本书由国家行政学院社会治理研究中心和北京师范大学中国社会管理研究院共同组织编写，主要对 2017 年社会体制改革情况进行回顾和总结，对 2018 年的改革走向进行分析，提出相关政策建议。

社会心态蓝皮书

中国社会心态研究报告（2018）

王俊秀　杨宜音 / 主编　2018 年 12 月出版　估价：99.00 元

◆　本书是中国社会科学院社会学研究所社会心理研究中心“社会心态蓝皮书课题组”的年度研究成果，运用社会心理学、社会学、经济学、传播学等多种学科的方法进行了调查和研究，对于目前中国社会心态状况有较广泛和深入的揭示。

华侨华人蓝皮书

华侨华人研究报告（2018）

贾益民 / 主编　2017 年 12 月出版　估价：139.00 元

◆　本书关注华侨华人生产与生活的方方面面。华侨华人是中国建设 21 世纪海上丝绸之路的重要中介者、推动者和参与者。本书旨在全面调研华侨华人，提供最新涉侨动态、理论研究成果和政策建议。

民族发展蓝皮书

中国民族发展报告（2018）

王延中 / 主编　2018 年 10 月出版　估价：188.00 元

◆　本书从民族学人类学视角，研究近年来少数民族和民族地区的发展情况，展示民族地区经济、政治、文化、社会和生态文明“五位一体”建设取得的辉煌成就和面临的困难挑战，为深刻理解中央民族工作会议精神、加快民族地区全面建成小康社会进程提供了实证材料。

产业经济类

房地产蓝皮书

中国房地产发展报告 No.15（2018）

李春华　王业强 / 主编　2018 年 5 月出版　估价：99.00 元

◆　2018 年《房地产蓝皮书》持续追踪中国房地产市场最新动态，深度剖析市场热点，展望 2018 年发展趋势，积极谋划应对策略。对 2017 年房地产市场的发展态势进行全面、综合的分析。

新能源汽车蓝皮书

中国新能源汽车产业发展报告（2018）

中国汽车技术研究中心　日产（中国）投资有限公司
东风汽车有限公司 / 编著　2018 年 8 月出版　估价：99.00 元

◆　本书对中国 2017 年新能源汽车产业发展进行了全面系统的分析，并介绍了国外的发展经验。有助于相关机构、行业和社会公众等了解中国新能源汽车产业发展的最新动态，为政府部门出台新能源汽车产业相关政策法规、企业制定相关战略规划，提供必要的借鉴和参考。

行业及其他类

旅游绿皮书

2017 ~ 2018 年中国旅游发展分析与预测

中国社会科学院旅游研究中心 / 编　2018 年 1 月出版　定价：99.00 元

◆　本书从政策、产业、市场、社会等多个角度勾画出 2017 年中国旅游发展全貌，剖析了其中的热点和核心问题，并就未来发展作出预测。

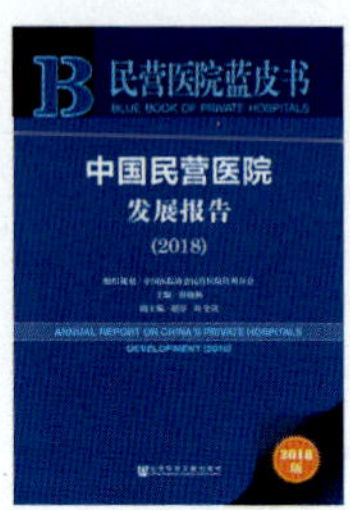

民营医院蓝皮书

中国民营医院发展报告（2018）

薛晓林 / 主编　2018 年 11 月出版　估价：99.00 元

◆　本书在梳理国家对社会办医的各种利好政策的前提下，对我国民营医疗发展现状、我国民营医院竞争力进行了分析，并结合我国医疗体制改革对民营医院的发展趋势、发展策略、战略规划等方面进行了预估。

会展蓝皮书

中外会展业动态评估研究报告（2018）

张敏 / 主编　2018 年 12 月出版　估价：99.00 元

◆　本书回顾了 2017 年的会展业发展动态，结合“供给侧改革”、“互联网 +”、“绿色经济” 的新形势分析了我国展会的行业现状，并介绍了国外的发展经验，有助于行业和社会了解最新的展会业动态。

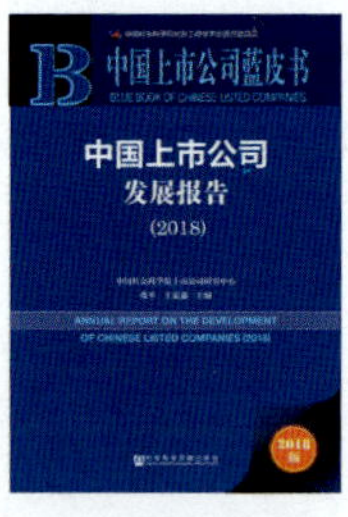

中国上市公司蓝皮书

中国上市公司发展报告（2018）

张平　王宏淼 / 主编　2018 年 9 月出版　估价：99.00 元

◆　本书由中国社会科学院上市公司研究中心组织编写的，着力于全面、真实、客观反映当前中国上市公司财务状况和价值评估的综合性年度报告。本书详尽分析了 2017 年中国上市公司情况，特别是现实中暴露出的制度性、基础性问题，并对资本市场改革进行了探讨。

工业和信息化蓝皮书

人工智能发展报告（2017 ~ 2018）

尹丽波 / 主编　2018 年 6 月出版　估价：99.00 元

◆　本书国家工业信息安全发展研究中心在对 2017 年全球人工智能技术和产业进行全面跟踪研究基础上形成的研究报告。该报告内容翔实、视角独特，具有较强的产业发展前瞻性和预测性，可为相关主管部门、行业协会、企业等全面了解人工智能发展形势以及进行科学决策提供参考。

国际问题与全球治理类

世界经济黄皮书

2018 年世界经济形势分析与预测

张宇燕 / 主编　2018 年 1 月出版　定价：99.00 元

◆　本书由中国社会科学院世界经济与政治研究所的研究团队撰写，分总论、国别与地区、专题、热点、世界经济统计与预测等五个部分，对 2018 年世界经济形势进行了分析。

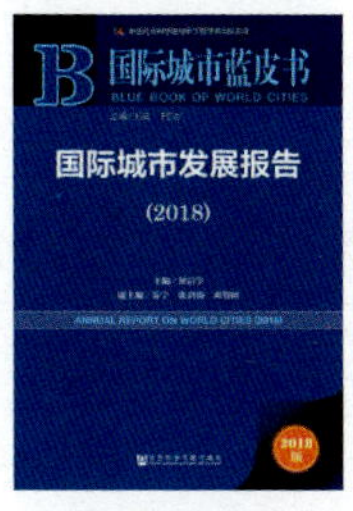

国际城市蓝皮书

国际城市发展报告（2018）

屠启宇 / 主编　2018 年 2 月出版　定价：89.00 元

◆　本书作者以上海社会科学院从事国际城市研究的学者团队为核心，汇集同济大学、华东师范大学、复旦大学、上海交通大学、南京大学、浙江大学相关城市研究专业学者。立足动态跟踪介绍国际城市发展时间中，最新出现的重大战略、重大理念、重大项目、重大报告和最佳案例。

非洲黄皮书

非洲发展报告 No.20（2017 ～ 2018）

张宏明 / 主编　2018 年 7 月出版　估价：99.00 元

◆　本书是由中国社会科学院西亚非洲研究所组织编撰的非洲形势年度报告，比较全面、系统地分析了 2017 年非洲政治形势和热点问题，探讨了非洲经济形势和市场走向，剖析了大国对非洲关系的新动向；此外，还介绍了国内非洲研究的新成果。

国别类

美国蓝皮书

美国研究报告（2018）

郑秉文　黄平 / 主编　2018 年 5 月出版　估价：99.00 元

◆　本书是由中国社会科学院美国研究所主持完成的研究成果，它回顾了美国 2017 年的经济、政治形势与外交战略，对美国内政外交发生的重大事件及重要政策进行了较为全面的回顾和梳理。

德国蓝皮书

德国发展报告（2018）

郑春荣 / 主编　2018 年 6 月出版　估价：99.00 元

◆　本报告由同济大学德国研究所组织编撰，由该领域的专家学者对德国的政治、经济、社会文化、外交等方面的形势发展情况，进行全面的阐述与分析。

俄罗斯黄皮书

俄罗斯发展报告（2018）

李永全 / 编著　2018 年 6 月出版　估价：99.00 元

◆　本书系统介绍了 2017 年俄罗斯经济政治情况，并对 2016 年该地区发生的焦点、热点问题进行了分析与回顾；在此基础上，对该地区 2018 年的发展前景进行了预测。

文化传媒类

新媒体蓝皮书

中国新媒体发展报告 No.9（2018）

唐绪军 / 主编　2018 年 6 月出版　估价：99.00 元

◆　本书是由中国社会科学院新闻与传播研究所组织编写的关于新媒体发展的最新年度报告，旨在全面分析中国新媒体的发展现状，解读新媒体的发展趋势，探析新媒体的深刻影响。

移动互联网蓝皮书

中国移动互联网发展报告（2018）

余清楚 / 主编　2018 年 6 月出版　估价：99.00 元

◆　本书着眼于对 2017 年度中国移动互联网的发展情况做深入解析，对未来发展趋势进行预测，力求从不同视角、不同层面全面剖析中国移动互联网发展的现状、年度突破及热点趋势等。

文化蓝皮书

中国文化消费需求景气评价报告（2018）

王亚南 / 主编　2018 年 3 月出版　定价：99.00 元

◆　本书首创全国文化发展量化检测评价体系，也是至今全国唯一的文化民生量化检测评价体系，对于检验全国及各地 " 以人民为中心 " 的文化发展具有首创意义。

地方发展类

北京蓝皮书

北京经济发展报告（2017 ~ 2018）

杨松 / 主编　2018 年 6 月出版　估价：99.00 元

◆　本书对 2017 年北京市经济发展的整体形势进行了系统性的分析与回顾，并对 2018 年经济形势走势进行了预测与研判，聚焦北京市经济社会发展中的全局性、战略性和关键领域的重点问题，运用定量和定性分析相结合的方法，对北京市经济社会发展的现状、问题、成因进行了深入分析，提出了可操作性的对策建议。

温州蓝皮书

2018 年温州经济社会形势分析与预测

蒋儒标　王春光　金浩 / 主编　2018 年 6 月出版　估价：99.00 元

◆　本书是中共温州市委党校和中国社会科学院社会学研究所合作推出的第十一本温州蓝皮书，由来自党校、政府部门、科研机构、高校的专家、学者共同撰写的 2017 年温州区域发展形势的最新研究成果。

黑龙江蓝皮书

黑龙江社会发展报告（2018）

王爱丽 / 主编　2018 年 1 月出版　定价：89.00 元

◆　本书以千份随机抽样问卷调查和专题研究为依据，运用社会学理论框架和分析方法，从专家和学者的独特视角，对 2017 年黑龙江省关系民生的问题进行广泛的调研与分析，并对 2017 年黑龙江省诸多社会热点和焦点问题进行了有益的探索。这些研究不仅可以为政府部门更加全面深入了解省情、科学制定决策提供智力支持，同时也可以为广大读者认识、了解、关注黑龙江社会发展提供理性思考。

宏观经济类

城市蓝皮书
中国城市发展报告（No.11）
著(编)者：潘家华 单菁菁
2018年9月出版 / 估价：99.00元
PSN B-2007-091-1/1

城乡一体化蓝皮书
中国城乡一体化发展报告（2018）
著(编)者：付崇兰
2018年9月出版 / 估价：99.00元
PSN B-2011-226-1/2

城镇化蓝皮书
中国新型城镇化健康发展报告（2018）
著(编)者：张占斌
2018年8月出版 / 估价：99.00元
PSN B-2014-396-1/1

创新蓝皮书
创新型国家建设报告（2018～2019）
著(编)者：詹正茂
2018年12月出版 / 估价：99.00元
PSN B-2009-140-1/1

低碳发展蓝皮书
中国低碳发展报告（2018）
著(编)者：张希良 齐晔
2018年6月出版 / 估价：99.00元
PSN B-2011-223-1/1

低碳经济蓝皮书
中国低碳经济发展报告（2018）
著(编)者：薛进军 赵忠秀
2018年11月出版 / 估价：99.00元
PSN B-2011-194-1/1

发展和改革蓝皮书
中国经济发展和体制改革报告No.9
著(编)者：邹东涛 王再文
2018年1月出版 / 估价：99.00元
PSN B-2008-122-1/1

国家创新蓝皮书
中国创新发展报告（2017）
著(编)者：陈劲 2018年5月出版 / 估价：99.00元
PSN B-2014-370-1/1

金融蓝皮书
中国金融发展报告（2018）
著(编)者：王国刚
2018年6月出版 / 估价：99.00元
PSN B-2004-031-1/7

经济蓝皮书
2018年中国经济形势分析与预测
著(编)者：李平 2017年12月出版 / 定价：89.00元
PSN B-1996-001-1/1

经济蓝皮书春季号
2018年中国经济前景分析
著(编)者：李扬 2018年5月出版 / 估价：99.00元
PSN B-1999-008-1/1

经济蓝皮书夏季号
中国经济增长报告（2017～2018）
著(编)者：李扬 2018年9月出版 / 估价：99.00元
PSN B-2010-176-1/1

农村绿皮书
中国农村经济形势分析与预测（2017～2018）
著(编)者：魏后凯 黄秉信
2018年4月出版 / 定价：99.00元
PSN G-1998-003-1/1

人口与劳动绿皮书
中国人口与劳动问题报告No.19
著(编)者：张车伟 2018年11月出版 / 估价：99.00元
PSN G-2000-012-1/1

新型城镇化蓝皮书
新型城镇化发展报告（2017）
著(编)者：李伟 宋敏
2018年3月出版 / 定价：98.00元
PSN B-2005-038-1/1

中国省域竞争力蓝皮书
中国省域经济综合竞争力发展报告（2016～2017）
著(编)者：李建平 李闽榕
2018年2月出版 / 定价：198.00元
PSN B-2007-088-1/1

中小城市绿皮书
中国中小城市发展报告（2018）
著(编)者：中国城市经济学会中小城市经济发展委员会
中国城镇化促进会中小城市发展委员会
《中国中小城市发展报告》编纂委员会
中小城市发展战略研究院
2018年11月出版 / 估价：128.00元
PSN G-2010-161-1/1

区域经济类

东北蓝皮书
中国东北地区发展报告（2018）
著(编)者：姜晓秋　2018年11月出版 / 估价：99.00元
PSN B-2006-067-1/1

金融蓝皮书
中国金融中心发展报告（2017～2018）
著(编)者：王力 黄育华　2018年11月出版 / 估价：99.00元
PSN B-2011-186-6/7

京津冀蓝皮书
京津冀发展报告（2018）
著(编)者：祝合良 叶堂林 张贵祥
2018年6月出版 / 估价：99.00元
PSN B-2012-262-1/1

西北蓝皮书
中国西北发展报告（2018）
著(编)者：王福生 马廷旭 董秋生
2018年1月出版 / 定价：99.00元
PSN B-2012-261-1/1

西部蓝皮书
中国西部发展报告（2018）
著(编)者：璋勇 任保平　2018年8月出版 / 估价：99.00元
PSN B-2005-039-1/1

长江经济带产业蓝皮书
长江经济带产业发展报告（2018）
著(编)者：吴传清　2018年11月出版 / 估价：128.00元
PSN B-2017-666-1/1

长江经济带蓝皮书
长江经济带发展报告（2017～2018）
著(编)者：王振　2018年11月出版 / 估价：99.00元
PSN B-2016-575-1/1

长江中游城市群蓝皮书
长江中游城市群新型城镇化与产业协同发展报告（2018）
著(编)者：杨刚强　2018年11月出版 / 估价：99.00元
PSN B-2016-578-1/1

长三角蓝皮书
2017年创新融合发展的长三角
著(编)者：刘飞跃　2018年5月出版 / 估价：99.00元
PSN B-2005-038-1/1

长株潭城市群蓝皮书
长株潭城市群发展报告（2017）
著(编)者：张萍 朱有志　2018年6月出版 / 估价：99.00元
PSN B-2008-109-1/1

特色小镇蓝皮书
特色小镇智慧运营报告（2018）：顶层设计与智慧架构标准
著(编)者：陈劲　2018年1月出版 / 定价：79.00元
PSN B-2018-692-1/1

中部竞争力蓝皮书
中国中部经济社会竞争力报告（2018）
著(编)者：教育部人文社会科学重点研究基地南昌大学中国中部经济社会发展研究中心
2018年12月出版 / 估价：99.00元
PSN B-2012-276-1/1

中部蓝皮书
中国中部地区发展报告（2018）
著(编)者：宋亚平　2018年12月出版 / 估价：99.00元
PSN B-2007-089-1/1

区域蓝皮书
中国区域经济发展报告（2017～2018）
著(编)者：赵弘　2018年5月出版 / 估价：99.00元
PSN B-2004-034-1/1

中三角蓝皮书
长江中游城市群发展报告（2018）
著(编)者：秦尊文　2018年9月出版 / 估价：99.00元
PSN B-2014-417-1/1

中原蓝皮书
中原经济区发展报告（2018）
著(编)者：李英杰　2018年6月出版 / 估价：99.00元
PSN B-2011-192-1/1

珠三角流通蓝皮书
珠三角商圈发展研究报告（2018）
著(编)者：王先庆 林至颖　2018年7月出版 / 估价：99.00元
PSN B-2012-292-1/1

社会政法类

北京蓝皮书
中国社区发展报告（2017～2018）
著(编)者：于燕燕　2018年9月出版 / 估价：99.00元
PSN B-2007-083-5/8

殡葬绿皮书
中国殡葬事业发展报告（2017～2018）
著(编)者：李伯森　2018年6月出版 / 估价：158.00元
PSN G-2010-180-1/1

城市管理蓝皮书
中国城市管理报告（2017-2018）
著(编)者：刘林 刘承水　2018年5月出版 / 估价：158.00元
PSN B-2013-336-1/1

城市生活质量蓝皮书
中国城市生活质量报告（2017）
著(编)者：张连城 张平 杨春学 郎丽华
2017年12月出版 / 定价：89.00元
PSN B-2013-326-1/1

城市政府能力蓝皮书
中国城市政府公共服务能力评估报告（2018）
著(编)者：何艳玲　2018年5月出版 / 估价：99.00元
PSN B-2013-338-1/1

创业蓝皮书
中国创业发展研究报告（2017～2018）
著(编)者：黄群慧 赵卫星 钟宏武
2018年11月出版 / 估价：99.00元
PSN B-2016-577-1/1

慈善蓝皮书
中国慈善发展报告（2018）
著(编)者：杨团　2018年6月出版 / 估价：99.00元
PSN B-2009-142-1/1

党建蓝皮书
党的建设研究报告No.2（2018）
著(编)者：崔建民 陈东平　2018年6月出版 / 估价：99.00元
PSN B-2016-523-1/1

地方法治蓝皮书
中国地方法治发展报告No.3（2018）
著(编)者：李林 田禾　2018年6月出版 / 估价：118.00元
PSN B-2015-442-1/1

电子政务蓝皮书
中国电子政务发展报告（2018）
著(编)者：李季　2018年8月出版 / 估价：99.00元
PSN B-2003-022-1/1

儿童蓝皮书
中国儿童参与状况报告（2017）
著(编)者：苑立新　2017年12月出版 / 定价：89.00元
PSN B-2017-682-1/1

法治蓝皮书
中国法治发展报告No.16（2018）
著(编)者：李林 田禾　2018年3月出版 / 定价：128.00元
PSN B-2004-027-1/3

法治蓝皮书
中国法院信息化发展报告 No.2（2018）
著(编)者：李林 田禾　2018年2月出版 / 定价：118.00元
PSN B-2017-604-3/3

法治政府蓝皮书
中国法治政府发展报告（2017）
著(编)者：中国政法大学法治政府研究院
2018年3月出版 / 定价：158.00元
PSN B-2015-502-1/2

法治政府蓝皮书
中国法治政府评估报告（2018）
著(编)者：中国政法大学法治政府研究院
2018年9月出版 / 估价：168.00元
PSN B-2016-576-2/2

反腐倡廉蓝皮书
中国反腐倡廉建设报告 No.8
著(编)者：张英伟　2018年12月出版 / 估价：99.00元
PSN B-2012-259-1/1

扶贫蓝皮书
中国扶贫开发报告（2018）
著(编)者：李培林 魏后凯　2018年12月出版 / 估价：128.00元
PSN B-2016-599-1/1

妇女发展蓝皮书
中国妇女发展报告 No.6
著(编)者：王金玲　2018年9月出版 / 估价：158.00元
PSN B-2006-069-1/1

妇女教育蓝皮书
中国妇女教育发展报告 No.3
著(编)者：张李玺　2018年10月出版 / 估价：99.00元
PSN B-2008-121-1/1

妇女绿皮书
2018年：中国性别平等与妇女发展报告
著(编)者：谭琳　2018年12月出版 / 估价：99.00元
PSN G-2006-073-1/1

公共安全蓝皮书
中国城市公共安全发展报告（2017～2018）
著(编)者：黄育华 杨文明 赵建辉
2018年6月出版 / 估价：99.00元
PSN B-2017-628-1/1

公共服务蓝皮书
中国城市基本公共服务力评价（2018）
著(编)者：钟君 刘志昌 吴正杲
2018年12月出版 / 估价：99.00元
PSN B-2011-214-1/1

公民科学素质蓝皮书
中国公民科学素质报告（2017～2018）
著(编)者：李群 陈雄 马宗文
2017年12月出版 / 定价：89.00元
PSN B-2014-379-1/1

公益蓝皮书
中国公益慈善发展报告（2016）
著(编)者：朱健刚 胡小军　2018年6月出版 / 估价：99.00元
PSN B-2012-283-1/1

国际人才蓝皮书
中国国际移民报告（2018）
著(编)者：王辉耀　2018年6月出版 / 估价：99.00元
PSN B-2012-304-3/4

国际人才蓝皮书
中国留学发展报告（2018）No.7
著(编)者：王辉耀 苗绿　2018年12月出版 / 估价：99.00元
PSN B-2012-244-2/4

海洋社会蓝皮书
中国海洋社会发展报告（2017）
著(编)者：崔凤 宋宁而　2018年3月出版 / 定价：99.00元
PSN B-2015-478-1/1

行政改革蓝皮书
中国行政体制改革报告No.7（2018）
著(编)者：魏礼群　2018年6月出版 / 估价：99.00元
PSN B-2011-231-1/1

华侨华人蓝皮书
华侨华人研究报告（2017）
著(编)者：张禹东 庄国土　2017年12月出版 / 定价：148.00元
PSN B-2011-204-1/1

互联网与国家治理蓝皮书
互联网与国家治理发展报告（2017）
著(编)者：张志安　2018年1月出版 / 定价：98.00元
PSN B-2017-671-1/1

环境管理蓝皮书
中国环境管理发展报告（2017）
著(编)者：李金惠　2017年12月出版 / 定价：98.00元
PSN B-2017-678-1/1

环境竞争力绿皮书
中国省域环境竞争力发展报告（2018）
著(编)者：李建平 李闽榕 王金南
2018年11月出版 / 估价：198.00元
PSN G-2010-165-1/1

环境绿皮书
中国环境发展报告（2017～2018）
著(编)者：李波　2018年6月出版 / 估价：99.00元
PSN G-2006-048-1/1

家庭蓝皮书
中国"创建幸福家庭活动"评估报告（2018）
著(编)者：国务院发展研究中心"创建幸福家庭活动评估"课题组
2018年12月出版 / 估价：99.00元
PSN B-2015-508-1/1

健康城市蓝皮书
中国健康城市建设研究报告（2018）
著(编)者：王鸿春 盛继洪　2018年12月出版 / 估价：99.00元
PSN B-2016-564-2/2

健康中国蓝皮书
社区首诊与健康中国分析报告（2018）
著(编)者：高和荣 杨叔禹 姜杰
2018年6月出版 / 估价：99.00元
PSN B-2017-611-1/1

教师蓝皮书
中国中小学教师发展报告（2017）
著(编)者：曾晓东 鱼霞
2018年6月出版 / 估价：99.00元
PSN B-2012-289-1/1

教育扶贫蓝皮书
中国教育扶贫报告（2018）
著(编)者：司树杰 王文静 李兴洲
2018年12月出版 / 估价：99.00元
PSN B-2016-590-1/1

教育蓝皮书
中国教育发展报告（2018）
著(编)者：杨东平　2018年3月出版 / 定价：89.00元
PSN B-2006-047-1/1

金融法治建设蓝皮书
中国金融法治建设年度报告（2015～2016）
著(编)者：朱小黄　2018年6月出版 / 估价：99.00元
PSN B-2017-633-1/1

京津冀教育蓝皮书
京津冀教育发展研究报告（2017～2018）
著(编)者：方中雄　2018年6月出版 / 估价：99.00元
PSN B-2017-608-1/1

就业蓝皮书
2018年中国本科生就业报告
著(编)者：麦可思研究院　2018年6月出版 / 估价：99.00元
PSN B-2009-146-1/2

就业蓝皮书
2018年中国高职高专生就业报告
著(编)者：麦可思研究院　2018年6月出版 / 估价：99.00元
PSN B-2015-472-2/2

科学教育蓝皮书
中国科学教育发展报告（2018）
著(编)者：王康友　2018年10月出版 / 估价：99.00元
PSN B-2015-487-1/1

劳动保障蓝皮书
中国劳动保障发展报告（2018）
著(编)者：刘燕斌　2018年9月出版 / 估价：158.00元
PSN B-2014-415-1/1

老龄蓝皮书
中国老年宜居环境发展报告（2017）
著(编)者：党俊武 周燕珉　2018年6月出版 / 估价：99.00元
PSN B-2013-320-1/1

连片特困区蓝皮书
中国连片特困区发展报告（2017～2018）
著(编)者：游俊 冷志明 丁建军
2018年6月出版 / 估价：99.00元
PSN B-2013-321-1/1

流动儿童蓝皮书
中国流动儿童教育发展报告（2017）
著(编)者：杨东平　2018年6月出版 / 估价：99.00元
PSN B-2017-600-1/1

民调蓝皮书
中国民生调查报告（2018）
著(编)者：谢耘耕　2018年12月出版 / 估价：99.00元
PSN B-2014-398-1/1

民族发展蓝皮书
中国民族发展报告（2018）
著(编)者：王延中　2018年10月出版 / 估价：188.00元
PSN B-2006-070-1/1

女性生活蓝皮书
中国女性生活状况报告No.12（2018）
著(编)者：高博燕　2018年7月出版 / 估价：99.00元
PSN B-2006-071-1/1

汽车社会蓝皮书
中国汽车社会发展报告（2017～2018）
著(编)者：王俊秀　　2018年6月出版 / 估价：99.00元
PSN B-2011-224-1/1

青年蓝皮书
中国青年发展报告（2018）No.3
著(编)者：廉思　　2018年6月出版 / 估价：99.00元
PSN B-2013-333-1/1

青少年蓝皮书
中国未成年人互联网运用报告（2017～2018）
著(编)者：季为民 李文革 沈杰
2018年11月出版 / 估价：99.00元
PSN B-2010-156-1/1

人权蓝皮书
中国人权事业发展报告No.8（2018）
著(编)者：李君如　　2018年9月出版 / 估价：99.00元
PSN B-2011-215-1/1

社会保障绿皮书
中国社会保障发展报告No.9（2018）
著(编)者：王延中　　2018年6月出版 / 估价：99.00元
PSN G-2001-014-1/1

社会风险评估蓝皮书
风险评估与危机预警报告（2017～2018）
著(编)者：唐钧　　2018年8月出版 / 估价：99.00元
PSN B-2012-293-1/1

社会工作蓝皮书
中国社会工作发展报告（2016~2017）
著(编)者：民政部社会工作研究中心
2018年8月出版 / 估价：99.00元
PSN B-2009-141-1/1

社会管理蓝皮书
中国社会管理创新报告No.6
著(编)者：连玉明　　2018年11月出版 / 估价：99.00元
PSN B-2012-300-1/1

社会蓝皮书
2018年中国社会形势分析与预测
著(编)者：李培林 陈光金 张翼
2017年12月出版 / 定价：89.00元
PSN B-1998-002-1/1

社会体制蓝皮书
中国社会体制改革报告No.6（2018）
著(编)者：龚维斌　　2018年3月出版 / 定价：98.00元
PSN B-2013-330-1/1

社会心态蓝皮书
中国社会心态研究报告（2018）
著(编)者：王俊秀　　2018年12月出版 / 估价：99.00元
PSN B-2011-199-1/1

社会组织蓝皮书
中国社会组织报告（2017-2018）
著(编)者：黄晓勇　　2018年6月出版 / 估价：99.00元
PSN B-2008-118-1/2

社会组织蓝皮书
中国社会组织评估发展报告（2018）
著(编)者：徐家良　　2018年12月出版 / 估价：99.00元
PSN B-2013-366-2/2

生态城市绿皮书
中国生态城市建设发展报告（2018）
著(编)者：刘举科 孙伟平 胡文臻
2018年9月出版 / 估价：158.00元
PSN G-2012-269-1/1

生态文明绿皮书
中国省域生态文明建设评价报告（ECI 2018）
著(编)者：严耕　　2018年12月出版 / 估价：99.00元
PSN G-2010-170-1/1

退休生活蓝皮书
中国城市居民退休生活质量指数报告（2017）
著(编)者：杨一帆　　2018年6月出版 / 估价：99.00元
PSN B-2017-618-1/1

危机管理蓝皮书
中国危机管理报告（2018）
著(编)者：文学国 范正青
2018年8月出版 / 估价：99.00元
PSN B-2010-171-1/1

学会蓝皮书
2018年中国学会发展报告
著(编)者：麦可思研究院　　2018年12月出版 / 估价：99.00元
PSN B-2016-597-1/1

医改蓝皮书
中国医药卫生体制改革报告（2017～2018）
著(编)者：文学国 房志武
2018年11月出版 / 估价：99.00元
PSN B-2014-432-1/1

应急管理蓝皮书
中国应急管理报告（2018）
著(编)者：宋英华　　2018年9月出版 / 估价：99.00元
PSN B-2016-562-1/1

政府绩效评估蓝皮书
中国地方政府绩效评估报告 No.2
著(编)者：贠杰　　2018年12月出版 / 估价：99.00元
PSN B-2017-672-1/1

政治参与蓝皮书
中国政治参与报告（2018）
著(编)者：房宁　　2018年8月出版 / 估价：128.00元
PSN B-2011-200-1/1

政治文化蓝皮书
中国政治文化报告（2018）
著(编)者：邢元敏 魏大鹏 龚克
2018年8月出版 / 估价：128.00元
PSN B-2017-615-1/1

中国传统村落蓝皮书
中国传统村落保护现状报告（2018）
著(编)者：胡彬彬 李向军 王晓波
2018年12月出版 / 估价：99.00元
PSN B-2017-663-1/1

中国农村妇女发展蓝皮书
农村流动女性城市生活发展报告（2018）
著(编)者：谢丽华　　2018年12月出版 / 估价：99.00元
PSN B-2014-434-1/1

宗教蓝皮书
中国宗教报告（2017）
著(编)者：邱永辉　　2018年8月出版 / 估价：99.00元
PSN B-2008-117-1/1

产业经济类

保健蓝皮书
中国保健服务产业发展报告 No.2
著(编)者：中国保健协会　　中共中央党校
2018年7月出版 / 估价：198.00元
PSN B-2012-272-3/3

保健蓝皮书
中国保健食品产业发展报告 No.2
著(编)者：中国保健协会
中国社会科学院食品药品产业发展与监管研究中心
2018年8月出版 / 估价：198.00元
PSN B-2012-271-2/3

保健蓝皮书
中国保健用品产业发展报告 No.2
著(编)者：中国保健协会
国务院国有资产监督管理委员会研究中心
2018年6月出版 / 估价：198.00元
PSN B-2012-270-1/3

保险蓝皮书
中国保险业竞争力报告（2018）
著(编)者：保监会　　2018年12月出版 / 估价：99.00元
PSN B-2013-311-1/1

冰雪蓝皮书
中国冰上运动产业发展报告（2018）
著(编)者：孙承华 杨占武 刘戈 张鸿俊
2018年9月出版 / 估价：99.00元
PSN B-2017-648-3/3

冰雪蓝皮书
中国滑雪产业发展报告（2018）
著(编)者：孙承华 伍斌 魏庆华 张鸿俊
2018年9月出版 / 估价：99.00元
PSN B-2016-559-1/3

餐饮产业蓝皮书
中国餐饮产业发展报告（2018）
著(编)者：邢颖
2018年6月出版 / 估价：99.00元
PSN B-2009-151-1/1

茶业蓝皮书
中国茶产业发展报告（2018）
著(编)者：杨江帆 李闽榕
2018年10月出版 / 估价：99.00元
PSN B-2010-164-1/1

产业安全蓝皮书
中国文化产业安全报告（2018）
著(编)者：北京印刷学院文化产业安全研究院
2018年12月出版 / 估价：99.00元
PSN B-2014-378-12/14

产业安全蓝皮书
中国新媒体产业安全报告（2016～2017）
著(编)者：肖丽　　2018年6月出版 / 估价：99.00元
PSN B-2015-500-14/14

产业安全蓝皮书
中国出版传媒产业安全报告（2017～2018）
著(编)者：北京印刷学院文化产业安全研究院
2018年6月出版 / 估价：99.00元
PSN B-2014-384-13/14

产业蓝皮书
中国产业竞争力报告（2018）No.8
著(编)者：张其仔　　2018年12月出版 / 估价：168.00元
PSN B-2010-175-1/1

动力电池蓝皮书
中国新能源汽车动力电池产业发展报告（2018）
著(编)者：中国汽车技术研究中心
2018年8月出版 / 估价：99.00元
PSN B-2017-639-1/1

杜仲产业绿皮书
中国杜仲橡胶资源与产业发展报告（2017～2018）
著(编)者：杜红岩 胡文臻 俞锐
2018年6月出版 / 估价：99.00元
PSN G-2013-350-1/1

房地产蓝皮书
中国房地产发展报告No.15（2018）
著(编)者：李春华 王业强
2018年5月出版 / 估价：99.00元
PSN B-2004-028-1/1

服务外包蓝皮书
中国服务外包产业发展报告（2017～2018）
著(编)者：王晓红 刘德军
2018年6月出版 / 估价：99.00元
PSN B-2013-331-2/2

服务外包蓝皮书
中国服务外包竞争力报告（2017～2018）
著(编)者：刘春生 王力 黄育华
2018年12月出版 / 估价：99.00元
PSN B-2011-216-1/2

工业和信息化蓝皮书
世界信息技术产业发展报告（2017～2018）
著(编)者：尹丽波　2018年6月出版 / 估价：99.00元
PSN B-2015-449-2/6

工业和信息化蓝皮书
战略性新兴产业发展报告（2017～2018）
著(编)者：尹丽波　2018年6月出版 / 估价：99.00元
PSN B-2015-450-3/6

海洋经济蓝皮书
中国海洋经济发展报告（2015～2018）
著(编)者：殷克东 高金田 方胜民
2018年3月出版 / 定价：128.00元
PSN B-2018-697-1/1

康养蓝皮书
中国康养产业发展报告（2017）
著(编)者：何莽　2017年12月出版 / 定价：88.00元
PSN B-2017-685-1/1

客车蓝皮书
中国客车产业发展报告（2017～2018）
著(编)者：姚蔚　2018年10月出版 / 估价：99.00元
PSN B-2013-361-1/1

流通蓝皮书
中国商业发展报告（2018～2019）
著(编)者：王雪峰 林诗慧
2018年7月出版 / 估价：99.00元
PSN B-2009-152-1/2

能源蓝皮书
中国能源发展报告（2018）
著(编)者：崔民选 王军生 陈义和
2018年12月出版 / 估价：99.00元
PSN B-2006-049-1/1

农产品流通蓝皮书
中国农产品流通产业发展报告（2017）
著(编)者：贾敬敦 张东科 张玉玺 张鹏毅 周伟
2018年6月出版 / 估价：99.00元
PSN B-2012-288-1/1

汽车工业蓝皮书
中国汽车工业发展年度报告（2018）
著(编)者：中国汽车工业协会
中国汽车技术研究中心
丰田汽车公司
2018年5月出版 / 估价：168.00元
PSN B-2015-463-1/2

汽车工业蓝皮书
中国汽车零部件产业发展报告（2017～2018）
著(编)者：中国汽车工业协会
中国汽车工程研究院深圳市沃特玛电池有限公司
2018年9月出版 / 估价：99.00元
PSN B-2016-515-2/2

汽车蓝皮书
中国汽车产业发展报告（2018）
著(编)者：中国汽车工程学会
大众汽车集团（中国）
2018年11月出版 / 估价：99.00元
PSN B-2008-124-1/1

世界茶业蓝皮书
世界茶业发展报告（2018）
著(编)者：李闽榕 冯廷佺
2018年5月出版 / 估价：168.00元
PSN B-2017-619-1/1

世界能源蓝皮书
世界能源发展报告（2018）
著(编)者：黄晓勇　2018年6月出版 / 估价：168.00元
PSN B-2013-349-1/1

石油蓝皮书
中国石油产业发展报告（2018）
著(编)者：中国石油化工集团公司经济技术研究院
中国国际石油化工联合有限责任公司
中国社会科学院数量经济与技术经济研究所
2018年2月出版 / 定价：98.00元
PSN B-2018-690-1/1

体育蓝皮书
国家体育产业基地发展报告（2016～2017）
著(编)者：李颖川　2018年6月出版 / 估价：168.00元
PSN B-2017-609-5/5

体育蓝皮书
中国体育产业发展报告（2018）
著(编)者：阮伟 钟秉枢
2018年12月出版 / 估价：99.00元
PSN B-2010-179-1/5

文化金融蓝皮书
中国文化金融发展报告（2018）
著(编)者：杨涛 金巍
2018年6月出版 / 估价：99.00元
PSN B-2017-610-1/1

新能源汽车蓝皮书
中国新能源汽车产业发展报告（2018）
著(编)者：中国汽车技术研究中心
日产（中国）投资有限公司
东风汽车有限公司
2018年8月出版 / 估价：99.00元
PSN B-2013-347-1/1

薏仁米产业蓝皮书
中国薏仁米产业发展报告No.2（2018）
著(编)者：李发耀 石明　秦礼康
2018年8月出版 / 估价：99.00元
PSN B-2017-645-1/1

邮轮绿皮书
中国邮轮产业发展报告（2018）
著(编)者：汪泓　2018年10月出版 / 估价：99.00元
PSN G-2014-419-1/1

智能养老蓝皮书
中国智能养老产业发展报告（2018）
著(编)者：朱勇　2018年10月出版 / 估价：99.00元
PSN B-2015-488-1/1

中国节能汽车蓝皮书
中国节能汽车发展报告（2017～2018）
著(编)者：中国汽车工程研究院股份有限公司
2018年9月出版 / 估价：99.00元
PSN B-2016-565-1/1

中国陶瓷产业蓝皮书
中国陶瓷产业发展报告（2018）
著(编)者：左和平 黄速建
2018年10月出版 / 估价：99.00元
PSN B-2016-573-1/1

装备制造业蓝皮书
中国装备制造业发展报告（2018）
著(编)者：徐东华
2018年12月出版 / 估价：118.00元
PSN B-2015-505-1/1

行业及其他类

“三农”互联网金融蓝皮书
中国“三农”互联网金融发展报告（2018）
著(编)者：李勇坚 王弢
2018年8月出版 / 估价：99.00元
PSN B-2016-560-1/1

SUV蓝皮书
中国SUV市场发展报告（2017~2018）
著(编)者：靳军 2018年9月出版 / 估价：99.00元
PSN B-2016-571-1/1

冰雪蓝皮书
中国冬季奥运会发展报告（2018）
著(编)者：孙承华 伍斌 魏庆华 张鸿俊
2018年9月出版 / 估价：99.00元
PSN B-2017-647-2/3

彩票蓝皮书
中国彩票发展报告（2018）
著(编)者：益彩基金 2018年6月出版 / 估价：99.00元
PSN B-2015-462-1/1

测绘地理信息蓝皮书
测绘地理信息供给侧结构性改革研究报告（2018）
著(编)者：库热西・买合苏提
2018年12月出版 / 估价：168.00元
PSN B-2009-145-1/1

产权市场蓝皮书
中国产权市场发展报告（2017）
著(编)者：曹和平
2018年5月出版 / 估价：99.00元
PSN B-2009-147-1/1

城投蓝皮书
中国城投行业发展报告（2018）
著(编)者：华景斌
2018年11月出版 / 估价：300.00元
PSN B-2016-514-1/1

城市轨道交通蓝皮书
中国城市轨道交通运营发展报告（2017~2018）
著(编)者：崔学忠 贾文峥
2018年3月出版 / 定价：89.00元
PSN B-2018-694-1/1

大数据蓝皮书
中国大数据发展报告（No.2）
著(编)者：连玉明 2018年5月出版 / 估价：99.00元
PSN B-2017-620-1/1

大数据应用蓝皮书
中国大数据应用发展报告No.2（2018）
著(编)者：陈军君 2018年8月出版 / 估价：99.00元
PSN B-2017-644-1/1

对外投资与风险蓝皮书
中国对外直接投资与国家风险报告（2018）
著(编)者：中债资信评估有限责任公司
中国社会科学院世界经济与政治研究所
2018年6月出版 / 估价：189.00元
PSN B-2017-606-1/1

工业和信息化蓝皮书
人工智能发展报告（2017~2018）
著(编)者：尹丽波 2018年6月出版 / 估价：99.00元
PSN B-2015-448-1/6

工业和信息化蓝皮书
世界智慧城市发展报告（2017~2018）
著(编)者：尹丽波 2018年6月出版 / 估价：99.00元
PSN B-2017-624-6/6

工业和信息化蓝皮书
世界网络安全发展报告（2017~2018）
著(编)者：尹丽波 2018年6月出版 / 估价：99.00元
PSN B-2015-452-5/6

工业和信息化蓝皮书
世界信息化发展报告（2017~2018）
著(编)者：尹丽波 2018年6月出版 / 估价：99.00元
PSN B-2015-451-4/6

工业设计蓝皮书
中国工业设计发展报告（2018）
著(编)者：王晓红 于炜 张立群 2018年9月出版 / 估价：168.00元
PSN B-2014-420-1/1

公共关系蓝皮书
中国公共关系发展报告（2017）
著(编)者：柳斌杰 2018年1月出版 / 定价：89.00元
PSN B-2016-579-1/1

公共关系蓝皮书
中国公共关系发展报告（2018）
著(编)者：柳斌杰　　2018年11月出版 / 估价：99.00元
PSN B-2016-579-1/1

管理蓝皮书
中国管理发展报告（2018）
著(编)者：张晓东　　2018年10月出版 / 估价：99.00元
PSN B-2014-416-1/1

轨道交通蓝皮书
中国轨道交通行业发展报告（2017）
著(编)者：仲建华 李闽榕
2017年12月出版 / 定价：98.00元
PSN B-2017-674-1/1

海关发展蓝皮书
中国海关发展前沿报告（2018）
著(编)者：干春晖　　2018年6月出版 / 估价：99.00元
PSN B-2017-616-1/1

互联网医疗蓝皮书
中国互联网健康医疗发展报告（2018）
著(编)者：芮晓武　　2018年6月出版 / 估价：99.00元
PSN B-2016-567-1/1

黄金市场蓝皮书
中国商业银行黄金业务发展报告（2017～2018）
著(编)者：平安银行　　2018年6月出版 / 估价：99.00元
PSN B-2016-524-1/1

会展蓝皮书
中外会展业动态评估研究报告（2018）
著(编)者：张敏 任中峰 聂鑫焱 牛盼强
2018年12月出版 / 估价：99.00元
PSN B-2013-327-1/1

基金会蓝皮书
中国基金会发展报告（2017~2018）
著(编)者：中国基金会发展报告课题组
2018年6月出版 / 估价：99.00元
PSN B-2013-368-1/1

基金会绿皮书
中国基金会发展独立研究报告（2018）
著(编)者：基金会中心网　　中央民族大学基金会研究中心
2018年6月出版 / 估价：99.00元
PSN G-2011-213-1/1

基金会透明度蓝皮书
中国基金会透明度发展研究报告（2018）
著(编)者：基金会中心网
清华大学廉政与治理研究中心
2018年9月出版 / 估价：99.00元
PSN B-2013-339-1/1

建筑装饰蓝皮书
中国建筑装饰行业发展报告（2018）
著(编)者：葛道顺 刘晓一
2018年10月出版 / 估价：198.00元
PSN B-2016-553-1/1

金融监管蓝皮书
中国金融监管报告（2018）
著(编)者：胡滨　　2018年3月出版 / 定价：98.00元
PSN B-2012-281-1/1

金融蓝皮书
中国互联网金融行业分析与评估（2018～2019）
著(编)者：黄国平 伍旭川　　2018年12月出版 / 估价：99.00元
PSN B-2016-585-7/7

金融科技蓝皮书
中国金融科技发展报告（2018）
著(编)者：李扬 孙国峰　　2018年10月出版 / 估价：99.00元
PSN B-2014-374-1/1

金融信息服务蓝皮书
中国金融信息服务发展报告（2018）
著(编)者：李平　　2018年5月出版 / 估价：99.00元
PSN B-2017-621-1/1

金蜜蜂企业社会责任蓝皮书
金蜜蜂中国企业社会责任报告研究（2017）
著(编)者：殷格非 于志宏 管竹笋
2018年1月出版 / 定价：99.00元
PSN B-2018-693-1/1

京津冀金融蓝皮书
京津冀金融发展报告（2018）
著(编)者：王爱俭 王璟怡　　2018年10月出版 / 估价：99.00元
PSN B-2016-527-1/1

科普蓝皮书
国家科普能力发展报告（2018）
著(编)者：王康友　　2018年5月出版 / 估价：138.00元
PSN B-2017-632-4/4

科普蓝皮书
中国基层科普发展报告（2017～2018）
著(编)者：赵立新 陈玲　　2018年9月出版 / 估价：99.00元
PSN B-2016-568-3/4

科普蓝皮书
中国科普基础设施发展报告（2017～2018）
著(编)者：任福君　　2018年6月出版 / 估价：99.00元
PSN B-2010-174-1/3

科普蓝皮书
中国科普人才发展报告（2017～2018）
著(编)者：郑念 任嵘嵘　　2018年7月出版 / 估价：99.00元
PSN B-2016-512-2/4

科普能力蓝皮书
中国科普能力评价报告（2018～2019）
著(编)者：李富强 李群　　2018年8月出版 / 估价：99.00元
PSN B-2016-555-1/1

临空经济蓝皮书
中国临空经济发展报告（2018）
著(编)者：连玉明　　2018年9月出版 / 估价：99.00元
PSN B-2014-421-1/1

旅游安全蓝皮书
中国旅游安全报告（2018）
著(编)者：郑向敏 谢朝武　　2018年5月出版 / 估价：158.00元
PSN B-2012-280-1/1

旅游绿皮书
2017～2018年中国旅游发展分析与预测
著(编)者：宋瑞　　2018年1月出版 / 定价：99.00元
PSN G-2002-018-1/1

煤炭蓝皮书
中国煤炭工业发展报告（2018）
著(编)者：岳福斌　　2018年12月出版 / 估价：99.00元
PSN B-2008-123-1/1

民营企业社会责任蓝皮书
中国民营企业社会责任报告（2018）
著(编)者：中华全国工商业联合会
2018年12月出版 / 估价：99.00元
PSN B-2015-510-1/1

民营医院蓝皮书
中国民营医院发展报告（2017）
著(编)者：薛晓林　　2017年12月出版 / 定价：89.00元
PSN B-2012-299-1/1

闽商蓝皮书
闽商发展报告（2018）
著(编)者：李闽榕 王日根 林琛
2018年12月出版 / 估价：99.00元
PSN B-2012-298-1/1

农业应对气候变化蓝皮书
中国农业气象灾害及其灾损评估报告（No.3）
著(编)者：矫梅燕　　2018年6月出版 / 估价：118.00元
PSN B-2014-413-1/1

品牌蓝皮书
中国品牌战略发展报告（2018）
著(编)者：汪同三　　2018年10月出版 / 估价：99.00元
PSN B-2016-580-1/1

企业扶贫蓝皮书
中国企业扶贫研究报告（2018）
著(编)者：钟宏武　　2018年12月出版 / 估价：99.00元
PSN B-2016-593-1/1

企业公益蓝皮书
中国企业公益研究报告（2018）
著(编)者：钟宏武 汪杰 黄晓娟
2018年12月出版 / 估价：99.00元
PSN B-2015-501-1/1

企业国际化蓝皮书
中国企业全球化报告（2018）
著(编)者：王辉耀 苗绿　　2018年11月出版 / 估价：99.00元
PSN B-2014-427-1/1

企业蓝皮书
中国企业绿色发展报告No.2（2018）
著(编)者：李红玉 朱光辉
2018年8月出版 / 估价：99.00元
PSN B-2015-481-2/2

企业社会责任蓝皮书
中资企业海外社会责任研究报告（2017～2018）
著(编)者：钟宏武 叶柳红 张蒽
2018年6月出版 / 估价：99.00元
PSN B-2017-603-2/2

企业社会责任蓝皮书
中国企业社会责任研究报告（2018）
著(编)者：黄群慧 钟宏武 张蒽 汪杰
2018年11月出版 / 估价：99.00元
PSN B-2009-149-1/2

汽车安全蓝皮书
中国汽车安全发展报告（2018）
著(编)者：中国汽车技术研究中心
2018年8月出版 / 估价：99.00元
PSN B-2014-385-1/1

汽车电子商务蓝皮书
中国汽车电子商务发展报告（2018）
著(编)者：中华全国工商业联合会汽车经销商商会
北方工业大学
北京易观智库网络科技有限公司
2018年10月出版 / 估价：158.00元
PSN B-2015-485-1/1

汽车知识产权蓝皮书
中国汽车产业知识产权发展报告（2018）
著(编)者：中国汽车工程研究院股份有限公司
中国汽车工程学会
重庆长安汽车股份有限公司
2018年12月出版 / 估价：99.00元
PSN B-2016-594-1/1

青少年体育蓝皮书
中国青少年体育发展报告（2017）
著(编)者：刘扶民 杨桦　　2018年6月出版 / 估价：99.00元
PSN B-2015-482-1/1

区块链蓝皮书
中国区块链发展报告（2018）
著(编)者：李伟　　2018年9月出版 / 估价：99.00元
PSN B-2017-649-1/1

群众体育蓝皮书
中国群众体育发展报告（2017）
著(编)者：刘国永 戴健　　2018年5月出版 / 估价：99.00元
PSN B-2014-411-1/3

群众体育蓝皮书
中国社会体育指导员发展报告（2018）
著(编)者：刘国永 王欢　　2018年6月出版 / 估价：99.00元
PSN B-2016-520-3/3

人力资源蓝皮书
中国人力资源发展报告（2018）
著(编)者：余兴安　　2018年11月出版 / 估价：99.00元
PSN B-2012-287-1/1

融资租赁蓝皮书
中国融资租赁业发展报告（2017～2018）
著(编)者：李光荣 王力　　2018年8月出版 / 估价：99.00元
PSN B-2015-443-1/1

商会蓝皮书
中国商会发展报告No.5（2017）
著(编)者：王钦敏　　2018年7月出版 / 估价：99.00元
PSN B-2008-125-1/1

商务中心区蓝皮书
中国商务中心区发展报告No.4（2017~2018）
著(编)者：李国红 单菁菁　　2018年9月出版 / 估价：99.00元
PSN B-2015-444-1/1

设计产业蓝皮书
中国创新设计发展报告（2018）
著(编)者：王晓红 张立群 于炜
2018年11月出版 / 估价：99.00元
PSN B-2016-581-2/2

社会责任管理蓝皮书
中国上市公司社会责任能力成熟度报告No.4（2018）
著(编)者：肖红军 王晓光 李伟阳
2018年12月出版 / 估价：99.00元
PSN B-2015-507-2/2

社会责任管理蓝皮书
中国企业公众透明度报告No.4（2017~2018）
著(编)者：黄速建 熊梦 王晓光 肖红军
2018年6月出版 / 估价：99.00元
PSN B-2015-440-1/2

食品药品蓝皮书
食品药品安全与监管政策研究报告（2016~2017）
著(编)者：唐民皓　　2018年6月出版 / 估价：99.00元
PSN B-2009-129-1/1

输血服务蓝皮书
中国输血行业发展报告（2018）
著(编)者：孙俊　　2018年12月出版 / 估价：99.00元
PSN B-2016-582-1/1

水利风景区蓝皮书
中国水利风景区发展报告（2018）
著(编)者：董建文 兰思仁
2018年10月出版 / 估价：99.00元
PSN B-2015-480-1/1

数字经济蓝皮书
全球数字经济竞争力发展报告（2017）
著(编)者：王振　　2017年12月出版 / 定价：79.00元
PSN B-2017-673-1/1

私募市场蓝皮书
中国私募股权市场发展报告（2017~2018）
著(编)者：曹和平　　2018年12月出版 / 估价：99.00元
PSN B-2010-162-1/1

碳排放权交易蓝皮书
中国碳排放权交易报告（2018）
著(编)者：孙永平　　2018年11月出版 / 估价：99.00元
PSN B-2017-652-1/1

碳市场蓝皮书
中国碳市场报告（2018）
著(编)者：定金彪　　2018年11月出版 / 估价：99.00元
PSN B-2014-430-1/1

体育蓝皮书
中国公共体育服务发展报告（2018）
著(编)者：戴健　　2018年12月出版 / 估价：99.00元
PSN B-2013-367-2/5

土地市场蓝皮书
中国农村土地市场发展报告（2017~2018）
著(编)者：李光荣　　2018年6月出版 / 估价：99.00元
PSN B-2016-526-1/1

土地整治蓝皮书
中国土地整治发展研究报告（No.5）
著(编)者：国土资源部土地整治中心
2018年7月出版 / 估价：99.00元
PSN B-2014-401-1/1

土地政策蓝皮书
中国土地政策研究报告（2018）
著(编)者：高延利 张建平 吴次芳
2018年1月出版 / 定价：98.00元
PSN B-2015-506-1/1

网络空间安全蓝皮书
中国网络空间安全发展报告（2018）
著(编)者：惠志斌 覃庆玲
2018年11月出版 / 估价：99.00元
PSN B-2015-466-1/1

文化志愿服务蓝皮书
中国文化志愿服务发展报告（2018）
著(编)者：张永新 良警宇　　2018年11月出版 / 估价：128.00元
PSN B-2016-596-1/1

西部金融蓝皮书
中国西部金融发展报告（2017~2018）
著(编)者：李忠民　　2018年8月出版 / 估价：99.00元
PSN B-2010-160-1/1

协会商会蓝皮书
中国行业协会商会发展报告（2017）
著(编)者：景朝阳 李勇　　2018年6月出版 / 估价：99.00元
PSN B-2015-461-1/1

新三板蓝皮书
中国新三板市场发展报告（2018）
著(编)者：王力　　2018年8月出版 / 估价：99.00元
PSN B-2016-533-1/1

信托市场蓝皮书
中国信托业市场报告（2017~2018）
著(编)者：用益金融信托研究院
2018年6月出版 / 估价：198.00元
PSN B-2014-371-1/1

信息化蓝皮书
中国信息化形势分析与预测（2017~2018）
著(编)者：周宏仁　　2018年8月出版 / 估价：99.00元
PSN B-2010-168-1/1

信用蓝皮书
中国信用发展报告（2017~2018）
著(编)者：章政 田侃　　2018年6月出版 / 估价：99.00元
PSN B-2013-328-1/1

休闲绿皮书
2017～2018年中国休闲发展报告
著(编)者：宋瑞　2018年7月出版 / 估价：99.00元
PSN G-2010-158-1/1

休闲体育蓝皮书
中国休闲体育发展报告（2017～2018）
著(编)者：李相如 钟秉枢
2018年10月出版 / 估价：99.00元
PSN B-2016-516-1/1

养老金融蓝皮书
中国养老金融发展报告（2018）
著(编)者：董克用 姚余栋
2018年9月出版 / 估价：99.00元
PSN B-2016-583-1/1

遥感监测绿皮书
中国可持续发展遥感监测报告（2017）
著(编)者：顾行发 汪克强 潘教峰 李闽榕 徐东华 王琦安
2018年6月出版 / 估价：298.00元
PSN B-2017-629-1/1

药品流通蓝皮书
中国药品流通行业发展报告（2018）
著(编)者：佘鲁林 温再兴
2018年7月出版 / 估价：198.00元
PSN B-2014-429-1/1

医疗器械蓝皮书
中国医疗器械行业发展报告（2018）
著(编)者：王宝亭 耿鸿武
2018年10月出版 / 估价：99.00元
PSN B-2017-661-1/1

医院蓝皮书
中国医院竞争力报告（2017~2018）
著(编)者：庄一强　2018年3月出版 / 定价：108.00元
PSN B-2016-528-1/1

瑜伽蓝皮书
中国瑜伽业发展报告（2017~2018）
著(编)者：张永建 徐华锋 朱泰余
2018年6月出版 / 估价：198.00元
PSN B-2017-625-1/1

债券市场蓝皮书
中国债券市场发展报告（2017～2018）
著(编)者：杨农　2018年10月出版 / 估价：99.00元
PSN B-2016-572-1/1

志愿服务蓝皮书
中国志愿服务发展报告（2018）
著(编)者：中国志愿服务联合会
2018年11月出版 / 估价：99.00元
PSN B-2017-664-1/1

中国上市公司蓝皮书
中国上市公司发展报告（2018）
著(编)者：张鹏 张平 黄胤英
2018年9月出版 / 估价：99.00元
PSN B-2014-414-1/1

中国新三板蓝皮书
中国新三板创新与发展报告（2018）
著(编)者：刘平安 闻召林
2018年8月出版 / 估价：158.00元
PSN B-2017-638-1/1

中国汽车品牌蓝皮书
中国乘用车品牌发展报告（2017）
著(编)者：《中国汽车报》社有限公司
博世（中国）投资有限公司
中国汽车技术研究中心数据资源中心
2018年1月出版 / 定价：89.00元
PSN B-2017-679-1/1

中医文化蓝皮书
北京中医药文化传播发展报告（2018）
著(编)者：毛嘉陵　2018年6月出版 / 估价：99.00元
PSN B-2015-468-1/2

中医文化蓝皮书
中国中医药文化传播发展报告（2018）
著(编)者：毛嘉陵　2018年7月出版 / 估价：99.00元
PSN B-2016-584-2/2

中医药蓝皮书
北京中医药知识产权发展报告No.2
著(编)者：汪洪 屠志涛　2018年6月出版 / 估价：168.00元
PSN B-2017-602-1/1

资本市场蓝皮书
中国场外交易市场发展报告（2016～2017）
著(编)者：高峦　2018年6月出版 / 估价：99.00元
PSN B-2009-153-1/1

资产管理蓝皮书
中国资产管理行业发展报告（2018）
著(编)者：郑智　2018年7月出版 / 估价：99.00元
PSN B-2014-407-2/2

资产证券化蓝皮书
中国资产证券化发展报告（2018）
著(编)者：沈炳熙 曹彤 李哲平
2018年4月出版 / 定价：98.00元
PSN B-2017-660-1/1

自贸区蓝皮书
中国自贸区发展报告（2018）
著(编)者：王力 黄育华
2018年6月出版 / 估价：99.00元
PSN B-2016-558-1/1

国际问题与全球治理类

“一带一路”跨境通道蓝皮书
“一带一路”跨境通道建设研究报（2017~2018）
著(编)者：余鑫 张秋生　2018年1月出版 / 定价：89.00元
PSN B-2016-557-1/1

“一带一路”蓝皮书
“一带一路”建设发展报告（2018）
著(编)者：李永全　2018年3月出版 / 定价：98.00元
PSN B-2016-552-1/1

“一带一路”投资安全蓝皮书
中国“一带一路”投资与安全研究报告（2018）
著(编)者：邹统钎 梁昊光　2018年4月出版 / 定价：98.00元
PSN B-2017-612-1/1

“一带一路”文化交流蓝皮书
中阿文化交流发展报告（2017）
著(编)者：王辉　2017年12月出版 / 定价：89.00元
PSN B-2017-655-1/1

G20国家创新竞争力黄皮书
二十国集团（G20）国家创新竞争力发展报告（2017~2018）
著(编)者：李建平 李闽榕 赵新力 周天勇
2018年7月出版 / 估价：168.00元
PSN Y-2011-229-1/1

阿拉伯黄皮书
阿拉伯发展报告（2016~2017）
著(编)者：罗林　2018年6月出版 / 估价：99.00元
PSN Y-2014-381-1/1

北部湾蓝皮书
泛北部湾合作发展报告（2017~2018）
著(编)者：吕余生　2018年12月出版 / 估价：99.00元
PSN B-2008-114-1/1

北极蓝皮书
北极地区发展报告（2017）
著(编)者：刘惠荣　2018年7月出版 / 估价：99.00元
PSN B-2017-634-1/1

大洋洲蓝皮书
大洋洲发展报告（2017~2018）
著(编)者：喻常森　2018年10月出版 / 估价：99.00元
PSN B-2013-341-1/1

东北亚区域合作蓝皮书
2017年“一带一路”倡议与东北亚区域合作
著(编)者：刘亚政 金美花
2018年5月出版 / 估价：99.00元
PSN B-2017-631-1/1

东盟黄皮书
东盟发展报告（2017）
著(编)者：杨静林 庄国土　2018年6月出版 / 估价：99.00元
PSN Y-2012-303-1/1

东南亚蓝皮书
东南亚地区发展报告（2017~2018）
著(编)者：王勤　2018年12月出版 / 估价：99.00元
PSN B-2012-240-1/1

非洲黄皮书
非洲发展报告No.20（2017~2018）
著(编)者：张宏明　2018年7月出版 / 估价：99.00元
PSN Y-2012-239-1/1

非传统安全蓝皮书
中国非传统安全研究报告（2017~2018）
著(编)者：潇枫 罗中枢　2018年8月出版 / 估价：99.00元
PSN B-2012-273-1/1

国际安全蓝皮书
中国国际安全研究报告（2018）
著(编)者：刘慧　2018年7月出版 / 估价：99.00元
PSN B-2016-521-1/1

国际城市蓝皮书
国际城市发展报告（2018）
著(编)者：屠启宇　2018年2月出版 / 定价：89.00元
PSN B-2012-260-1/1

国际形势黄皮书
全球政治与安全报告（2018）
著(编)者：张宇燕　2018年1月出版 / 定价：99.00元
PSN Y-2001-016-1/1

公共外交蓝皮书
中国公共外交发展报告（2018）
著(编)者：赵启正 雷蔚真　2018年6月出版 / 估价：99.00元
PSN B-2015-457-1/1

海丝蓝皮书
21世纪海上丝绸之路研究报告（2017）
著(编)者：华侨大学海上丝绸之路研究院
2017年12月出版 / 定价：89.00元
PSN B-2017-684-1/1

金砖国家黄皮书
金砖国家综合创新竞争力发展报告（2018）
著(编)者：赵新力 李闽榕 黄茂兴
2018年8月出版 / 估价：128.00元
PSN Y-2017-643-1/1

拉美黄皮书
拉丁美洲和加勒比发展报告（2017~2018）
著(编)者：袁东振　2018年6月出版 / 估价：99.00元
PSN Y-1999-007-1/1

澜湄合作蓝皮书
澜沧江-湄公河合作发展报告（2018）
著(编)者：刘稚　2018年9月出版 / 估价：99.00元
PSN B-2011-196-1/1

欧洲蓝皮书
欧洲发展报告（2017～2018）
著(编)者：黄平 周弘 程卫东
2018年6月出版 / 估价：99.00元
PSN B-1999-009-1/1

葡语国家蓝皮书
葡语国家发展报告（2016～2017）
著(编)者：王成安 张敏 刘金兰
2018年6月出版 / 估价：99.00元
PSN B-2015-503-1/2

葡语国家蓝皮书
中国与葡语国家关系发展报告·巴西（2016）
著(编)者：张曙光
2018年8月出版 / 估价：99.00元
PSN B-2016-563-2/2

气候变化绿皮书
应对气候变化报告（2018）
著(编)者：王伟光 郑国光
2018年11月出版 / 估价：99.00元
PSN G-2009-144-1/1

全球环境竞争力绿皮书
全球环境竞争力报告（2018）
著(编)者：李建平 李闽榕 王金南
2018年12月出版 / 估价：198.00元
PSN G-2013-363-1/1

全球信息社会蓝皮书
全球信息社会发展报告（2018）
著(编)者：丁波涛 唐涛 2018年10月出版 / 估价：99.00元
PSN B-2017-665-1/1

日本经济蓝皮书
日本经济与中日经贸关系研究报告（2018）
著(编)者：张季风 2018年6月出版 / 估价：99.00元
PSN B-2008-102-1/1

上海合作组织黄皮书
上海合作组织发展报告（2018）
著(编)者：李进峰 2018年6月出版 / 估价：99.00元
PSN Y-2009-130-1/1

世界创新竞争力黄皮书
世界创新竞争力发展报告（2017）
著(编)者：李建平 李闽榕 赵新力
2018年6月出版 / 估价：168.00元
PSN Y-2013-318-1/1

世界经济黄皮书
2018年世界经济形势分析与预测
著(编)者：张宇燕 2018年1月出版 / 定价：99.00元
PSN Y-1999-006-1/1

世界能源互联互通蓝皮书
世界能源清洁发展与互联互通评估报告（2017）：欧洲篇
著(编)者：国网能源研究院
2018年1月出版 / 定价：128.00元
PSN B-2018-695-1/1

丝绸之路蓝皮书
丝绸之路经济带发展报告（2018）
著(编)者：任宗哲 白宽犁 谷孟宾
2018年1月出版 / 定价：89.00元
PSN B-2014-410-1/1

新兴经济体蓝皮书
金砖国家发展报告（2018）
著(编)者：林跃勤 周文
2018年8月出版 / 估价：99.00元
PSN B-2011-195-1/1

亚太蓝皮书
亚太地区发展报告（2018）
著(编)者：李向阳 2018年5月出版 / 估价：99.00元
PSN B-2001-015-1/1

印度洋地区蓝皮书
印度洋地区发展报告（2018）
著(编)者：汪戎 2018年6月出版 / 估价：99.00元
PSN B-2013-334-1/1

印度尼西亚经济蓝皮书
印度尼西亚经济发展报告（2017）：增长与机会
著(编)者：左志刚 2017年11月出版 / 定价：89.00元
PSN B-2017-675-1/1

渝新欧蓝皮书
渝新欧沿线国家发展报告（2018）
著(编)者：杨柏 黄森
2018年6月出版 / 估价：99.00元
PSN B-2017-626-1/1

中阿蓝皮书
中国-阿拉伯国家经贸发展报告（2018）
著(编)者：张廉 段庆林 王林聪 杨巧红
2018年12月出版 / 估价：99.00元
PSN B-2016-598-1/1

中东黄皮书
中东发展报告No.20（2017～2018）
著(编)者：杨光 2018年10月出版 / 估价：99.00元
PSN Y-1998-004-1/1

中亚黄皮书
中亚国家发展报告（2018）
著(编)者：孙力
2018年3月出版 / 定价：98.00元
PSN Y-2012-238-1/1

国别类

澳大利亚蓝皮书
澳大利亚发展报告（2017-2018）
著(编)者：孙有中 韩锋　2018年12月出版 / 估价：99.00元
PSN B-2016-587-1/1

巴西黄皮书
巴西发展报告（2017）
著(编)者：刘国枝　2018年5月出版 / 估价：99.00元
PSN Y-2017-614-1/1

德国蓝皮书
德国发展报告（2018）
著(编)者：郑春荣　2018年6月出版 / 估价：99.00元
PSN B-2012-278-1/1

俄罗斯黄皮书
俄罗斯发展报告（2018）
著(编)者：李永全　2018年6月出版 / 估价：99.00元
PSN Y-2006-061-1/1

韩国蓝皮书
韩国发展报告（2017）
著(编)者：牛林杰 刘宝全　2018年6月出版 / 估价：99.00元
PSN B-2010-155-1/1

加拿大蓝皮书
加拿大发展报告（2018）
著(编)者：唐小松　2018年9月出版 / 估价：99.00元
PSN B-2014-389-1/1

美国蓝皮书
美国研究报告（2018）
著(编)者：郑秉文 黄平　2018年5月出版 / 估价：99.00元
PSN B-2011-210-1/1

缅甸蓝皮书
缅甸国情报告（2017）
著(编)者：祝湘辉
2017年11月出版 / 定价：98.00元
PSN B-2013-343-1/1

日本蓝皮书
日本研究报告（2018）
著(编)者：杨伯江　2018年4月出版 / 定价：99.00元
PSN B-2002-020-1/1

土耳其蓝皮书
土耳其发展报告（2018）
著(编)者：郭长刚 刘义　2018年9月出版 / 估价：99.00元
PSN B-2014-412-1/1

伊朗蓝皮书
伊朗发展报告（2017～2018）
著(编)者：冀开运　2018年10月 / 估价：99.00元
PSN B-2016-574-1/1

以色列蓝皮书
以色列发展报告（2018）
著(编)者：张倩红　2018年8月出版 / 估价：99.00元
PSN B-2015-483-1/1

印度蓝皮书
印度国情报告（2017）
著(编)者：吕昭义　2018年6月出版 / 估价：99.00元
PSN B-2012-241-1/1

英国蓝皮书
英国发展报告（2017～2018）
著(编)者：王展鹏　2018年12月出版 / 估价：99.00元
PSN B-2015-486-1/1

越南蓝皮书
越南国情报告（2018）
著(编)者：谢林城　2018年11月出版 / 估价：99.00元
PSN B-2006-056-1/1

泰国蓝皮书
泰国研究报告（2018）
著(编)者：庄国土 张禹东　刘文正
2018年10月出版 / 估价：99.00元
PSN B-2016-556-1/1

文化传媒类

“三农”舆情蓝皮书
中国“三农”网络舆情报告（2017～2018）
著(编)者：农业部信息中心
2018年6月出版 / 估价：99.00元
PSN B-2017-640-1/1

传媒竞争力蓝皮书
中国传媒国际竞争力研究报告（2018）
著(编)者：李本乾 刘强 王大可
2018年8月出版 / 估价：99.00元
PSN B-2013-356-1/1

传媒蓝皮书
中国传媒产业发展报告（2018）
著(编)者：崔保国
2018年5月出版 / 估价：99.00元
PSN B-2005-035-1/1

传媒投资蓝皮书
中国传媒投资发展报告（2018）
著(编)者：张向东 谭云明
2018年6月出版 / 估价：148.00元
PSN B-2015-474-1/1

非物质文化遗产蓝皮书
中国非物质文化遗产发展报告（2018）
著(编)者：陈平　2018年6月出版 / 估价：128.00元
PSN B-2015-469-1/2

非物质文化遗产蓝皮书
中国非物质文化遗产保护发展报告（2018）
著(编)者：宋俊华　2018年10月出版 / 估价：128.00元
PSN B-2016-586-2/2

广电蓝皮书
中国广播电影电视发展报告（2018）
著(编)者：国家新闻出版广电总局发展研究中心
2018年7月出版 / 估价：99.00元
PSN B-2006-072-1/1

广告主蓝皮书
中国广告主营销传播趋势报告No.9
著(编)者：黄升民 杜国清 邵华冬 等
2018年10月出版 / 估价：158.00元
PSN B-2005-041-1/1

国际传播蓝皮书
中国国际传播发展报告（2018）
著(编)者：胡正荣 李继东 姬德强
2018年12月出版 / 估价：99.00元
PSN B-2014-408-1/1

国家形象蓝皮书
中国国家形象传播报告（2017）
著(编)者：张昆　2018年6月出版 / 估价：128.00元
PSN B-2017-605-1/1

互联网治理蓝皮书
中国网络社会治理研究报告（2018）
著(编)者：罗昕 支庭荣
2018年9月出版 / 估价：118.00元
PSN B-2017-653-1/1

纪录片蓝皮书
中国纪录片发展报告（2018）
著(编)者：何苏六　2018年10月出版 / 估价：99.00元
PSN B-2011-222-1/1

科学传播蓝皮书
中国科学传播报告（2016~2017）
著(编)者：詹正茂　2018年6月出版 / 估价：99.00元
PSN B-2008-120-1/1

两岸创意经济蓝皮书
两岸创意经济研究报告（2018）
著(编)者：罗昌智 董泽平
2018年10月出版 / 估价：99.00元
PSN B-2014-437-1/1

媒介与女性蓝皮书
中国媒介与女性发展报告（2017~2018）
著(编)者：刘利群　2018年5月出版 / 估价：99.00元
PSN B-2013-345-1/1

媒体融合蓝皮书
中国媒体融合发展报告（2017~2018）
著(编)者：梅宁华 支庭荣
2017年12月出版 / 定价：98.00元
PSN B-2015-479-1/1

全球传媒蓝皮书
全球传媒发展报告（2017~2018）
著(编)者：胡正荣 李继东　2018年6月出版 / 估价：99.00元
PSN B-2012-237-1/1

少数民族非遗蓝皮书
中国少数民族非物质文化遗产发展报告（2018）
著(编)者：肖远平（彝） 柴立（满）
2018年10月出版 / 估价：118.00元
PSN B-2015-467-1/1

视听新媒体蓝皮书
中国视听新媒体发展报告（2018）
著(编)者：国家新闻出版广电总局发展研究中心
2018年7月出版 / 估价：118.00元
PSN B-2011-184-1/1

数字娱乐产业蓝皮书
中国动画产业发展报告（2018）
著(编)者：孙立军 孙平 牛兴侦
2018年10月出版 / 估价：99.00元
PSN B-2011-198-1/2

数字娱乐产业蓝皮书
中国游戏产业发展报告（2018）
著(编)者：孙立军 刘跃军　2018年10月出版 / 估价：99.00元
PSN B-2017-662-2/2

网络视听蓝皮书
中国互联网视听行业发展报告（2018）
著(编)者：陈鹏　2018年2月出版 / 定价：148.00元
PSN B-2018-688-1/1

文化创新蓝皮书
中国文化创新报告（2017·No.8）
著(编)者：傅才武　2018年6月出版 / 估价：99.00元
PSN B-2009-143-1/1

文化建设蓝皮书
中国文化发展报告（2018）
著(编)者：江畅 孙伟平 戴茂堂
2018年5月出版 / 估价：99.00元
PSN B-2014-392-1/1

文化科技蓝皮书
文化科技创新发展报告（2018）
著(编)者：于平 李凤亮　2018年10月出版 / 估价：99.00元
PSN B-2013-342-1/1

文化蓝皮书
中国公共文化服务发展报告（2017~2018）
著(编)者：刘新成 张永新 张旭
2018年12月出版 / 估价：99.00元
PSN B-2007-093-2/10

文化蓝皮书
中国少数民族文化发展报告（2017~2018）
著(编)者：武翠英 张晓明 任乌晶
2018年9月出版 / 估价：99.00元
PSN B-2013-369-9/10

文化蓝皮书
中国文化产业供需协调检测报告（2018）
著(编)者：王亚南　2018年3月出版 / 定价：99.00元
PSN B-2013-323-8/10

文化蓝皮书
中国文化消费需求景气评价报告（2018）
著(编)者：王亚南　2018年3月出版 / 定价：99.00元
PSN B-2011-236-4/10

文化蓝皮书
中国公共文化投入增长测评报告（2018）
著(编)者：王亚南　2018年3月出版 / 定价：99.00元
PSN B-2014-435-10/10

文化品牌蓝皮书
中国文化品牌发展报告（2018）
著(编)者：欧阳友权　2018年5月出版 / 估价：99.00元
PSN B-2012-277-1/1

文化遗产蓝皮书
中国文化遗产事业发展报告（2017~2018）
著(编)者：苏杨 张颖岚 卓杰 白海峰 陈晨 陈叙图
2018年8月出版 / 估价：99.00元
PSN B-2008-119-1/1

文学蓝皮书
中国文情报告（2017~2018）
著(编)者：白烨　2018年5月出版 / 估价：99.00元
PSN B-2011-221-1/1

新媒体蓝皮书
中国新媒体发展报告No.9（2018）
著(编)者：唐绪军　2018年7月出版 / 估价：99.00元
PSN B-2010-169-1/1

新媒体社会责任蓝皮书
中国新媒体社会责任研究报告（2018）
著(编)者：钟瑛　2018年12月出版 / 估价：99.00元
PSN B-2014-423-1/1

移动互联网蓝皮书
中国移动互联网发展报告（2018）
著(编)者：余清楚　2018年6月出版 / 估价：99.00元
PSN B-2012-282-1/1

影视蓝皮书
中国影视产业发展报告（2018）
著(编)者：司若 陈鹏 陈锐
2018年6月出版 / 估价：99.00元
PSN B-2016-529-1/1

舆情蓝皮书
中国社会舆情与危机管理报告（2018）
著(编)者：谢耘耕
2018年9月出版 / 估价：138.00元
PSN B-2011-235-1/1

中国大运河蓝皮书
中国大运河发展报告（2018）
著(编)者：吴欣　2018年2月出版 / 估价：128.00元
PSN B-2018-691-1/1

地方发展类-经济

澳门蓝皮书
澳门经济社会发展报告（2017~2018）
著(编)者：吴志良 郝雨凡
2018年7月出版 / 估价：99.00元
PSN B-2009-138-1/1

澳门绿皮书
澳门旅游休闲发展报告（2017~2018）
著(编)者：郝雨凡 林广志
2018年5月出版 / 估价：99.00元
PSN G-2017-617-1/1

北京蓝皮书
北京经济发展报告（2017~2018）
著(编)者：杨松　2018年6月出版 / 估价：99.00元
PSN B-2006-054-2/8

北京旅游绿皮书
北京旅游发展报告（2018）
著(编)者：北京旅游学会
2018年7月出版 / 估价：99.00元
PSN G-2012-301-1/1

北京体育蓝皮书
北京体育产业发展报告（2017~2018）
著(编)者：钟秉枢 陈杰 杨铁黎
2018年9月出版 / 估价：99.00元
PSN B-2015-475-1/1

滨海金融蓝皮书
滨海新区金融发展报告（2017）
著(编)者：王爱俭 李向前　2018年4月出版 / 估价：99.00元
PSN B-2014-424-1/1

城乡一体化蓝皮书
北京城乡一体化发展报告（2017~2018）
著(编)者：吴宝新 张宝秀 黄序
2018年5月出版 / 估价：99.00元
PSN B-2012-258-2/2

非公有制企业社会责任蓝皮书
北京非公有制企业社会责任报告（2018）
著(编)者：宋贵伦 冯培
2018年6月出版 / 估价：99.00元
PSN B-2017-613-1/1

福建旅游蓝皮书
福建省旅游产业发展现状研究（2017~2018）
著(编)者：陈敏华 黄远水　2018年12月出版 / 估价：128.00元
PSN B-2016-591-1/1

福建自贸区蓝皮书
中国(福建)自由贸易试验区发展报告(2017~2018)
著(编)者：黄茂兴　2018年6月出版 / 估价：118.00元
PSN B-2016-531-1/1

甘肃蓝皮书
甘肃经济发展分析与预测（2018）
著(编)者：安文华 罗哲　2018年1月出版 / 定价：99.00元
PSN B-2013-312-1/6

甘肃蓝皮书
甘肃商贸流通发展报告（2018）
著(编)者：张应华 王福生 王晓芳
2018年1月出版 / 定价：99.00元
PSN B-2016-522-6/6

甘肃蓝皮书
甘肃县域和农村发展报告（2018）
著(编)者：包东红 朱智文 王建兵
2018年1月出版 / 定价：99.00元
PSN B-2013-316-5/6

甘肃农业科技绿皮书
甘肃农业科技发展研究报告（2018）
著(编)者：魏胜文 乔德华 张东伟
2018年12月出版 / 估价：198.00元
PSN B-2016-592-1/1

甘肃气象保障蓝皮书
甘肃农业对气候变化的适应与风险评估报告（No.1）
著(编)者：鲍文中 周广胜
2017年12月出版 / 定价：108.00元
PSN B-2017-677-1/1

巩义蓝皮书
巩义经济社会发展报告（2018）
著(编)者：丁同民 朱军　2018年6月出版 / 估价：99.00元
PSN B-2016-532-1/1

广东外经贸蓝皮书
广东对外经济贸易发展研究报告（2017～2018）
著(编)者：陈万灵　2018年6月出版 / 估价：99.00元
PSN B-2012-286-1/1

广西北部湾经济区蓝皮书
广西北部湾经济区开放开发报告（2017～2018）
著(编)者：广西壮族自治区北部湾经济区和东盟开放合作办公室
广西社会科学院
广西北部湾发展研究院
2018年5月出版 / 估价：99.00元
PSN B-2010-181-1/1

广州蓝皮书
广州城市国际化发展报告（2018）
著(编)者：张跃国　2018年8月出版 / 估价：99.00元
PSN B-2012-246-11/14

广州蓝皮书
中国广州城市建设与管理发展报告（2018）
著(编)者：张其学 陈小钢 王宏伟　2018年8月出版 / 估价：99.00元
PSN B-2007-087-4/14

广州蓝皮书
广州创新型城市发展报告（2018）
著(编)者：尹涛　2018年6月出版 / 估价：99.00元
PSN B-2012-247-12/14

广州蓝皮书
广州经济发展报告（2018）
著(编)者：张跃国 尹涛　2018年7月出版 / 估价：99.00元
PSN B-2005-040-1/14

广州蓝皮书
2018年中国广州经济形势分析与预测
著(编)者：魏明海 谢博能 李华
2018年6月出版 / 估价：99.00元
PSN B-2011-185-9/14

广州蓝皮书
中国广州科技创新发展报告（2018）
著(编)者：于欣伟 陈爽 邓佑满　2018年8月出版 / 估价：99.00元
PSN B-2006-065-2/14

广州蓝皮书
广州农村发展报告（2018）
著(编)者：朱名宏　2018年7月出版 / 估价：99.00元
PSN B-2010-167-8/14

广州蓝皮书
广州汽车产业发展报告（2018）
著(编)者：杨再高 冯兴亚　2018年7月出版 / 估价：99.00元
PSN B-2006-066-3/14

广州蓝皮书
广州商贸业发展报告（2018）
著(编)者：张跃国 陈杰 荀振英
2018年7月出版 / 估价：99.00元
PSN B-2012-245-10/14

贵阳蓝皮书
贵阳城市创新发展报告No.3（白云篇）
著(编)者：连玉明　2018年5月出版 / 估价：99.00元
PSN B-2015-491-3/10

贵阳蓝皮书
贵阳城市创新发展报告No.3（观山湖篇）
著(编)者：连玉明　2018年5月出版 / 估价：99.00元
PSN B-2015-497-9/10

贵阳蓝皮书
贵阳城市创新发展报告No.3（花溪篇）
著(编)者：连玉明　2018年5月出版 / 估价：99.00元
PSN B-2015-490-2/10

贵阳蓝皮书
贵阳城市创新发展报告No.3（开阳篇）
著(编)者：连玉明　2018年5月出版 / 估价：99.00元
PSN B-2015-492-4/10

贵阳蓝皮书
贵阳城市创新发展报告No.3（南明篇）
著(编)者：连玉明　2018年5月出版 / 估价：99.00元
PSN B-2015-496-8/10

贵阳蓝皮书
贵阳城市创新发展报告No.3（清镇篇）
著(编)者：连玉明　2018年5月出版 / 估价：99.00元
PSN B-2015-489-1/10

贵阳蓝皮书
贵阳城市创新发展报告No.3（乌当篇）
著(编)者：连玉明　2018年5月出版 / 估价：99.00元
PSN B-2015-495-7/10

贵阳蓝皮书
贵阳城市创新发展报告No.3（息烽篇）
著(编)者：连玉明　2018年5月出版 / 估价：99.00元
PSN B-2015-493-5/10

贵阳蓝皮书
贵阳城市创新发展报告No.3（修文篇）
著(编)者：连玉明　2018年5月出版 / 估价：99.00元
PSN B-2015-494-6/10

贵阳蓝皮书
贵阳城市创新发展报告No.3（云岩篇）
著(编)者：连玉明　2018年5月出版 / 估价：99.00元
PSN B-2015-498-10/10

贵州房地产蓝皮书
贵州房地产发展报告No.5（2018）
著(编)者：武廷方　2018年7月出版 / 估价：99.00元
PSN B-2014-426-1/1

贵州蓝皮书
贵州册亨经济社会发展报告（2018）
著(编)者：黄德林　2018年6月出版 / 估价：99.00元
PSN B-2016-525-8/9

贵州蓝皮书
贵州地理标志产业发展报告（2018）
著(编)者：李发耀 黄其松　2018年8月出版 / 估价：99.00元
PSN B-2017-646-10/10

贵州蓝皮书
贵安新区发展报告（2017~2018）
著(编)者：马长青 吴大华　2018年6月出版 / 估价：99.00元
PSN B-2015-459-4/10

贵州蓝皮书
贵州国家级开放创新平台发展报告（2017~2018）
著(编)者：申晓庆 吴大华 季泓
2018年11月出版 / 估价：99.00元
PSN B-2016-518-7/10

贵州蓝皮书
贵州国有企业社会责任发展报告（2017~2018）
著(编)者：郭丽　2018年12月出版 / 估价：99.00元
PSN B-2015-511-6/10

贵州蓝皮书
贵州民航业发展报告（2017）
著(编)者：申振东 吴大华　2018年6月出版 / 估价：99.00元
PSN B-2015-471-5/10

贵州蓝皮书
贵州民营经济发展报告（2017）
著(编)者：杨静 吴大华　2018年6月出版 / 估价：99.00元
PSN B-2016-530-9/9

杭州都市圈蓝皮书
杭州都市圈发展报告（2018）
著(编)者：洪庆华 沈翔　2018年4月出版 / 定价：98.00元
PSN B-2012-302-1/1

河北经济蓝皮书
河北省经济发展报告（2018）
著(编)者：马树强 金浩 张贵　2018年6月出版 / 估价：99.00元
PSN B-2014-380-1/1

河北蓝皮书
河北经济社会发展报告（2018）
著(编)者：康振海　2018年1月出版 / 定价：99.00元
PSN B-2014-372-1/3

河北蓝皮书
京津冀协同发展报告（2018）
著(编)者：陈璐　2017年12月出版 / 定价：79.00元
PSN B-2017-601-2/3

河南经济蓝皮书
2018年河南经济形势分析与预测
著(编)者：王世炎　2018年3月出版 / 定价：89.00元
PSN B-2007-086-1/1

河南蓝皮书
河南城市发展报告（2018）
著(编)者：张占仓 王建国　2018年5月出版 / 估价：99.00元
PSN B-2009-131-3/9

河南蓝皮书
河南工业发展报告（2018）
著(编)者：张占仓　2018年5月出版 / 估价：99.00元
PSN B-2013-317-5/9

河南蓝皮书
河南金融发展报告（2018）
著(编)者：喻新安 谷建全
2018年6月出版 / 估价：99.00元
PSN B-2014-390-7/9

河南蓝皮书
河南经济发展报告（2018）
著(编)者：张占仓 完世伟
2018年6月出版 / 估价：99.00元
PSN B-2010-157-4/9

河南蓝皮书
河南能源发展报告（2018）
著(编)者：国网河南省电力公司经济技术研究院
河南省社会科学院
2018年6月出版 / 估价：99.00元
PSN B-2017-607-9/9

河南商务蓝皮书
河南商务发展报告（2018）
著(编)者：焦锦淼 穆荣国　2018年5月出版 / 估价：99.00元
PSN B-2014-399-1/1

河南双创蓝皮书
河南创新创业发展报告（2018）
著(编)者：喻新安 杨雪梅
2018年8月出版 / 估价：99.00元
PSN B-2017-641-1/1

黑龙江蓝皮书
黑龙江经济发展报告（2018）
著(编)者：朱宇　2018年1月出版 / 定价：89.00元
PSN B-2011-190-2/2

湖南城市蓝皮书
区域城市群整合
著(编)者：童中贤 韩未名 2018年12月出版 / 估价：99.00元
PSN B-2006-064-1/1

湖南蓝皮书
湖南城乡一体化发展报告（2018）
著(编)者：陈文胜 王文强 陆福兴
2018年8月出版 / 估价：99.00元
PSN B-2015-477-8/8

湖南蓝皮书
2018年湖南电子政务发展报告
著(编)者：梁志峰 2018年5月出版 / 估价：128.00元
PSN B-2014-394-6/8

湖南蓝皮书
2018年湖南经济发展报告
著(编)者：卞鹰 2018年5月出版 / 估价：128.00元
PSN B-2011-207-2/8

湖南蓝皮书
2016年湖南经济展望
著(编)者：梁志峰 2018年5月出版 / 估价：128.00元
PSN B-2011-206-1/8

湖南蓝皮书
2018年湖南县域经济社会发展报告
著(编)者：梁志峰 2018年5月出版 / 估价：128.00元
PSN B-2014-395-7/8

湖南县域绿皮书
湖南县域发展报告（No.5）
著(编)者：袁准 周小毛 黎仁寅
2018年6月出版 / 估价：99.00元
PSN G-2012-274-1/1

沪港蓝皮书
沪港发展报告（2018）
著(编)者：尤安山 2018年9月出版 / 估价：99.00元
PSN B-2013-362-1/1

吉林蓝皮书
2018年吉林经济社会形势分析与预测
著(编)者：邵汉明 2017年12月出版 / 定价：89.00元
PSN B-2013-319-1/1

吉林省城市竞争力蓝皮书
吉林省城市竞争力报告（2017~2018）
著(编)者：崔岳春 张磊
2018年3月出版 / 定价：89.00元
PSN B-2016-513-1/1

济源蓝皮书
济源经济社会发展报告（2018）
著(编)者：喻新安 2018年6月出版 / 估价：99.00元
PSN B-2014-387-1/1

江苏蓝皮书
2018年江苏经济发展分析与展望
著(编)者：王庆五 吴先满
2018年7月出版 / 估价：128.00元
PSN B-2017-635-1/3

江西蓝皮书
江西经济社会发展报告（2018）
著(编)者：陈石俊 龚建文 2018年10月出版 / 估价：128.00元
PSN B-2015-484-1/2

江西蓝皮书
江西设区市发展报告（2018）
著(编)者：姜玮 梁勇
2018年10月出版 / 估价：99.00元
PSN B-2016-517-2/2

经济特区蓝皮书
中国经济特区发展报告（2017）
著(编)者：陶一桃 2018年1月出版 / 估价：99.00元
PSN B-2009-139-1/1

辽宁蓝皮书
2018年辽宁经济社会形势分析与预测
著(编)者：梁启东 魏红江 2018年6月出版 / 估价：99.00元
PSN B-2006-053-1/1

民族经济蓝皮书
中国民族地区经济发展报告（2018）
著(编)者：李曦辉 2018年7月出版 / 估价：99.00元
PSN B-2017-630-1/1

南宁蓝皮书
南宁经济发展报告（2018）
著(编)者：胡建华 2018年9月出版 / 估价：99.00元
PSN B-2016-569-2/3

内蒙古蓝皮书
内蒙古精准扶贫研究报告（2018）
著(编)者：张志华 2018年1月出版 / 定价：89.00元
PSN B-2017-681-2/2

浦东新区蓝皮书
上海浦东经济发展报告（2018）
著(编)者：周小平 徐美芳
2018年1月出版 / 定价：89.00元
PSN B-2011-225-1/1

青海蓝皮书
2018年青海经济社会形势分析与预测
著(编)者：陈玮 2018年1月出版 / 定价：98.00元
PSN B-2012-275-1/2

青海科技绿皮书
青海科技发展报告（2017）
著(编)者：青海省科学技术信息研究所
2018年3月出版 / 定价：98.00元
PSN G-2018-701-1/1

山东蓝皮书
山东经济形势分析与预测（2018）
著(编)者：李广杰 2018年7月出版 / 估价：99.00元
PSN B-2014-404-1/5

山东蓝皮书
山东省普惠金融发展报告（2018）
著(编)者：齐鲁财富网
2018年9月出版 / 估价：99.00元
PSN B2017-676-5/5

山西蓝皮书
山西资源型经济转型发展报告（2018）
著(编)者：李志强　2018年7月出版 / 估价：99.00元
PSN B-2011-197-1/1

陕西蓝皮书
陕西经济发展报告（2018）
著(编)者：任宗哲 白宽犁 裴成荣
2018年1月出版 / 定价：89.00元
PSN B-2009-135-1/6

陕西蓝皮书
陕西精准脱贫研究报告（2018）
著(编)者：任宗哲 白宽犁 王建康
2018年4月出版 / 定价：89.00元
PSN B-2017-623-6/6

上海蓝皮书
上海经济发展报告（2018）
著(编)者：沈开艳　2018年2月出版 / 定价：89.00元
PSN B-2006-057-1/7

上海蓝皮书
上海资源环境发展报告（2018）
著(编)者：周冯琦 胡静　2018年2月出版 / 定价：89.00元
PSN B-2006-060-4/7

上海蓝皮书
上海奉贤经济发展分析与研判（2017～2018）
著(编)者：张兆安 朱平芳　2018年3月出版 / 定价：99.00元
PSN B-2018-698-8/8

上饶蓝皮书
上饶发展报告（2016～2017）
著(编)者：廖其志　2018年6月出版 / 估价：128.00元
PSN B-2014-377-1/1

深圳蓝皮书
深圳经济发展报告（2018）
著(编)者：张骁儒　2018年6月出版 / 估价：99.00元
PSN B-2008-112-3/7

四川蓝皮书
四川城镇化发展报告（2018）
著(编)者：侯水平 陈炜　2018年6月出版 / 估价：99.00元
PSN B-2015-456-7/7

四川蓝皮书
2018年四川经济形势分析与预测
著(编)者：杨钢　2018年1月出版 / 定价：158.00元
PSN B-2007-098-2/7

四川蓝皮书
四川企业社会责任研究报告（2017～2018）
著(编)者：侯水平 盛毅　2018年5月出版 / 估价：99.00元
PSN B-2014-386-4/7

四川蓝皮书
四川生态建设报告（2018）
著(编)者：李晟之　2018年5月出版 / 估价：99.00元
PSN B-2015-455-6/7

四川蓝皮书
四川特色小镇发展报告（2017）
著(编)者：吴志强　2017年11月出版 / 定价：89.00元
PSN B-2017-670-8/8

体育蓝皮书
上海体育产业发展报告（2017~2018）
著(编)者：张林 黄海燕
2018年10月出版 / 估价：99.00元
PSN B-2015-454-4/5

体育蓝皮书
长三角地区体育产业发展报（2017～2018）
著(编)者：张林　2018年6月出版 / 估价：99.00元
PSN B-2015-453-3/5

天津金融蓝皮书
天津金融发展报告（2018）
著(编)者：王爱俭 孔德昌
2018年5月出版 / 估价：99.00元
PSN B-2014-418-1/1

图们江区域合作蓝皮书
图们江区域合作发展报告（2018）
著(编)者：李铁　2018年6月出版 / 估价：99.00元
PSN B-2015-464-1/1

温州蓝皮书
2018年温州经济社会形势分析与预测
著(编)者：蒋儒标 王春光 金浩
2018年6月出版 / 估价：99.00元
PSN B-2008-105-1/1

西咸新区蓝皮书
西咸新区发展报告（2018）
著(编)者：李扬 王军
2018年6月出版 / 估价：99.00元
PSN B-2016-534-1/1

修武蓝皮书
修武经济社会发展报告（2018）
著(编)者：张占仓 袁凯声
2018年10月出版 / 估价：99.00元
PSN B-2017-651-1/1

偃师蓝皮书
偃师经济社会发展报告（2018）
著(编)者：张占仓 袁凯声 何武周
2018年7月出版 / 估价：99.00元
PSN B-2017-627-1/1

扬州蓝皮书
扬州经济社会发展报告（2018）
著(编)者：陈扬
2018年12月出版 / 估价：108.00元
PSN B-2011-191-1/1

长垣蓝皮书
长垣经济社会发展报告（2018）
著(编)者：张占仓 袁凯声 秦保建
2018年10月出版 / 估价：99.00元
PSN B-2017-654-1/1

遵义蓝皮书
遵义发展报告（2018）
著(编)者：邓彦 曾征 龚永育
2018年9月出版 / 估价：99.00元
PSN B-2014-433-1/1

地方发展类-社会

安徽蓝皮书
安徽社会发展报告（2018）
著(编)者：程桦　2018年6月出版 / 估价：99.00元
PSN B-2013-325-1/1

安徽社会建设蓝皮书
安徽社会建设分析报告（2017～2018）
著(编)者：黄家海 蔡宪
2018年11月出版 / 估价：99.00元
PSN B-2013-322-1/1

北京蓝皮书
北京公共服务发展报告（2017～2018）
著(编)者：施昌奎　2018年6月出版 / 估价：99.00元
PSN B-2008-103-7/8

北京蓝皮书
北京社会发展报告（2017～2018）
著(编)者：李伟东
2018年7月出版 / 估价：99.00元
PSN B-2006-055-3/8

北京蓝皮书
北京社会治理发展报告（2017～2018）
著(编)者：殷星辰　2018年7月出版 / 估价：99.00元
PSN B-2014-391-8/8

北京律师蓝皮书
北京律师发展报告 No.4（2018）
著(编)者：王隽　2018年12月出版 / 估价：99.00元
PSN B-2011-217-1/1

北京人才蓝皮书
北京人才发展报告（2018）
著(编)者：敏华　2018年12月出版 / 估价：128.00元
PSN B-2011-201-1/1

北京社会心态蓝皮书
北京社会心态分析报告（2017～2018）
北京市社会心理服务促进中心
2018年10月出版 / 估价：99.00元
PSN B-2014-422-1/1

北京社会组织管理蓝皮书
北京社会组织发展与管理（2018）
著(编)者：黄江松
2018年6月出版 / 估价：99.00元
PSN B-2015-446-1/1

北京养老产业蓝皮书
北京居家养老发展报告（2018）
著(编)者：陆杰华 周明明
2018年8月出版 / 估价：99.00元
PSN B-2015-465-1/1

法治蓝皮书
四川依法治省年度报告No.4（2018）
著(编)者：李林 杨天宗 田禾
2018年3月出版 / 定价：118.00元
PSN B-2015-447-2/3

福建妇女发展蓝皮书
福建省妇女发展报告（2018）
著(编)者：刘群英　2018年11月出版 / 估价：99.00元
PSN B-2011-220-1/1

甘肃蓝皮书
甘肃社会发展分析与预测（2018）
著(编)者：安文华 谢增虎 包晓霞
2018年1月出版 / 定价：99.00元
PSN B-2013-313-2/6

广东蓝皮书
广东全面深化改革研究报告（2018）
著(编)者：周林生 涂成林
2018年12月出版 / 估价：99.00元
PSN B-2015-504-3/3

广东蓝皮书
广东社会工作发展报告（2018）
著(编)者：罗观翠　2018年6月出版 / 估价：99.00元
PSN B-2014-402-2/3

广州蓝皮书
广州青年发展报告（2018）
著(编)者：徐柳 张强
2018年8月出版 / 估价：99.00元
PSN B-2013-352-13/14

广州蓝皮书
广州社会保障发展报告（2018）
著(编)者：张跃国　2018年8月出版 / 估价：99.00元
PSN B-2014-425-14/14

广州蓝皮书
2018年中国广州社会形势分析与预测
著(编)者：张强 郭志勇 何镜清
2018年6月出版 / 估价：99.00元
PSN B-2008-110-5/14

贵州蓝皮书
贵州法治发展报告（2018）
著(编)者：吴大华　2018年5月出版 / 估价：99.00元
PSN B-2012-254-2/10

贵州蓝皮书
贵州人才发展报告（2017）
著(编)者：于杰 吴大华
2018年9月出版 / 估价：99.00元
PSN B-2014-382-3/10

贵州蓝皮书
贵州社会发展报告（2018）
著(编)者：王兴骥　2018年6月出版 / 估价：99.00元
PSN B-2010-166-1/10

杭州蓝皮书
杭州妇女发展报告（2018）
著(编)者：魏颖
2018年10月出版 / 估价：99.00元
PSN B-2014-403-1/1

河北蓝皮书
河北法治发展报告（2018）
著(编)者：康振海　2018年6月出版 / 估价：99.00元
PSN B-2017-622-3/3

河北食品药品安全蓝皮书
河北食品药品安全研究报告（2018）
著(编)者：丁锦霞
2018年10月出版 / 估价：99.00元
PSN B-2015-473-1/1

河南蓝皮书
河南法治发展报告（2018）
著(编)者：张林海　2018年7月出版 / 估价：99.00元
PSN B-2014-376-6/9

河南蓝皮书
2018年河南社会形势分析与预测
著(编)者：牛苏林　2018年5月出版 / 估价：99.00元
PSN B-2005-043-1/9

河南民办教育蓝皮书
河南民办教育发展报告（2018）
著(编)者：胡大白　2018年9月出版 / 估价：99.00元
PSN B-2017-642-1/1

黑龙江蓝皮书
黑龙江社会发展报告（2018）
著(编)者：王爱丽　2018年1月出版 / 定价：89.00元
PSN B-2011-189-1/2

湖南蓝皮书
2018年湖南两型社会与生态文明建设报告
著(编)者：卞鹰　2018年5月出版 / 估价：128.00元
PSN B-2011-208-3/8

湖南蓝皮书
2018年湖南社会发展报告
著(编)者：卞鹰　2018年5月出版 / 估价：128.00元
PSN B-2014-393-5/8

健康城市蓝皮书
北京健康城市建设研究报告（2018）
著(编)者：王鸿春 盛继洪
2018年9月出版 / 估价：99.00元
PSN B-2015-460-1/2

江苏法治蓝皮书
江苏法治发展报告No.6（2017）
著(编)者：蔡道通 龚廷泰
2018年8月出版 / 估价：99.00元
PSN B-2012-290-1/1

江苏蓝皮书
2018年江苏社会发展分析与展望
著(编)者：王庆五 刘旺洪
2018年8月出版 / 估价：128.00元
PSN B-2017-636-2/3

民族教育蓝皮书
中国民族教育发展报告（2017·内蒙古卷）
著(编)者：陈中永
2017年12月出版 / 定价：198.00元
PSN B-2017-669-1/1

南宁蓝皮书
南宁法治发展报告（2018）
著(编)者：杨维超　2018年12月出版 / 估价：99.00元
PSN B-2015-509-1/3

南宁蓝皮书
南宁社会发展报告（2018）
著(编)者：胡建华　2018年10月出版 / 估价：99.00元
PSN B-2016-570-3/3

内蒙古蓝皮书
内蒙古反腐倡廉建设报告 No.2
著(编)者：张志华　2018年6月出版 / 估价：99.00元
PSN B-2013-365-1/1

青海蓝皮书
2018年青海人才发展报告
著(编)者：王宇燕　2018年9月出版 / 估价：99.00元
PSN B-2017-650-2/2

青海生态文明建设蓝皮书
青海生态文明建设报告（2018）
著(编)者：张西明 高华　2018年12月出版 / 估价：99.00元
PSN B-2016-595-1/1

人口与健康蓝皮书
深圳人口与健康发展报告（2018）
著(编)者：陆杰华 傅崇辉
2018年11月出版 / 估价：99.00元
PSN B-2011-228-1/1

山东蓝皮书
山东社会形势分析与预测（2018）
著(编)者：李善峰　2018年6月出版 / 估价：99.00元
PSN B-2014-405-2/5

陕西蓝皮书
陕西社会发展报告（2018）
著(编)者：任宗哲 白宽犁 牛昉
2018年1月出版 / 定价：89.00元
PSN B-2009-136-2/6

上海蓝皮书
上海法治发展报告（2018）
著(编)者：叶必丰　2018年9月出版 / 估价：99.00元
PSN B-2012-296-6/7

上海蓝皮书
上海社会发展报告（2018）
著(编)者：杨雄 周海旺
2018年2月出版 / 定价：89.00元
PSN B-2006-058-2/7

社会建设蓝皮书
2018年北京社会建设分析报告
著(编)者：宋贵伦 冯虹　2018年9月出版 / 估价：99.00元
PSN B-2010-173-1/1

深圳蓝皮书
深圳法治发展报告（2018）
著(编)者：张骁儒　2018年6月出版 / 估价：99.00元
PSN B-2015-470-6/7

深圳蓝皮书
深圳劳动关系发展报告（2018）
著(编)者：汤庭芬　2018年8月出版 / 估价：99.00元
PSN B-2007-097-2/7

深圳蓝皮书
深圳社会治理与发展报告（2018）
著(编)者：张骁儒　2018年6月出版 / 估价：99.00元
PSN B-2008-113-4/7

生态安全绿皮书
甘肃国家生态安全屏障建设发展报告（2018）
著(编)者：刘举科 喜文华
2018年10月出版 / 估价：99.00元
PSN G-2017-659-1/1

顺义社会建设蓝皮书
北京市顺义区社会建设发展报告（2018）
著(编)者：王学武　2018年9月出版 / 估价：99.00元
PSN B-2017-658-1/1

四川蓝皮书
四川法治发展报告（2018）
著(编)者：郑泰安　2018年6月出版 / 估价：99.00元
PSN B-2015-441-5/7

四川蓝皮书
四川社会发展报告（2018）
著(编)者：李羚　2018年6月出版 / 估价：99.00元
PSN B-2008-127-3/7

四川社会工作与管理蓝皮书
四川省社会工作人力资源发展报告（2017）
著(编)者：边慧敏　2017年12月出版 / 定价：89.00元
PSN B-2017-683-1/1

云南社会治理蓝皮书
云南社会治理年度报告（2017）
著(编)者：晏雄 韩全芳
2018年5月出版 / 估价：99.00元
PSN B-2017-667-1/1

地方发展类-文化

北京传媒蓝皮书
北京新闻出版广电发展报告（2017～2018）
著(编)者：王志　2018年11月出版 / 估价：99.00元
PSN B-2016-588-1/1

北京蓝皮书
北京文化发展报告（2017～2018）
著(编)者：李建盛　2018年5月出版 / 估价：99.00元
PSN B-2007-082-4/8

创意城市蓝皮书
北京文化创意产业发展报告（2018）
著(编)者：郭万超 张京成　2018年12月出版 / 估价：99.00元
PSN B-2012-263-1/7

创意城市蓝皮书
天津文化创意产业发展报告（2017～2018）
著(编)者：谢思全　2018年6月出版 / 估价：99.00元
PSN B-2016-536-7/7

创意城市蓝皮书
武汉文化创意产业发展报告（2018）
著(编)者：黄永林 陈汉桥　2018年12月出版 / 估价：99.00元
PSN B-2013-354-4/7

创意上海蓝皮书
上海文化创意产业发展报告（2017～2018）
著(编)者：王慧敏 王兴全　2018年8月出版 / 估价：99.00元
PSN B-2016-561-1/1

非物质文化遗产蓝皮书
广州市非物质文化遗产保护发展报告（2018）
著(编)者：宋俊华　2018年12月出版 / 估价：99.00元
PSN B-2016-589-1/1

甘肃蓝皮书
甘肃文化发展分析与预测（2018）
著(编)者：马廷旭 戚晓萍　2018年1月出版 / 定价：99.00元
PSN B-2013-314-3/6

甘肃蓝皮书
甘肃舆情分析与预测（2018）
著(编)者：王俊莲 张谦元　2018年1月出版 / 定价：99.00元
PSN B-2013-315-4/6

广州蓝皮书
中国广州文化发展报告（2018）
著(编)者：屈哨兵 陆志强　2018年6月出版 / 估价：99.00元
PSN B-2009-134-7/14

广州蓝皮书
广州文化创意产业发展报告（2018）
著(编)者：徐咏虹　2018年7月出版 / 估价：99.00元
PSN B-2008-111-6/14

海淀蓝皮书
海淀区文化和科技融合发展报告（2018）
著(编)者：陈名杰 孟景伟　2018年5月出版 / 估价：99.00元
PSN B-2013-329-1/1

河南蓝皮书
河南文化发展报告（2018）
著(编)者：卫绍生 2018年7月出版 / 估价：99.00元
PSN B-2008-106-2/9

湖北文化产业蓝皮书
湖北省文化产业发展报告（2018）
著(编)者：黄晓华 2018年9月出版 / 估价：99.00元
PSN B-2017-656-1/1

湖北文化蓝皮书
湖北文化发展报告（2017~2018）
著(编)者：湖北大学高等人文研究院
中华文化发展湖北省协同创新中心
2018年10月出版 / 估价：99.00元
PSN B-2016-566-1/1

江苏蓝皮书
2018年江苏文化发展分析与展望
著(编)者：王庆五 樊和平 2018年9月出版 / 估价：128.00元
PSN B-2017-637-3/3

江西文化蓝皮书
江西非物质文化遗产发展报告（2018）
著(编)者：张圣才 傅安平 2018年12月出版 / 估价：128.00元
PSN B-2015-499-1/1

洛阳蓝皮书
洛阳文化发展报告（2018）
著(编)者：刘福兴 陈启明 2018年7月出版 / 估价：99.00元
PSN B-2015-476-1/1

南京蓝皮书
南京文化发展报告（2018）
著(编)者：中共南京市委宣传部
2018年12月出版 / 估价：99.00元
PSN B-2014-439-1/1

宁波文化蓝皮书
宁波“一人一艺”全民艺术普及发展报告（2017）
著(编)者：张爱琴 2018年11月出版 / 估价：128.00元
PSN B-2017-668-1/1

山东蓝皮书
山东文化发展报告（2018）
著(编)者：涂可国 2018年5月出版 / 估价：99.00元
PSN B-2014-406-3/5

陕西蓝皮书
陕西文化发展报告（2018）
著(编)者：任宗哲 白宽犁 王长寿
2018年1月出版 / 定价：89.00元
PSN B-2009-137-3/6

上海蓝皮书
上海传媒发展报告（2018）
著(编)者：强荧 焦雨虹 2018年2月出版 / 定价：89.00元
PSN B-2012-295-5/7

上海蓝皮书
上海文学发展报告（2018）
著(编)者：陈圣来 2018年6月出版 / 估价：99.00元
PSN B-2012-297-7/7

上海蓝皮书
上海文化发展报告（2018）
著(编)者：荣跃明 2018年6月出版 / 估价：99.00元
PSN B-2006-059-3/7

深圳蓝皮书
深圳文化发展报告（2018）
著(编)者：张骁儒 2018年7月出版 / 估价：99.00元
PSN B-2016-554-7/7

四川蓝皮书
四川文化产业发展报告（2018）
著(编)者：向宝云 张立伟 2018年6月出版 / 估价：99.00元
PSN B-2006-074-1/7

郑州蓝皮书
2018年郑州文化发展报告
著(编)者：王哲 2018年9月出版 / 估价：99.00元
PSN B-2008-107-1/1

皮书起源

“皮书”起源于十七、十八世纪的英国，主要指官方或社会组织正式发表的重要文件或报告，多以“白皮书”命名。在中国，“皮书”这一概念被社会广泛接受，并被成功运作、发展成为一种全新的出版形态，则源于中国社会科学院社会科学文献出版社。

皮书定义

皮书是对中国与世界发展状况和热点问题进行年度监测，以专业的角度、专家的视野和实证研究方法，针对某一领域或区域现状与发展态势展开分析和预测，具备原创性、实证性、专业性、连续性、前沿性、时效性等特点的公开出版物，由一系列权威研究报告组成。

皮书作者

皮书系列的作者以中国社会科学院、著名高校、地方社会科学院的研究人员为主，多为国内一流研究机构的权威专家学者，他们的看法和观点代表了学界对中国与世界的现实和未来最高水平的解读与分析。

皮书荣誉

皮书系列已成为社会科学文献出版社的著名图书品牌和中国社会科学院的知名学术品牌。2016 年，皮书系列正式列入“十三五”国家重点出版规划项目；2013~2018 年，重点皮书列入中国社会科学院承担的国家哲学社会科学创新工程项目；2018 年，59 种院外皮书使用“中国社会科学院创新工程学术出版项目”标识。

中国皮书网

（网址：www.pishu.cn）

发布皮书研创资讯，传播皮书精彩内容
引领皮书出版潮流，打造皮书服务平台

栏目设置

关于皮书：何谓皮书、皮书分类、皮书大事记、皮书荣誉、
皮书出版第一人、皮书编辑部

最新资讯：通知公告、新闻动态、媒体聚焦、网站专题、视频直播、下载专区

皮书研创：皮书规范、皮书选题、皮书出版、皮书研究、研创团队

皮书评奖评价：指标体系、皮书评价、皮书评奖

互动专区：皮书说、社科数托邦、皮书微博、留言板

所获荣誉

2008 年、2011 年，中国皮书网均在全国新闻出版业网站荣誉评选中获得“最具商业价值网站”称号；

2012 年，获得“出版业网站百强”称号。

网库合一

2014 年，中国皮书网与皮书数据库端口合一，实现资源共享。

中国社会科学院创新工程学术出版资助项目

中国社会心态研究报告（2018）

ANNUAL REPORT ON SOCIAL MENTALITY OF CHINA (2018)

主　编／王俊秀
副主编／陈满琪

社会科学文献出版社
SOCIAL SCIENCES ACADEMIC PRESS (CHINA)

图书在版编目(CIP)数据

中国社会心态研究报告. 2018 / 王俊秀主编. - -北京：社会科学文献出版社，2018. 10
（社会心态蓝皮书）
ISBN 978 -7 -5201 -3635 -8

Ⅰ. ①中… Ⅱ. ①王… Ⅲ. ①社会心理 - 研究报告 - 中国 - 2018 Ⅳ. ①C912. 6

中国版本图书馆 CIP 数据核字（2018）第 233484 号

社会心态蓝皮书
中国社会心态研究报告（2018）

主　　编 / 王俊秀
副 主 编 / 陈满琪

出 版 人 / 谢寿光
项目统筹 / 吴　丹　邓泳红
责任编辑 / 吴　丹

出　　版 / 社会科学文献出版社 · 皮书出版分社（010）59367127
地址：北京市北三环中路甲 29 号院华龙大厦　邮编：100029
网址：www. ssap. com. cn
发　　行 / 市场营销中心（010）59367081　59367018
印　　装 / 三河市龙林印务有限公司

规　　格 / 开 本：787mm × 1092mm　1/16
印 张：25. 75　字 数：338 千字
版　　次 / 2018 年 10 月第 1 版　2018 年 10 月第 1 次印刷
书　　号 / ISBN 978 -7 -5201 -3635 -8
定　　价 / 128. 00 元

皮书序列号 / PSN B - 2011 - 199 - 1/1

本书如有印装质量问题，请与读者服务中心（010 - 59367028）联系

本年度社会心态蓝皮书
战略合作单位

智媒云图

中山大学传播与设计学院

本书是国家社会科学基金重大项目
“社会心理建设：社会治理的心理学路径”
（项目批准号：16ZDA231）
资助成果

社会心态蓝皮书编委会

本书作者

（按文序排列）

王俊秀　谭旭运　刘晓柳　张若玉　豆雪姣　董洪杰
陈满琪　吕小康　刘　颖　汪新建　张慧娟　张子睿
高文珺　李　原　武朋卓　张　跃　鹿梦颖　毕重增
应小萍　林仲轩　林　鸿　胡　慧　赖凯声　何凌南
张志安　聂　鑫　沈　菲　兰　天　马玉福　秦秀清
黄亮明

主要编撰者简介

王俊秀 男，内蒙古呼和浩特人。中国社会科学院研究生院发展社会学博士，中国社会科学院社会学研究所社会心理学研究室主任，社会心理学研究中心主任，研究员，博士生导师，国家社会科学基金重大项目“社会心理建设：社会治理的心理学路径”（项目批准号16ZDA231）首席专家。中国社会科学院国家治理智库研究员，中国社会科学院新媒体研究中心特聘研究员。中国社会心理学会副会长，环境心理学专业委员会、应用心理学专业委员会副主任，大数据网络心理学专业委员会主任。中国社会学会犯罪社会学专业委员会副会长。2008～2009年美国加州大学洛杉矶分校社会学系访问学者。主要研究领域：①社会心态，在《社会学研究》《社会》《社会学评论》《新华文摘》《中国社会科学文摘》《江苏社会科学》《社会科学战线》《光明日报》等学术报刊发表《社会心态：转型社会的社会心理研究》《社会心态的结构和指标体系》《作为社会心态能量的社会情绪》等二十余篇社会心态的论文和研究报告，出版了专著《社会心态理论：一种宏观社会心理学范式》（2014），合著《当代中国社会心态研究》（2013）；②监控社会，出版了专著《监控社会与个人隐私》（2007）；③风险社会，主要关注风险的社会认知，个人与社会视角下的风险防范，完成中国社会科学院国情调研重点课题“风险认知与风险行为策略——民众风险心态测量与调查”，主持2010年度国家社会科学基金项目“个人与社会关系视角下的公共风险规避与应对”；④汽车社会，主编汽车社会蓝皮书《中国汽车社会发展报告（2011）》《中国汽车社会发展报告（2012～2013）》。

陈满琪 女，福建泉州人。首都师范大学心理学系博士，中国社会科学院社会学研究所社会心理学研究中心副主任，副研究员，硕士生导师。2017 年斯坦福大学社会学系访问学者。主持完成中国社会科学院国情调研课题 1 项，主持国家社会科学基金青年项目“群体情绪、群体认同与行动倾向的关系研究”。参与中国社会科学院院重大课题、中国与挪威合作课题等多个项目，在《亚洲社会心理学》《心理科学》等国内外核心期刊上发表论文二十多篇。主要研究领域：①社会心态，包括情感分层和道德情绪，代表作为《情感分层的初步探讨》；②情绪心理学，包括群体情绪、社会情绪和情绪对决策的影响，代表作为“Priming Modernity and Work Experiences Strengthens the Association between Fairness/Harm Concerns and Anger”以及《群体情绪及其测量》。

摘　要

本书是中国社会科学院社会学研究所社会心理学研究中心“社会心态蓝皮书课题组”年度研究成果《中国社会心态研究报告》的第七本。本年度社会心态蓝皮书战略合作单位是智媒云图和中山大学传播与设计学院。参与本书撰写的专家来自中国社会科学院、中山大学、西南大学等科研机构、高等院校和专业调查机构。本书分为社会认知、社会情绪、社会价值观与社会认同、空间与社会流动和社会心态及培育五大部分。

在社会认知部分，本书描述了民众安全感、获得感和幸福感的现状及其影响因素，探讨了自我类别化对公平感的影响。结果显示：受访者对“安全的生活环境”“社会安定有序”“法制”当前获得感最强，且未来获得预期及项目重要性也较高。受访者对“民主”“公平”“满意的收入”当前获得体验和未来获得预期水平都相对较低，对“满意的收入”“公平”“稳定的工作”以及“高水平的医疗卫生服务”的综合评价较低。鉴于安全感、获得感和幸福感三者间均存在着显著相关，本书提出了防范民众生活风险提高安全感、满足民众迫切需要提高获得感、不断积累获得感渐进提升幸福感的三种路径以提升民众的安全感、获得感和幸福感。本书结果还显示：自我类别化会产生系统性偏差，自我类别化为弱势地位群体的受访者的公平感程度显著低于自我类别化为优势地位群体的受访者。

在社会情绪部分，本书关注了不同职业阶层情绪体验和医患社会情绪。结果显示：受访者的医患社会情绪总体上较为积极和正面，医患社会情绪整体呈现混合型情绪的特征。较之于患方，医方群体的整体情绪体验更为消极。

在社会价值观与社会认同部分，本书考察了社会价值取向和后物质主义价值观两个方面。结果表明："90 后"青年个体和现实层面社会价值观并不对等，他们自身普遍认可集体主义、人文关怀和权利平等的价值，但认为现实社会的价值取向欠缺人文关怀和权利平等。六成以上受访者偏物质主义价值取向，1/3 以上受访者偏后物质主义取向，"90 后"群体、"新一线"城市的受访者后物质主义价值观更高。职业层级越高、个人收入越高、教育程度越高、主观社会阶层评价越高的个体，更倾向于秉持后物质主义价值观。受访者认为国家发展目标的选择重点是发展经济、维持秩序的物质主义目标，而建设人性化的社会、政府决策中的话语权等后物质主义目标逐渐受到受访者的重视。

在空间与社会流动部分，本书探讨了主观流动感知、关系流动性和迁移者生活满意度。结果显示：受访者的主观流动感知以短距离、向上流动为主，主观流动感知为向上流动、流动幅度越大时，受访者体验到更高的民生获得感，生活质量评价更好，也表现出更积极的社会心态。迁移者生活满意度受益于荣誉价值认同，追求和实现荣誉对于日益流动化的社会来说是一个促进生活满意度的良好路径。城市网民性格具有鲜明的地域性特征，这对于建立城市网络治理体系和提高网络治理能力具有重要意义。

在社会心态及培育部分，本书考察了港澳社会心态，并对如何建构社会心理服务体系提供实践经验。本书结果表明，香港市民对"社会安全"维度的期望要高于"个人发展"维度，社会地位主观认知越高的群体对"社会安全"期望越高，香港市民的压力感最高，安全感次之，幸福感和公平感处于中等水平。中国内地现状与香港市民的理想期待和基本要求存在较大差异，加强内地与港澳的交流接触能够有效促进内地居民对香港和澳门的客观评价。

关键词：社会心态　安全感　获得感　幸福感　社会认知

目 录

Ⅰ 总报告

Ⅱ 社会认知

Ⅲ 社会情绪

Ⅳ　社会价值观与社会认同

Ⅴ　空间与社会流动

Ⅵ　社会心态及培育

皮书数据库阅读**使用指南**

总 报 告

General Report

B.1
民众安全感、获得感与幸福感的提升路径

王俊秀　谭旭运　刘晓柳*

摘　要： 本文分别采用中国社会科学院和中国人民大学的综合社会调查数据分析了10多年来全国居民安全感和幸福感的变化，用2017年社会心态调查数据分析了安全感和幸福感的现状和特点，并用2018年获得感调查数据分析了获得感的结构、现状和特点，通过社会心态调查和获得感调查的追踪样本分析了安全感、获得感和幸福感之间的关系，在此基础上提出要防范民众生活风险，全面增进安全感；满足民众的迫切需要，逐步

* 王俊秀，中国社会科学院社会学研究所社会心理学研究室主任，社会心理学研究中心主任，研究员，博士生导师，研究方向为社会心态、风险社会等；谭旭运，中国社会科学院社会学研究所助理研究员，博士，研究方向为社会心态、社会阶层认同与流动等；刘晓柳，心理学博士，中国社会科学院社会学研究所博士后，研究方向为心理健康、幸福感。

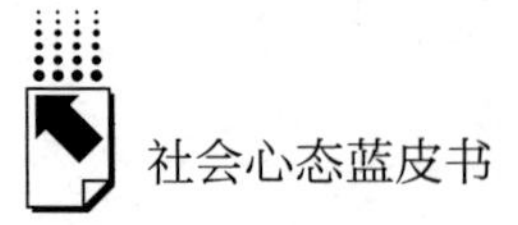

提高获得感；不断积累获得感，渐进提升幸福感。

关键词： 安全感 获得感 幸福感 社会心态

一 引言

2018 年是中国改革开放 40 周年。回顾过去 40 年中国社会的快速发展，中国经济取得了举世瞩目的成就，中国经济总量跃居世界第二；中国城镇化的速度惊人，短时间内国内崛起了规模惊人的现代都市群，城乡社会建设也取得了巨大成就；以高速公路、高速铁路为代表的快速交通缩短了空间的距离，增加了人们的流动性；中国的信息化程度在不断提高，互联网走入寻常百姓的生活。社会的快速变化在不同的时期带来不同的社会心态，中国民众在社会需要、社会认知、社会情绪、社会价值观等社会心态各方面都发生了显著变化。

2017 年，中国共产党的十九大报告提出，要不断满足人民日益增长的美好生活需要，促进社会公平正义，形成有效的社会治理、良好的社会秩序，使人民获得感、幸福感、安全感更加充实、更有保障、更可持续。过去的 40 年作为社会心态重要指标的安全感、获得感和幸福感都发生了怎样的变化，新的历史时期如何提升社会安全感、获得感和幸福感是值得关注的研究课题。本研究根据国内综合社会调查的数据、社会心态调查数据和获得感调查数据对于近年来安全感、获得感和幸福感的特点和变化进行分析，尝试从社会治理的角度寻找提升安全感、获得感和幸福感的有效路径。

本研究分别分析安全感和幸福感的变化和目前现状，反映变化的数据分别采用中国社会科学院社会学所的中国社会状况综合调查（CSS）和中国人民大学中国综合社会调查（CGSS），这些持续调查的数据可以看出近十几年安全感和幸福感的变化。现状数据采用我们研究团队 2017 年社会心态调查数据。由于获得感是一个新的概念，以往没有相关调查数据，这一调查采用我们研究团队 2017～2018 年对获得感基本概念建构、获得感量表编制和获得感现状调查的成果。需要说明的是，由于一般社会调查数据和我们的社会心态调查数据在抽样方法和调查工具、量表尺度上都存在差异，因此，研究中笔者分别分析安全感、幸福感变化数据和现状数据，前者主要看历年的变化趋势，后者主要看现状中各方面安全感、幸福感的差异，以及不同群体的安全感和幸福感。

二　安全感的概念、变化和现状

（一）安全感的概念

安全感（Security）是许多学科共同使用的概念，心理学认为安全感是个体的一种人格特质，犯罪学认为安全感是一种对犯罪的恐惧，社会学关注的是以集体焦虑和普遍的社会不安全感为标志的新的社会形态，即“风险社会”（王俊秀，2008）。作为社会心态指标之一的安全感，并不是作为一种人格特质，而是在一定社会环境下个体对于不确定性和不安全的感受，因此，所谓安全感更多强调的恰恰是不安全感（Insecurity）。

维尔（Vail，1999）认为，安全感或不安全感可以从个人、经济、社会、政治和环境等几个方面来描述，每个方面都像光谱的两极，分别代表安全和不安全。①个人安全感（或不安全感）是对健康，充足的食物，家庭、工作场所和社区等环境的安全（或不安全）的感受；②经济安全感（或不安全感）包括金融安全、工作安全，个人财产权利、土地使用和个人投资方面是否受到保护；③社会安全感（或不安全感）强调的是对政府提供的最低生活保障等社会保障水平的感受；④政治安全感（或不安全感）包括公共秩序是否得到保障，政治组织的合法性能否得到保护，国家安全与否等；⑤环境安全感（或不安全感）主要是指社会成员与自然环境之间相互作用产生的安全（或不安全）的感受。因此，笔者在2006年中国社会科学院社会学所“社会和谐稳定问题全国抽样调查”（也就是之后的CSS调查）负责安全感部分时借鉴了维尔（1999）的安全感分类，把安全感分为人身安全、财产安全、交通安全、医疗安全、食品安全、劳动安全和个人信息隐私安全。之后的CSS调查基本沿用了这些安全感的题目，这些安全感的题目也成为我们社会心态调查的保留题目。近年来，针对人们越来越关注环境问题而增加了环境安全的项目。

（二）安全感的变化趋势

表1为中国社会科学院社会学研究所中国社会状况综合调查（CSS）分别在2006年、2008年、2013年和2015年获得的安全感数据，其中生态环境安全感和总体社会安全感是2013年加入的题目①。安全感调查题目是“您觉得当前社会中以下方面的安全程度如何?”采用4点量表计分，1代表“很不安全”，2代表“不太安全”，3代表“比较安全”，4代表“很安全”。从表1中可以看到安全感各项历年的变化情况。

总体上看，财产安全感和人身安全感呈现微弱上升的趋势；交通安全感变化不大，仅2013年的调查结果略有下降；医疗安全感略有上升，但上升幅度不大；劳动安全感整体上呈现微弱的下降趋势，2013年的调查平均分最低；信息隐私安全感整体上呈现下降趋势，2013年和2015年的得分非常接近；食品安全感一直处于下降趋势，且下降幅度最大。

① 该调查采用多阶段复合抽样（Multistage Composed Sampling）的方法，即分县/市/区、居委会/村委会、居民户、居民4个阶段抽样，每个阶段采取不同的抽样方法和入户问卷访问方式，共访问了约1万名城乡居民。

表1　CSS 调查安全感历年得分

项目	2006 年	2008 年	2013 年	2015 年
财产安全感	2. 95	2. 98	3. 05	3. 07
人身安全感	3. 02	3. 04	3. 06	3. 08
交通安全感	2. 74	2. 74	2. 69	2. 74
医疗安全感	2. 73	2. 84	2. 84	2. 86
食品安全感	2. 68	2. 76	2. 35	2. 40
劳动安全感	2. 98	2. 97	2. 83	2. 90
信息隐私安全感	3. 09	3. 02	2. 70	2. 71
生态环境安全感	—	—	2. 71	2. 81
总体社会安全感	—	—	2. 84	2. 92

分别查看历年各项安全感得分发现，食品安全感是各项安全感中得分最低的，在 2006 年食品安全感与医疗安全感、交通安全感的得分接近，但到 2015 年已经差距很大；信息隐私安全感在 2006 年是最高的，但到了 2013 年就已经下降明显，和交通安全感接近，排在第三低的位置；人身安全感和财产安全感在历年的调查中都处在较高的水平；2013 年开始调查的生态环境安全感得分也不高。

（三）安全感的现状和特点

2016 年 8 月到 2017 年 4 月，社会心理学研究中心通过智媒云图（Intellvision）研发的问卷调研 App“问卷宝”进行了社会心态调查（CASS-Intellvision Social Mentality Survey 2017）[①]。安全感是这次社会

① 本次调查通过覆盖全国 346 个地级城市约 110 万人的在线样本库，根据地域按比例抽取用户推送问卷，共收回全部作答问卷 24364 份，经筛选最终得到有效成人问卷 22669 份，问卷有效率为 93. 04%。数据库中，男性样本 11840 人，占 52. 2%，女性样本 10829 人，占 47. 8%，性别比例与第六次全国人口普查数据（男性人口占 51. 27%，女性人口占 48. 73%）相比，男性比例略高，但没有显著差别。年龄范围是 18 ~ 70 岁，平均年龄在 27. 38 ± 8. 28 岁。

心态调查的一个内容，安全感的测量分为两部分，第一部分是对整体社会安全感的测量，使用 1 个题目，测量采用李克特式 7 点计分，要求被试者根据自己的感受评价对总体社会安全感的担心程度（1 = “非常担心”，7 = “非常不担心”）。样题包括：“评价总体上的社会安全状况。”第二部分是具体安全感，测量个体对具体各个方面社会安全感的担心程度，使用 8 个题目，测量采用李克特式 7 点计分，要求被试者根据自己的感受评价对各个社会安全方面的担心程度（1 = “非常担心”，7 = “非常不担心”）。由于这次调查统一采用的是 7 点量表，且抽样方法和样本分布都与上述的 CSS 调查不同，因此可以看到，2017 年安全感各项目得分与表 1 中安全感各项目得分存在较大差异，但分别比较两次调查项目之间相对得分和高低排序会发现，两次调查的结果非常接近。安全感最低的都是食品安全，其次是个人信息安全，排在第三和第四的分别是环境安全和交通安全，不同的是 2017 年社会心态调查中环境安全感更低。接下来的是医疗药品安全和劳动安全，以及总体社会安全状况，安全感最高的都是人身安全和财产安全，不同的是 2017 年社会心态调查中财产安全感更高。

表 2　2017 年社会心态调查安全感项目得分

序号	题目	均分	标准差
1	总体社会安全状况	4. 31	1. 28
2	人身安全	4. 50	1. 32
3	个人和家庭财产安全	4. 63	1. 30
4	个人信息安全	3. 51	1. 59
5	医疗药品安全	3. 97	1. 38
6	食品安全	3. 46	1. 48
7	交通安全	3. 95	1. 38
8	环境安全	3. 63	1. 47
9	劳动安全	4. 21	1. 33

分析不同群体的安全感得分发现，男性的安全感高于女性，并且差异达到了极其显著的水平。

不同年龄的个体在安全感上存在显著差异，在人身安全上，1949年前出生的人平均得分最低，为4.21；其次是“90后”，为4.25；排在第三的是“50后”，为4.30；而“70后”得分最高，其余各组的平均得分接近。在财产安全上，1949年前出生的人平均得分最低，为4.33；其次为“50后”群体，为4.47；排在第三位的是“00后”，为4.57，与“80后”的4.58相近；财产安全感较高的是“70后”“90后”和“60后”，分别为4.68、4.66和4.63。医药安全感整体趋势是年龄越大安全感越低，最高的是“00后”，其次是“90后”，平均得分分别是4.28和4.08；“60后”“70后”和“80后”得分接近，分别是3.79、3.76和3.82；“50后”和1949年前出生组的平均得分较低，分别为3.71和3.73。各年龄组在交通安全感上的得分差异不大，安全感得分较高的是“00后”“60后”和1949年前出生组，得分分别为4.14、4.08和4.00；安全感较低的是“80后”和“50后”，得分分别为3.87和3.88。劳动安全感较高的是“00后”和1949年前出生组，得分分别为4.45和4.36；安全感较低的是“70后”“80后”和“90后”，得分分别是4.24、4.15和4.23。环境安全感最高的是“00后”，得分为4.02，其次是“90后”和“60后”，得分分别为3.73和3.64；得分较低的是“50后”“70后”和“80后”，得分分别为3.37、3.47和3.47。个人信息和隐私安全感最高的是“00后”，其次是“90后”和“60后”，得分分别为3.98、3.59和3.55；得分较低的是“50后”“80后”和1949年前出生的人，得分分别为3.25、3.36和3.36。食品安全感较低的是“70后”“80后”和“50后”，得分分别为3.24、3.30和3.31；食品安全感最高的是“00后”，其次是“90后”和“60后”，得分分别为3.88、3.55和3.48。所有各组差异都非常显著。

尽管并非一一对应，但整体上随着受教育程度的提高，安全感的得分表现为不断增加的趋势，初中及以下群体在各项安全感平均得分最低，教育程度为博士的群体安全感平均得分最高，中等教育程度的群体安全感平均得分处于中间水平，并且安全感各项目上各组之间都存在显著差异。

尽管收入水平和安全感之间并非完全线性的递增，但整体上来说，收入高的群体相对来说安全感的得分也更高，并且各收入组在安全感各项上差异显著。

三　获得感的概念与现状

（一）获得感的概念和结构

近年来，获得感这个概念在政府工作中不断被提及，但是我们却并没有看到关于获得感的官方定义，以及获得感包含的主要内容。为了了解民众是如何理解获得感的，我们进行了历时一年的研究，于2018年3月2日发布了“民众获得感调查（2018）”，这个报告是国内首次对于获得感的概念、结构进行的系统研究。

获得感的研究分为两个阶段，第一阶段主要采用字词联想、原型枚举等心理学研究方法，了解民众如何理解“获得感”，建构获得感的概念，编制获得感量表，探讨获得感的结构。2017年1月和3月，采用自由联想方法分两次实施调查，请民众围绕“获得感”充分展开联想，先后获得999个与1725个有效词语；2017年6月，进一步采用原型枚举方法，请民众写出最能揭示“获得感”内涵的词语，共得到1334个有效词语。

在此基础上选取了155个高频词，请501位受访者结合自己对“获得感”词语的理解，评价这些词语与“获得感”的关联。并采用因素分析方法，探索获得感的概念和结构。

研究结果发现，民众心中的获得感概念表征主要涉及五个方面。一是获得内容，既包括物质需求的获得，比如收入、金钱、加薪等，也包括成就性需求的获得，比如事业成绩、荣誉等；二是获得环境，主要是社会环境为民众需求满足所创设的现实条件，比如公平、安全、反腐、共享、合作等；三是获得体验，伴随民众需求得到满足时的积极心理体验，比如幸福、愉快、知足等；四是获得途径，即民众追求需求满足过程中的自主性，比如努力刻苦、勤奋等；五是获得分享，主要是感恩得到帮助、乐于助人和同甘共苦等。由此我们发现，民众理解的获得感是在一定的社会环境下，通过个体努力，在物质和精神方面得到一定提升、肯定和奖赏后产生的认知和情绪体验。

获得感研究的第二阶段选择典型的获得感测量项目，进行全国调查，了解当前我国民众的获得感现状和特点，并初步探索获得感的影响因素[①]。

（二）获得感的现状和特点

为了解民众当前的获得感状况，我们选取了与居民生活质量密切相关的16个方面，分别从这些方面的重要性、当前获得程度和未来获得预期三个方面进行调查，这16个方面的内容包括：良好的教育条件、稳定的工作、满意的收入、可靠的社会保障、高水平的医疗卫生服务、舒适的居住环境、优美的生活环境、丰富的文化生活、完善的公共服务、安全的生活环境、民主、法制、公平、正义、受人尊重、社会安定有序。问卷采用李克特7点评分方法（谭旭运、王俊

① 具体内容见本书的两篇文章：《民众获得感现状调查及其影响因素分析》（谭旭运、王俊秀、张若玉）和《主客观社会地位对民众获得感的影响》（豆雪姣、董洪杰、谭旭运）。

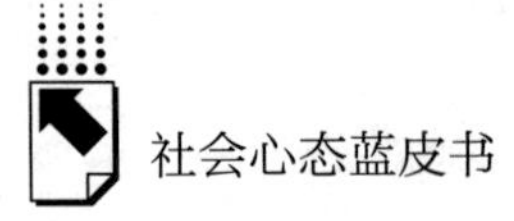

秀、张若玉，2018）。

调查结果显示，过去五年，民主、优美的生活环境，公平和良好的教育条件以及社会安定有序方面，带给民众的获得感最强；在高水平的医疗卫生服务、完善的公共服务、法制、正义以及满意的收入方面，带给民众的当前获得感最弱（谭旭运、王俊秀、张若玉，2018）。

未来五年，民众对民主、公平、安定的生活环境，高水平的医疗服务以及稳定工作方面的预期最高，而对法制、正义和可靠的社会保障方面的预期最低（谭旭运、王俊秀、张若玉，2018）。

受访者普遍认为，安全的生活环境、社会安定有序、法制、高水平的医疗卫生服务以及可靠的社会保障方面都非常重要（谭旭运、王俊秀、张若玉，2018）。

如果把受访者在各方面获得程度的评价和该内容重要程度性进行分类，可以得到4种类型，分别是：①高重要性—高获得方面，包括“安全的生活环境”“社会安定有序”“法制”“良好的教育条件”“可靠的社会保障”；②高重要性—低获得方面，包括“高水平的医疗卫生服务”“稳定的工作”“公平”“满意的收入”；③低重要性—高获得方面，包括“受人尊重”“完善的公共服务”“舒适的居住环境”；④低重要性—低获得方面，包括“民主”“正义”“优美的生活环境”“丰富的文化生活”（谭旭运、王俊秀、张若玉，2018）。

同样地，根据内容的重要性和未来获得可能性也可以分为4类：①高重要性—高预期方面，包括“安全的生活环境”“社会安定有序”“法制”“可靠的社会保障”“良好的教育条件”；②高重要性—低预期方面，包括“高水平的医疗服务”“满意的收入”“公平”“稳定的工作”；③低重要性—高预期方面，包括“优美的生活环境”“完善的公共服务”“舒适的居住环境”；④低重要性—低预期方面，包括“受人尊重”“正义”“丰富的文化生活”“民主”（谭旭运、王俊秀、张若玉，2018）。

四　幸福感的概念、变化和现状

（一）幸福感的概念

幸福感是许多学科共同关注的课题，针对幸福感研究的发展过程表现出三个特点：从心理学研究逐渐扩展到精神卫生、教育学、组织管理、经济学、政治学、政府管理等领域；从学术研究扩展到社会政策；从个体的主观幸福感研究扩展到社会幸福感，进而发展为衡量社会发展的指标体系（王俊秀，2011）。十九大报告的主题是“不忘初心、牢记使命”，明确中国共产党人的初心和使命就是“为中国人民谋幸福，为中华民族谋复兴”。社会心态研究关注幸福感旨在从宏观的视角了解社会整体民众的幸福感现状和发展，为社会治理和社会发展把握方向。

（二）幸福感的变化趋势

对于幸福感的变化趋势，本研究使用的是中国人民大学中国综合社会调查（CGSS）的数据，除2008年没有幸福感相关题目外，2003年、2005年、2006年、2010年、2011年、2012年、2013年、2015年的数据均有询问个体在总体上对自己生活的满意程度，可用于作为幸福感的测量指标。在调查中，要求个体使用5点计分（1 =“非常不幸福”，2 =“不幸福”，3 =“一般”，4 =“幸福”，5 =“非常幸福”）来评价自己的“总体生活”。

从图1中可以看到，2003～2011年，民众幸福感稳步上升，到2011年达到了顶点，2012年和2013年有所下降，在2015年有所回升。

从表3中可以看出，2003～2015年，选择“非常不幸福”的比

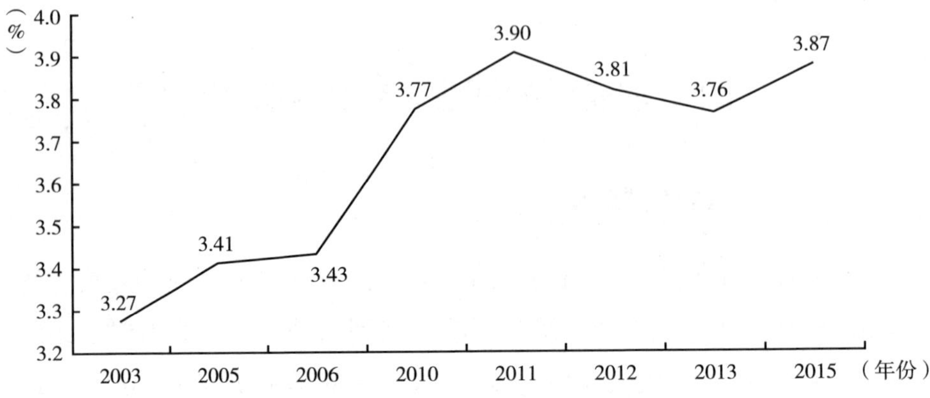

图1　CGSS 调查中幸福感历年变化

例变化不大；选择“不幸福”的比例在 2005 年出现较大下降，以后基本保持稳定略有下降；选择“一般”的比例逐渐下降，从 2003 年的接近半数，经历了 2005 年、2006 年的缓慢下降后，在 2010 年出现了大幅下降，到 2011 年只有一成多，之后保持基本稳定，到 2015 年为 14.7%；越来越多的个体不再选择“一般”而选择“幸福”和“非常幸福”，选择“幸福”的比例从 2003 年的 32.3% 增加到 2015 年的 60%，几乎增加了一倍；选择“非常幸福”的比例 2003 ~ 2005 年都稳定在 5.5% 左右，2010 年开始上升到 16%，2011 年达到了 20.3%，之后在 15% 上下波动，2015 年为 17.8%。

表3　历年不同幸福感程度的比例

单位：%

项目	2003 年	2005 年	2006 年	2010 年	2011 年	2012 年	2013 年	2015 年
非常不幸福	2.3	1.4	1	2.1	2	1.5	1.6	1.3
不幸福	10.5	7.7	6.7	7.7	6.6	7.4	7.4	6.3
一般	49.8	45.1	46.1	17.7	11.4	15.9	18.7	14.7
幸福	32.3	40.1	40.6	56.5	59.6	59.2	58.5	60
非常幸福	5.1	5.7	5.5	16	20.3	16	13.8	17.8

（三）幸福感的现状和特点

2017 年社会心态调查中幸福感的测量工具使用的是 Diener 等人（1985）编制的生活满意度量表（Satisfaction With Life Scale，SWLS），该量表采用 5 个题目来测量个体对其生活满意度的评价。测量采用李克特式 7 点计分，要求被试者根据自己的感受评价（1 = “非常不同意”，7 = “非常同意”）。在本研究中，该量表内部一致性信度为 0.86。

在 22669 个有效样本的作答中，生活满意度的平均得分为 4.05，标准差为 1.20。女性的幸福感得分为 4.11，显著高于男性的 4.00。

不同年龄群体的幸福感均值表现出两头高中间低的态势。“00 后”的幸福感均值为 4.30，仅次于“40 后”的幸福感均值 4.32；幸福感较低的是“90 后”“80 后”和“70 后”，幸福感均值分别为 4.03、4.07 和 4.09；“60 后”和“50 后”的幸福感均值分别为 4.20 和 4.27。

从整体趋势来看，受教育程度越高，生活满意度的得分也越高。初中及以下文化程度、高中文化程度和中专（包括技校和职高）以及大专这些文化程度相对较低群体的幸福感得分较低，分别为 3.95、4.05、4.01 和 3.98；大学本科以上学历的幸福感较高，大学本科、硕士和博士群体的幸福感均值得分分别为 4.10、4.24 和 4.42。

同样，个人的月收入越高，主观幸福感的平均得分也越高。个人月收入低于 5000 元的群体幸福感得分较低，暂无收入、1000 元及以下收入、1001 ~ 3000 元收入和 3001 ~ 5000 元收入群体的幸福感均值得分分别为 3.91、4.04、3.98 和 4.06；5001 ~ 7000 元收入、7001 ~ 10000 元收入、10001 ~ 20000 元收入和 20000 元以上收入群体的幸福感均值得分分别为 4.16、4.22、4.36 和 4.38。

不同地区的主观幸福感存在显著差异，主观幸福感最高的地区包括东北地区和华东地区，东北地区显著高于华南地区、华中地区、华北地区、西南地区，华东地区显著高于华南地区、华中地区、西南地区，其他地区之间没有显著差异，各地区之间幸福感得分差异并不大，较高的东北和华东地区得分分别为 4.13 和 4.09，较低的西南和华南地区得分均为 4.00（刘晓柳，2017）。

五　获得感、安全感与幸福感间的关系

中国共产党的十九大报告提出，要“使人民获得感、幸福感、安全感更加充实、更有保障、更可持续”，那么，这三个“感”之间是一种什么关系呢？为了解获得感总分及获得感各维度与安全感、幸福感之间的关系，本研究在 2018 年的获得感调查中得到了 2017 年社会心态调查的跟踪样本 1762 个，表 4 即为社会心态调查和获得感调查的共同样本合并后的相关分析。

从表 4 的相关分析结果可以看出，安全感与幸福感存在中等程度的显著相关，相关系数为 0.435；安全感与获得感也存在显著相关，相关系数为 0.211；获得感与幸福感之间也存在显著相关关系，相关系数为 0.313。

分别考察获得感各维度与安全感、幸福感之间的关系发现，获得体验和获得环境与安全感的相关最高，且极其显著，相关系数分别为 0.272 和 0.259；获得方式与安全感之间的相关系数为 0.134；获得分享与安全感之间的相关较低；获得内容与安全感之间不存在显著相关。获得体验与幸福感之间存在中等程度的显著相关，相关系数为 0.451；获得环境和获得方式与幸福感之间存在显著相关，相关系数分别为 0.280 和 0.204；获得分享与幸福感存在显著相关，相关系数为 0.101；获得内容与幸福感之间几乎不存在相关。

表4　获得感及其各维度与安全感、幸福感的相关分析（N=1762）

项目	幸福感	安全感	获得环境	获得内容	获得体验	获得方式	获得分享
幸福感	1						
安全感	0.435***	1					
获得环境	0.280***	0.259***	1				
获得内容	0.052***	0.005	0.404***	1			
获得体验	0.451***	0.272***	0.591***	0.268***	1		
获得方式	0.204***	0.134***	0.496***	0.572***	0.477***	1	
获得分享	0.101***	0.066**	0.489***	0.685***	0.354***	0.680***	1
获得感	0.313***	0.211***	0.796***	0.718***	0.755***	0.804***	0.786***

注：*** $p<0.001$。

六　提升民众安全感、获得感和幸福感的建议

如何提升民众安全感、获得感和幸福感？首先要从这三者之间的关系来考虑，根据以上对安全感、获得感和幸福感的分析，我们分别提出一些提升安全感、获得感和幸福感的建议。

（一）防范民众生活风险，全面增进安全感

在大众风险意识普遍提高的今天，不安全感虽然与不安全的、危险的环境有关，但很多时候不安全感是人们对于环境不确定性和风险的焦虑，是由之前发生的一些危险事件和风险事件引起的。在网络社会，风险信息的传播非常广泛，对安全感产生影响的风险事件多数并不发生在个体身边，这就为安全感的提升增加了难度。防范风险是提高安全感的重要途径。政府管理部门更愿意把人力、物力和财力用在应急管理上，用在摆脱危险、降低危险程度上，却不愿意用于防范风险，应该转变重危险、重灾难而轻风险的观念。

最近十多年，反映社会治安状况的人身安全感和财产安全感较高，这是推进社会治安综合治理、网格化管理取得的成效。但今后的社会治理应该在科学化和以人为本方面做更多探索。十九大报告提出要加强社会心理服务体系建设，国内一些城市开始把心理服务与社会治安综合治理相结合，取得了初步的成效，如本书介绍的江西省赣州市的实践（马玉福、秦秀清、黄亮明，2018），一些经验可以在全国推广，对于有效提高社会治理效率和效果，提升民众安全感都具有重要意义。

总体来说，全国的医疗安全感和劳动安全感有所提高，但不时爆发的医患纠纷和医疗卫生事件使得人们的安全焦虑难以消除，安全感的进一步提升较难，甚至会出现反复。2018 年 7 月发生的震惊全国的疫苗事件再一次引发了全社会的恐慌和对于医疗安全的担忧。政府应该以这样的风险事件处理为契机，从制度上完善医疗卫生制度，提高医疗卫生管理的信息化、智能化水平，确保各环节的有效监督和可回溯，明确管理责任，重视舆论监督和其他社会监督，防范可能的风险，通过信息的公开透明来消除群众的不安全感。

许多研究表明，影响民众安全感的是那些日常生活中的风险。多年来，食品安全问题严重，民众的食品安全感不断下降。由于生态环境不断恶化，特别是中国北方和西部大面积的空气污染使得人们的环境安全感下降。互联网时代，手机日益成为人们依赖的生活工具，与之伴随的个人信息和隐私问题日益突出。美国的“剑桥分析事件”也成为影响中国人的风险事件，再加上电信诈骗没有得到有效遏制，个人信息和隐私安全也令人担忧。上述风险是社会治理的重中之重，政府部门必须花大力气解决，否则，安全感难以得到有效提升。

（二）满足民众的迫切需要，逐步提高获得感

从民众理解的获得感看，获得感的内容是广泛的，不仅包括基本的民生方面，如“房子”“车”“工作”“金钱”和“财富”代表的

物质需要，也包括“加薪”“升职”和“事业”代表的自我发展、成长和向上流动的需要，以及在精神上的“荣誉”“荣耀”和“成功”“成就”等。这是民众美好生活需要的体现，政府部门要切实通过差异化的形式来满足，才能从整体上提升民众获得感。

民众需要的满足依赖家庭的小环境和社会的大环境的改善，家庭环境是社会大环境改善的基础。国家放开二孩政策，家庭和睦的追求是民众幸福的核心，我们的社会政策应该鼓励和引导家庭的自我完善，支持民众幸福家庭营造的努力。应该通过改善社会环境来保障民众获得感的提升，加强社会安全措施，建构有效的社会支持体系，保障社会公平，增进社会互信，建立诚信社会环境。应加强社会心理服务体系的建设，努力实现家庭幸福和睦、邻里守望相助、社会安定有序。

提升民众获得感不仅可以使民众的幸福感得到提升，也有利于增强社会的凝聚力。积极的获得感体验也是个人自我完善和自我成长的能量，能够成为社会不断进步的重要动力。

民众对获得感的理解是非常积极向上的，通过个人拼搏奋斗来实现自己美好生活的愿望是社会的主流，正如习近平总书记在2017年12月31日发表的2018年新年贺词中指出的，“幸福都是奋斗出来的”。要把个人美好生活需要与国家强盛、民族复兴的伟大事业有机结合起来。提高民众获得感是一个可持续的过程，民众获得感的提升会增加更多的回报和分享，通过让人民群众共享改革成果可以激发民众更多回报社会和与他人分享的行为，真正实现共享的理念。

从我们研究的结果可以看到，民众获得感程度较高，但民众对于获得的预期也很高，民众获得感的提升应该重点关注那些民众认为急迫的需要，也就是他们觉得重要但获得感不高的方面，即在法制、高水平的医疗卫生建设、稳定的工作、满意的收入等方面要加大社会治理的力度，争取逐步改善，才能稳步提高民众获得感。

（三）不断积累获得感，渐进提升幸福感

幸福感应该是人们对自己生活状况是否满意的较为稳定的评价和体验，获得感则更倾向于是对一个时期的个人在一定社会环境下物质和精神上得到的肯定和奖赏的评价和体验，相对幸福感来说，获得感更具情境性、持续性，但稳定性更低，获得感的提升有利于幸福感的提升。安全感则是人们对自己需求满足中风险和危险状况的评价，安全感的提升有助于提升获得感和幸福感。

安全感是一种底线，是提升获得感和幸福感的基础，安全感高，获得感和幸福感不一定就高；但是没有安全感或安全感低，获得感必然不会高，幸福感也不会很高。获得感是幸福感提升的基础。当然，个体的幸福感也受到其自我目标设定和对于人生意义的理解，但作为社会心态的幸福感一定是来自一个个社会成员不断累积的获得感，因此，幸福感在一定程度上是不断积累的获得感。持续的获得感会带来幸福感的提升，是持续幸福感的保证。

社会整体幸福感提升的关键是提升中下层社会成员的幸福感，上面分析的近十多年幸福感的演变特点表明，中等幸福程度居民出现了很大比例的幸福感提升，民众幸福感整体得分提高，但幸福感处于中下水平的居民幸福感向上迁移的比例不大，这是未来社会治理要解决的难题。从某种意义上说，不幸福感的消除要比整体幸福感的提升更重要，对于社会的稳定和社会发展、社会进步意义更大。

参考文献

豆雪姣、董洪杰、谭旭运：《主客观社会地位对民众获得感的影响》，本书。

刘晓柳：《不同地区幸福取向对主观幸福感的影响》，载王俊秀主编《中国社会心态研究报告（2017）》，社会科学文献出版社，2017。

马玉福、秦秀清、黄亮明：《社会心理服务体系建设之“赣州模式”的实践探索》，本书。

谭旭运、王俊秀、张若玉：《民众获得感现状调查及其影响因素分析》，本书。

王俊秀：《面对风险：公众安全感研究》，《社会》2008 年第 4 期。

王俊秀：《OECD 的幸福指数及对我国的借鉴意义》，《民主与科学》2011 年第 6 期。

Diener, E. , Emmons, R. A. , Larsen, R. J. , & Griffin, S. , “The Satisfaction with Life Scale”, *Journal of Personality Assessment*, (49) 1985.

Peterson, C. , Park, N. , Seligman, M. E. P. , “Orientations to Happiness and Life Satisfaction: The Full Life Versus the Empty Life”, *Journal of Happiness Studies*, (1) 2005.

Vail, J. , “Insecure Times Conceptualising Insecurity and Security”, In Vail, J. , Wheelock, J. , and Hill, M. (eds), *Insecure Times: Living with Insecurity in Contemporary Society*, New York: Routledge, 1999.

社 会 认 知

Social Cognition

B.2

民众获得感现状调查及其影响因素分析*

谭旭运　王俊秀　张若玉**

摘　要：“获得感”是当前民众期待发展公平正义与满足美好生活需要的社会诉求，了解当前民众的现实问题和迫切需求是社会健康快速发展的前提。本报告基于中国社会科学院（CASS）和智媒云图（Intellvision）联合发布的民众获得感状况调查问卷（CASS-Intellvision the Sense of Gain Survey 2018）的抽样调查数据，从获

* 本报告受国家社会科学基金重大项目“社会心理建设：社会治理的心理学路径”（项目编号：16ZDA231）和国家社会科学基金青年项目“社会心态视角下主观社会阶层对公众参与的影响与机制研究”（项目编号：17CSH040）的资助。

** 谭旭运，中国社会科学院社会学研究所助理研究员，博士，研究方向为社会心态、社会阶层认同与流动等；王俊秀，中国社会科学院社会学研究所社会心理学研究室主任，社会心理学研究中心主任，研究员，博士生导师，研究方向为社会心态、风险社会等；张若玉，曲阜师范大学教育学院，心理学硕士，研究方向为获得感、亲社会行为。

得感的项目重要性、当前获得体验以及未来获得预期三个方面，分析民众的获得感现状及相关因素。结果显示：①民众的获得感在高重要－高获得的项目包括“安全的生活环境”“社会安定有序”“良好的教育条件”等；在高重要－低获得的项目包括“稳定的工作”“公平”“满意的收入”等；②民众的获得感在高重要－高预期的项目包括“安全的生活环境”“社会安定有序”“法制”等；③民众的获得感在低获得－低预期的项目包括“满意的收入”“公平”“民主”“正义”等；④民众的获得感在性别、年龄、受教育程度、月收入等基本的人口学变量中存在差异。

关键词： 获得感　民众需求　获得体验　获得预期

一　引言

中国改革开放近40年来，广大人民群众的物质生活水平与精神文化需要都得到了极大的改善和满足，但也出现了“端起饭碗吃肉，放下筷子骂娘”等矛盾现象，不同社会群体在获得与获得感之间的脱节和矛盾时有显现。党的十九大报告进一步强调要“不断满足人民日益增长的美好生活需要，促进社会公平正义，形成有效的社会治理、良好秩序，使人民获得感、幸福感、安全感更加充实、更有保障、更可持续”。因此，各学界学者就如何理解获得感以及如何提高民众的获得感进行了多角度的探索（曹现强、李烁，

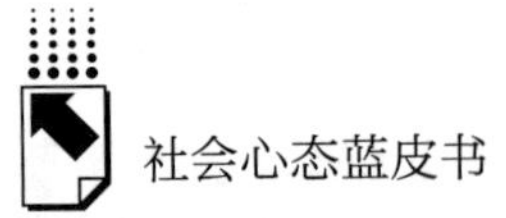

2017；董瑛，2017；韩一凡，2017；王俊秀，2018；文宏、刘志鹏，2018）。

对于获得感的社会意义的理论分析与政策实践展望是目前研究者关注的主要领域（张品，2016；曹现强、李烁，2017；王瑾，2016；汪来喜，2017）。同时，也有文献关注具体领域的制度改革来提升人民群众的获得感，比如，通过思想政治教育指导现实日常生活与非日常生活的良性互动（韩一凡，2017）；在民生建设和民生工作中发扬民主（汪亭友，2016）；推动反腐败斗争，努力营造廉洁从政的政治生态（董瑛，2017；周良书，2017）；提升医疗制度建设（王红漫，2017）等。此外，部分文献采用实证研究方法，对获得感的现实状况及其影响因素进行探索研究。王俊秀（2018）对不同主观社会阶层的社会心态研究分析了主观阶层与获得感的关系，发现主观阶层属于中上层或上层的居民获得感最高，主观阶层认同为中下层和下层的居民获得感最低；在总体趋势上获得感随着社会阶层的上升而增加。文宏和刘志鹏（2018）将民众获得感分为经济获得感、政治获得感与民生获得感三个方面，利用 CSGS 调研数据对中国民众的获得感进行了时序比较，发现党的十八大以来中国人民获得感总体呈现上升趋势。何小芹等人（2017）通过自编量表从经济条件、家庭支持、人际关系、学校支持、教师关怀、发展机会六个方面考察了贫困大学生的相对获得感现状，发现学校支持是贫困生相对获得感来源的重要方面。在既有研究基础上，本报告希望从多个不同的获得感测量方面，多角度地呈现民众获得感的现状和特点，并进一步探索影响民众获得感的相关因素。

本报告从获得项目重要性、当前获得体验和未来获得预期三个方面来测量获得感。首先，获得项目重要性，是指个体对于生活中不同的生理和社会需求重要性的认知排序。当一种社会需求对于个体非常重要时，这种需求的满足程度就会显著影响个体获得感；而当某种需求对于个体并不重要时，这种需求的满足程度对个体获得感的影响则要小一些。其次，当前获得体验，即个体对其目前各种需求满足程度的主观体验。这是多数研究者使用的获得感指标，是获得感的最直接体现。最后，未来获得预期，即当个体成员根据以往社会经验和自身愿望自觉不自觉地对于个人未来生活、社会将来发展做出一种主观判断（王俊秀，2017）。对于未来不同的预期同样会影响个体获得感体验，影响个体当下的信念、情绪和行为。所以获得预期也是一个不可忽视的方面。

二　研究方法

（一）调查对象

本报告使用的数据来自中国社会科学院（CASS）和智媒云图（Intellvision）联合发布的民众获得感状况调查问卷（CASS-Intellvision the Sense of Gain Survey 2018）。该问卷由中国社会科学院社会学研究所社会心理学研究中心编制，于 2018 年 1 月利用智媒云图研发的“问卷宝”手机 App 调研平台，面向全国各省市（除港澳台）推送 16 个项目的获得感调查问卷，并请调查对象从项目重要性、过去五年的获得体验和未来五年的获得预期三个方面进行评价。再通过用户分享问卷的方式进行滚雪球式发放。问卷回收后，利用测谎题、答题完成情况等对问卷进行筛选。从数据库中最终筛选出样本数量 3999 人，其中男性样本 2325 人，占 58.1%，女性样本 1674，占 41.9%，平均年龄为 31.3 ± 8.3 岁。样本在各人口学变量上的具体分布可见表 1。

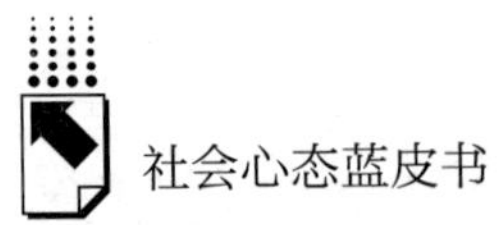

表1　获得感状况调查样本在人口学变量上的分布情况（N = 3999）

单位：人，%

变量	类别	计数(N)	百分比
性别	男	2325	58.1
	女	1674	41.9
年龄	20岁及以下	122	3.1
	21~30岁	2309	57.7
	31~40岁	1106	27.7
	41~50岁	315	7.9
	51~60岁	99	2.5
	60岁及以上	48	1.2
受教育程度	小学毕业及以下	30	0.8
	初中毕业	185	4.6
	高中(技校、职高、中专)毕业	1301	32.5
	大专(含在读)	873	21.8
	大学本科(含在读)	1426	35.7
	研究生(含在读)及以上	184	4.6
月收入	1000元以下	198	5.0
	1001~3000元	669	16.7
	3001~5000元	1587	39.7
	5001~7000元	904	22.6
	7001~10000元	417	10.4
	1万~1.5万元	144	3.6
	1.5万~3万元	57	1.4
	3万~5万元	16	0.4
	5万~10万元	1	0.0
	10万元以上	6	0.2
户籍状况	本地城市户口	1565	39.1
	本地农村户口	986	24.7
	外地城市户口	428	10.7
	外地农村户口	1020	25.5

续表

变量	类别	计数(N)	百分比
就业状况	全日制学生	285	7.1
	一直无工作	26	0.7
	在职工作	2878	72
	离退休在家	55	1.4
	离退休后重新应聘	20	0.5
	辞职、内退或下岗	35	0.9
	没找到全天连续工作,暂时从事临时性工作	71	1.8
	失业	30	0.8
	不打算找工作	8	0.2
	自由职业者	502	12.6
	其他	89	2.2
婚姻状况	未婚	1717	42.9
	已婚	2178	54.5
	再婚	46	1.2
	离婚独身	53	1.3
	丧偶独身	5	0.1
政治面貌	中共党员	535	13.4
	共青团员	1090	27.3
	民主党派	44	1.1
	群众	2211	55.3
	其他	119	3.0
住房情况	租房住	659	16.5
	自建房	555	13.9
	公租房	123	3.1
	经济适用房	436	10.9
	商品房	1003	25.1
	单位宿舍	747	18.7
	借住父母或他人房	355	8.9
	有两套以上的自购住房	121	3.0

（二）获得感调查工具

获得感状况调查（2018）基于前期研究结果和社会热点话题等，选取了与民生和生活质量密切相关的16个项目，作为获得内容的测量题目，并分别测量被调查者的项目重要性、当前获得体验和未来获得预期三个方面。16道具体测量题目包括：良好的教育条件、稳定的工作、满意的收入、可靠的社会保障、高水平的医疗卫生服务、舒适的居住环境、优美的生活环境、丰富的文化生活、完善的公共服务、安全的生活环境、民主、法制、公平、正义、受人尊重、社会安定有序。问卷采用李克特7点评分方法。

其中，项目重要性的问题是：“您觉得以下这些描述对您而言重要程度如何？”“1”表示非常不重要，“7”表示非常重要，数字越大，表示被调查者心中认为该项目越重要。将16道题目的平均分作为获得感项目重要性的得分，得分越高，代表被调查者认为获得这些内容越重要。16道题目的内部一致性良好（Cronbach's α = 0.947）。

当前获得体验的问题是：“您觉得过去五年在这些方面获得感如何？”“1”表示非常少，“7”表示非常多，数字越大，表示被调查者在该项目上体验到的获得感越高。将16道题目的平均分作为当前获得体验的得分，得分越高，代表被调查者当前的获得体验程度越高。16道题目的内部一致性良好（Cronbach's α = 0.951）。

未来获得预期的问题是：“未来五年，您觉得自己在以下这些方面的获得情况会如何？”“1”表示非常少，“7”表示非常多，数字越大，表示被调查者在该项目上预期的获得感越高。将16道题目的平均分作为未来获得预期的得分，得分越高，代表被调查者未来的获得预期程度越高。16道题目的内部一致性良好（Cronbach's α = 0.964）。

（三）数据处理

使用统计分析软件（IBM SPSS Statistics 21）对数据进行分析。主要运用的统计方法包括：描述性统计、T 检验、方差分析。

三　结果与分析

（一）总体分析

从受访者获得感状况中项目重要性、当前获得体验和未来获得预期的整体情况来看，调查结果如图 1 ~4 所示。在项目重要性上，受访者认为“安全的生活环境”“社会安定有序”“法制”这些方面非常重要（M≥6.2），而“受人尊重”“民主”以及“优美的生活环境”

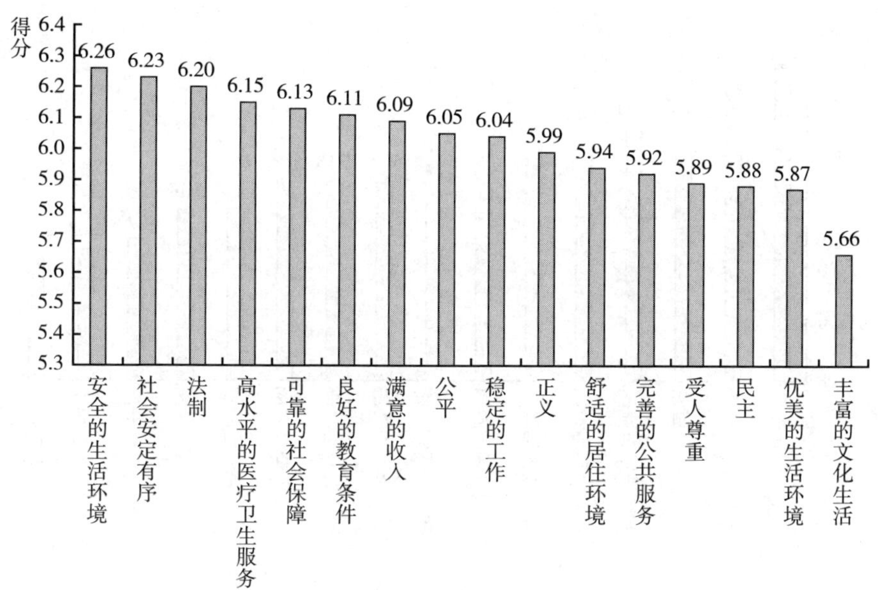

图 1　受访者对项目重要性的认知排序

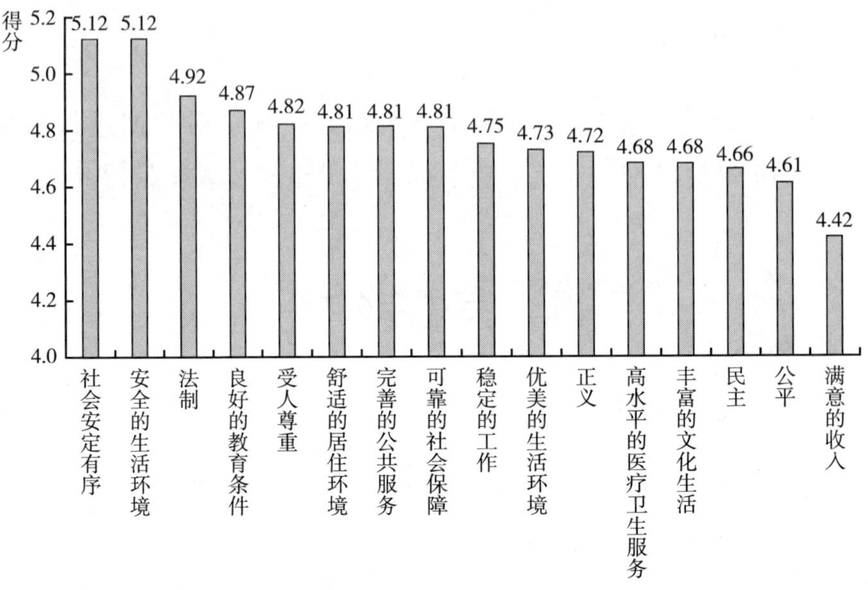

图 2　受访者对过去五年的当前获得体验各项目得分情况排序

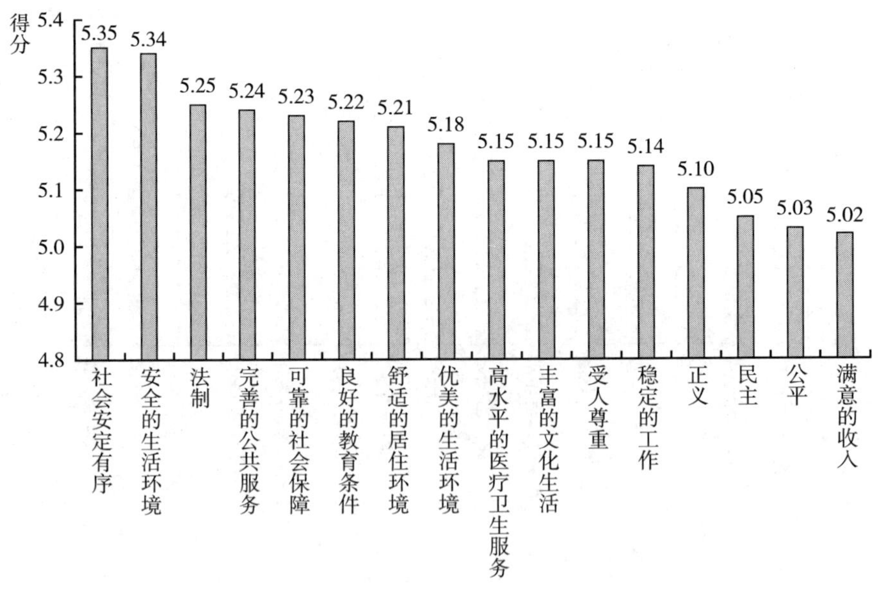

图 3　受访者对未来五年的未来获得预期各项目得分情况排序

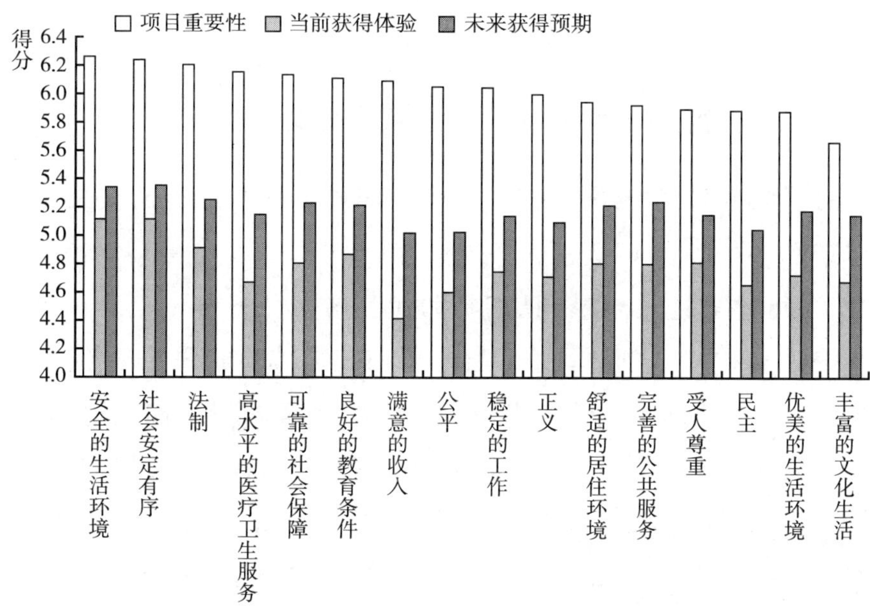

图4 受访者在获得感三个方面的得分情况

相对较低（M≤5.89），“丰富的文化生活”被认为重要性程度最低（M=5.66）。

过去五年，即在当前获得体验上，“社会安定有序”“安全的生活环境”“法制”以及“良好的教育条件”这些方面带给受访者的当前获得感较强（M≥4.87）；而“民主”“公平”以及“满意的收入”方面，带给受访者的当前获得感较弱（M≤4.66）。

未来五年，即在未来获得预期上，受访者对“社会安定有序”“安全的生活环境”的预期较高（M≥5.34）；而对“正义”“民主”“公平”以及“满意的收入”方面的预期较低（M≤5.10）。

整体来看，受访者在获得感三个方面的得分上存在显著差异（F=3836.945，p<0.001），需要注意的是，受访者认为社会安全是最为重要的，“安全的生活环境”“社会安定有序”以及“法制”这三个

项目在项目重要性上得分较高，与此同时数据表明，在当前获得体验和未来获得预期上这三个项目的得分也较高。

（二）获得感调查项目三个方面的交叉分析

对获得感16个测量项目的三个方面进行两两匹配的交叉分析。具体结果如下。

1. 项目重要性—当前获得体验两方面的交叉分析

按照16个项目的项目重要性与当前获得体验的评分与各自均值的关系，可分为四个象限（参见图5）。①高重要性—高获得的项目包括“安全的生活环境”“社会安定有序”“法制”“良好的教育条件”“可靠的社会保障”；②高重要性—低获得的项目包括：“高水平的医疗卫生服务”“稳定的工作”“公平”“满意的收入”；③低重要—高获得的项目包括：“受人尊重”“完善的公共服务”“舒适的居住环境”；④低重要性—低获得的项目包括“民主”“正义”“优美的生活环境”“丰富的文化生活”。

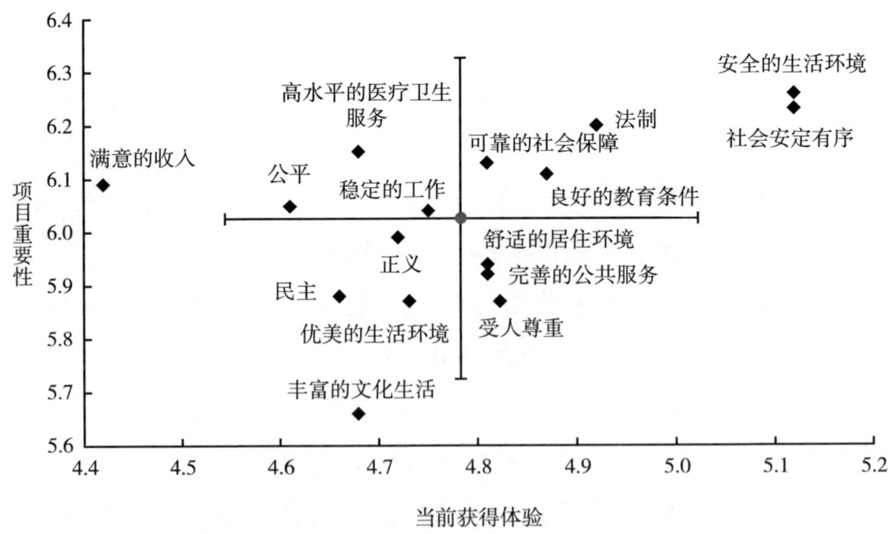

图5 项目重要性—当前获得体验两方面的交叉分析

2. 项目重要性—未来获得预期两方面的交叉分析

按照 16 个项目的项目重要性与未来获得预期的评分与各自均值的关系，可分为四个象限（参见图 6）。①高重要性—高预期的项目有：“安全的生活环境”“社会安定有序”“法制”“可靠的社会保障”“良好的教育条件”；②高重要性—低预期的项目有：“高水平的医疗服务”“满意的收入”“公平”“稳定的工作”；③低重要性—高预期的项目有：“优美的生活环境”“完善的公共服务”“舒适的居住环境”；④低重要性—低预期的项目有：“受人尊重”“正义”“丰富的文化生活”“民主”。

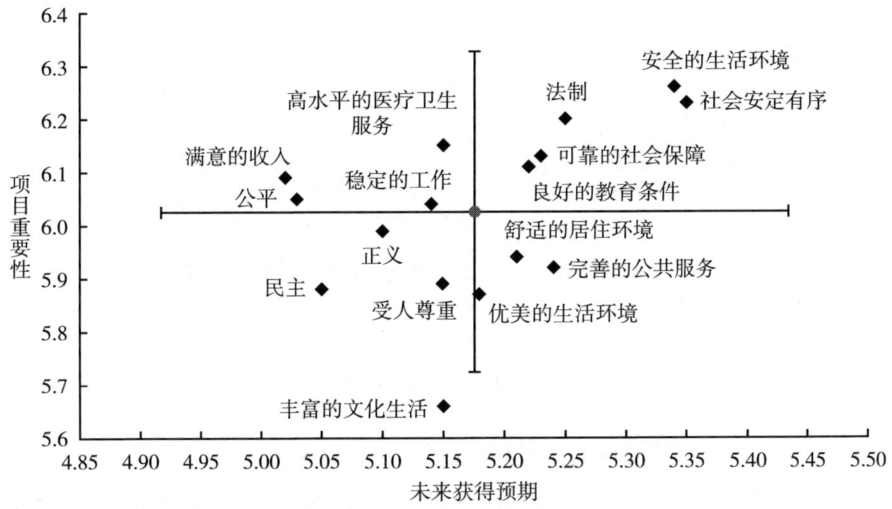

图 6　项目重要性—未来获得预期两方面的交叉分析

3. 当前获得体验—未来获得预期两方面的交叉分析

按照 16 个项目的当前获得体验与未来获得预期的评分与各自均值的关系，可分为四个象限（参见图 7）。①高获得—高预期的项目有：“社会安定有序”“安全的生活环境”“法制”“良好的教育条件”“舒适的居住环境”“完善的公共服务”“可靠的社会保障”；

②高获得—低预期的项目有：“受人尊重”；③低获得—高预期的项目有：“优美的生活环境”；④低获得—低预期的项目有：“满意的收入”“公平”“民主”“正义”“稳定的工作”“丰富的文化生活”“高水平的医疗卫生服务”。

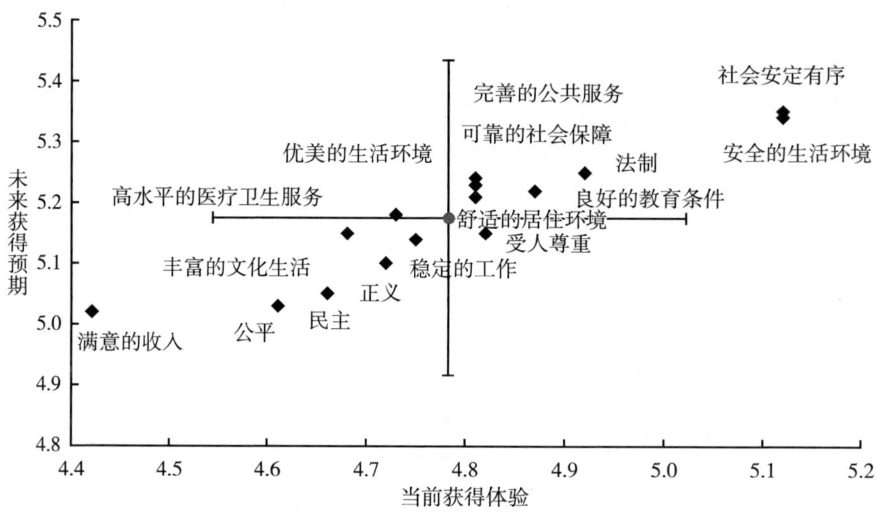

图 7　当前获得体验—未来获得预期两方面的交叉分析

（三）获得感三个方面的人口学差异

1. 获得感三个方面的性别差异

采用独立样本 T 检验的方法，对受访者获得感三个方面，即项目重要性、当前获得体验和未来获得预期在性别上的差异进行统计分析，结果如表 2 所示，被调查者的未来获得预期不存在性别差异，在项目重要性和当前获得体验上存在显著的性别差异，男性在项目重要性上显著低于女性（$t = -5.932$，$p < 0.001$），但男性在当前获得体验上显著高于女性（$t = 4.105$，$p < 0.001$）。

从 16 个项目具体来看，在项目重要性上，女性在各项目上的得分均高于男性（见图 8）。

表 2　获得感三个方面的性别差异（N = 3999）

类别	性别	样本(人)	均值	标准差	t 值
项目重要性	男	2325	5.97	0.74	−5.932***
	女	1674	6.11	0.74	
当前获得体验	男	2325	4.83	0.90	4.105***
	女	1674	4.72	0.89	
未来获得预期	男	2325	5.16	0.94	−1.575
	女	1674	5.20	0.98	

注：* $p < 0.05$，** $p < 0.01$，*** $p < 0.001$，下同。

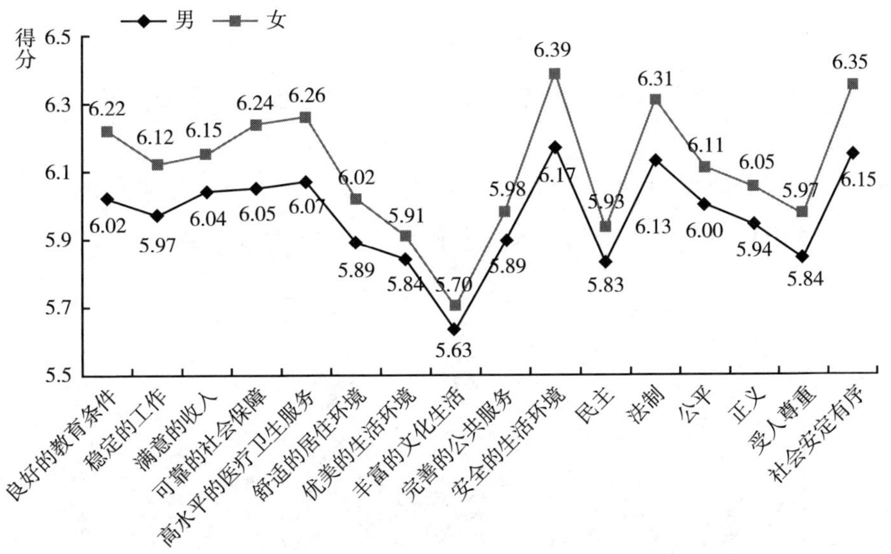

图 8　不同性别受访者在项目重要性上的认知得分情况

在当前获得体验上，男性在各项目上的得分均高于女性，男女两性在“满意的收入”（$M_{男} = 4.53$，$M_{女} = 4.27$）上的相差较大而且获得较低（见图 9）。

在未来获得预期上，女性在 14 个项目上得分均高于男性，在

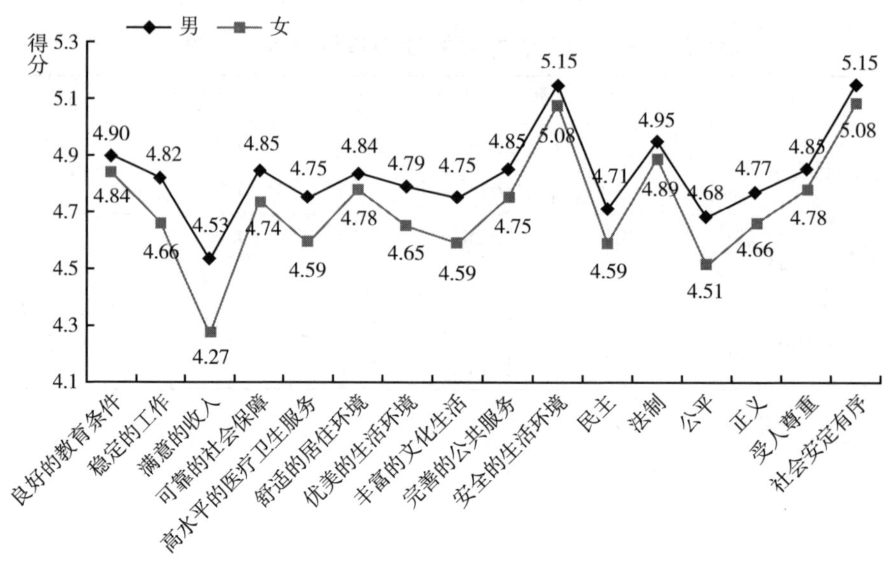

图 9　不同性别受访者在当前获得体验上各项目得分情况

“公平”（M = 5.03）项目上男女得分相等，但在“满意的收入”（$M_{男}$ = 5.04，$M_{女}$ = 5.00）项目上得分低于男性（见图 10）。

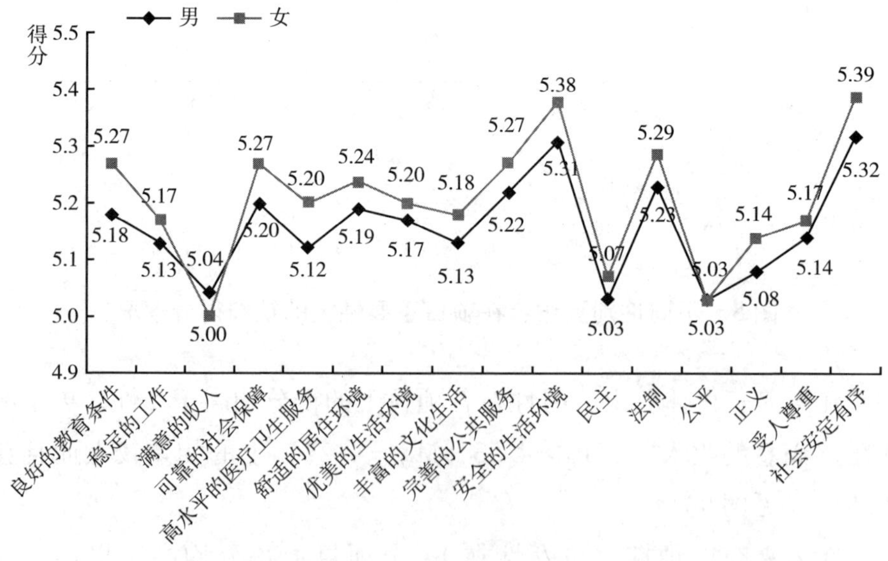

图 10　不同性别受访者在未来获得预期上各项目得分情况

2. 获得感三个方面的年龄差异

采用单因素方差分析的方法，比较不同年龄段的调查对象在获得感项目重要性、当前获得体验和未来获得预期上的差异。结果显示（见表3、图11），被调查者在获得感项目重要性、当前获得体验和未来获得预期上存在显著的年龄差异。在项目重要性上，51～60岁年龄段受访者的项目重要性得分最低，20岁以下年龄段受访者的项目重要性得分最高，随着年龄的增长呈下降趋势，但在60岁及以上组项目重要性得分有所回升；在当前获得体验上，51～60岁年龄段受访者当前获得体验得分最低，21～30岁年龄段受访者当前获得体验得分最高；在未来获得预期上，20岁及以下年龄段受访者的未来获得预期得分最高，41～50岁年龄段受访者的未来获得预期得分最低。除此之外，调查还发现各年龄段受访者在获得感的项目重要性、当前获得体验和未来获得预期上，"社会安定有序""安全的生活环境"和"法制"三个项目得分都较高。

表3　获得感三个方面的年龄差异（N＝3999）

类别	年龄	N	均值	标准差	F值
项目重要性	20岁及以下	122	6.21	0.69	2.818*
	21～30岁	2309	6.04	0.70	
	31～40岁	1106	6.00	0.79	
	41～50岁	315	6.02	0.81	
	51～60岁	99	5.88	0.87	
	60岁及以上	48	6.07	0.80	
当前获得体验	20岁及以下	122	4.65	0.98	12.694***
	21～30岁	2309	4.87	0.87	
	31～40岁	1106	4.73	0.93	
	41～50岁	315	4.54	0.88	
	51～60岁	99	4.53	0.85	
	60岁及以上	48	4.57	0.69	

续表

类别	年龄	N	均值	标准差	F 值
未来获得预期	20 岁及以下	122	5. 41	1. 14	12. 729***
	21 ~ 30 岁	2309	5. 26	0. 90	
	31 ~ 40 岁	1106	5. 07	1. 00	
	41 ~ 50 岁	315	4. 93	0. 98	
	51 ~ 60 岁	99	5. 08	0. 90	
	60 岁及以上	48	5. 00	1. 04	

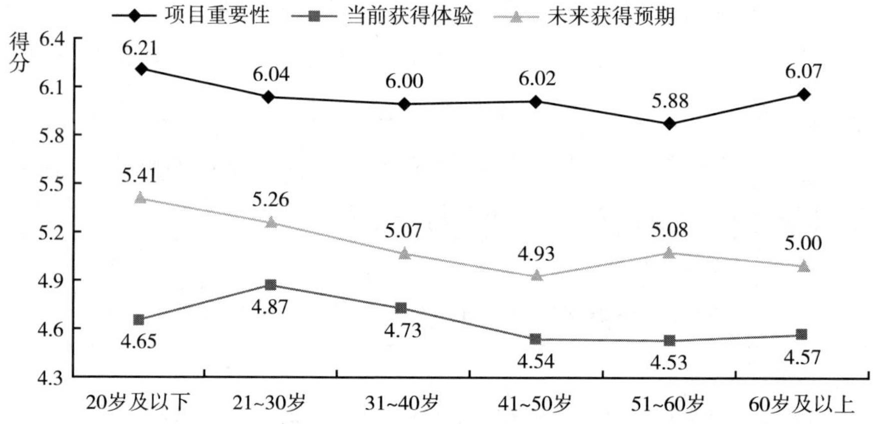

图 11　不同年龄段受访者在获得感三个方面上的得分分布

3. 获得感三个方面的月收入差异

通过对调查数据的描述发现，“3 万 ~ 5 万元”“5 万 ~ 10 万元”及“10 万元以上”的被调查者数量较少，所以通过重新编码变量将这三类数据合并为一类数据，即“3 万 ~ 5 万元及以上”，然后再进行数据分析。采用单因素方差分析的方法比较不同月收入的民众在获得感项目重要性、当前获得体验和未来获得预期上的差异，结果显示（参见表 4、图 12），被调查者在获得感项目重要性、当前获得体验和未来获得预期上存在显著的收入差异。在项目重要性上，月收入

1000 元以下的受访者项目重要性显著高于其他月收入受访者，月收入 5001 ~7000 元的受访者项目重要性得分显著低于其他月收入受访者；在当前获得体验上，月收入 1000 元以下的受访者当前获得体验显著低于其他月收入受访者，月收入 3 万 ~5 万元及以上的受访者当前获得体验显著高于其他月收入受访者；在未来获得预期上，月收入 1001 ~3000 元的受访者未来获得预期得分最低，月收入 3 万 ~5 万元及以上的受访者未来获得预期得分最高。

表 4　获得感三个方面的月收入差异（N =3999）

类别	月收入	N	均值	标准差	F 值
项目重要性	1000 元以下	198	6. 22	0. 77	6. 386***
	1001 ~3000 元	669	6. 14	0. 73	
	3001 ~5000 元	1587	5. 98	0. 72	
	5001 ~7000 元	904	5. 97	0. 77	
	7001 ~10000 元	417	6. 02	0. 75	
	1 万 ~1. 5 万元	144	6. 06	0. 72	
	1. 5 万 ~3 万元	57	6. 05	0. 68	
	3 万 ~5 万元及以上	23	6. 12	0. 73	
当前获得体验	1000 元以下	198	4. 40	0. 99	30. 675***
	1001 ~3000 元	669	4. 42	0. 92	
	3001 ~5000 元	1587	4. 86	0. 87	
	5001 ~7000 元	904	4. 87	0. 81	
	7001 ~10000 元	417	4. 92	0. 89	
	1 万 ~1. 5 万元	144	5. 08	0. 87	
	1. 5 万 ~3 万元	57	5. 04	0. 78	
	3 万 ~5 万元及以上	23	5. 27	1. 26	

续表

类别	月收入	N	均值	标准差	F值
未来获得预期	1000 元以下	198	5. 10	1. 26	6. 818***
	1001 ~3000 元	669	5. 01	1. 09	
	3001 ~5000 元	1587	5. 19	0. 89	
	5001 ~7000 元	904	5. 20	0. 85	
	7001 ~10000 元	417	5. 22	0. 94	
	1 万 ~1. 5 万元	144	5. 40	0. 96	
	1. 5 万 ~3 万元	57	5. 51	0. 87	
	3 万 ~5 万元及以上	23	5. 80	1. 13	

整体上，未来获得预期得分随着受访者月收入的增加而提高。当前获得体验得分随着受访者月收入的增加而提高，在月收入达到1 万~1. 5 万元后略微有所下降。月收入越低的受访者，在项目重要性、当前获得体验和未来获得预期三者间的差距越大；月收入越高的受访者，在三者间的差距越小。

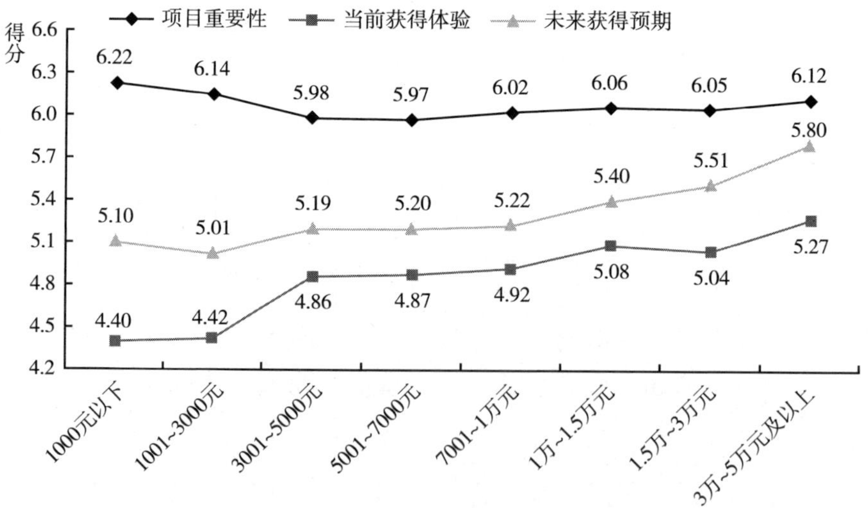

图 12　不同月收入的受访者在获得感三个方面的得分分布

4. 获得感三个方面的受教育程度差异

采用单因素方差分析的方法，比较不同受教育程度的民众在获得感项目重要性、当前获得体验和未来获得预期上的差异。结果显示（参见表5、图13），被调查者在获得感项目重要性、当前获得体验和未来获得预期在受教育程度上均存在显著差异。在项目重要性上，受教育程度为“研究生（含在读）及以上”的调查对象其项目重要性得分显著高于其他受教育程度的群体，受教育程度为“小学毕业及以下”的调查对象其项目重要性得分显著低于其他受教育程度群体；在当前获得体验上，受教育程度为“研究生（含在读）及以上”的调查对象其当前获得体验得分显著高于其他受教育程度群体，受教育程度为“小学毕业及以下”的调查对象其当前获得体验得分显著低于其他受教育程度群体；在未来获得预期上，受教育程度为“研究生（含在读）及以上”的调查对象其未来获得预期得分显著高于其他受教育程度的群体，受教育程度为“小学毕业及以下”的调查对象其未来获得预期得分显著低于其他受教育程度群体。

表5　获得感三个方面的受教育程度差异（N =3999）

类别	受教育程度	N	均值	标准差	F 值
项目重要性	小学毕业及以下	30	5.71	1.17	12.538***
	初中毕业	185	6.01	0.87	
	高中(技校、职高、中专)毕业	1301	5.91	0.72	
	大专(含在读)	873	6.07	0.78	
	大学本科(含在读)	1426	6.08	0.7	
	研究生(含在读)及以上	184	6.24	0.59	
当前获得体验	小学毕业及以下	30	4.33	0.96	19.294***
	初中毕业	185	4.39	1.04	
	高中(技校、职高、中专)毕业	1301	4.92	0.86	
	大专(含在读)	873	4.70	0.9	
	大学本科(含在读)	1426	4.75	0.88	
	研究生(含在读)及以上	184	4.97	0.88	

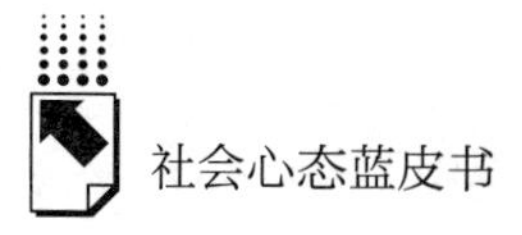

续表

类别	受教育程度	N	均值	标准差	F 值
未来获得预期	小学毕业及以下	30	4.98	1.11	3.261**
	初中毕业	185	4.99	1.2	
	高中(技校、职高、中专)毕业	1301	5.23	0.86	
	大专(含在读)	873	5.14	1	
	大学本科(含在读)	1426	5.17	0.97	
	研究生(含在读)及以上	184	5.29	0.89	

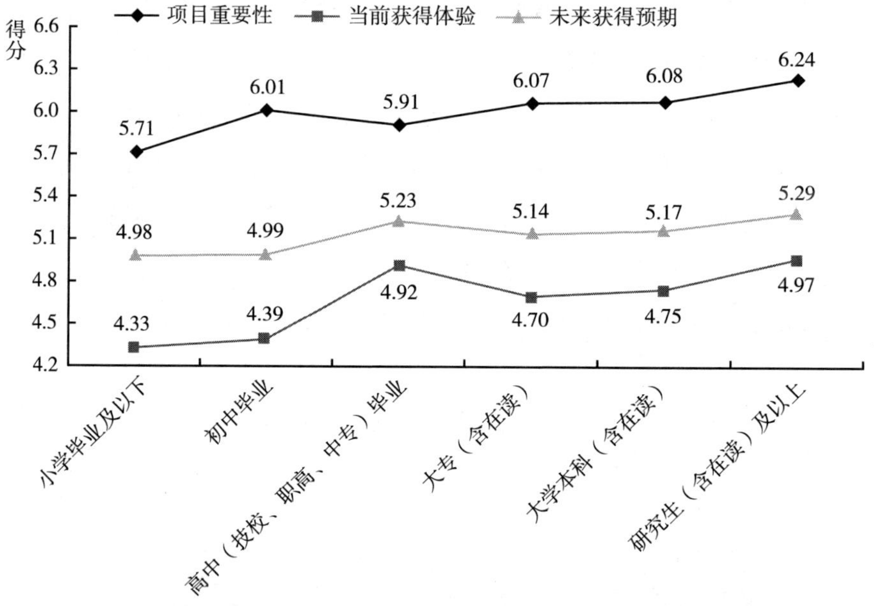

图 13　不同受教育程度的受访者在获得感三个方面的得分分布

在当前获得体验上（参见图 14），受教育程度越高，其当前获得体验得分越高。其中，受教育程度为"研究生及以上学历"的受访者当前获得体验总得分略高于"高中（技校/职高/中专）毕业"的受访者；"研究生及以上学历"的受访者，除了"满意的收入""高水平的医疗卫生服务""民主""法制""公平""正义"这 6 个项目的得分低

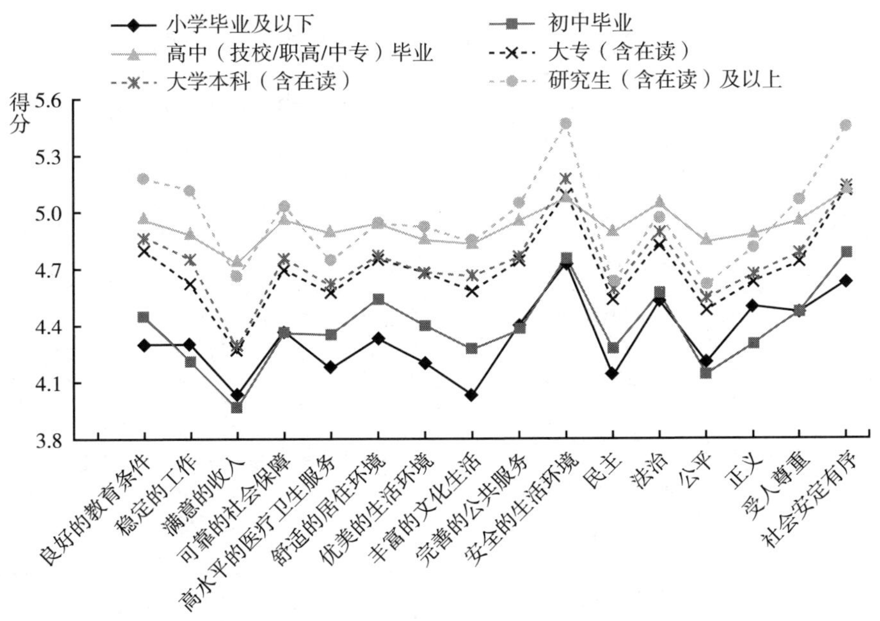

图 14　不同受教育程度的受访者在当前获得体验上的得分情况

于受教育程度为“高中（技校/职高/中专）毕业”的受访者，其他各项目得分高于“高中（技校/职高/中专）毕业”的受访者。

5. 获得感三个方面的户口类型差异

采用单因素方差分析的方法，比较不同户口类型的调查对象在获得感项目重要性、当前获得体验和未来获得预期上的差异，结果显示，被调查者在获得感项目重要性、当前获得体验和未来获得预期在户口类型上均存在显著差异（见表6）。在项目重要性上，本地城市户口受访者的项目重要性得分显著高于其他群体，外地城市户口受访者的项目重要性得分显著低于其他群体；在当前获得体验上，外地农村户口受访者的当前获得体验得分显著高于其他群体，本地农村户口受访者的当前获得体验得分显著低于其他群体；在未来获得预期上，外地农村户口受访者的未来获得预期得分显著高于其他群体，外地城市户口受访者的未来获得预期得分显著低于其他群体。

表 6　获得感三个方面的户口类型差异（N =3999）

类别	户口类型	N	均值	标准差	F 值
项目重要性	本地城市户口	1565	6.12	0.70	19.800***
	本地农村户口	986	6.00	0.85	
	外地城市户口	428	5.83	0.78	
	外地农村户口	1020	5.99	0.64	
当前获得体验	本地城市户口	1565	4.78	0.92	29.394***
	本地农村户口	986	4.61	0.94	
	外地城市户口	428	4.73	0.76	
	外地农村户口	1020	4.98	0.82	
未来获得预期	本地城市户口	1565	5.18	0.99	7.767***
	本地农村户口	986	5.15	1.09	
	外地城市户口	428	5.02	0.83	
	外地农村户口	1020	5.27	0.77	

6. 获得感三个方面在城市划分上的差异

采用单因素方差分析的方法，比较民众所在不同城市在获得感项目重要性、当前获得体验和未来获得预期上的差异，结果显示，被调查者的当前获得体验在城市划分类型上不存在差异，而项目重要性和未来获得预期在城市划分类型上均存在显著差异（见表 7）。在项目重要性上，“四线”城市被调查者的项目重要性得分显著高于其他群体，“二线”城市和“五线”及以下城市被调查者的项目重要性得分显著低于其他群体；在未来获得预期上，“四线”城市被调查者的未来获得预期得分显著高于其他群体，“一线”城市和“二线”城市被调查者的未来获得预期得分显著低于其他群体。

表 7　获得感三个方面的城市划分差异（N = 3961）

类型	城市划分	N	均值	标准差	F 值
项目重要性	“一线”城市	485	6. 00	0. 69	7. 795 ***
	“新一线”城市	865	6. 10	0. 84	
	“二线”城市	821	5. 96	0. 75	
	“三线”城市	609	5. 99	0. 69	
	“四线”城市	560	6. 16	0. 65	
	“五线”及以下城市	621	5. 96	0. 75	
当前获得体验	“一线”城市	485	4. 76	0. 77	2. 041
	“新一线”城市	865	4. 72	0. 94	
	“二线”城市	821	4. 79	0. 89	
	“三线”城市	609	4. 83	0. 83	
	“四线”城市	560	4. 76	0. 97	
	“五线”及以下城市	621	4. 84	0. 92	
未来获得预期	“一线”城市	485	5. 09	0. 88	5. 831 ***
	“新一线”城市	865	5. 13	1. 03	
	“二线”城市	821	5. 09	0. 93	
	“三线”城市	609	5. 22	0. 87	
	“四线”城市	560	5. 31	1. 00	
	“五线”及以下城市	621	5. 26	0. 95	

四　讨论与结论

综合以上结果，从项目重要性、当前获得体验和未来获得预期三个方面分析民众获得感的一般状况及其相关因素。受访民众在 16 个项目，即良好的教育条件、稳定的工作、满意的收入、可靠的社会保障、高水平的医疗卫生服务、舒适的居住环境、优美的生活环境、丰富的文化生活、完善的公共服务、安全的生活环境、民主、法制、公平、正义、受人尊重、社会安定有序方面，表现出不同的获得感体验；且在获得感的三个方面，即当前获得体验、未来获得预期和项目重要性三个方面也表现出不同的趋势。民众的获得感会因性别、年龄、受教育程度、月收入等基本的人口学变量不同而产生差异。

本次调查结果显示，整体来看，在所测量的16个项目中，“安全的生活环境”“社会安定有序”“法制”方面，不仅带给民众的当前获得感最强，而且在未来获得预期及项目重要性上都带给民众较高的获得感；而在“民主”“公平”“满意的收入”方面，当前获得体验和未来获得预期水平都相对较低。此外，受访者认为有高重要性但当前获得体验较差、有高重要性但未来获得预期较低、当前获得体验较低且未来获得预期也较低的方面包括：“满意的收入”“公平”“稳定的工作”以及“高水平的医疗卫生服务”，这四个项目的综合评价最差，在未来的社会发展改革和治理过程中，需引起足够的重视。

第一，改善人民美好生活需要的供给机制。依据民众需求的发展水平，循序渐进发展低重要性—低获得—低预期项目（“民主”“正义”“丰富的文化生活”）；从民众文化生活的切实需要出发，坚持贴近实际、贴近生活、贴近群众的原则和以人民为中心的文化建设导向，丰富人民群众的精神文化生活。着力稳步提升高重要性项目的发展供给水平，稳定高重要性—高获得—高预期的项目（“安全的生活环境”“社会安定有序”“法制”“良好的教育条件”“可靠的社会保障”）的供给保障；深化司法体制改革，坚持依法治国、依法执政、依法行政共同推进，并着力提高全民族法治素养和道德素质，营造稳健的法制环境氛围。让法制成为维护国家稳定、各项事业蓬勃发展的有力武器，成为捍卫人民群众权益的工具。

第二，提升人民美好生活需要的供给信心。深入分析高重要性—低获得—低预期项目（“高水平的医疗卫生服务”“稳定的工作”“公平”“满意的收入”）的供给问题。一是深化社会改革，改善医疗体制，坚持社会改革机会公平、民众发展机会平等；二是提升民众的收入获得感，应积极引导促进民众顺应产业发展与就业结构变化，提高劳动者的自身素质与就业质量；三是深化收入分配制度改革，切实保障和提高民众收入的可支配水平，稳步增进民众的收入获得感。

第三，合理引导人民美好生活需要的发展预期。着力引导民众对于低重要性—高获得—高预期项目（“完善的公共服务”“舒适的居住环境”）发展的合理预期水平。增进民众对于社会主义民主政治与生活环境的发展规律与基础的理解认识，引导民众立足经济、社会、文化发展来为自身权利的发展与生活环境的改善创造条件。改善低重要性—低获得—高预期项目（“优美的生活环境”）的供给方式，加强生态文明制度建设，大力保护自然环境，积极治理环境污染，坚定不移地贯彻生态文明发展理念，积极引导民众爱护环境、保护环境，建设人与自然和谐共生的现代化社会。

参考文献

曹现强、李烁：《获得感的时代内涵与国外经验借鉴》，《人民论坛·学术前沿》2017 年第 2 期。

董瑛：《增进人民群众对反腐倡廉的“获得感”研究——新形势下反腐倡廉建设新理念新布局》，《理论与改革》2017 年第 1 期。

韩一凡：《日常生活视域下的思想政治教育获得感研究》，《学校党建与思想教育》2017 年第 13 期。

何小芹、曾韵熹、叶一舵：《贫困大学生相对获得感的现状调查分析》，《锦州医科大学学报》（社会科学版）2017 年第 3 期。

汪来喜：《我国农民获得感的内涵及理论意义探究》，《经济研究导刊》2017 年第 3 期。

汪亭友：《“民生意识”：让人民有更多获得感》，《党建》2016 年第 9 期。

王红漫：《是什么降低了民众的医保“获得感”》，《人民论坛》2017 年第 9 期。

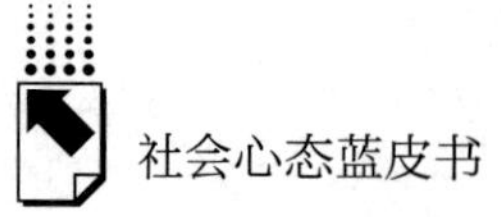

王瑾：《共享发展：让群众有更多的获得感》，《当代世界与社会主义》2016 年第 2 期。

王俊秀：《不同主观社会阶层的社会心态》，《江苏社会科学》2018 年第 1 期。

王俊秀：《居民需求满足与社会预期》，《江苏社会科学》2017 年第 1 期。

文宏、刘志鹏：《人民获得感的时序比较——基于中国城乡社会治理数据的实证分析》，《社会科学》2018 年第 3 期。

张品：《“获得感”的理论内涵及当代价值》，《河南理工大学学报（社会科学版）》2016 年第 4 期。

周良书：《惩治“蚁贪”，让人民更有获得感》，《人民论坛》2017 年第 13 期。

B.3

主客观社会地位对民众获得感的影响*

豆雪姣　董洪杰　谭旭运**

摘　要： “获得感”不仅能准确反映自改革开放以来民众“获得”的客观情况，同时也是每个人对现实生活获益情况的主观评价。本报告基于中国社会科学院（CASS）和智媒云图联合发布的获得感问卷（Sense of Gain Scale 2018）的抽样调查数据，分析民众获得感的现状，并探讨主客观社会地位对获得感的影响。结果显示：①总体看来，受访者在获得内容、获得途径和获得分享上得分较高，在获得环境和获得体验上得分较低。②女性在获得内容和获得分享上得分明显高于男性，而男性在获得环境和获得途径得分上明显高于女性；年轻一代（“90后”“00后”）的获得感较高；“未婚/独身”受访者的获得感更高一些；拥有外地城市户籍的受访者和没有工作的受访者，其获得感以及各维度得分最低。③客观社会地位影响获得感，但教育、收入、住房以及职业类型在不同获得感维度上的影响结果不同，尤其是获得内容和获得体验。④主观社会地位影响获

* 本报告受国家社会科学基金重大项目“社会心理建设：社会治理的心理学路径”（项目编号：16ZDA231）和国家社会科学基金青年项目“社会心态视角下主观社会阶层对公众参与的影响与机制研究”（项目编号：17CSH040）的资助。

** 豆雪姣，曲阜师范大学教育学院心理学硕士，研究方向为：社会阶层与决策、社会参与；董洪杰，上海大学社会学院博士生，研究方向为：发展质量与阶层意识、社区心理研究；谭旭运，心理学博士，中国社会科学院社会学研究所助理研究员，研究方向为：社会心态、社会阶层认同与流动等。E-mail：tanxuyun@ cass. org. cn。

得感，过去、现在和将来不同主观社会地位者在总体获得感及其各维度得分上均存在显著性差异。进一步回归分析结果表明，在控制了人口学变量和客观社会地位指标后，主观社会地位仍然对获得感有一定的预测作用，但不同时间点的主观社会地位对获得感及其各维度存在不同的影响。

关键词： 获得感　客观社会地位　主观社会地位

一　引言

自2015年在中央全面深化改革领导小组第十次会议上首次提出“获得感”一词，到2016年将“获得感”作为改革成效的评价标准，再到把“让人民有更多的获得感”作为改革的目的，“获得感”已成为当今社会最为关注的词语之一。其使用范围出现固化趋势，多用以指人民群众共享改革成果的幸福感[①]。而与幸福感相比，获得感更强调的是“一种实实在在的得到”，而不仅仅局限于个体基于自身的一种主观感受和情绪体验，同时“获得感”的获得内容不仅有物质层面的，也有精神层面的（郑风田，2017）。对于物质生活需求和精神追求得以满足的程度，个体会产生一种满意或不满意的体验。而需求的满足离不开外界环境与个体能动性等多种因素的共同作用（Maslow，1954），主要包括来自家庭、团体、社会等的支持。此外，在参与和共享中，也可以让人民群众有更多的获得感和成就感（唐钧，2017；林怀艺、张鑫伟，2016）。可见“获得感”的内涵是多方面的，不仅包括获得内容、获得体验以及获得环境，还包括获得途径和获得的分享。因此，

---

① 2015年十大流行语（《咬文嚼字》版），http：//xh. 5156edu. com/page/z2379m7754j20212. html。

需要以多层面和全方位的视角来对获得感进行研究。

在社会生活中，人们根据拥有社会资源的多少划分不同的社会地位或社会阶层，这种社会资源包括政治资源、经济资源、文化资源等各方面，例如职业声望、经济收入水平或受教育程度等（李强，2003；陆学艺，2003）。“谁得到了什么？以及是怎样得到的？”历来是社会分层研究的重要问题（仇立平，2006）。从某种程度上来说，“获得感”正是人们对社会资源的获得或占有情况的描述。由此可见，获得感和社会地位之间存在相互对应之处。正如社会地位或社会阶层是客观实在和主观建构的共同产物（王春光、李炜，2002），获得感这一概念也不仅能准确反映每个人“获得”的客观情况，而且更能反映个体对现实生活获益情况的主观评价。获得感的提出为社会地位的研究提供了新的议题，即在关注客观状况的同时，也要重视人们对客观状况的主观映射（孙太远，2015）。那么，获益与获得感之间存在怎样的内在联系？客观社会地位与主观社会地位又会如何影响个体的获得感？对这些问题的初步探讨，有助于厘清获得感的主客观基础，并进一步发现提升人民群众获得感的有效途径。

为了更好地了解当前中国民众的获得感现状及其与主客观社会地位的关系，本报告基于中国社会科学院（CASS）和智媒云图（Intellvision）联合发布的获得感问卷（Sense of Gain Scale 2018）的抽样调查数据，分析民众获得感的现实状况，进而探讨各人口学变量和主客观社会地位对获得感的具体影响。

二　研究方法

（一）数据来源

本研究数据来源于由中国社会科学院（CASS）和智媒云图联

合发布的获得感调查问卷（Sense of Gain Scale 2018）。该调查问卷由中国社会科学院社会学研究所社会心理学研究中心编制，于2018年1月通过智媒云图研发的问卷调研App“问卷宝”，向在线样本库的全国用户（共约110万人，覆盖全国346个地级城市）推送问卷。调查最初共收回作答问卷4928份，利用测谎题、答题完成情况等对问卷进行筛选后共得到有效问卷3999份，问卷有效率为81.1%。其中，男性2325人，占58.1%；女性1674人，占41.9%。年龄范围18~78岁，平均年龄31.3±8.3岁。有效样本的具体情况详见表1。

表1 调查对象在人口学变量上的分布情况（N=3999）

变量	类别	计数(N)	百分比(%)
性别	女性	1674	41.9
	男性	2325	58.1
年龄	“90后”及其以后	1965	49.1
	“80后”	1465	36.6
	“70后”	385	9.6
	“60后”	123	3.1
	“50后”	45	1.1
	“40后”	16	0.4
户籍状况	本地城市	1565	39.1
	本地农村	986	24.7
	外地城市	428	10.7
	外地农村	1020	25.5
婚姻状况	未婚	1717	42.9
	已婚	2178	54.5
	再婚	46	1.2
	离婚独身	53	1.3
	丧偶独身	5	0.1

续表

变量	类别	计数(N)	百分比(%)
宗教信仰	佛教	498	12.5
	道教	45	1.1
	伊斯兰教	34	0.9
	基督教	87	2.2
	天主教	27	0.7
	其他宗教	14	0.4
	民间信仰	189	4.7
	没有宗教信仰	3105	77.6
就业状况	全日制学生	285	7.1
	一直无工作	26	0.7
	在职工作	2878	72.0
	离退在家	55	1.4
	离退返聘	20	0.5
	辞职、内退或下岗	35	0.9
	非固定工作	71	1.8
	失业	30	0.8
	不打算找工作	8	0.2
	自由职业者	502	12.6
	其他	89	2.2

（二）调查工具

1. 获得感及其各维度的测量

采用28道题目的自编问卷测量民众的获得感情况。其中，获得内容包括“我希望自己身体健康”等6道测量题目；获得体验包括“想到现在获得的，我感觉很圆满”等6道测量题目；获得环境包括“社会保障制度解决了我很多后顾之忧”等6道测量题目；获得途径包括“我一直在为更好的生活拼搏”等5道测量题目；获得分享包括“人有所成就时应该想着惠及他人”等5道测量题目。问卷题目采用李克特7点评分，1表示“完全不同意”，7表示“完全同意”。

将28道题目的平均分作为总体获得感得分，将每个维度上的所有题目的平均分作为各维度得分，得分越高，代表民众在该维度上的获得感越高。28道题目的内部一致性良好（Cronbach's α =0.95），各维度的Cronbach's α 系数在0.88 ~0.95之间。

2. 客观社会地位的测量

结合社会学中对社会地位指标的研究成果，客观社会地位的测量包括传统指标和新近指标两部分。传统指标包括受教育程度、经济收入和职业类型，其中职业的测量参照人力资源和社会保障部对国家职业资格管理的分类，具体分为国家机关、党群组织、企业、事业单位负责人，专业技术人员，办事人员和有关人员，商业、服务业人员，农、林、牧、渔、水利业生产人员，生产、运输设备操作人员及有关人员，军人和不便分类的其他从业人员八大类型；受教育程度和经济收入的具体题目包括“请问您的受教育程度：①小学毕业及以下；②初中毕业；③高中（技校、职高、中专）毕业；④大专（含在读）；⑤大学本科（含在读）；⑥研究生（含在读）及以上”，“您的月收入（包括工资收入、补贴、投资、兼职等）平均大约是①1000元以下；②1001 ~3000元；③3001 ~5000元；④5001 ~7000元；⑤7001 ~10000元；⑥1万 ~1.5万元；⑦1.5万 ~3万元；⑧3万 ~5万元；⑨5万 ~10万元；⑩10万元以上”。

新近的客观社会地位测量指标主要是指住房情况。具体测量题目是“您的住房情况是：①租房住；②自建房；③公租房；④经济适用房；⑤商品房；⑥单位宿舍；⑦借住父母或他人房；⑧有两套以上的自购住房”。其中，将自建房、经济适用房、商品房和有两套以上的自购住房视为有自有住房，编码为1；而租房住、公租房、单位宿舍和借住父母或他人房视为无自有住房，编码为0。

3. 主观社会地位的测量

主观社会地位的测量主要采用国内外研究中常用的阶梯量表

（Adler et al.，2000）。首先给调查对象呈现一个十级的阶梯图片（见图1），并自下而上标记1～10十个数字，然后告诉他们："在我们的社会里，有些人处在社会的上层，有些人处在社会的下层，如图所示，梯子从上往下看，10代表最顶层，1代表最底层。"随后，要求调查对象回答自己对过去、现在和未来的社会地位的主观感知，具体包含3道题目："您认为您自己目前在哪个等级？""您认为您五年前在哪个等级？""您认为五年后您将会在哪个等级？"要求民众选择其中一个数字，表示自己所在的等级，所选数字越大，表明被调查者感知到的自己的主观社会地位越高。由于原数据库记录得分由上至下分别记为1～10，因此反向计分后，将其作为调查对象的过去主观社会地位、现在主观社会地位和将来主观社会地位。

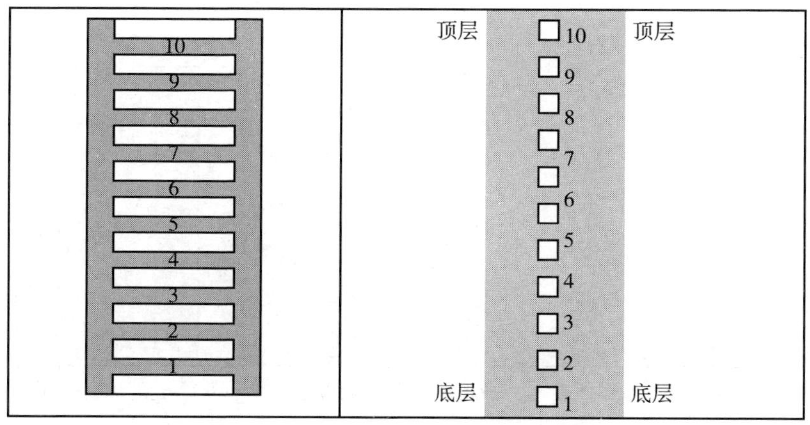

图1　主观社会地位测量题目示意

（三）数据处理

使用统计分析软件SPSS 18.0对数据进行描述性统计分析、相关分析、差异性分析和回归分析。

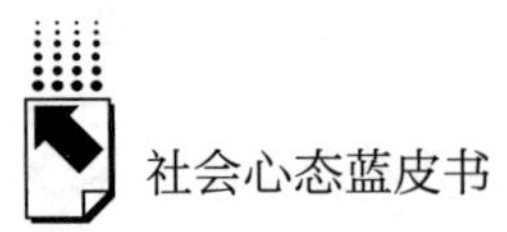

三　研究结果

（一）获得感及其各维度得分的总体情况

采用重复测量方差分析，探究了获得感及其各维度的总体情况。结果发现，获得感的五个维度之间均存在显著性差异（$F = 1279.136$，$p < 0.001$）。由图2可知，受访者在获得内容（M = 5.93）和获得分享（M = 5.83）维度上得分较高，其次是参与性获得（M = 5.63），且均大于总体获得感得分（M = 5.52）；而受访者在获得环境（M = 5.22）和获得体验（M = 5.05）上得分较低，且均小于总体获得感得分，其中获得体验得分最低。

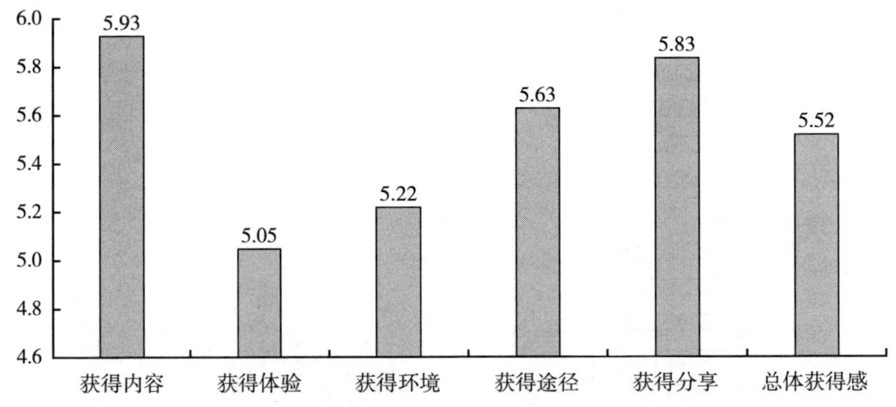

图2　获得感及其各维度得分的总体情况

（二）不同人口学变量上获得感及其各维度得分的一般情况

1. 不同性别受访者的获得感情况

从图3中可以看出，男性和女性的总体获得感相等；但在获得内容和获得分享得分上，女性明显高于男性；男性在获得体验得分上略高于女性，但没有达到显著性水平；而男性在获得环境和获得途径得分上明显高于女性。

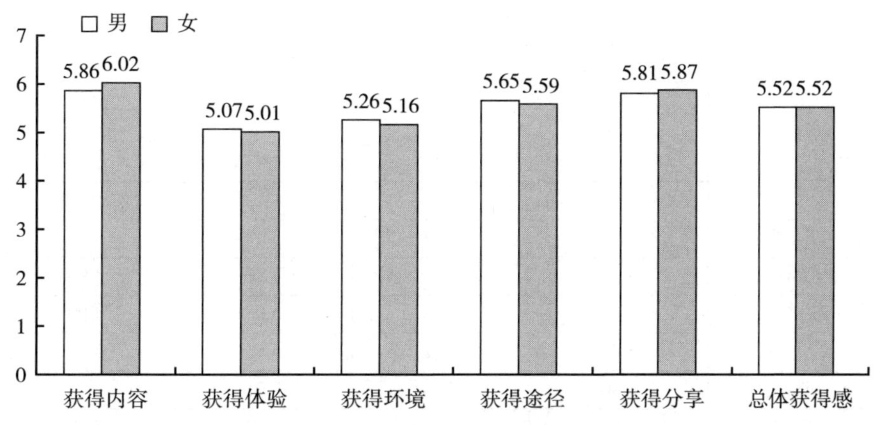

图 3　不同性别受访者的获得感得分

2. 不同年龄段民众的获得感情况

由于在本次调查中，“50 后”和“40 后”人数较少，因此将其与“60 后”合并。从图 4 中可以看出，“90 后”及以下的受访者除了在获得分享维度上与“70 后”的受访者相差无几之外（$M_{“90后”及以下}$ = 5.90，$M_{“70后”}$ = 5.91），在获得内容、获得环境、获得体验、获得途径以及总体获得感得分上均是最高的；而“60 后”及其以前的受访者在获得感各维度以及总体获得感得分上均是最低的。

3. 不同户籍类型受访者的获得感情况

从图 5 中可以看出，拥有外地农村户籍的受访者在获得体验、获得环境、获得途径、获得分享以及总体获得感上均是得分最高的；在获得内容维度上，拥有本地城市户籍的受访者得分最高（M = 6.01），其次是拥有外地农村户籍的受访者（M = 5.98）。除此之外，拥有外地城市户籍的受访者在获得感及其各维度得分上均是最低的。

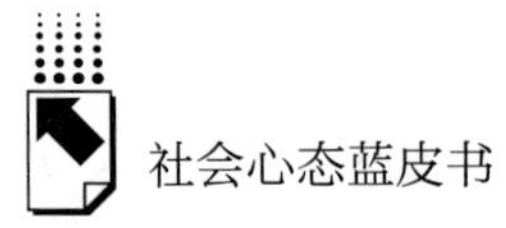

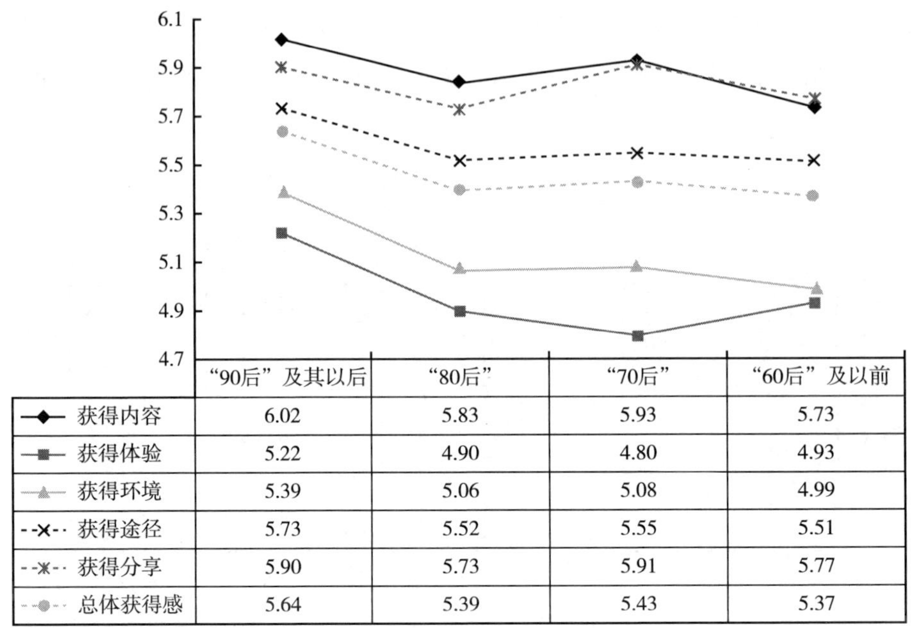

	“90后”及其以后	“80后”	“70后”	“60后”及以前
获得内容	6.02	5.83	5.93	5.73
获得体验	5.22	4.90	4.80	4.93
获得环境	5.39	5.06	5.08	4.99
获得途径	5.73	5.52	5.55	5.51
获得分享	5.90	5.73	5.91	5.77
总体获得感	5.64	5.39	5.43	5.37

图4　不同年龄段受访者的获得感得分

4. 不同婚姻状况受访者的获得感情况

由于在本次调查中，再婚、离婚独身和丧偶独身的受访者人数较少，因此，将未婚和独身合并成一类，编码为0；将已婚和再婚合并成一类，编码为1。分析结果如图6所示，在获得感各维度以及总体获得感得分上，未婚/独身的受访者均明显高于已婚/再婚的受访者。

5. 不同宗教信仰受访者的获得感情况

本研究将信仰佛教、道教、伊斯兰教、基督教、天主教、其他宗教以及具有民间信仰的受访者合并为一类，记为有宗教信仰，并编码为1；将没有宗教信仰的受访者记为无宗教信仰，并编码为0。分析结果如图7所示，无宗教信仰者在获得体验得分上略高于有宗教信仰者，在获得感其他维度以及总体获得感得分上，均明显高于后者。

6. 不同就业状况受访者的获得感情况

本研究将全日制学生编码为1；将一直无工作，离退休在家，辞

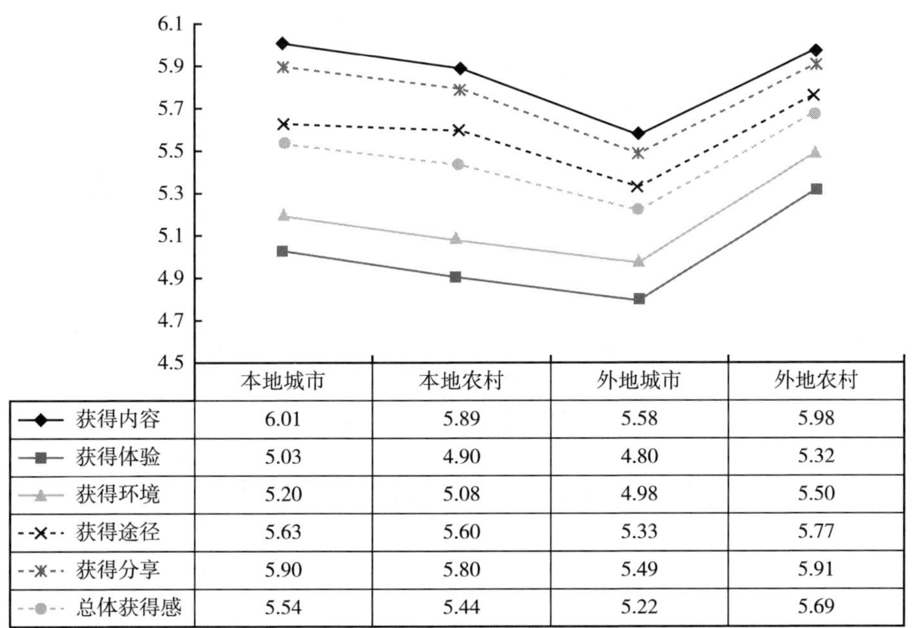

	本地城市	本地农村	外地城市	外地农村
获得内容	6.01	5.89	5.58	5.98
获得体验	5.03	4.90	4.80	5.32
获得环境	5.20	5.08	4.98	5.50
获得途径	5.63	5.60	5.33	5.77
获得分享	5.90	5.80	5.49	5.91
总体获得感	5.54	5.44	5.22	5.69

图 5　不同户籍类型受访者的获得感得分

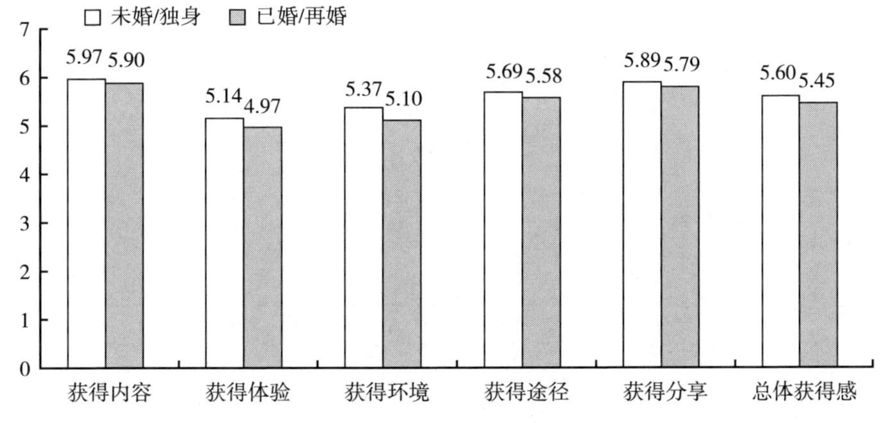

图 6　不同婚姻状况受访者的获得感得分

职、内退或下岗，失业和不打算找工作视为无工作，编码为 2；将在职工作和离退休返聘视为在职工作，编码为 3；将没找到全天连续工作、暂时从事临时性工作和自由职业者视为非固定工作，编码为 4；

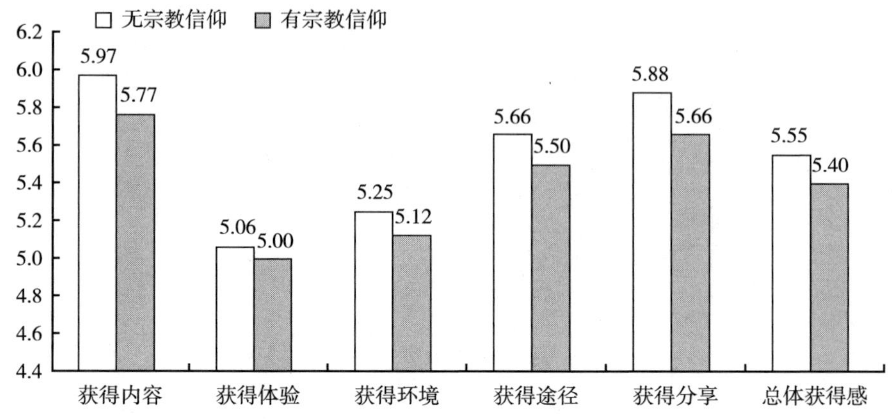

图 7　有无宗教信仰受访者的获得感得分

将其他编码为 5。分析结果如图 8 所示，全日制学生在获得感各维度以及总体获得感得分上均是最高的；在获得体验和获得环境维度上，

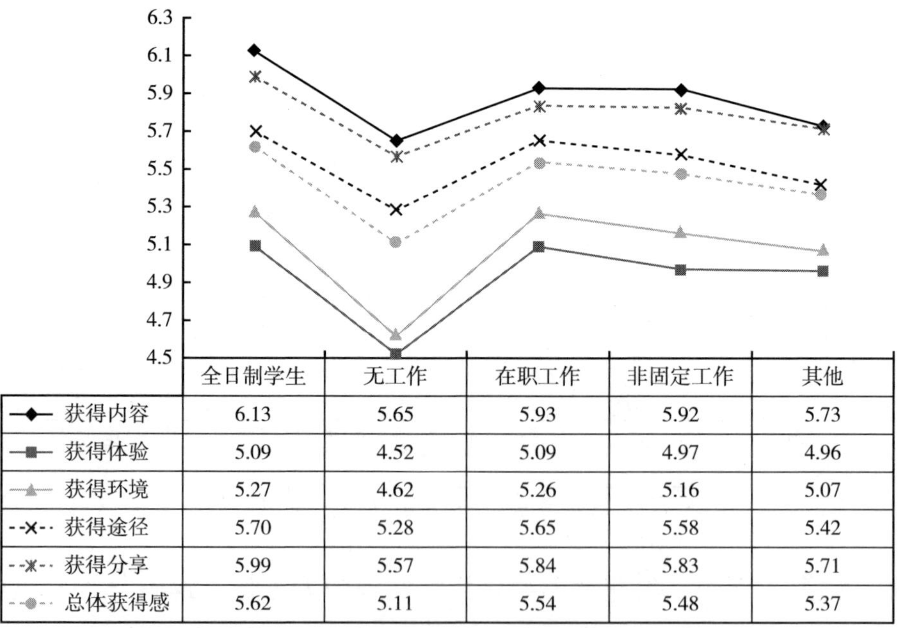

	全日制学生	无工作	在职工作	非固定工作	其他
获得内容	6.13	5.65	5.93	5.92	5.73
获得体验	5.09	4.52	5.09	4.97	4.96
获得环境	5.27	4.62	5.26	5.16	5.07
获得途径	5.70	5.28	5.65	5.58	5.42
获得分享	5.99	5.57	5.84	5.83	5.71
总体获得感	5.62	5.11	5.54	5.48	5.37

图 8　不同就业状况受访者的获得感得分

在职工作者与全日制学生得分基本相等；而无工作者在获得感各维度以及总体获得感得分上均是最低的。

（三）获得感及其各维度的相关关系

对总体获得感以及获得感各维度进行相关分析，结果发现（参见表2），获得内容、获得体验、获得环境、获得途径和获得分享之间两两均存在显著的正相关关系，而且获得感五个维度与总体获得感之间也存在显著的正相关关系。

表2　获得感各维度的相关关系

项目	总体获得感	获得内容	获得体验	获得环境	获得途径	获得分享
总体获得感	1					
获得内容	0.735***	1				
获得体验	0.767***	0.291***	1			
获得环境	0.798***	0.410***	0.614***	1		
获得途径	0.828***	0.620***	0.512***	0.519***	1	
获得分享	0.799***	0.726***	0.381***	0.488***	0.718***	1

注：* $p<0.05$，** $p<0.01$，*** $p<0.001$，下同。

（四）客观社会地位与获得感

1. 获得感在受教育程度上的差异性分析

采用单因素方差分析的方法，对获得感及其各维度得分在不同受教育程度[①]上的差异进行统计分析。结果发现（参见表3、图9），不同受教育程度的受访者在总体获得感及其各维度得分上均存在显著性

① 由于本次调查中小学毕业及以下学历的人数较少（共30人），因此将其与初中毕业学历的受访者合并。

差异。其中，在获得体验、获得环境、获得途径以及总体获得感得分上，随着受教育程度的增加，存在基本相同的变化趋势：具有高中（技校、职高、中专）学历水平的受访者与具有初中及以下学历的受访者相比，出现一个明显的上升的现象，之后则出现先下降后上升的趋势，但是最低点依然高于具有初中及以下学历的受访者的得分。因此，具有初中及以下学历的受访者在获得体验、获得环境、获得途径以及总体获得感得分上均是最低的。而在获得内容和获得分享维度上，随着受教育程度的增加呈现稳步上升的趋势。除此之外，研究生（含在读）及以上学历的受访者在获得途径和总体获得感上也是得分最高的。

表 3　获得感及其各维度的受教育程度差异分析（平均数 ± 标准差）

受教育程度	N	获得内容	获得体验	获得环境	获得途径	获得分享	总体获得感
初中毕业及以下	215	5.81 ± 1.07	4.72 ± 1.32	4.84 ± 1.13	5.52 ± 1.04	5.73 ± 1.08	5.30 ± 0.90
高中（技校、职高、中专）毕业	1301	5.82 ± 0.78	5.30 ± 1.09	5.40 ± 0.92	5.67 ± 0.82	5.79 ± 0.81	5.58 ± 0.72
大专（含在读）	873	5.96 ± 0.91	4.87 ± 1.25	5.10 ± 1.04	5.56 ± 0.95	5.83 ± 0.94	5.45 ± 0.79
大学本科（含在读）	1426	6.01 ± 0.81	4.96 ± 1.17	5.19 ± 0.98	5.63 ± 0.92	5.88 ± 0.87	5.52 ± 0.74
研究生（含在读）及以上	184	6.09 ± 0.75	5.12 ± 1.12	5.23 ± 1.00	5.75 ± 0.89	5.94 ± 0.80	5.61 ± 0.72
F		12.00***	26.03***	22.73***	3.37**	3.19*	9.60***

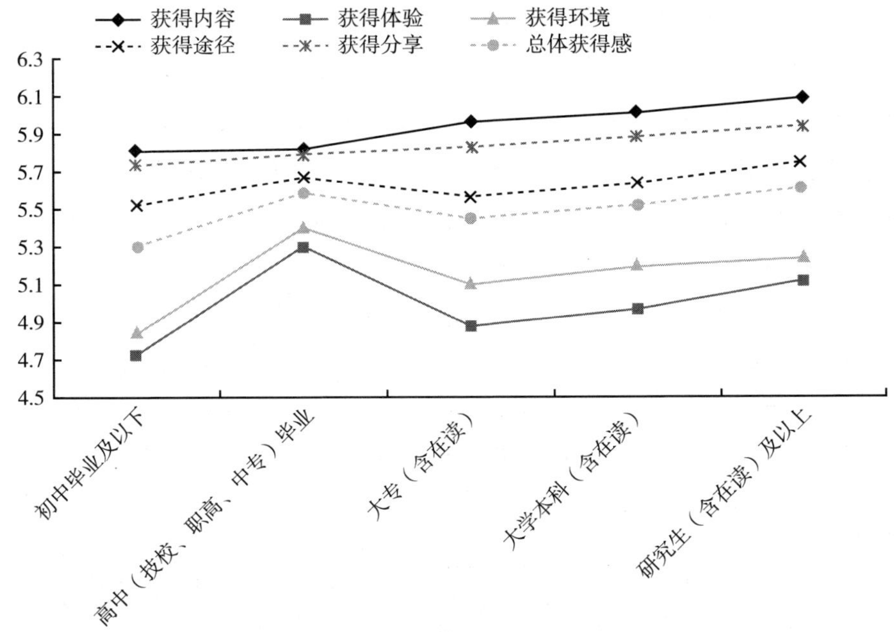

图9　不同受教育程度受访者的获得感得分

2. 获得感在月收入水平上的差异性分析

采用单因素方差分析的方法，对获得感及其各维度得分在不同月收入水平①上的差异进行统计分析，结果发现（参见表4、图10），不同月收入水平的受访者在总体获得感及其各维度得分上均存在显著性差异。整体来看，随着月收入水平的提升，受访者的获得体验、获得环境、获得途径以及总体获得感得分呈现曲折上升的趋势，但是在3001~5000元月收入水平处出现一个突然上升的转折点，并在此之后呈现先下降后上升的趋势。可见，月收入1.5万元以上的受访者在获得体验、获得环境、获得途径以及总体获得感得分上均最高。而随着月收入水平的提升，受访者在获得内容得分上呈先下降后上升的变

① 由于本次调查中月收入在1.5万元以上的人数较少（月收入为1.5万~3万元的有57人，3万~5万元的有16人，5~10万元的有1人，10万元以上的有6人），因此将其合并。

化趋势，即月收入在1000元及以下和1万元及以上的受访者，其获得内容得分最高；而月收入在5001～7000元时，受访者的获得内容得分最低。月收入在1000元及以下、1001～3000元和3001～5000元的受访者，其获得分享得分基本相等；而月收入为5001～7000元的受访者，其获得分享得分最低；月收入在1.5万元以上的受访者，其获得分享得分最高。

表4　获得感及其各维度的月收入差异分析（平均数±标准差）

收入水平	N	获得内容	获得体验	获得环境	获得途径	获得分享	总体获得感
1000元及以下	198	6.11±0.97	4.73±1.46	5.05±1.18	5.45±1.11	5.86±1.08	5.42±0.94
1001～3000元	669	6.00±0.87	4.68±1.26	5.00±1.06	5.52±0.97	5.87±0.93	5.39±0.77
3001～5000元	1587	5.95±0.75	5.21±1.15	5.39±0.93	5.71±0.80	5.89±0.76	5.62±0.69
5001～7000元	904	5.81±0.91	4.99±1.11	5.12±0.92	5.57±0.95	5.71±0.95	5.42±0.76
7001～10000元	417	5.86±0.88	5.16±1.06	5.17±1.02	5.61±0.90	5.76±0.93	5.50±0.77
1万～1.5万元	144	6.01±0.83	5.18±1.19	5.21±1.12	5.79±0.91	5.86±0.91	5.60±0.84
1.5万元以上	80	6.10±0.77	5.41±1.05	5.54±0.88	5.90±0.77	6.07±0.77	5.79±0.70
F		6.47***	21.20***	18.27***	7.77***	5.88***	12.67***

3.获得感在职业类型上的差异性分析

采用单因素方差分析的方法，对获得感及其各维度得分在不同职业类型上的差异进行统计分析，结果发现（见表5），不同职业类型的受访者在总体获得感及其各维度得分上均存在显著性差异。其中，

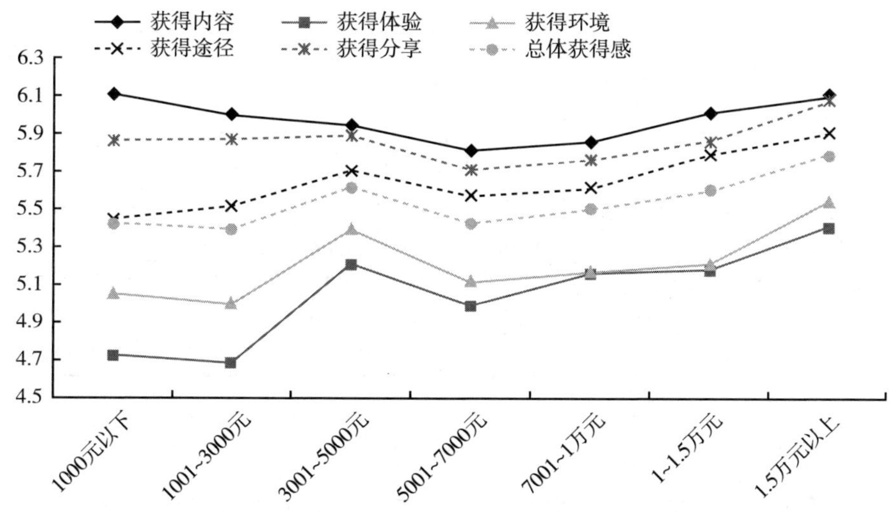

图 10　不同月收入水平受访者的获得感得分

生产、运输设备操作人员及有关人员在获得体验、获得环境、获得途径以及总体获得感得分上均是最高的；在获得途径和获得分享上，除军人和不便分类的其他从业人员之外，国家机关、党群组织、企业、事业单位负责人的得分最高。

表 5　获得感及其各维度的职业类型差异分析（平均数 ± 标准差）

职业类型	N	获得内容	获得体验	获得环境	获得途径	获得分享	总体获得感
国家机关、党群组织、企业、事业单位负责人	226	5.99 ± 0.85	5.12 ± 1.20	5.25 ± 0.96	5.61 ± 0.92	5.87 ± 0.87	5.55 ± 0.75
专业技术人员	741	5.94 ± 0.83	4.96 ± 1.13	5.14 ± 0.97	5.62 ± 0.93	5.82 ± 0.88	5.48 ± 0.74
办事人员和有关人员	286	5.67 ± 1.05	4.97 ± 1.19	5.09 ± 1.06	5.42 ± 1.03	5.63 ± 1.03	5.34 ± 0.91
商业、服务业人员	537	5.94 ± 0.88	5.06 ± 1.17	5.18 ± 1.00	5.66 ± 0.92	5.84 ± 0.93	5.52 ± 0.77

续表

职业类型	N	获得内容	获得体验	获得环境	获得途径	获得分享	总体获得感
农、林、牧、渔、水利业生产人员	158	5.59 ± 0.95	4.92 ± 1.16	5.06 ± 1.09	5.45 ± 0.92	5.55 ± 1.01	5.30 ± 0.86
生产、运输设备操作人员及有关人员	749	5.87 ± 0.62	5.47 ± 1.00	5.57 ± 0.81	5.77 ± 0.64	5.85 ± 0.63	5.70 ± 0.60
军人和不便分类的其他从业人员	1302	6.04 ± 0.85	4.87 ± 1.26	5.12 ± 1.03	5.60 ± 0.96	5.91 ± 0.91	5.49 ± 0.77
F		13.71***	22.41***	20.57***	6.85***	7.16***	12.53***

4. 获得感在住房情况上的差异性分析

采用独立样本T检验的方法，对获得感及其各维度得分在不同住房情况上的差异进行统计分析，结果发现（见表6），不同住房情况的受访者仅在获得内容、获得体验和获得环境上存在显著性差异。其中，在获得内容和获得环境得分上，无自有住房的受访者显著高于有自有住房的受访者；而在获得体验得分上，有自有住房的受访者则显著高于无自有住房的受访者。

表6　获得感及其各维度的住房情况差异分析（平均数 ± 标准差）

住房状况	N	获得内容	获得体验	获得环境	获得途径	获得分享	总体获得感
无自有住房	1884	5.96 ± 0.76	4.99 ± 1.24	5.26 ± 0.98	5.63 ± 0.87	5.83 ± 0.81	5.52 ± 0.71
有自有住房	2115	5.90 ± 0.91	5.10 ± 1.13	5.18 ± 1.00	5.62 ± 0.93	5.83 ± 0.93	5.51 ± 0.79
t		2.31*	-3.08**	2.68**	0.28	-0.04	0.31

（五）主观社会地位与获得感

采用单因素方差分析的方法，对获得感及其各维度得分在不同主观社会地位上的差异进行统计分析，结果发现（见表7），过去、现在和将来不同主观社会地位的受访者在总体获得感及其各维度得分上均存在显著性差异。

表7　获得感及其各维度在不同主观社会地位上的方差分析结果（F值）

项　目	获得内容	获得体验	获得环境	获得途径	获得分享	总体获得感
过去主观社会地位	6. 75***	20. 47***	13. 33***	7. 61***	4. 88***	11. 36***
现在主观社会地位	3. 63***	58. 66***	30. 82***	9. 17***	2. 38*	23. 57***
将来主观社会地位	11. 51***	46. 63***	40. 06***	29. 20***	14. 58***	42. 46***

具体来说，从过去的主观社会地位来看（见图11），随着社会地位的上升，受访者的获得内容、获得途径和获得分享呈现基本一致的变化趋势，即先下降后上升。在获得内容、获得途径和获得分享上，那些认为自己过去处于较低层和较高层的受访者得分较高，而处于中间位置的受访者得分则较低。除此之外，对于中间阶层及以上的受访者而言，其在获得感各维度和总体获得感得分上随着主观社会地位的增加而呈上升的趋势。

从现在的主观社会地位来看（见图12），除获得内容和获得分享之外，受访者的获得体验、获得环境、获得途径以及总体获得感随着现在主观社会地位的提高整体上呈现上升的趋势。同时在第4阶层出现一个明显的骤升现象。

从将来的主观社会地位来看（见图13），基本与现在主观社会地位与获得感的关系一致。除获得内容和获得分享之外，受访者的获得体验、获得环境、获得途径以及总体获得感随着现在主观社会地位的提高整体上呈现上升的趋势，并且在第4阶层也出现一个明显的骤升现象。

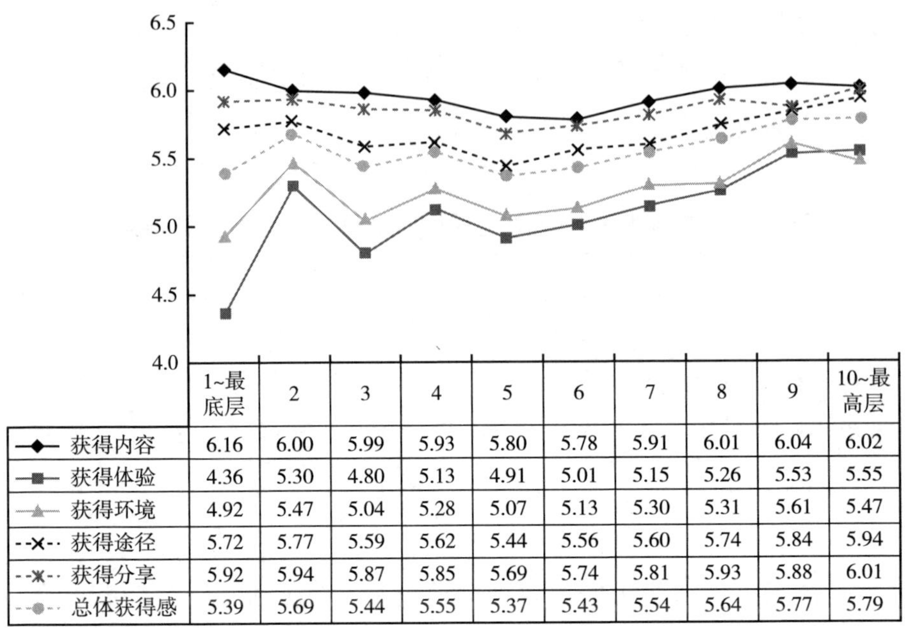

	1~最底层	2	3	4	5	6	7	8	9	10~最高层
获得内容	6.16	6.00	5.99	5.93	5.80	5.78	5.91	6.01	6.04	6.02
获得体验	4.36	5.30	4.80	5.13	4.91	5.01	5.15	5.26	5.53	5.55
获得环境	4.92	5.47	5.04	5.28	5.07	5.13	5.30	5.31	5.61	5.47
获得途径	5.72	5.77	5.59	5.62	5.44	5.56	5.60	5.74	5.84	5.94
获得分享	5.92	5.94	5.87	5.85	5.69	5.74	5.81	5.93	5.88	6.01
总体获得感	5.39	5.69	5.44	5.55	5.37	5.43	5.54	5.64	5.77	5.79

图 11　过去不同主观社会地位的获得感得分

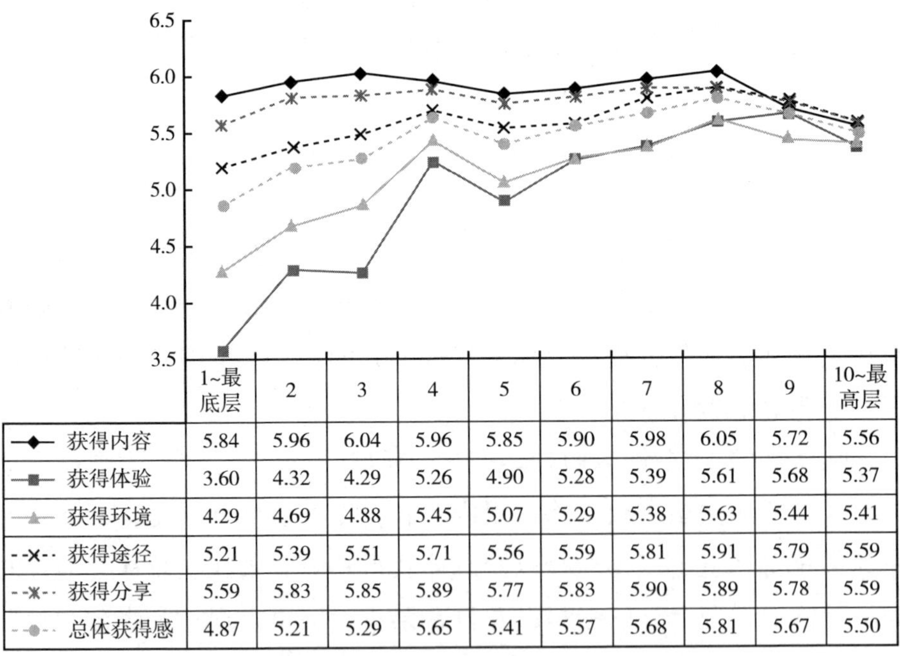

	1~最底层	2	3	4	5	6	7	8	9	10~最高层
获得内容	5.84	5.96	6.04	5.96	5.85	5.90	5.98	6.05	5.72	5.56
获得体验	3.60	4.32	4.29	5.26	4.90	5.28	5.39	5.61	5.68	5.37
获得环境	4.29	4.69	4.88	5.45	5.07	5.29	5.38	5.63	5.44	5.41
获得途径	5.21	5.39	5.51	5.71	5.56	5.59	5.81	5.91	5.79	5.59
获得分享	5.59	5.83	5.85	5.89	5.77	5.83	5.90	5.89	5.78	5.59
总体获得感	4.87	5.21	5.29	5.65	5.41	5.57	5.68	5.81	5.67	5.50

图 12　现在不同主观社会地位的获得感得分

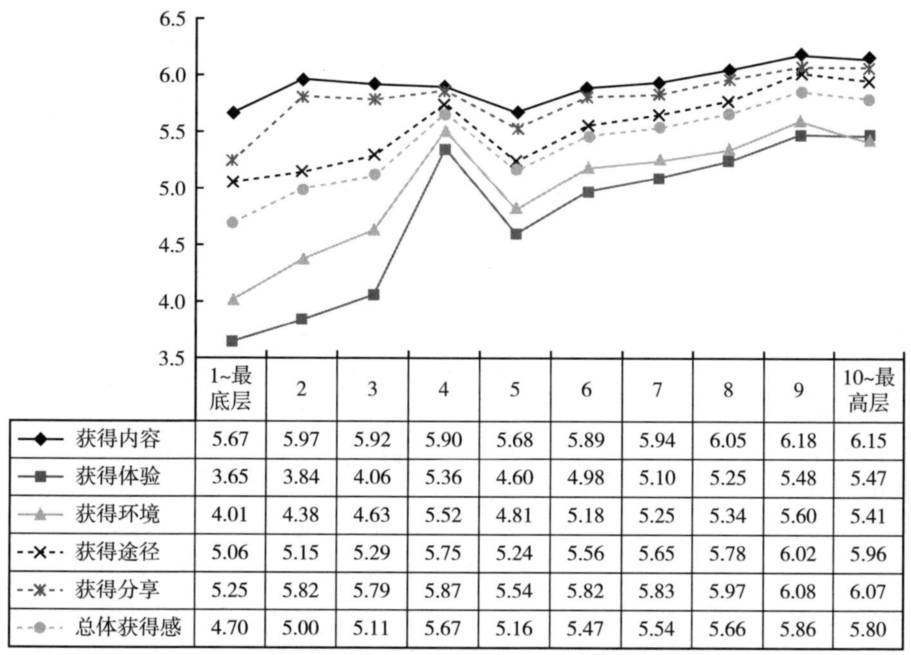

	1~最底层	2	3	4	5	6	7	8	9	10~最高层
获得内容	5.67	5.97	5.92	5.90	5.68	5.89	5.94	6.05	6.18	6.15
获得体验	3.65	3.84	4.06	5.36	4.60	4.98	5.10	5.25	5.48	5.47
获得环境	4.01	4.38	4.63	5.52	4.81	5.18	5.25	5.34	5.60	5.41
获得途径	5.06	5.15	5.29	5.75	5.24	5.56	5.65	5.78	6.02	5.96
获得分享	5.25	5.82	5.79	5.87	5.54	5.82	5.83	5.97	6.08	6.07
总体获得感	4.70	5.00	5.11	5.67	5.16	5.47	5.54	5.66	5.86	5.80

图 13　将来不同主观社会地位的获得感得分

（六）主观、客观社会地位对获得感的影响

以获得感及其各维度为因变量，以受教育程度、个人月收入、职业类型和有无自有住房作为客观社会地位的指标，以过去、现在和将来的社会地位作为主观社会地位的指标，并以客观社会地位与主观社会地位为自变量进行回归分析。同时回归方程中纳入性别、年龄、婚姻状况等人口学变量，剔除其对研究结果的影响。自变量采用层次进入的方式，考察每层中增加的变量对回归方程解释力度的影响，从而判定增加的变量是否和因变量独立关联。具体而言，第一层纳入人口学变量，第二层纳入客观社会地位，第三层纳入主观社会地位，每层变量采用全部进入（Enter）的方式，结果参见表 8。

表 8　各变量对获得感及其各维度的回归分析结果（标准系数）

项　目	获得内容	获得体验	获得环境	获得途径	获得分享	总体获得感
人口学变量						
性别	-0.11***	-0.01	0.00	0.01	-0.05*	-0.03
年龄	-0.08***	-0.03	-0.03	-0.04	0.01	-0.04*
婚姻状况	0.01	-0.02	-0.08***	-0.01	-0.03	-0.03
宗教信仰	-0.09***	0.01	-0.02	-0.05**	-0.08**	-0.05**
本地城市	0.25***	0.11***	0.12***	0.16***	0.22***	0.21***
本地农村	0.15***	0.04	0.05*	0.13***	0.14***	0.12***
外地农村	0.20***	0.18***	0.19***	0.19***	0.19***	0.24***
全日制学生	0.11***	0.03	0.03	0.07*	0.08*	0.08*
无工作	0.00	-0.05*	-0.07**	-0.01	-0.03	-0.05
在职工作	0.12*	0.05	0.08	0.11*	0.07	0.10*
无固定工作	0.09*	0.02	0.05	0.07	0.05	0.07
F	21.32***	11.39***	19.72***	11.09***	14.14***	19.93***
调整的 R^2	0.053	0.028	0.049	0.027	0.035	0.050
客观社会地位:(控制了人口学变量)						
受教育程度	0.08***	-0.08***	-0.02	0.00	0.05*	0.00
个人月收入	-0.04*	0.15***	0.06**	0.08***	-0.02	0.07***
国家机关、党群组织、企业、事业单位负责人	-0.01	0.05**	0.03	0.00	-0.02	0.02
客观社会地位:(控制了人口学变量)						
专业技术人员	-0.04	0.03	0.00	-0.01	-0.04	-0.01
办事人员和有关人员	-0.10***	0.02	0.00	-0.05**	-0.07***	-0.04*
商业、服务业人员	-0.02	0.06***	0.03	0.03	-0.01	0.03
农、林、牧、渔、水利业生产人员	-0.06***	0.02	0.01	-0.02	-0.05**	-0.02
生产、运输设备操作人员及有关人员	-0.05*	0.19***	0.14***	0.05*	-0.02	0.10***
有自有住房	-0.01	0.16***	0.08***	0.06**	0.05*	0.09***
F	15.41***	19.57***	15.11***	8.75***	9.70***	15.36***
调整的 R^2	0.067	0.085	0.066	0.037	0.042	0.067

续表

项　目	获得内容	获得体验	获得环境	获得途径	获得分享	总体获得感
主观社会地位:(控制了人口学变量和客观社会地位指标)						
过去阶层	-0.13***	-0.01	-0.05**	-0.11***	-0.10***	-0.09***
现在阶层	-0.11***	0.25***	0.15***	0.01	-0.08**	0.09***
将来阶层	0.25***	0.11***	0.17***	0.27***	0.24***	0.25***
F	20.13***	35.35***	24.56***	16.59***	14.19***	26.10***
调整的 R^2	0.099	0.165	0.119	0.082	0.071	0.126

注：参照组是女性、未婚/独身、无宗教信仰、外地城市户口、其他就业状况、军人和其他职业类型、无自有住房。

从表8的分析结果中可以看出，客观社会地位指标和主观社会地位指标都显著增加了回归的解释力度，两者都独立地与获得感及其各维度的关系紧密，累计可解释获得内容的9.9%，获得体验的16.5%，获得环境的11.9%，获得途径的8.2%，获得分享的7.1%，总体获得感的12.6%。

人口学变量方面，女性比男性有更多的获得内容和获得分享；年龄越大，获得内容和总体获得感越低；未婚/独身的受访者在获得环境上高于已婚/再婚的受访者；无宗教信仰者在获得内容、获得途径、获得分享以及总体获得感上显著高于有宗教信仰者；本地城市户口、本地农村户口和外地农村户口在获得感及其各维度得分上均显著高于外地城市户口的受访者（在获得体验上，本地农村户口与外地城市户口的受访者相比，不存在显著性差异）。除此之外，与其他就业类型的受访者相比，全日制学生和在职工作者有较多的获得内容、获得途径和总体获得感（全日制学生有更多的获得分享）；而无工作者有较低的获得体验和获得环境；在获得内容上，无固定工作者高于其他就业类型者。

客观社会地位方面，在控制了人口学变量之后，受教育程度能显

著正向地预测获得内容和获得分享，显著负向地预测获得体验；而月收入水平能显著正向地预测获得体验、获得环境、获得途径以及总体获得感，但是随着个人月收入的增加，获得内容得分反而越来越低。以军人和其他职业类型为参照组，国家机关、党群组织、企业、事业单位负责人和商业、服务业人员有更多的获得体验；办事人员和有关人员以及农、林、牧、渔、水利业生产人员有较低的获得内容和获得分享；生产、运输设备操作人员及有关人员的获得体验、获得环境、获得途径和总体获得感都较高，而在获得内容上则较低。此外，与无自有住房相比，有自有住房的受访者在获得体验、获得环境、获得途径、获得分享以及总体获得感得分上均较高。

主观社会地位方面，在控制了人口学变量和客观社会地位指标之后，过去主观社会地位除不能显著预测获得体验之外，均能显著负向预测总体获得感及其他维度；将来主观社会地位显著正向预测总体获得感及其各维度；现在主观社会地位除显著负向预测获得内容和获得分享之外，可以显著正向预测获得体验、获得环境和总体获得感，与获得途径之间关系不显著。从相关系数看，将来的主观社会地位与获得感联系更紧密。

四　讨论与结论

总体看来，民众的获得内容、获得分享和获得途径得分较高，获得环境和获得体验得分较低。由此可见，与测量民众社会心态的一些体验性指标相比，获得感加入了对民众的获得内容、获得环境、获得途径及获得分享的测量，有助于全面展现社会发展成果中民众对获益内容与获益途径的主观感知。

从获得感在不同人口学变量上的一般情况来看，性别上，女性在获得内容和获得分享得分上明显高于男性，而男性在获得环境和获得途径得分上明显高于女性，由此可见，在提升民众的获得感时要特别注意性别差异；年轻一代（“90后”“00后”）的获得感得分较高；与“已婚/再婚”的受访者相比，“未婚/独身”受访者的获得感更高一些，这说明，随着时代的变迁人们的婚姻观念正在发生变化，并影响着民众的社会心态。此外，拥有外地城市户口的受访者、没有工作的受访者，其获得感以及各维度得分都处于最低点，因此，需要提高对外地人口的社会心态的关注，同时向民众提供更多的就业培训学习和就业机会来提升其获得感。

客观社会地位对获得感具有一定影响，但不同客观社会地位指标在不同获得感维度上的影响结果不同，尤其是在获得内容和获得体验上。回归分析结果显示，随着受教育程度的提高，受访者的获得内容得分有显著提升，而获得体验得分则显著下降；随个人月收入水平的提高，受访者的获得体验得分出现上升的现象，而获得内容得分则呈下降趋势；与无自有住房者相比，有自有住房者在获得体验上显著更高，而在获得内容上，两者不存在显著性差异。由此可见，收入和住房虽然能够提高民众的情感体验，却并没有进一步提升民众的获得内容，导致这一现象的原因可能与民众的需求类型逐渐由物质型向发展享受型升级有关（李路路，石磊，2017）。基本生活物质的满足已经不能丰富民众的获得内容，而教育却可以大大提升民众的获得内容。但值得注意的是，较高的学历使得个体的获得体验有所下降，主要原因可能来自他们现实生活中的压力。特别是对于研究生及以上学历的个体来说，学术科研与生活困顿的双重压力带给他们更多的是焦虑、抑郁等消极体验。因此，在致力于将中国发展成为科技强国的同时，应该重视对高学历科技人才的心理建设，使其有更多的积极体验。

主观社会地位也影响着民众的获得感，而且不同时段的主观社会地位与获得感及其各维度的关系并不一致。回归分析结果显示，将来的主观社会地位与获得感的关系较为稳定，且呈正向相关关系。这说明，个体对自己将来阶层的良好预期，在一定程度上可以积极地促进其获得感的提高。因此，保持阶层之间流动的畅通性，保证民众对自己将来所处阶层位置有较好的预期是提升民众获得感的一个重要前提条件。而现在的主观社会地位与获得感及其各维度的关系却不一致，其中与获得体验、获得环境呈正相关，与获得内容和获得分享呈负相关，与获得途径却不存在显著相关关系。一方面，这说明有必要将获得感这一概念分为不同维度来进行探讨；另一方面，则表明主观社会地位与获得感之间的关系可能受其他因素的影响，需要进一步研究。

参考文献

仇立平：《回到马克思：对中国社会分层研究的反思》，《社会》2006年第4期。

李路路、石磊：《经济增长与幸福感——解析伊斯特林悖论的形成机制》，《社会学研究》2017年第3期。

李强：《社会分层与社会发展》，《中国特色社会主义研究》2003年第1期。

林怀艺、张鑫伟：《论共享》，《东南学术》2016年第4期。

陆学艺：《当代中国社会阶层的分化与流动》，《江苏社会科学》2003年第4期。

孙远太：《城市居民社会地位对其获得感的影响分析——基于6省市的调查》，《调研世界》2015年第9期。

唐钧：《在参与与共享中让人民有更多获得感》，《人民论坛·学术前沿》2017年第2期。

王春光、李炜：《当代中国社会阶层的主观性建构和客观实在》，《江苏社会科学》2002年第4期。

郑风田：《获得感是社会发展最优衡量标准——兼评其与幸福感、包容性发展的区别与联系》，《人民论坛·学术前沿》2017年第2期。

Adler，N. E.，Epel，E. S.，Castellazo，G.，& Ickovics，J. R.，“Relationship of Subjective and Objective Social Status with Psychological and Physiological Functioning：Preliminary Data in Healthy White Women”，*Health Psychology*（19）2000.

Maslow，A. H.，“*Motivation and Personality*”，New York：Harper & Row，1954.

B.4 自我类别化对公平感的影响*

陈满琪**

摘　要： 本研究分析了自我类别化对民众总体公平感、领域公平感的影响。采用2017年中国社会科学院—智媒云图社会心态调查（CASS-Intellvision Social Mentality Survey 2017）的大样本抽样调查数据进行分析。结果表明，自我类别化较难影响公众对公平感的强弱排序；自我类别化对公平感的影响受公平感程度影响；自我类别化成为影响个体社会认知的一种系统性偏差；自我类别化的不同分类标准对公平感的影响程度不同。这些研究结果对社会治理的启示包括：第一，民众对社会哪些方面公平、哪些方面不公平已形成较一致的社会共识，民众对分配公平感程度最低，社会治理者应关注收入分配改革以改善民众整体的公平感；第二，自我类别化可系统影响个体的社会认知，造成社会认知偏差。

关键词： 群体　自我类别化　公平感

---

* 本报告受国家社会科学基金重大项目“社会心理建设：社会治理的心理学路径”（项目批准号：16ZDA231）资助。

** 陈满琪，中国社会科学院社会学研究所，博士，社会心理学研究中心副主任，副研究员，硕士生导师，研究方向为社会心理学。

一 引言

社会认同理论认为，在社会认同建构过程中，最基本的历程是类别化。类别化使个体将自身归为某一特定的社会群体，并按照群体身份要求自身，从而表现出该群体成员的典型特征（赵志裕等，2005）。自我类别化理论认为，个体可通过类别化实现“去个性化”，从而完成自己的群体归属和群体身份界定（杨宜音，2008）。个体的自我类别化可来源于自身的心理感受（陈满琪，2017），成为一种心理自我类别化。这种心理自我类别化可能对个体的社会认知产生系统性影响。

公平感是社会心态的重要方面（王俊秀，2014），是民众对于社会各层面公平状况的感知，是社会稳定的“安全阀”（谢熠，2016）。公平感可能与个体如何对自己进行心理定位有关。当个体将自身类别化为优势地位群体时，意味着其可能从现有社会中获得自己认为应得的益处，由此可能体验到更强的公平感；反之，当个体将自身类别化为弱势地位群体时，意味着其可能未能从现有社会中获得自己认为应得的益处，由此可能体验到的公平感更弱。本研究拟基于中国社会科学院—智媒云图社会心态调查（CASS-Intellvision Social Mentality Survey 2017）的大样本抽样调查数据进行分析，探讨自我类别化对民众的公平感产生何种影响。

二 研究方法

（一）数据来源

本报告使用的数据库是中国社会科学院—智媒云图联合发布的2017 年社会心态调查（CASS-Intellvision Social Mentality Survey

2017)。该调查由中国社会科学院社会学研究所社会心理学研究中心编制问卷，于2016年8月到2017年4月，通过智媒云图研发的问卷调研App“问卷宝”，向在线样本库的全国用户（共约110万人，覆盖全国346个地级城市）推送问卷，再通过用户分享问卷的方式进行滚雪球式发放。目前，“问卷宝”在问卷质量控制方面能够实现定制化调查和精准的问卷推送，依照调查目的向特定的用户群推送问卷。参与调查者需要经过系统认证，系统能够检测用户在问卷填写过程的特征，对乱填乱写的用户进行剔除并列入黑名单，从而确保数据的可靠性。问卷收回后，课题组进一步依据陷阱题、答题完成情况、逻辑检验等对问卷进行筛选。本次调查数据库覆盖全国31个省、市、自治区（不含港澳台地区），调查最初共收回全部作答问卷24364份，经筛选最终得到有效成人问卷22669份，问卷有效率为93.04%。

（二）样本分布情况的描述分析

SMS 2017数据库中，男性样本11840人，占52.2%；女性样本10829人，占47.8%。性别比例与第六次全国人口普查数据（男性人口51.27%，女性人口占48.73%）相比，男性比例略高，但没有显著差别。年龄范围是18～70岁，平均年龄27.38±8.28岁。受互联网用户年龄分布特点影响，样本库中青年人（18～45岁）比例相对更大，受教育程度也比全国人口普查情况更高。数据库样本在各人口学特征上的具体分布见表1。

表1　2016～2017年社会心态调查样本在人口学变量上的分布情况

变量	类别	计数(N)	百分比(%)
性别	男性	12897	52.2
	女性	9772	47.8

续表

变量	类别	计数(N)	百分比(%)
年龄	“90后”及其以后	13779	60.8
	“80后”	6549	28.9
	“70后”	1668	7.4
	“60后”	477	2.1
	“50后”	180	0.8
	“40后”	16	0.1
就业状况	全日制学生	6002	26.5
	一直无工作	949	4.2
	在职工作	10777	47.5
	离退在家	745	3.3
	离退返聘	383	1.7
	辞职、内退或下岗	468	2.1
	非固定工作	2273	10.0
	失业	676	3.0
	其他	396	1.7
户籍状况	本地城市	7501	33.1
	本地农村	9194	40.6
	外地城市	2058	9.1
	外地农村	3916	17.3
婚姻状况	未婚	12662	55.9
	已婚	8836	39.0
	正式分居	135	0.6
	离婚	232	1.0
	丧偶	46	0.2
	同居	492	2.2
	其他	266	1.2
民族	汉族	21480	94.8
	少数民族	1189	5.2
宗教信仰	佛教	3428	15.1
	道教	387	1.7
	伊斯兰教	273	1.2
	基督教	743	3.3
	天主教	168	0.7
	其他宗教	120	0.5
	民间信仰	751	3.3
	没有宗教信仰	16799	74.1

续表

变量	类别	计数(N)	百分比(%)
政治面貌	共青团员	10358	45.7
	中共党员	2169	9.6
	民主党派	481	2.1
	群众	9235	40.7
	其他	426	1.9
职业类型	国家机关、党群组织、企业、事业单位负责人	851	3.8
	专业技术人员	4752	21.0
	办事人员和有关人员	1631	7.2
	商业、服务业人员	3334	14.7
	农、林、牧、渔、水利业生产人员	976	4.3
	生产、运输设备操作人员及有关人员	1889	8.3
	军人	87	0.4
	其他	9149	40.4

（三）调查工具

1. 自我类别化

询问被调查者“现在社会上常常将人们划分为下面一些不同的类型，您认为自己属于其中的哪一个群体?”这些群体涉及富人或穷人、干部或群众、雇主或雇员、管理者或被管理者、高学历者或低学历者、体力劳动者或脑力劳动者共计六大类。当被调查者不确定自己归属哪个群体时，可选择“说不清”。在本次调查中，选择“说不清”的被调查者被计为缺失值不列入统计分析。

2. 公平感

公平感的测量由总体公平感和领域公平感两个部分构成。在总体公平感中，询问被调查者感觉到当今社会公平感程度，具体询问

“相对自身教育背景、工作能力、资历等人力资本水平”而言的收入公平感，“相对自身努力程度”而言的生活水平公平感。选项采用7点量表形式，从“非常不公平”到“非常公平”分7个等级依次排列。分数越高，表明被调查者对该题项公平感越高。将社会公平感、收入公平感和生活水平公平感加总取均值衡量被调查者的整体公平感。

领域公平感的调查目的在于了解民众对关乎民生的重要领域的公平感知情况。在领域公平感中，调查列出了民众普遍关注的一些社会事件和公共事务领域，包括教育、司法、医疗、公正、就业、养老、财富分配、地区、城乡、政策等，请被调查者就这些项目进行公平感评定，选项设置同总体公平感。

（四）数据处理

使用PASW 21.0统计分析软件对数据进行分析。主要运用的统计方法有描述性统计、方差分析和回归分析。

三　研究结果

（一）不同自我类别化对公平感的影响

如表2所示，从均值结果来看，不管是自我类别化为优势地位群体还是弱势地位群体，被调查者感知到公平感程度基本处于中等及中等偏下的程度，表明整体而言，被调查者的公平感并不强。从不同类型公平感看，不管是自我类别化为优势地位群体还是弱势地位群体，被调查者的不同类型公平感体验程度差异很相似，均表现出生活水平公平感最强，其次是收入公平感，最后是社会公平感。

为进一步了解自我类别化如何影响个体的公平感，剔除选择

“说不清”的被调查者，仅比较具有确定性自我类别化的被调查者之间的差异。T检验分析发现，与自我类别化为干部的个体相比，自我类别化为群众的个体感知到的社会公平感更低（$t=-3.50$，$p<0.001$），收入公平感更低（$t=-2.35$，$p<0.05$），生活水平公平感更低（$t=-2.67$，$p<0.01$），整体公平感更低（$t=-3.34$，$p<0.001$）；与自我类别化为管理者的个体相比，自我类别化为被管理者的个体感知到的社会公平感更低（$t=-7.34$，$p<0.001$），收入公平感更低（$t=-9.85$，$p<0.001$），生活水平公平感更低（$t=-10.46$，$p<0.001$），整体公平感更低（$t=-10.69$，$p<0.001$）；与自我类别化为富人的个体相比，自我类别化为穷人的个体感知到的社会公平感更低（$t=-6.04$，$p<0.001$），收入公平感更低（$t=-7.14$，$p<0.001$），生活水平公平感更低（$t=-8.69$，$p<0.001$），整体公平感更低（$t=-8.26$，$p<0.001$）；与自我类别化为雇主的个体相比，自我类别化为雇员的个体感知到的社会公平感更低（$t=-3.86$，$p<0.001$），收入公平感更低（$t=-6.88$，$p<0.001$），生活水平公平感更低（$t=-6.81$，$p<0.001$），整体公平感更低（$t=-6.73$，$p<0.001$）；与自我类别化为高学历者的个体相比，自我类别化为低学历者的个体感知到的社会公平感更低（$t=-18.33$，$p<0.001$），收入公平感更低（$t=-15.37$，$p<0.001$），生活水平公平感更低（$t=-15.91$，$p<0.001$），整体公平感更低（$t=-19.37$，$p<0.001$）；与自我类别化为脑力劳动者的个体相比，自我类别化为体力劳动者的个体感知到的社会公平感更低（$t=-15.22$，$p<0.001$），收入公平感更低（$t=-14.89$，$p<0.001$），生活水平公平感更低（$t=-15.67$，$p<0.001$），整体公平感更低（$t=-17.89$，$p<0.001$）。可见，自我类别化显著影响了被调查者各层面的公平感，自我类别化为弱势地位群体的被调查者其公平感程度显著低于自我类别化为优势地位群体的被调查者。这种公平感差异不只是表现在公平感的某个层面，而是成为一种系统性的偏差。

表 2　不同自我类别化的公平感概况

项目	人数	百分比（%）	社会公平感		收入公平感		生活水平公平感		整体公平感	
			均值	标准差	均值	标准差	均值	标准差	均值	标准差
群众	19282	85.06	3.78	1.32	3.99	1.23	4.14	1.26	3.97	1.09
干部	835	3.68	3.96	1.44	4.11	1.41	4.27	1.40	4.11	1.21
被管理者	17052	75.22	3.76	1.32	3.96	1.24	4.10	1.27	3.94	1.09
管理者	1847	8.15	4.00	1.38	4.27	1.29	4.44	1.31	4.24	1.13
穷人	12356	54.5	3.64	1.34	3.84	1.27	3.99	1.29	3.82	1.11
富人	1000	4.4	3.91	1.45	4.16	1.39	4.38	1.40	4.15	1.22
雇员	17052	75.2	3.76	1.33	3.96	1.24	4.10	1.27	3.94	1.09
雇主	1847	8.1	3.91	1.41	4.22	1.35	4.37	1.35	4.17	1.17
低学历者	12010	53.0	3.65	1.35	3.89	1.27	4.03	1.31	3.86	1.12
高学历者	6464	28.5	4.02	1.29	4.18	1.20	4.34	1.22	4.18	1.06
体力劳动者	7300	32.2	3.61	1.40	3.84	1.32	3.97	1.35	3.81	1.16
脑力劳动者	11541	50.9	3.92	1.29	4.12	1.20	4.28	1.22	4.11	1.05

（二）不同自我类别化的领域公平感概况

为了解民众在不同领域公平感的情况以及自我类别化如何影响民众的领域公平感，研究分析了受访者对关乎民生的重要领域公平感的情况。不同自我类别化群体在领域公平感的均值情况见表 3－1 和表 3－2。从均值的情况来看，自我类别化为群众的被调查者公平感最强的三个领域为义务教育、公共医疗、政治权利，公平感最弱的三个领域为不同地区、行业之间的待遇，财富及收入分配，城乡之间的权利、待遇；自我类别化为干部的被调查者公平感最强的三个领域为公共医疗、政治权利、司法与执法，公平感最弱的三个领域为不同地区、行业之间的待遇，财富及收入分配，工作与就业机会。

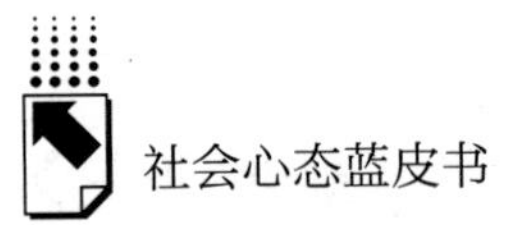

自我类别化为被管理者的被调查者公平感最强的三个领域为义务教育、公共医疗、政治权利，公平感最弱的三个领域为不同地区、行业之间的待遇，财富及收入分配，城乡之间的权利、待遇；自我类别化为管理者的被调查者公平感最强的三个领域为义务教育、政治权利、司法与执法，公平感最弱的三个领域为不同地区、行业之间的待遇，城乡之间的权利、待遇，财富及收入分配。

自我类别化为穷人的被调查者公平感最强的三个领域为义务教育、政治权利、公共医疗，公平感最弱的三个领域为不同地区、行业之间的待遇，财富及收入分配，城乡之间的权利、待遇；自我类别化为富人的被调查者公平感最强的三个领域为政治权利、司法与执法、公共医疗，公平感最弱的三个领域为不同地区、行业之间的待遇，财富及收入分配，城乡之间的权利、待遇。

自我类别化为雇员的被调查者公平感最强的三个领域为义务教育、政治权利、公共医疗，公平感最弱的三个领域为不同地区、行业之间的待遇，财富及收入分配，城乡之间的权利、待遇；自我类别化为雇主的被调查者公平感最强的三个领域为政治权利、义务教育和公共医疗，公平感最弱的三个领域为不同地区、行业之间的待遇，财富及收入分配，城乡之间的权利、待遇。

自我类别化为低学历者的被调查者公平感最强的三个领域为义务教育、政治权利、公共医疗，公平感最弱的三个领域为不同地区、行业之间的待遇，财富及收入分配，城乡之间的权利、待遇；自我类别化为高学历者的被调查者公平感最强的三个领域为义务教育、政治权利、司法与执法，公平感最弱的三个领域为不同地区、行业之间的待遇，财富及收入分配，城乡之间的权利、待遇。

自我类别化为体力劳动者的被调查者公平感最强的三个领域为义务教育、公共医疗、政治权利，公平感最弱的三个领域为不同地区、行业之间的待遇，财富及收入分配，城乡之间的权利、待遇；自我类别化为脑力劳动者的被调查者公平感最强的三个领域为义务教育、政治权利、公共医疗，公平感最弱的三个领域为不同地区、行业之间的待遇，财富及收入分配，城乡之间的权利、待遇。

自我类别化对被调查者不同领域公平感程度感知次序影响不大。不管个体如何进行自我类别化，不同类别群体公平感最强的领域均体现在义务教育、公共医疗和政治权利，最弱的领域均体现在不同地区、行业之间的待遇，财富及收入分配，城乡之间的权利、待遇。稍有不同的是，自我类别化为优势地位群体的被调查者较之于弱势地位群体的司法与执法公平感更强。

为考察自我类别化如何影响被调查者在不同领域的公平感，对自我类别化与不同领域公平感分别进行T检验。分析发现，与类别化为干部的个体相比，类别化为群众的个体感知到公民实际享有的政治权利公平感更低（$t=-2.07$，$p<0.05$），公共医疗公平感更低（$t=-2.53$，$p<0.05$），财富及收入分配公平感更低（$t=-3.74$，$p<0.001$），社会保障待遇公平感更低（$t=-2.17$，$p<0.05$），不同地区、行业之间的待遇公平感更低（$t=-3.57$，$p<0.001$），选拔党政干部公平感更低（$t=-4.22$，$p<0.001$），城乡之间的权利、待遇公平感更低（$t=-6.11$，$p<0.001$），财政和税收政策公平感更低（$t=-2.94$，$p<0.01$）；高考制度公平感更高（$t=6.48$，$p<0.001$），义务教育公平感更高（$t=3.05$，$p<0.01$）；两者在司法与执法、工作与就业机会公平感上不存在显著差异（$ps>0.05$）。

与类别化为管理者的个体相比，类别化为被管理者的个体感知到义务教育公平感更低（$t=-2.15$，$p<0.05$），公民实际享有的政治权利公平感更低（$t=-5.82$，$p<0.05$），司法与执法公平感更低（$t=-5.72$，$p<0.001$），公共医疗公平感更低（$t=-4.05$，$p<0.001$），工作与就业机会公平感更低（$t=-5.93$，$p<0.001$），财富及收入分配公平感更低（$t=-8.64$，$p<0.001$），社会保障待遇公平感更低（t =

-6.49，$p<0.001$），不同地区、行业之间的待遇公平感更低（$t=-7.46$，$p<0.001$），选拔党政干部公平感更低（$t=-6.33$，$p<0.001$），城乡之间的权利、待遇公平感更低（$t=-7.91$，$p<0.001$），财政和税收政策公平感更低（$t=-5.44$，$p<0.001$）。

与类别化为富人的个体相比，类别化为穷人的个体感知到公民实际享有的政治权利公平感更低（$t=-5.96$，$p<0.001$），司法与执法公平感更低（$t=-5.70$，$p<0.001$），公共医疗公平感更低（$t=-4.94$，$p<0.001$），工作与就业机会公平感更低（$t=-6.52$，$p<0.001$），财富及收入分配公平感更低（$t=-9.97$，$p<0.001$），社会保障待遇公平感更低（$t=-5.34$，$p<0.001$），不同地区、行业之间的待遇公平感更低（$t=-9.75$，$p<0.001$），选拔党政干部公平感更低（$t=-9.03$，$p<0.001$），城乡之间的权利、待遇公平感更低（$t=-9.71$，$p<0.001$），财政和税收政策公平感更低（$t=-6.08$，$p<0.001$）；两者在义务教育公平感上不存在显著差异（$p>0.05$）。

与类别化为雇主的个体相比，类别化为雇员的个体感知到公民实际享有的政治权利公平感更低（$t=-5.33$，$p<0.001$），司法与执法公平感更低（$t=-4.48$，$p<0.001$），公共医疗公平感更低（$t=-4.59$，$p<0.001$），工作与就业机会公平感更低（$t=-4.61$，$p<0.001$），财富及收入分配公平感更低（$t=-7.75$，$p<0.001$），社会保障待遇公平感更低（$t=-5.56$，$p<0.001$），不同地区、行业之间的待遇公平感更低（$t=-7.40$，$p<0.001$），选拔党政干部公平感更低（$t=-6.32$，$p<0.001$），城乡之间的权利、待遇公平感更低（$t=-7.74$，$p<0.001$），财政和税收政策公平感更低（$t=-4.37$，$p<0.001$）；两者在义务教育公平感上不存在显著差异（$p>0.05$）。

与类别化为高学历者的个体相比，类别化为低学历者的个体感知到义务教育公平感更低（$t=-14.07$，$p<0.001$），公民实际享有的政治权利公平感更低（$t=-11.92$，$p<0.001$），司法与执法公平感更低

（t = -13.04，p < 0.001），公共医疗公平感更低（t = -11.08，p < 0.001），工作与就业机会公平感更低（t = -11.58，p < 0.001），财富及收入分配公平感更低（t = -6.06，p < 0.001），社会保障待遇公平感更低（t = -10.54，p < 0.001），不同地区、行业之间的待遇公平感更低（t = -3.78，p < 0.001），选拔党政干部公平感更低（t = -8.48，p < 0.001），城乡之间的权利、待遇公平感更低（t = -7.20，p < 0.001），财政和税收政策公平感更低（t = -11.82，p < 0.001）。

与类别化为脑力劳动者的个体相比，类别化为体力劳动者的个体感知到义务教育公平感更低（t = -9.76，p < 0.001），公民实际享有的政治权利公平感更低（t = -9.81，p < 0.001），司法与执法公平感更低（t = -9.95，p < 0.001），公共医疗公平感更低（t = -8.25，p < 0.001），工作与就业机会公平感更低（t = -9.26，p < 0.001），财富及收入分配公平感更低（t = -7.43，p < 0.001），社会保障待遇公平感更低（t = -8.49，p < 0.001），不同地区、行业之间的待遇公平感更低（t = -5.66，p < 0.001），选拔党政干部公平感更低（t = -9.23，p < 0.001），城乡之间的权利、待遇公平感更低（t = -7.89，p < 0.001），财政和税收政策公平感更低（t = -8.77，p < 0.001）。

总体而言，自我类别化为弱势地位的群体，其感知到不同领域的公平感相对更低，比较特殊的是义务教育，义务教育较不受自我类别化为弱势地位群体还是优势地位群体的影响，类别化为被管理者、低学历者和体力劳动者感知到的义务教育公平感显著低于与其相对的优势地位群体，而在其他类别上没有显著的差异。

表 3-1　不同自我类别化群体的领域公平感概况（一）

项目		群众	干部	被管理者	管理者	穷人	富人
义务教育	均值	4.40	4.24	4.38	4.45	4.29	4.24
	标准差	1.39	1.48	1.40	1.43	1.42	1.51

续表

项目		群众	干部	被管理者	管理者	穷人	富人
政治权利	均值	4.16	4.27	4.15	4.36	4.03	4.33
	标准差	1.44	1.47	1.45	1.45	1.46	1.52
司法与执法	均值	4.15	4.26	4.13	4.34	4.01	4.30
	标准差	1.40	1.53	1.41	1.45	1.42	1.55
公共医疗	均值	4.17	4.30	4.15	4.29	4.02	4.27
	标准差	1.40	1.49	1.41	1.47	1.44	1.58
工作与就业机会	均值	3.88	3.95	3.87	4.08	3.75	4.09
	标准差	1.40	1.53	1.40	1.49	1.43	1.57
财富及收入分配	均值	3.65	3.85	3.63	3.95	3.50	4.02
	标准差	1.45	1.55	1.46	1.50	1.49	1.58
社会保障待遇	均值	3.99	4.11	3.97	4.20	3.83	4.10
	标准差	1.44	1.53	1.44	1.49	1.48	1.58
不同地区、行业之间的待遇	均值	3.61	3.81	3.60	3.88	3.50	4.01
	标准差	1.44	1.60	1.45	1.50	1.46	1.58
选拔党政干部	均值	3.77	4.01	3.76	3.99	3.65	4.12
	标准差	1.43	1.59	1.44	1.49	1.45	1.59
城乡之间的权利、待遇	均值	3.67	3.99	3.65	3.94	3.55	4.05
	标准差	1.43	1.50	1.44	1.50	1.45	1.58
财政和税收政策	均值	3.97	4.12	3.96	4.14	3.84	4.14
	标准差	1.35	1.44	1.37	1.40	1.38	1.54

表3-2　不同自我类别化群体的领域公平感概况（二）

项目		雇员	雇主	低学历者	高学历者	体力劳动者	脑力劳动者
义务教育	均值	4.38	4.35	4.27	4.57	4.26	4.47
	标准差	1.39	1.49	1.42	1.37	1.45	1.36
政治权利	均值	4.13	4.36	4.07	4.34	4.05	4.26
	标准差	1.45	1.47	1.46	1.42	1.49	1.41
司法与执法	均值	4.11	4.31	4.05	4.33	4.03	4.24
	标准差	1.41	1.51	1.44	1.36	1.47	1.37

续表

项目		雇员	雇主	低学历者	高学历者	体力劳动者	脑力劳动者
公共医疗	均值	4.12	4.32	4.07	4.31	4.06	4.24
	标准差	1.41	1.52	1.44	1.37	1.47	1.38
工作与就业机会	均值	3.87	4.07	3.79	4.05	3.78	3.98
	标准差	1.41	1.52	1.43	1.40	1.45	1.39
财富及收入分配	均值	3.62	3.97	3.61	3.75	3.58	3.75
	标准差	1.47	1.56	1.48	1.48	1.50	1.45
社会保障待遇	均值	3.95	4.19	3.90	4.14	3.89	4.07
	标准差	1.45	1.53	1.47	1.42	1.51	1.41
不同地区、行业之间的待遇	均值	3.59	3.92	3.60	3.69	3.57	3.69
	标准差	1.45	1.53	1.46	1.47	1.49	1.44
选拔党政干部	均值	3.75	4.03	3.71	3.90	3.67	3.87
	标准差	1.44	1.56	1.46	1.44	1.49	1.43
城乡之间的权利、待遇	均值	3.64	3.99	3.63	3.79	3.59	3.77
	标准差	1.44	1.56	1.46	1.44	1.48	1.43
财政和税收政策	均值	3.94	4.13	3.88	4.13	3.87	4.05
	标准差	1.37	1.48	1.40	1.35	1.42	1.35

（三）自我类别化对总体公平感的预测作用

前述分析已经表明，个体的自我类别化影响着社会公平感的不同方面。为了考察哪一种自我类别化对公平感的影响最大，研究采用多重线性回归，在分析中纳入人口学特征，整体分析人口学特征和自我类别化如何对公平感产生影响。

以整体公平感感知为因变量，以受教育程度、个人月收入、职业、工作单位性质、户口、六大类的群体类别化为自变量进行回归分析。自变量采用层次进入的方式，考察每层中增加的变量对回归方程解释力度的影响，从而判定增加的变量是否和因变量独立关联。具体而言，第一层进入人口学特征，包括受教育程度、个人月收入、职业、工作单位性质和户口；第二层进入自我类别化，包括干部或群众、管理者或被管理者、富人或穷人、雇主或雇员、高学历者或低学历者、体力劳动者或脑力劳动者。个人月收入与受教育程度作为连续变量，职业、工作单位性质、户口是类别变量。职业以“其他”作为参照组、工作单位性质以“其他”作为参照组，户口以“外地农村户口”作为参照组。自我类别化中群众、被管理者、穷人、雇员、低学历者和体力劳动者被编码为0，而干部、管理者、富人、雇主、高学历者和脑力劳动者被编码为1。每层变量采用全部进入（Enter）方式，结果见表4。

由表4的结果可知，自我类别化显著增加了对被调查者整体公平感回归的解释力度（$\Delta R^2=0.01$，$\Delta F=18.86$，$p<0.001$），人口学特征和自我类别化两者均独立地与总体公平感关联密切。最终的回归方程中，从人口学特征来看，调查对象的个人月收入水平、受教育程度越高，整体公平感越高；较之于外地农村户口，本地城市户口整体公平感更低；较之于其他，生产、运输设备操作人员整体公平感更低。从自我类别化来看，类别化为被管理者或管理者、穷人或富人、低学历者或高学历者、体力劳动者或脑力劳动者显著影响了被调查者整体公平感程度。从相关系数来看，体力劳动者或脑力劳动者对整体公平感影响最大，之后是低学历者或高学历者、被管理者或管理者，最后是穷人或富人。

表4　总体公平感对主观群体类别的回归分析结果

变量	第一层标准化系数β	第二层标准化系数β
个人月收入	0.10***	0.09***
受教育程度	0.08***	0.04**
本地城市户口	-0.02	-0.03*

续表

变量	第一层标准化系数β	第二层标准化系数β
本地农村户口	0.01	0.01
外地城市户口	0.00	-0.01
国家机关、党群组织、企事业单位负责人	0.01	0.00
专业技术人员	-0.02	-0.03
办事人员和有关人员	-0.01	-0.02
商业服务业人员	0.00	0.00
农、林、牧、渔、水利业生产人员	-0.01	-0.01
生产、运输设备操作人员	-0.04**	-0.02*
军人	0.00	0.00
党政机关	0.01	0.01
事业单位	0.01	0.00
国有企业	0.01	0.01
外资企业	0.01	0.01
合资企业	0.02	0.02
私营企业	0.00	0.00
群众或干部		-0.02
被管理者或管理者		0.04**
穷人或富人		0.03**
雇员或雇主		-0.01
低学历者或高学历者		0.04***
体力劳动者或脑力劳动者		0.07***
R^2	0.019	0.030
F	11.67***	13.56***

（四）自我类别化对领域公平感的预测作用

为了考察哪一种自我类别化对领域公平感的影响最大，研究采用多重线性回归，在分析中纳入人口学特征，整体分析人口学特征和自我类别化如何对领域公平感产生影响。因领域公平感涉及层面较多，故而对领域公平感进行因素分析，提取其共同的维度。因素分析发现，KMO 值为0.95，表明领域公平感各层面适合作因素分析。采用主成分分析方法，以最大方差旋转法发现，领域公平感的11个层面可归为一个因素，方差贡献率为58.02%。基于因素分析结果，把领域公平感11个层面取均值作为领域公平感的指标。以领域公平感为因变量，以受教育程度、个人月收入、职业、工作单位性质、户口、六大类的群体类别化为自变量进行回归分析。回归分析方法见整体公平感的分析。

由表5可知，自我类别化显著增加了对被调查者领域公平感回归的解释力度（$\Delta R^2=0.01$，$\Delta F=18.51$，$p<0.001$），人口学特征和自我类别化两者均独立地与领域公平感关联密切。最终的回归方程中，从人口学特征来看，调查对象的户口、职业和单位性质影响了领域公平感程度。较之于外地农村户口，本地农村户口领域公平感更高；较之于其他，生产、运输设备操作人员和专业技术人员领域公平感更低。从自我类别化来看，类别化为体力劳动者或脑力劳动者、低学历者或高学历者以及穷人或富人显著影响了被调查者的领域公平感程度。从相关系数来看，体力劳动者或脑力劳动者对领域公平感感知影响最大，其次是低学历者或高学历者和穷人或富人。

表5　领域公平感对主观群体类别的回归分析结果

变量	第一层标准化系数β	第二层标准化系数β
个人月收入	0.04**	0.02
受教育程度	0.04**	0.00
本地城市户口	0.00	-0.02
本地农村户口	0.05**	0.05***
外地城市户口	0.00	-0.01
国家机关、党群组织、企事业单位负责人	0.01	0.00
专业技术人员	-0.03*	-0.03*

续表

变量	第一层标准化系数β	第二层标准化系数β
办事人员和有关人员	-0.01	-0.01
商业服务业人员	-0.01	-0.01
农、林、牧、渔、水利业生产人员	-0.01	-0.01
生产、运输设备操作人员	-0.06***	-0.04***
军人	0.00	0.00
党政机关	0.02	0.02
事业单位	0.02	0.01
国有企业	0.03*	0.04*
外资企业	0.01	0.00
合资企业	0.01	0.01
私营企业	-0.01	0.00
群众或干部		-0.01
被管理者或管理者		0.02
穷人或富人		0.05***
雇员或雇主		0.01
低学历者或高学历者		0.05***
体力劳动者或脑力劳动者		0.06***
R^2	0.008	0.02
F	5.58***	8.86***

四　讨论与结论

本研究发现，首先，自我类别化较难影响公众对公平感的强弱排序。不管被调查者如何进行自我类别化，均表现出生活水平公平感最强，其次是收入公平感，最后是社会公平感。被调查者的自我类别化对领域公平感次序亦不产生影响，最强公平感的领域均为义务教育、公共医疗和政治权利，最弱公平感领域均为在不同地区、行业之间的待遇，财富及收入分配，城乡之间的权利、待遇。

其次，自我类别化对公平感的影响可能受公平感程度的影响。公平感较强的领域（如义务教育）通常不受自我类别化的影响，公平感较弱的领域通常易受自我类别化的影响，表明自我类别化对公平感程度较为敏感。然而，不同领域的公平感对自我类别化的敏感度可能存在差异。如司法与执法公平感领域的公平感易受自我类别化的影响，而义务教育领域的公平感较不易受自我类别化的影响。

再次，自我类别化成为影响个体社会认知的一种系统性偏差，表现为自我类别化为弱势地位群体的被调查者其公平感程度显著低于自我类别化为优势地位群体的被调查者。自我类别化为弱势地位的群体，其感知到不同领域的公平感相对更低。

最后，自我类别化的不同分类标准对公平感的影响有差异。自我类别化中一些分类标准对公平感的影响较大，另一些分类标准对公平感的影响较小。体力劳动者或脑力劳动者、低学历者或高学历者的分类对于个体公平感的影响最大，其次是穷人与富人的分类。

上述这些结果给社会治理提供了两个方面的启示。一是民众对当前哪些方面公平、哪些方面不公平已形成较一致的社会共识。这种社会共识对社会治理有利有弊。社会治理者如能对民众已形成共识性的低公平感方面加以改进，必将有助于社会管理；反之，如果社会治理者忽视民众已形成共识性的低公平感方面，将有可能不利于社会管理。目前，民众对分配公平感程度最低，提示社会治理者应从收入分配进行改革以提高民众整体的公平感。二是自我类别化可系统影响个体的社会认知，造成社会认知偏差。其中，体力劳动者或脑力劳动者、低学历者或高学历者、穷人或富人的心理归类标准对公平感的影响程度最大。

参考文献

陈满琪:《自我类别化及其对群际冲突的影响》，载王俊秀主编《中国社会心态研究报告（2017）》，社会科学文献出版社，2017。

王俊秀:《社会心态理论：一种宏观社会心理学范式》，社会科学文献出版社，2014。

谢熠:《转型期社会公平感现状及变迁——基于 CSS2006 和 2013 的对比分析》,《辽宁行政学院学报》2016 年第 9 期。

杨宜音:《关系化还是类别化：中国人“我们”概念形成的社会机制探讨》,《中国社会科学》2008 年第 4 期。

赵志裕、温静、谭俭邦:《社会认同的基本心理历程——香港回归中国的研究范例》,《社会学研究》2005 年第 5 期。

社会情绪

Social Mood

B.5 不同职业阶层的工作情绪与居家情绪体验报告*

刘晓柳**

摘　要： 情绪是指伴随着认知和意识过程产生的对外界事物的态度，是对客观事物和主观需求之间关系的反应，它包括个体的实际体验、因情绪而产生的行为、唤起水平和对情绪的认知等部分。本研究将重点探讨不同职业阶层个体其工作情绪体验和居家情绪体验的差异，并对比每种职业阶层在两种情境中情绪的差异和相关。本报告使用的数据库来自中国社会科学院—智媒云图

* 本报告受国家社会科学基金重大项目“社会心理建设：社会治理的心理学路径”（项目批准号：16ZDA231）资助。

** 刘晓柳，心理学博士，中国社会科学院社会学研究所博士后，研究方向为心理健康、幸福感。

联合发布的2017年社会心态调查（CASS-Intellvision Social Mentality Survey）的大样本抽样调查数据。结果发现，一般人口学变量中性别、出生年份、学历、收入、所在城市发展水平都会导致工作情绪和居家情绪的差异表现，而不同职业阶层个体的工作情绪和居家情绪也有所不同。

关键词： 职业阶层　工作情绪　居家情绪

一　研究背景

情绪是指伴随着认知和意识过程产生的对外界事物的态度，是对客观事物和主观需求之间关系的反应，它包括个体的实际体验、因情绪而产生的行为、唤起水平和对情绪的认知等部分（吕毅辉，2011；高非，2009）。

在以往对情绪的研究中，研究者非常希望能够探究出情绪的维度，不同的研究者得出了不同的结论。有些研究者认为情绪具有三个维度，每种具体的情绪都可以在三个维度上对应具体的得分，比如冯特认为的三个维度为：愉快—不愉快、激动—平静、紧张—松弛（吕毅辉，2011；胡万年，2005），施洛伯格认为的三个维度是：愉快—不愉快、注意—拒绝以及激活水平（吕毅辉，2011；桂守才，2007），而普拉切克认为的三个维度是：强度、相似性和两极性（吕毅辉，2011；查尔斯·莫里斯和阿尔伯特·梅斯托，2007）。还有一些学者认为情绪具有四个维度或者可以通过四个方面去描述分析，比如美国心理学家伊扎德认为情绪的四个维度分别为：愉快度、紧张度、激动度、确信度（吕毅辉，2011；桂守才，2007），而我国的心理学家黄希庭则认为，情绪可以通过如下四个方面去分析：强度、紧张度、快感度、复杂度（吕毅辉，2011；查尔斯·莫里斯和阿尔伯特·梅斯托，2007），并且最基本的四种原始情绪为喜、怒、哀、惧。以上各种理论都有其独特之处，但是究其共性可以发现，所有的研究者都认同情绪有正负性，即积极情绪和消极情绪。Watson 和 Tellegen 的情绪两因素模型（Two-factor Model）（Watson & Tellegen，1985；张卫东，刁静，Schick，2004）则重点描述了情绪的正负性问题，他们认为正性情绪或积极情绪（Positive Affect，PA）反映了人们感觉投入热情、积极活跃和保持警惕的程度，持有较高的积极情绪是一种精力充沛、全神贯注、热情投入的状态；而较低的积极情绪则是一种哀伤且失神无力的状态。另外，负性情绪或消极情绪（Negative Affect，NA）反映了人们心情低落和陷于不愉快激活境况的主观体验，较高的消极情绪表现为一种令人厌恶的情绪状态，比如愤怒、耻辱、憎恶、歉疚、恐惧和紧张等；较低的消极情绪表现为一种平和与宁静的状态。

情绪不仅是人们表达自己感受的一个重要方面，它还同样影响着个体的行为和认知，具有一定的特殊功能。归纳来说，情绪有四种功能。首先，情绪可以帮我们在特定情况下做出一个快速的反应，比如在生气的时候会选择抗拒、在恐惧的时候会选择谨慎，这些都是情绪的自我防御功能。其次，在不同的情境中，个体因情绪会产生不同的反应，情绪可以帮助个体调整状态并保持与环境之间的平衡，比如个体对他人造成伤害之后，会自然产生愧疚的情绪，而这种情绪会促使个体进行补偿行为，以此来重构社会平等，这就是情绪的适应功能。再次，情绪具有一定的激发功能，比如个体在恐惧的情况下能够唤起大脑的警觉水平，而高兴愉悦的情绪会使个体感知觉更加敏锐、记忆力更加增强、思维更加灵活等，有助于发挥一个人的内在潜能。最后，情绪还能在人际交往当中起到信号的功能，观察对方的情绪表达，如赞赏时的微笑、默认时的点头、反对时的皱眉或摇头，个体可以领悟到对方对自己的态度，在人际交往中起到信息沟通的作用（吕毅辉，2011）。

而情绪在职场环境中，则有更为具体的影响。一方面，情绪会影响个体工作场合的认知活动。有研究表明（梅敏君、王大伟，2009），情绪会显著地影响职业决策，积极情绪决策者的职业决策加工时间变长，信息搜索的深度增加，职业决策策略更加倾向于选项的加工，也就是较多地选择线性策略；而消极情绪的被试其信息搜索的深度逐渐降低，特别在职业决策策略上更加倾向于基于属性的加工，即更多偏向非线性策略的选择。另一方面，情绪会影响个体工作场合的行为表现。有研究者认为，员工的行为不仅是其理性加工的结果，更可能由其情绪所致（Ashforth & Humphrey，1995；Mumby & Putnam，1992；温馨、肖剑科，2010）。除此之外，消极情绪还和职业枯竭、旷工、跳槽具有较高的显著正相关（Watson & Tellegen，1985；温馨、肖剑科，2010）。因此，观测和研究个体的工作情绪对了解中国职场环境、预测个体生活状态至关重要。

在以往的研究中，部分研究者描述对比了不同职业的工作情绪体验。不同职业的工作环境不同、工作内容不同，每种职业体力劳动和脑力劳动以及情绪劳动的付出也各有不同，导致了个体的情绪体验不同，甚至于身心健康状况的差异。温馨（2010）的研究对比了管理者与一般员工的消极情绪，研究发现：一般员工的冷漠、厌烦、无所适从、挫折情绪高于管理者，而管理者的愤怒、紧张焦虑、压抑、孤独、嫉妒情绪水平强于一般员工。脑电研究也支持了这一结论（Davidson，Ekman，Saron，Senulis & Friesen，1990；Depascalis & Speranza，2000；Pascalis & Speranza，1998；温馨、肖剑科，2010），即相较于普通员工，管理者更容易产生积极情绪，更不容易产生消极情绪。黄长胜（2014）则对比了三种具体职业的焦虑情绪状况，包括公务员、科技人员和企事业人员，研究发现，这三种职业的焦虑情绪检出率并无显著差异，这可能是因为三种职业都属于知识型员工，工作性质上具有相似性。差异性更大的职业则出现了情绪的显著差异，比如郭天蔚（2014）的研究中考察了国企工人、公司职员以及农民工的抑郁情绪，研究发现，国企工人的抑郁得分最高，公司职员次之，农民工的抑郁得分最低。研究认为，农民工的抑郁水平最低主要有两个原因，一个是外出务工的农民工本身大多数性格开朗外向，具有较强的人际沟通能力和压力应对能力；另一个是，这些外出的农民工来到北京地区，生活硬件设施显著提高，且在大型建筑集团工作，制度较为健全，薪酬有保障，个人成就感获得了满足。而国企工人和公司职员其工作压力过大、面临激烈竞争、缺乏有效的放松，造成了抑郁水平较高的结果。考察不同职业的情绪状况可以帮助研究者和社会更为具体地了解职场状况，为干预措施的制定提供更有针对性的依据。

前人的研究已经在个体工作情绪体验方面取得了一定的进展，但有如下不足：①工作情绪的测量只针对消极情绪，而没有探究积极情绪的情况；②以往的研究只针对工作情绪，没有对比考察工作情绪和居家情绪，不能全面地刻画个体的生活质量；③在以往的研究中，所涉及的职业类型有限，没有包括各个阶层的职业。因此基于前人的研究，本研究将考察不同职业工作与居家情绪体验，并尝试探究以下几个问题：①不同职业阶层其工作情绪是否存在不同？②不同职业阶层其居家情绪是否存在不同？③个体的工作情绪与居家情绪之间有怎样的关系？

二　研究方法

（一）被试与测量过程

本报告使用的数据库来自中国社会科学院—智媒云图（Intellvision）

联合发布的2017年社会心态调查（CASS-Intellvision Social Mentality Survey 2017）。调查问卷由中国社会科学院社会学研究所社会心理学研究中心编制，于2016年8月到2017年4月，通过智媒云图（Intellvision）研发的问卷调研App“问卷宝”，向在线样本库的全国用户（共约110万人，覆盖全国346个地级城市）推送问卷，再通过用户分享问卷的方式进行滚雪球式发放。目前“问卷宝”在问卷质量控制方面能够实现定制化调查和精准的问卷推送，依照调查目的向特定的用户群推送问卷，参与调查者需要经过系统认证，系统能够检测用户在问卷填写过程的特征，对乱填乱写的用户进行剔除并列入黑名单，从而确保数据的可靠性。问卷收回后，课题组进一步依据陷阱题、答题完成情况、逻辑检验等对问卷进行筛选。CASS－Intellvision Social Mentality Survey 2017数据库覆盖全国31个省、市、自治区（不含港澳台地区），调查最初共收回全部作答问卷24364份，经筛选最终得到有效成人问卷22669份，问卷有效率为93.04%。数据库中，男性样本12897人，占56.9%，女性样本9772人，占43.1%，性别比例与第六次全国人口普查数据（男性人口51.27%，女性人口占48.73%）相比，男性比例略高，但没有显著差别。年龄范围是18～70岁，平均年龄27.38±8.28岁。受到互联网用户年龄分布特点的影响，样本库中青年人（18～45岁）比例相对更大，被调查者的受教育程度也比全国人口普查情况更高。

（二）测量工具

1. 工作情绪

工作情绪的测量参照了盖洛普民意调查（“Global States of Mind”，2014）中关于情绪的测量，共测量了6种情绪，分别为：愉悦或享受、生气或愤怒、担忧或害怕、伤心或悲哀、平静或轻松、厌恶，其中积极情绪为：愉悦或享受、平静或轻松，另外四种为消极情绪。测量采用李克特式7点计分，要求被试回想过去一年的生活，并报告各种情绪在上班情境中的出现频率（1 = “从来没有”，2 = “很少”，3 = “有时”，4 = “中等频率”，5 = “不少时间”，6 = “大部分时间”，7 = “总是”）。在本研究中，反向计分积极情绪的两个条目后工作情绪总体问卷的内部一致性信度为0.70。信度水平不高主要有两个原因，一是条目数量过少，二是由于积极情绪和消极情绪本身并不是一个维度上的两端，而分属于两个维度。

2. 居家情绪

居家情绪的测量与工作情绪的测量几乎类似，同样测量愉悦或享受、生气或愤怒、担忧或害怕、伤心或悲哀、平静或轻松、厌恶这6种情绪，并采用李克特式7点计分，要求被试回想过去一年的生活，并报告各种情绪居家情境中的出现频率（1 = “从来没有”，2 = “很少”，3 = “有时”，4 = “中等频率”，5 = “不少时间”，6 = “大部分时间”，7 = “总是”）。在本研究中，反向计分积极情绪的两个条目后居家情绪总体问卷的内部一致性信度为0.80。

3. 职业阶层

在本研究中，要求个体报告自己“目前的就业、工作状况”和“职业（含离退、辞职或者内退前职业）”，职业的分类为三级，要求个体报告相应的具体职业。根据陆学艺（2002）划分的“十大职业阶层”做编码，将各种职业划分为十种职业阶层，分别为：国家与社会管理者阶层，经理人员阶层，私营企业主阶层，专业技术人员阶层，办事人员阶层，个体工商户阶层，商业服务人员阶层，产业工人阶层，农业劳动者阶层，以及城乡无业、失业、半失业阶层。该划分依据组织资源、经济资源和文化资源的占有状况为标准来划分社会阶层的理论框架，将作为本研究中重要的分类变量。

本样本中剔除“目前的就业、工作状况中”选择“全日制学生”的个体，将选择“一直无工作”“辞职、内退或下岗”“非固定工作”和“失业”的个体定义为职业阶层中的“城乡无业、失业、半失业阶层”。“国家与社会管理者阶层”主要包括：党组织负责人，政府部门负责人，人大政协负责人，法院、检察院负责人，民主党派社会团体负责人及事业单位负责人等；“经理人员阶层”主要包括：国有企业企业负责人、外企企业负责人、合资企业企业负责人等；“私营企业主阶层”主要包括：私营企业负责人；“专业技术人员阶层”主要包括：科研人员，技术人员，卫生专业技术人员，商业、财务和审计业务人员，银行、证券和保险业务人员，法律工作者，教学工作者，文艺工作者，体育工作者，新闻出版工作者及其他专业技术人员等；“办事人员阶层”主要包括：行政办公人员、安全保卫消防、邮政电信人员及其他办事人员等；“个体工商户阶层”主要包括：商业、服务业人员中淘宝店主、微商、小商小贩及其他自由职业者等；“商业服务人员阶层”主要包括：购销、仓储、餐饮服务、旅游、饭店服务、运输服务、医疗卫生服务、社会中介服务、居民生活服务、客服人员、广告传媒及其他服务人员等；“产业工人阶层”主要包括：生产、操作、装配、维修、勘探、施工、加工、制作及其他产业工人等；“农业劳动者阶层”主要包括：种植业、林业、畜牧渔业生产、水利设施管理及其他农业劳动者等。

（三）数据处理

本研究采用 SPSS 20.0 统计分析软件对数据进行分析，主要分析方法包括：描述统计、相关分析、差异检验等。

三　研究结果

（一）工作情绪和居家情绪的一般特征

为探究工作情绪和居家情绪的一般特征，我们将分别按照不同性别、不同出生年份、不同学历、不同收入来进行描述统计，并且检验不同发展水平城市的个体其工作情绪和居家情绪的差异。结果表明，不同性别、不同出生年份、不同学历、不同收入、不同发展水平城市的个体感受到的工作情绪和居家情绪存在显著差异。

1. 性别

表 1　不同性别的工作情绪和居家情绪

项目	情绪	性别	人数	平均数	标准差
工作情绪	愉悦或享受	男	7981	3. 04	0. 94
		女	6379	3. 20	0. 93
	平静或轻松	男	7981	3. 12	0. 94
		女	6379	3. 23	0. 93
	生气或愤怒	男	7981	2. 42	0. 76
		女	6379	2. 42	0. 75
	担忧或害怕	男	7981	2. 34	0. 85
		女	6379	2. 33	0. 81
	伤心或悲哀	男	7981	2. 26	0. 82
		女	6379	2. 25	0. 78
	厌恶	男	7981	2. 18	0. 83
		女	6379	2. 13	0. 80

续表

项目	情绪	性别	人数	平均数	标准差
居家情绪	愉悦或享受	男	7981	4.33	1.53
		女	6379	4.62	1.52
	平静或轻松	男	7981	4.35	1.52
		女	6379	4.59	1.51
	生气或愤怒	男	7981	2.63	1.08
		女	6379	2.77	1.10
	担忧或害怕	男	7981	2.50	1.18
		女	6379	2.60	1.18
	伤心或悲哀	男	7981	2.50	1.14
		女	6379	2.63	1.15
	厌恶	男	7981	2.29	1.19
		女	6379	2.34	1.20

注：缺失数值未标出，下同。

工作情绪中，女性个体的愉悦或享受的情绪显著高于男性个体（$t = 10.50$，$p < 0.001$），平静或轻松的情绪显著高于男性个体（$t = 7.01$，$p < 0.001$），厌恶的情绪显著低于男性个体（$t = 3.50$，$p < 0.01$），而生气或愤怒的情绪、伤心或悲哀的情绪以及担忧或害怕的情绪没有显著差异，如图1所示。居家情绪中，女性个体的愉悦或享受的情绪（$t = 11.39$，$p < 0.001$）、平静或轻松的情绪（$t = 9.32$，$p < 0.001$）、生气或愤怒的情绪（$t = 7.65$，$p < 0.001$）、担忧或害怕的情绪（$t = 4.84$，$p < 0.001$）、伤心或悲哀的情绪（$t = 6.61$，$p < 0.001$）、厌恶的情绪（$t = 2.54$，$p < 0.01$）均显著高于男性个体，如图2所示。

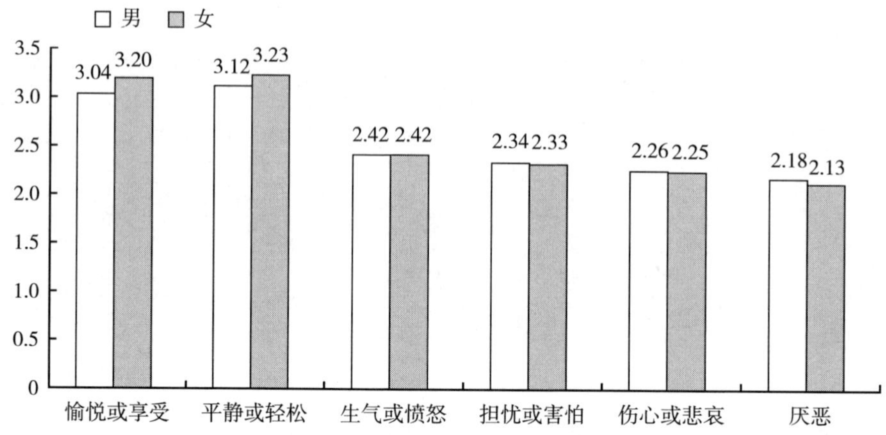

图 1　不同性别的工作情绪

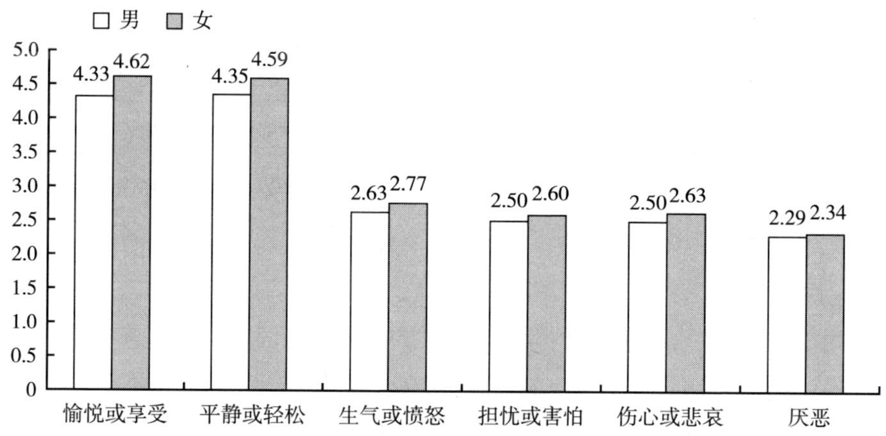

图 2　不同性别的居家情绪

2. 出生年份

工作情绪的差异检验结果表明（见表 2），不同出生年份的个体在愉悦或享受的情绪（$F = 3.90$，$p < 0.01$）、平静或轻松的情绪（$F = 6.13$，$p < 0.001$）、生气或愤怒的情绪（$F = 9.96$，$p < 0.001$）、担忧或害怕的情绪（$F = 19.84$，$p < 0.001$）、伤心或悲哀的情绪（$F = 20.88$，$p < 0.001$）、厌恶的情绪（$F = 4.67$，$p < 0.01$）上均存在显

著差异。“60后”和“59前”的工作积极情绪（愉悦或享受、平静或轻松）显著高于其他各组，“70后”的工作消极情绪（生气或愤怒、担忧或害怕、伤心或悲哀、厌恶）显著低于其他各组。

表2　不同出生年份的工作情绪

项目	出生年份	人数	平均数	标准差
愉悦或享受	“90后”	6641	3.12	0.95
	“80后”	5674	3.10	0.93
	“70后”	1473	3.06	0.94
	“60后”	405	3.22	0.94
	“59前”	167	3.26	0.97
平静或轻松	“90后”	6641	3.14	0.95
	“80后”	5674	3.18	0.93
	“70后”	1473	3.19	0.94
	“60后”	405	3.31	0.95
	“59前”	167	3.37	1.00
生气或愤怒	“90后”	6641	2.45	0.78
	“80后”	5674	2.42	0.75
	“70后”	1473	2.32	0.70
	“60后”	405	2.40	0.76
	“59前”	167	2.34	0.78
担忧或害怕	“90后”	6641	2.40	0.85
	“80后”	5674	2.31	0.81
	“70后”	1473	2.21	0.78
	“60后”	405	2.26	0.81
	“59前”	167	2.28	0.85

续表

项目	出生年份	人数	平均数	标准差
伤心或悲哀	“90后”	6641	2.32	0.83
	“80后”	5674	2.22	0.77
	“70后”	1473	2.13	0.74
	“60后”	405	2.24	0.84
	“59前”	167	2.19	0.80
厌恶	“90后”	6641	2.18	0.85
	“80后”	5674	2.15	0.79
	“70后”	1473	2.10	0.76
	“60后”	405	2.09	0.77
	“59前”	167	2.08	0.82

居家情绪的差异检验结果表明（见表3），不同出生年份的个体在愉悦或享受的情绪、平静或轻松的情绪上不存在显著差异，而在生气或愤怒的情绪（$F=4.05$，$p<0.01$）、担忧或害怕的情绪（$F=6.03$，$p<0.001$）、伤心或悲哀的情绪（$F=9.87$，$p<0.001$）、厌恶的情绪（$F=5.05$，$p<0.001$）上存在显著差异。不同出生年份的个体居家情绪中，其积极情绪没有显著差异，居家消极情绪大体上呈现“先下降后上升”的趋势，其中“70后”的居家消极情绪显著低于“80后”“90后”，尤其是厌恶情绪。

表3　不同出生年份的居家情绪

项目	出生年份	人数	平均数	标准差
愉悦或享受	“90后”	6641	4.44	1.56
	“80后”	5674	4.46	1.52
	“70后”	1473	4.54	1.45
	“60后”	405	4.51	1.48
	“59前”	167	4.47	1.48

续表

项目	出生年份	人数	平均数	标准差
平静或轻松	“90 后”	6641	4. 44	1. 55
	“80 后”	5674	4. 45	1. 50
	“70 后”	1473	4. 51	1. 46
	“60 后”	405	4. 48	1. 50
	“59 前”	167	4. 43	1. 53
生气或愤怒	“90 后”	6641	2. 73	1. 15
	“80 后”	5674	2. 67	1. 05
	“70 后”	1473	2. 62	0. 98
	“60 后”	405	2. 69	1. 10
	“59 前”	167	2. 74	1. 17
担忧或害怕	“90 后”	6641	2. 59	1. 25
	“80 后”	5674	2. 52	1. 13
	“70 后”	1473	2. 45	1. 10
	“60 后”	405	2. 47	1. 08
	“59 前”	167	2. 49	1. 21
伤心或悲哀	“90 后”	6641	2. 62	1. 20
	“80 后”	5674	2. 53	1. 11
	“70 后”	1473	2. 44	1. 03
	“60 后”	405	2. 49	1. 09
	“59 前”	167	2. 47	1. 12
厌恶	“90 后”	6641	2. 35	1. 25
	“80 后”	5674	2. 29	1. 14
	“70 后”	1473	2. 21	1. 07
	“60 后”	405	2. 38	1. 20
	“59 前”	167	2. 38	1. 15

3. 学历

工作情绪的差异检验结果表明，不同学历的个体在愉悦或享受的情绪（$F = 35.36$，$p < 0.001$）、平静或轻松的情绪（$F = 29.82$，$p < 0.001$）、

生气或愤怒的情绪（$F=10.61$，$p<0.001$）、担忧或害怕的情绪（$F=7.33$，$p<0.001$）、伤心或悲哀的情绪（$F=12.74$，$p<0.001$）、厌恶的情绪（$F=6.66$，$p<0.001$）上均存在显著差异，如表4所示。

居家情绪的差异检验结果表明，不同学历的个体在愉悦或享受的情绪（$F=49.33$，$p<0.001$）、平静或轻松的情绪（$F=39.76$，$p<0.001$）、生气或愤怒的情绪（$F=19.18$，$p<0.001$）、担忧或害怕的情绪（$F=15.50$，$p<0.001$）、伤心或悲哀的情绪（$F=14.95$，$p<0.001$）、厌恶的情绪（$F=15.93$，$p<0.001$）上均存在显著差异，如表5所示。

从表4中可以看出，工作积极情绪（愉悦或享受、平静或轻松）随着学历的增高而增加；而工作消极情绪方面，呈现“两端高中间

表4　不同学历的工作情绪

项目	学历	人数	平均数	标准差
愉悦或享受	小学毕业及以下	288	2.85	0.97
	初中毕业	1482	2.91	0.95
	高中（技校、职高、中专）毕业	4061	3.06	0.96
	大专（含在读）	3360	3.10	0.93
	大学本科（含在读）	4370	3.22	0.92
	研究生（含在读）及以上	799	3.25	0.96
平静或轻松	小学毕业及以下	288	2.91	0.98
	初中毕业	1482	2.99	0.99
	高中（技校、职高、中专）毕业	4061	3.13	0.95
	大专（含在读）	3360	3.15	0.94
	大学本科（含在读）	4370	3.27	0.90
	研究生（含在读）及以上	799	3.30	0.92
生气或愤怒	小学毕业及以下	288	2.52	0.84
	初中毕业	1482	2.50	0.81
	高中（技校、职高、中专）毕业	4061	2.43	0.75
	大专（含在读）	3360	2.43	0.75
	大学本科（含在读）	4370	2.36	0.72
	研究生（含在读）及以上	799	2.48	0.85

续表

项目	学历	人数	平均数	标准差
担忧或害怕	小学毕业及以下	288	2. 54	0. 85
	初中毕业	1482	2. 36	0. 86
	高中(技校、职高、中专)毕业	4061	2. 34	0. 83
	大专(含在读)	3360	2. 35	0. 84
	大学本科(含在读)	4370	2. 29	0. 79
	研究生(含在读)及以上	799	2. 38	0. 90
伤心或悲哀	小学毕业及以下	288	2. 49	0. 88
	初中毕业	1482	2. 32	0. 85
	高中(技校、职高、中专)毕业	4061	2. 26	0. 80
	大专(含在读)	3360	2. 26	0. 80
	大学本科(含在读)	4370	2. 20	0. 75
	研究生(含在读)及以上	799	2. 33	0. 92
厌恶	小学毕业及以下	288	2. 31	0. 83
	初中毕业	1482	2. 20	0. 85
	高中(技校、职高、中专)毕业	4061	2. 16	0. 83
	大专(含在读)	3360	2. 16	0. 81
	大学本科(含在读)	4370	2. 11	0. 77
	研究生(含在读)及以上	799	2. 23	0. 93

表 5　不同学历的居家情绪

项目	学历	人数	平均数	标准差
愉悦或享受	小学毕业及以下	288	3. 96	1. 49
	初中毕业	1482	4. 07	1. 54
	高中(技校、职高、中专)毕业	4061	4. 39	1. 54
	大专(含在读)	3360	4. 49	1. 53
	大学本科(含在读)	4370	4. 69	1. 48
	研究生(含在读)及以上	799	4. 35	1. 58

续表

项目	学历	人数	平均数	标准差
平静或轻松	小学毕业及以下	288	4.00	1.51
	初中毕业	1482	4.11	1.51
	高中(技校、职高、中专)毕业	4061	4.40	1.53
	大专(含在读)	3360	4.49	1.51
	大学本科(含在读)	4370	4.66	1.49
	研究生(含在读)及以上	799	4.29	1.49
生气或愤怒	小学毕业及以下	288	2.92	1.12
	初中毕业	1482	2.85	1.17
	高中(技校、职高、中专)毕业	4061	2.73	1.12
	大专(含在读)	3360	2.72	1.10
	大学本科(含在读)	4370	2.59	1.03
	研究生(含在读)及以上	799	2.61	1.05
担忧或害怕	小学毕业及以下	288	2.88	1.21
	初中毕业	1482	2.71	1.24
	高中(技校、职高、中专)毕业	4061	2.55	1.21
	大专(含在读)	3360	2.56	1.19
	大学本科(含在读)	4370	2.47	1.13
	研究生(含在读)及以上	799	2.43	1.14
伤心或悲哀	小学毕业及以下	288	2.86	1.14
	初中毕业	1482	2.72	1.18
	高中(技校、职高、中专)毕业	4061	2.56	1.16
	大专(含在读)	3360	2.59	1.16
	大学本科(含在读)	4370	2.48	1.09
	研究生(含在读)及以上	799	2.48	1.14
厌恶	小学毕业及以下	288	2.66	1.26
	初中毕业	1482	2.44	1.26
	高中(技校、职高、中专)毕业	4061	2.35	1.23
	大专(含在读)	3360	2.33	1.19
	大学本科(含在读)	4370	2.22	1.13
	研究生(含在读)及以上	799	2.22	1.13

低”的趋势，小学毕业及以下和研究生（含在读）及以上的个体其消极情绪（生气或愤怒、担忧或害怕、伤心或悲哀、厌恶）较高。而从表5中可以看出，居家积极情绪（愉悦或享受、平静或轻松）基本随着学历的增高而增加，小学毕业及以下、初中毕业、高中（技校、职高、中专）毕业、以及大专（含在读）的个体其积极情绪显著低于大学本科（含在读）的个体，而研究生（含在读）及以上的个体其居家积极情绪显著低于大专（含在读）和大学本科（含在读）的个体；居家消极情绪（生气或愤怒、担忧或害怕、伤心或悲哀、厌恶）随着学历的增高而减少。

4. 收入

工作情绪的差异检验结果表明，不同收入的个体在愉悦或享受的情绪（$F = 10.63$，$p < 0.001$）、平静或轻松的情绪（$F = 11.37$，$p < 0.001$）、生气或愤怒的情绪（$F = 5.76$，$p < 0.001$）、担忧或害怕的情绪（$F = 7.50$，$p < 0.001$）、伤心或悲哀的情绪（$F = 9.44$，$p < 0.001$）、厌恶的情绪（$F = 5.34$，$p < 0.001$）上均存在显著差异，如表6所示。事后检验的结果表明，积极情绪（愉悦或享受、平静或轻松）随着收入的增加而增加，收入为5万~10万元的个体其积极情绪最高，收入为1000元以下及1001~3000元的个体其积极情绪较低；收入为1000元以下、7001~10000元及10万元以上的个体其消极情绪（生气或愤怒、担忧或害怕、伤心或悲哀、厌恶）较高，收入为5万~10万元的个体其消极情绪最低。

居家情绪的差异检验结果表明，不同收入的个体在愉悦或享受的情绪（$F = 17.70$，$p < 0.001$）、平静或轻松的情绪（$F = 14.29$，$p < 0.001$）、生气或愤怒的情绪（$F = 6.72$，$p < 0.001$）、担忧或害怕的情绪（$F = 7.80$，$p < 0.001$）、伤心或悲哀的情绪（$F = 10.74$，$p < 0.001$）、厌恶的情绪（$F = 4.56$，$p < 0.001$）上均存在显著差异，具体如表7所示。事后检验的结果表明，收入为1000元以下和7001~

表 6　不同收入的工作情绪

项目	收入	人数	平均数	标准差
愉悦或享受	1000 元以下	1004	2.97	0.99
	1001～3000 元	3583	3.03	0.95
	3001～5000 元	4772	3.12	0.91
	5001～7000 元	2321	3.18	0.92
	7001～10000 元	1425	3.16	0.96
	1 万～1.5 万元	444	3.23	0.95
	1.5 万～3 万元	302	3.19	0.99
	3 万～5 万元	216	3.21	0.97
	5 万～10 万元	160	3.40	0.89
	10 万元以上	133	3.17	1.17
平静或轻松	1000 元以下	1004	2.99	0.96
	1001～3000 元	3583	3.08	0.94
	3001～5000 元	4772	3.20	0.92
	5001～7000 元	2321	3.24	0.94
	7001～10000 元	1425	3.22	0.94
	1 万～1.5 万元	444	3.22	0.93
	1.5 万～3 万元	302	3.23	0.95
	3 万～5 万元	216	3.28	0.96
	5 万～10 万元	160	3.35	0.93
	10 万元以上	133	3.26	1.03
生气或愤怒	1000 元以下	1004	2.52	0.81
	1001～3000 元	3583	2.40	0.73
	3001～5000 元	4772	2.40	0.73
	5001～7000 元	2321	2.41	0.76
	7001～10000 元	1425	2.52	0.84
	1 万～1.5 万元	444	2.37	0.75
	1.5 万～3 万元	302	2.39	0.76
	3 万～5 万元	216	2.35	0.84
	5 万～10 万元	160	2.38	0.77
	10 万元以上	133	2.44	1.00

续表

项目	收入	人数	平均数	标准差
担忧或害怕	1000 元以下	1004	2. 49	0. 89
	1001 ~3000 元	3583	2. 32	0. 80
	3001 ~5000 元	4772	2. 30	0. 80
	5001 ~7000 元	2321	2. 33	0. 82
	7001 ~1 万元	1425	2. 42	0. 92
	1 万 ~1. 5 万元	444	2. 32	0. 89
	1. 5 万 ~3 万元	302	2. 36	0. 89
	3 万 ~5 万元	216	2. 26	0. 88
	5 万 ~10 万元	160	2. 18	0. 77
	10 万元以上	133	2. 39	0. 98
伤心或悲哀	1000 元以下	1004	2. 42	0. 87
	1001 ~3000 元	3583	2. 23	0. 77
	3001 ~5000 元	4772	2. 22	0. 77
	5001 ~7000 元	2321	2. 25	0. 81
	7001 ~10000 元	1425	2. 35	0. 87
	1 万 ~1. 5 万元	444	2. 24	0. 81
	1. 5 万 ~3 万元	302	2. 29	0. 85
	3 万 ~5 万元	216	2. 21	0. 83
	5 万 ~10 万元	160	2. 13	0. 68
	10 万元以上	133	2. 40	1. 11
厌恶	1000 元以下	1004	2. 23	0. 90
	1001 ~3000 元	3583	2. 12	0. 79
	3001 ~5000 元	4772	2. 14	0. 79
	5001 ~7000 元	2321	2. 18	0. 83
	7001 ~10000 元	1425	2. 26	0. 88
	1 万 ~1. 5 万元	444	2. 14	0. 85
	1. 5 万 ~3 万元	302	2. 13	0. 80
	3 万 ~5 万元	216	2. 17	0. 91
	5 万 ~10 万元	160	1. 98	0. 78
	10 万元以上	133	2. 16	0. 86

表7 不同收入的居家情绪

项目	收入	人数	平均数	标准差
愉悦或享受	1000 元以下	1004	4. 16	1. 56
	1001 ~3000 元	3583	4. 44	1. 52
	3001 ~5000 元	4772	4. 56	1. 50
	5001 ~7000 元	2321	4. 57	1. 51
	7001 ~10000 元	1425	4. 12	1. 57
	1 万 ~1. 5 万元	444	4. 61	1. 53
	1. 5 万 ~3 万元	302	4. 61	1. 55
	3 万 ~5 万元	216	4. 51	1. 61
	5 万 ~10 万元	160	4. 83	1. 49
	10 万元以上	133	4. 31	1. 71
平静或轻松	1000 元以下	1004	4. 20	1. 55
	1001 ~3000 元	3583	4. 45	1. 50
	3001 ~5000 元	4772	4. 56	1. 50
	5001 ~7000 元	2321	4. 51	1. 52
	7001 ~10000 元	1425	4. 14	1. 49
	1 万 ~1. 5 万元	444	4. 55	1. 55
	1. 5 万 ~3 万元	302	4. 60	1. 51
	3 万 ~5 万元	216	4. 29	1. 61
	5 万 ~10 万元	160	4. 74	1. 53
	10 万元以上	133	4. 30	1. 80
生气或愤怒	1000 元以下	1004	2. 91	1. 21
	1001 ~3000 元	3583	2. 73	1. 09
	3001 ~5000 元	4772	2. 67	1. 07
	5001 ~7000 元	2321	2. 64	1. 06
	7001 ~10000 元	1425	2. 69	1. 11
	1 万 ~1. 5 万元	444	2. 61	1. 12
	1. 5 万 ~3 万元	302	2. 66	1. 03
	3 万 ~5 万元	216	2. 58	1. 15
	5 万 ~10 万元	160	2. 58	1. 11
	10 万元以上	133	2. 73	1. 26

续表

项目	收入	人数	平均数	标准差
担忧或害怕	1000 元以下	1004	2. 82	1. 35
	1001 ~3000 元	3583	2. 58	1. 18
	3001 ~5000 元	4772	2. 50	1. 16
	5001 ~7000 元	2321	2. 51	1. 14
	7001 ~10000 元	1425	2. 53	1. 18
	1 万 ~1. 5 万元	444	2. 47	1. 15
	1. 5 万 ~3 万元	302	2. 49	1. 13
	3 万 ~5 万元	216	2. 47	1. 18
	5 万 ~10 万元	160	2. 42	1. 20
	10 万元以上	133	2. 50	1. 42
伤心或悲哀	1000 元以下	1004	2. 87	1. 30
	1001 ~3000 元	3583	2. 60	1. 13
	3001 ~5000 元	4772	2. 51	1. 11
	5001 ~7000 元	2321	2. 52	1. 12
	7001 ~10000 元	1425	2. 51	1. 11
	1 万 ~1. 5 万元	444	2. 48	1. 15
	1. 5 万 ~3 万元	302	2. 63	1. 21
	3 万 ~5 万元	216	2. 53	1. 20
	5 万 ~10 万元	160	2. 41	1. 15
	10 万元以上	133	2. 50	1. 40
厌恶	1000 元以下	1004	2. 53	1. 32
	1001 ~3000 元	3583	2. 30	1. 18
	3001 ~5000 元	4772	2. 27	1. 18
	5001 ~7000 元	2321	2. 32	1. 17
	7001 ~10000 元	1425	2. 35	1. 18
	1 万 ~1. 5 万元	444	2. 30	1. 19
	1. 5 万 ~3 万元	302	2. 28	1. 21
	3 万 ~5 万元	216	2. 27	1. 29
	5 万 ~10 万元	160	2. 29	1. 21
	10 万元以上	133	2. 35	1. 23

10000 元的个体其积极情绪（愉悦或享受、平静或轻松）最低，收入为 5 万 ~10 万元的个体其积极情绪最高；收入为 1000 元及以下的个体其消极情绪（生气或愤怒、担忧或害怕、伤心或悲哀、厌恶）最高，其他收入的个体其差异不显著。

5. 城市发展水平

将城市按照《第一财经》2017 年的划分标准，划分为“一线”城市、“新一线”城市、“二线”城市、“三线”城市、“四线”城市、“五线”城市，而本次调查中还收集了来自四个省属县级行政地区的数据，将其和“五线”城市一起划分为“五线”及以下城市，各个地区个体的工作情绪和居家情绪如表 8 和表 9 所示。

表 8　不同城市发展水平的工作情绪

项目	城市	人数	平均数	标准差
愉悦或享受	“一线”城市	2317	3.05	0.92
	“新一线”城市	2547	3.09	0.95
	“二线”城市	2489	3.12	0.93
	“三线”城市	2784	3.14	0.92
	“四线”城市	2689	3.12	0.98
	“五线”及以下城市	1534	3.14	0.95
平静或轻松	“一线”城市	2317	3.16	0.91
	“新一线”城市	2547	3.15	0.94
	“二线”城市	2489	3.17	0.92
	“三线”城市	2784	3.18	0.94
	“四线”城市	2689	3.16	0.97
	“五线”及以下城市	1534	3.21	0.97

续表

项目	城市	人数	平均数	标准差
生气或愤怒	“一线”城市	2317	2. 48	0. 79
	“新一线”城市	2547	2. 39	0. 72
	“二线”城市	2489	2. 41	0. 75
	“三线”城市	2784	2. 41	0. 75
	“四线”城市	2689	2. 42	0. 77
	“五线”及以下城市	1534	2. 44	0. 78
担忧或害怕	“一线”城市	2317	2. 44	0. 88
	“新一线”城市	2547	2. 30	0. 81
	“二线”城市	2489	2. 33	0. 82
	“三线”城市	2784	2. 32	0. 81
	“四线”城市	2689	2. 30	0. 82
	“五线”及以下城市	1534	2. 34	0. 85
伤心或悲哀	“一线”城市	2317	2. 31	0. 84
	“新一线”城市	2547	2. 21	0. 76
	“二线”城市	2489	2. 25	0. 79
	“三线”城市	2784	2. 26	0. 78
	“四线”城市	2689	2. 25	0. 81
	“五线”及以下城市	1534	2. 27	0. 82
厌恶	“一线”城市	2317	2. 23	0. 84
	“新一线”城市	2547	2. 10	0. 79
	“二线”城市	2489	2. 14	0. 81
	“三线”城市	2784	2. 16	0. 80
	“四线”城市	2689	2. 16	0. 83
	“五线”及以下城市	1534	2. 17	0. 84

表9　不同城市发展水平的居家情绪

项目	城市	人数	平均数	标准差
愉悦或享受	“一线”城市	2317	4.36	1.58
	“新一线”城市	2547	4.53	1.52
	“二线”城市	2489	4.53	1.51
	“三线”城市	2784	4.49	1.51
	“四线”城市	2689	4.43	1.54
	“五线”及以下城市	1534	4.38	1.53
平静或轻松	“一线”城市	2317	4.39	1.54
	“新一线”城市	2547	4.54	1.52
	“二线”城市	2489	4.46	1.48
	“三线”城市	2784	4.46	1.51
	“四线”城市	2689	4.46	1.54
	“五线”及以下城市	1534	4.37	1.51
生气或愤怒	“一线”城市	2317	2.73	1.12
	“新一线”城市	2547	2.61	1.05
	“二线”城市	2489	2.70	1.09
	“三线”城市	2784	2.72	1.09
	“四线”城市	2689	2.71	1.10
	“五线”及以下城市	1534	2.67	1.12
担忧或害怕	“一线”城市	2317	2.64	1.21
	“新一线”城市	2547	2.45	1.13
	“二线”城市	2489	2.57	1.19
	“三线”城市	2784	2.55	1.18
	“四线”城市	2689	2.53	1.20
	“五线”及以下城市	1534	2.53	1.21

续表

项目	城市	人数	平均数	标准差
伤心或悲哀	"一线"城市	2317	2.61	1.16
	"新一线"城市	2547	2.47	1.10
	"二线"城市	2489	2.56	1.15
	"三线"城市	2784	2.56	1.14
	"四线"城市	2689	2.60	1.16
	"五线"及以下城市	1534	2.56	1.16
厌恶	"一线"城市	2317	2.40	1.22
	"新一线"城市	2547	2.22	1.14
	"二线"城市	2489	2.29	1.17
	"三线"城市	2784	2.35	1.20
	"四线"城市	2689	2.32	1.20
	"五线"及以下城市	1534	2.30	1.20

工作情绪的差异检验结果表明，不同收入的个体在愉悦或享受的情绪（$F = 2.84$，$p < 0.05$）、生气或愤怒的情绪（$F = 4.10$，$p < 0.01$）、担忧或害怕的情绪（$F = 9.05$，$p < 0.001$）、伤心或悲哀的情绪（$F = 3.87$，$p < 0.001$）、厌恶的情绪（$F = 6.79$，$p < 0.001$）上均存在显著差异，平静或轻松的情绪没有显著差异，如表 8 所示。事后检验的结果表明，"一线"城市个体的积极情绪（主要是愉悦或享受）显著低于其他城市个体，而"一线"城市个体的消极情绪（即生气或愤怒、担忧或害怕、伤心或悲哀、厌恶）显著高于其他城市个体。

居家情绪的差异检验结果表明，不同收入的个体在愉悦或享受的情绪（$F = 4.94$，$p < 0.001$）、平静或轻松的情绪（$F = 3.38$，$p <$

0.01)、生气或愤怒的情绪（$F = 3.92$，$p < 0.01$）、担忧或害怕的情绪（$F = 6.39$，$p < 0.001$）、伤心或悲哀的情绪（$F = 4.42$，$p < 0.01$）、厌恶的情绪（$F = 6.47$，$p < 0.001$）上均存在显著差异，具体如表9所示。事后检验的结果表明，“一线”城市的个体其积极情绪（愉悦或享受、平静或轻松）显著低于其他城市个体，而“新一线”城市的个体其积极情绪高于其他城市个体；另一方面，“一线”城市的个体其消极情绪（生气或愤怒、担忧或害怕、伤心或悲哀、厌恶）显著高于其他城市个体，而“新一线”城市的个体其消极情绪显著低于其他城市个体。

（二）不同职业阶层的一般特征

不同职业阶层的性别、出生年份、学历、收入、所在城市发展水平的不同水平结合将以具体频次和相对百分比的形式展现在表10～表14中。

1. 性别

从表10可以看出，国家与社会管理者阶层、专业技术人员阶层和产业工人阶层男性多于女性，而私营企业主阶层和办事人员阶层则女性多于男性。

表10 不同职业阶层的性别分布（N = 14360）

项目	男	女
国家与社会管理者阶层	290(60.5%)	189(39.5%)
经理人员阶层	52(51.0%)	50(49.0%)
私营企业主阶层	30(42.9%)	40(57.1%)
专业技术人员阶层	2344(64.2%)	1309(35.8%)
办事人员阶层	627(45.6%)	749(54.4%)

续表

项目	男	女
个体工商户阶层	93(47.4%)	103(52.6%)
商业服务人员阶层	1121(47.1%)	1260(52.9%)
产业工人阶层	995(68.7%)	453(31.3%)
农业劳动者阶层	319(59.6%)	216(40.4%)
城乡无业、失业、半失业阶层	2110(51.2%)	2010(48.8%)

2. 出生年份

从表 11 中可以看出，出生年份与各个职业阶层的关系没有显著的分布差异。出生年份的分布主要受到线上调查数据方法的影响，因此被试的出生年份集中在“80 后”“90 后”。

表 11　不同职业阶层的出生年份分布（N = 14360）

项目	“90 后”	“80 后”	“70 后”	“60 后”	“59 前”
国家与社会管理者阶层	192 (40.1%)	210 (43.8%)	48 (10.0%)	22 (4.6%)	7 (1.5%)
经理人员阶层	40 (39.2%)	46 (45.1%)	13 (12.7%)	2 (2.0%)	1 (1.0%)
私营企业主阶层	30 (42.9%)	31 (44.3%)	8 (11.4%)	1 (1.4%)	0 (0.0%)
专业技术人员阶层	1663 (45.5%)	1494 (40.9%)	374 (10.2%)	85 (2.3%)	37 (1.0%)
办事人员阶层	540 (39.2%)	635 (46.1%)	144 (10.5%)	45 (3.3%)	12 (0.9%)
个体工商户阶层	95 (48.5%)	76 (38.8%)	19 (9.7%)	5 (2.6%)	1 (0.5%)

续表

项目	“90后”	“80后”	“70后”	“60后”	“59前”
商业服务人员阶层	1190 (50.0%)	902 (37.9%)	203 (8.5%)	63 (2.6%)	23 (1.0%)
产业工人阶层	559 (38.6%)	639 (44.1%)	192 (13.3%)	33 (2.3%)	25 (1.7%)
农业劳动者阶层	211 (39.4%)	204 (38.1%)	72 (13.5%)	37 (6.9%)	11 (2.1%)
城乡无业、失业、半失业阶层	2121 (51.5%)	1437 (34.9%)	400 (9.7%)	112 (2.7%)	50 (1.2%)

3. 学历

从表12中可以看出，国家与社会管理者阶层、经理人员阶层、私营企业主阶层、专业技术人员阶层及办事人员阶层主要为大学本科（含在读），产业工人阶层、农业劳动者阶层和城乡无业、失业、半失业阶层则大多数为高中（技校、职高、中专）毕业。

表12　不同职业阶层的学历分布（N＝14360）

项目	小学毕业及以下	初中毕业	高中(技校、职高、中专)毕业	大专(含在读)	大学本科(含在读)	研究生(含在读)及以上
国家与社会管理者阶层	4 (0.8%)	23 (4.8%)	75 (15.7%)	76 (15.9%)	213 (44.5%)	88 (18.4%)
经理人员阶层	0 (0.0%)	0 (0.0%)	12 (11.8%)	10 (9.8%)	61 (59.8%)	19 (18.6%)
私营企业主阶层	2 (2.9%)	2 (2.9%)	7 (10.0%)	18 (25.7%)	36 (51.4%)	5 (7.1%)

续表

项目	小学毕业及以下	初中毕业	高中(技校、职高、中专)毕业	大专(含在读)	大学本科(含在读)	研究生(含在读)及以上
专业技术人员阶层	23 (0.6%)	122 (3.3%)	567 (15.5%)	906 (24.8%)	1671 (45.7%)	364 (10.0%)
办事人员阶层	12 (0.9%)	47 (3.4%)	221 (16.1%)	349 (25.4%)	642 (46.7%)	105 (7.6%)
个体工商户阶层	5 (2.6%)	33 (16.8%)	66 (33.7%)	50 (25.5%)	39 (19.9%)	3 (1.5%)
商业服务人员阶层	22 (0.9%)	216 (9.1%)	783 (32.9%)	597 (25.1%)	693 (29.1%)	70 (2.9%)
产业工人阶层	29 (2.0%)	171 (11.8%)	651 (45.0%)	350 (24.2%)	232 (16.0%)	15 (1.0%)
农业劳动者阶层	32 (6.0%)	104 (19.4%)	185 (34.6%)	114 (21.3%)	85 (15.9%)	15 (2.8%)
城乡无业、失业、半失业阶层	159 (3.9%)	764 (18.5%)	1494 (36.3%)	890 (21.6%)	698 (16.9%)	115 (2.8%)

4. 收入

从表 13 中可以看出，国家与社会管理者阶层、经理人员阶层、私营企业主阶层的收入主要集中在 3000 ~ 10000 元，而商业服务人员阶层、产业工人阶层和农业劳动者阶层的收入主要集中在 1000 ~ 5000 元，除此之外，私营企业主阶层中极高收入（10 万元以上）的比例最高。

5. 城市发展水平

从表 14 中可以看出，整体上，各个职业阶层在不同发展水平城市的分布略有不同。专业技术人员阶层多集中在“一线”城市，而农业劳动者阶层和城乡无业、失业、半失业阶层多集中在“三线”和“四线”城市。

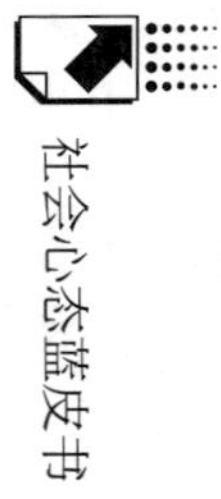

表 13　不同职业阶层的收入分布（N = 14360）

项目	1000 元以下	1001 ~ 3000 元	3001 ~ 5000 元	5001 ~ 7000 元	7001 ~ 10000 元	1 万 ~ 1.5 万元	1.5 万 ~ 3 万元	3 万 ~ 5 万元	5 万 ~ 10 万元	10 万元以上
国家与社会管理者阶层	14 （2.9%）	65 （13.6%）	117 （24.4%）	99 （20.7%）	102 （21.3%）	37 （7.7%）	19 （4.0%）	6 （1.3%）	9 （1.9%）	11 （2.3%）
经理人员阶层	2 （2.0%）	10 （9.8%）	20 （19.6%）	29 （28.4%）	20 （19.6%）	4 （3.9%）	9 （8.8%）	0 （0.0%）	3 （2.9%）	5 （4.9%）
私营企业主阶层	3 （4.3%）	3 （4.3%）	19 （27.1%）	18 （25.7%）	11 （15.7%）	4 （5.7%）	5 （7.1%）	1 （1.4%）	1 （1.4%）	5 （7.1%）
专业技术人员阶层	61 （1.7%）	505 （13.8%）	1241 （34.0%）	851 （23.3%）	597 （16.3%）	162 （4.4%）	88 （2.4%）	57 （1.6%）	56 （1.5%）	35 （1.0%）
办事人员阶层	21 （1.5%）	249 （18.1%）	568 （41.3%）	276 （20.1%）	144 （10.5%）	44 （3.2%）	24 （1.7%）	29 （2.1%）	13 （0.9%）	8 （0.6%）
个体工商户阶层	32 （16.3%）	78 （39.8%）	44 （22.4%）	18 （9.2%）	14 （7.1%）	4 （2.0%）	4 （2.0%）	1 （0.5%）	0 （0.0%）	1 （0.5%）
商业服务人员阶层	51 （2.1%）	668 （28.1%）	883 （37.1%）	406 （17.1%）	206 （8.7%）	54 （2.3%）	46 （1.9%）	30 （1.3%）	20 （0.8%）	17 （0.7%）
产业工人阶层	27 （1.9%）	404 （27.9%）	676 （46.7%）	193 （13.3%）	59 （4.1%）	26 （1.8%）	17 （1.2%）	24 （1.7%）	18 （1.2%）	4 （0.3%）
农业劳动者阶层	48 （9.0%）	142 （26.5%）	200 （37.4%）	75 （14.0%）	35 （6.5%）	11 （2.1%）	10 （1.9%）	7 （1.3%）	6 （1.1%）	1 （0.2%）
城乡无业、失业、半失业阶层	745 （18.1%）	1459 （35.4%）	1004 （24.4%）	356 （8.6%）	237 （5.8%）	98 （2.4%）	80 （1.9%）	61 （1.5%）	34 （0.8%）	46 （1.1%）

表 14　不同职业阶层的所在城市分布（N＝14360）

项目	"一线"城市	"新一线"城市	"二线"城市	"三线"城市	"四线"城市	"五线"及以下城市
国家与社会管理者阶层	67（14.0%）	59（12.3%）	87（18.2%）	98（20.5%）	101（21.1%）	67（14.0%）
经理人员阶层	14（13.7%）	30（29.4%）	20（19.6%）	13（12.7%）	18（17.6%）	7（6.9%）
私营企业主阶层	12（17.1%）	11（15.7%）	15（21.4%）	12（17.1%）	13（18.6%）	7（10.0%）
专业技术人员阶层	803（22.0%）	708（19.4%）	656（18.0%）	627（17.2%）	544（14.9%）	315（8.6%）
办事人员阶层	241（17.5%）	235（17.1%）	258（18.8%）	257（18.7%）	232（16.9%）	153（11.1%）
个体工商户阶层	25（12.8%）	39（19.9%）	32（16.3%）	33（16.8%）	40（20.4%）	27（13.8%）
商业服务人员阶层	446（18.7%）	472（19.8%）	445（18.7%）	405（17.0%）	394（16.5%）	219（9.2%）
产业工人阶层	217（15.0%）	312（21.5%）	251（17.3%）	299（20.6%）	235（16.2%）	134（9.3%）
农业劳动者阶层	64（12.0%）	69（12.9%）	94（17.6%）	114（21.3%）	127（23.7%）	67（12.5%）
城乡无业、失业、半失业阶层	428（10.4%）	612（14.9%）	631（15.3%）	926（22.5%）	985（23.9%）	538（13.1%）

（三）不同职业阶层的工作情绪与居家情绪

1. 不同职业阶层的工作情绪

为概括性地了解不同职业阶层的工作情绪，现将两种积极情绪（愉悦或享受、平静或轻松）和四种消极情绪（生气或愤怒、担忧或害怕、伤心或悲哀、厌恶）分别求均值作为整体积极情绪和整体消极情绪。不同职业阶层工作的具体情绪和整体情绪如表 15 所示，并使用 F 检验进行差异检验分析。

表 15　不同职业阶层的工作情绪

	愉悦或享受	平静或轻松	生气或愤怒	担忧或害怕	伤心或悲哀	厌恶	整体积极情绪	整体消极情绪
国家与社会管理者阶层（N＝479）	3.25（1.00）	3.25（1.00）	2.55（0.93）	2.48（0.94）	2.44（0.98）	2.34（0.96）	3.25（0.81）	2.45（0.79）
经理人员阶层（N＝102）	3.39（0.97）	3.42（1.05）	2.40（0.82）	2.27（0.87）	2.23（0.83）	2.17（0.98）	3.41（0.90）	2.27（0.74）
私营企业主阶层（N＝70）	3.44（0.93）	3.34（0.95）	2.27（0.74）	2.36（0.80）	2.16（0.85）	2.07（0.82）	3.39（0.79）	2.21（0.70）
专业技术人员阶层（N＝3563）	3.15（0.92）	3.24（0.91）	2.38（0.72）	2.31（0.82）	2.22（0.79）	2.13（0.79）	3.19（0.77）	2.26（0.63）
办事人员阶层（N＝1376）	3.18（0.91）	3.22（0.91）	2.47（0.79）	2.33（0.82）	2.30（0.82）	2.17（0.81）	3.20（0.78）	2.32（0.66）
个体工商户阶层（N＝196）	3.04（0.96）	3.13（0.95）	2.43（0.72）	2.35（0.84）	2.24（0.69）	2.13（0.74）	3.08（0.82）	2.29（0.59）
商业服务人员阶层（N＝2381）	3.18（0.94）	3.23（0.94）	2.37（0.72）	2.29（0.80）	2.20（0.76）	2.10（0.79）	3.20（0.80）	2.24（0.61）
产业工人阶层（N＝1448）	3.02（0.95）	3.11（0.95）	2.32（0.67）	2.19（0.76）	2.12（0.70）	2.10（0.74）	3.06（0.81）	2.18（0.56）
农业劳动者阶层（N＝535）	3.17（0.95）	3.19（0.91）	2.50（0.79）	2.39（0.85）	2.33（0.80）	2.22（0.83）	3.18（0.78）	2.36（0.65）
城乡无业、失业、半失业阶层（N＝4120）	3.01（0.95）	3.05（0.96）	2.49（0.80）	2.42（0.86）	2.33（0.83）	2.21（0.86）	3.03（0.80）	2.36（0.66）
F 检验	12.86***	12.70***	11.89***	13.61***	15.06***	8.11***	17.35***	17.92***

注：***表示 $p<0.001$；表格中为平均数（标准差）。

从表 15 中可以看出，工作六种具体情绪和两种整体情绪在各个职业阶层间差异显著。事后检验结果表明，在愉悦或享受的情绪上，国家与社会管理者阶层、经理人员阶层和私营企业主阶层的得分比较高，其中经理人员阶层和私营企业主阶层的得分显著高于其他各阶层；而个体工商户阶层，产业工人阶层和城乡无业、失业、半失业阶层的得分较低。在平静或轻松的情绪上，经理人员阶层的得分显著高于其他阶层，产业工人阶层和城乡无业、失业、半失业阶层显著低于其他各阶层。在生气或愤怒的情绪上，国家与社会管理者阶层，办事人员阶层，农业劳动者阶层和城乡无业、失业、半失业阶层的得分较高，私营企业主阶层、专业技术人员阶层、商业服务人员阶层、产业工人阶层得分较低。在担忧或害怕的情绪上，国家与社会管理者阶层显著高于其他阶层，农业劳动者阶层和城乡无业、失业、半失业阶层的得分较高；而产业工人阶层显著低于其他阶层，专业技术人员阶层和商业服务人员阶层得分也较低。在伤心或悲哀的情绪上，国家与社会管理者阶层显著高于其他各阶层，办事人员阶层，农业劳动者阶层和城乡无业、失业、半失业阶层的得分较高；专业技术人员阶层、商业服务人员阶层和产业工人阶层得分较低。在厌恶的情绪上，国家与社会管理者阶层显著高于除经理人员阶层外的其他各阶层，农业劳动者阶层和城乡无业、失业、半失业阶层的得分也较高；专业技术人员阶层、商业服务人员阶层和产业工人阶层的得分较低。

综合整体积极情绪和整体消极情绪来看，国家与社会管理者阶层的工作积极情绪较高，高于个体工商户阶层，产业工人阶层和城乡无业、失业、半失业阶层；而其消极情绪也最高，显著高于其他各个阶层。经理人员阶层的整体积极情绪非常高，显著高于其他阶层；但其消极属于平均水平，显著低于国家与社会管理者阶层，与其他阶层没有显著差异。私营企业主阶层与经理人员阶层类似，整体积极情绪非常高，但消极情绪属于平均水平。专业技术人员阶层的积极情绪属于中等水平，其消极情绪属于较低水平。办事人员阶层的积极情绪与消极情绪均属于中等水平。个体工商户阶层的积极情绪较低，其消极情绪也属于平均水平。商业服务人员阶层的积极情绪处于中等水平，消极情绪较低。产业工人阶层的积极情绪非常低，消极情绪也非常低。农业劳动者阶层的积极情绪处于中等水平，消极情绪却较高，只显著低于国家与社会管理者阶层，而显著高于专业技术人员阶层、商业服务人员阶层和产业工人阶层。城乡无业、失业、半失业阶层的积极情绪非常低，显著低于除个体工商户阶层和产业工人阶层外的各个职业阶层；其消极情绪非常高，只显著低于国家与社会管理者阶层，而显著高于专业技术人员阶层、办事人员阶层、商业服务人员阶层和产业工人阶层。

2. 不同职业阶层的居家情绪

不同职业阶层的居家具体情绪和整体情绪如表 16 所示，并使用 F 检验进行差异检验分析。

表 16　不同职业阶层的居家情绪

项目	愉悦或享受	平静或轻松	生气或愤怒	担忧或害怕	伤心或悲哀	厌恶	整体积极情绪	整体消极情绪
国家与社会管理者阶层（N = 479）	4.30（1.57）	4.20（1.57）	2.88（1.24）	2.79（1.37）	2.71（1.28）	2.59（1.33）	4.25（1.39）	2.74（1.09）
经理人员阶层（N = 102）	4.77（1.64）	4.74（1.67）	2.60（1.26）	2.38（1.23）	2.55（1.22）	2.11（1.17）	4.75（1.48）	2.41（1.03）
私营企业主阶层（N = 70）	4.89（1.48）	4.57（1.56）	2.47（1.14）	2.30（1.04）	2.34（1.09）	2.07（1.01）	4.73（1.33）	2.30（0.90）
专业技术人员阶层（N = 3563）	4.54（1.52）	4.51（1.50）	2.59（1.02）	2.44（1.12）	2.46（1.08）	2.25（1.15）	4.53（1.39）	2.43（0.92）

续表

项目	愉悦或享受	平静或轻松	生气或愤怒	担忧或害怕	伤心或悲哀	厌恶	整体积极情绪	整体消极情绪
办事人员阶层（N＝1376）	4.59（1.51）	4.58（1.49）	2.75（1.12）	2.62（1.20）	2.62（1.14）	2.35（1.20）	4.59（1.36）	2.59（0.97）
个体工商户阶层（N＝196）	4.52（1.47）	4.29（1.39）	2.81（1.16）	2.63（1.22）	2.61（1.15）	2.24（1.21）	4.40（1.31）	2.57（0.99）
商业服务人员阶层（N＝2381）	4.60（1.52）	4.61（1.53）	2.64（1.09）	2.46（1.15）	2.50（1.12）	2.22（1.15）	4.60（1.37）	2.45（0.95）
产业工人阶层（N＝1448）	4.63（1.52）	4.60（1.49）	2.60（1.05）	2.39（1.13）	2.44（1.11）	2.17（1.11）	4.62（1.36）	2.40（0.93）
农业劳动者阶层（N＝535）	4.24（1.54）	4.32（1.55）	2.76（1.07）	2.68（1.23）	2.64（1.15）	2.49（1.28）	4.28（1.38）	2.64（0.97）
城乡无业、失业、半失业阶层（N＝4120）	4.24（1.53）	4.26（1.52）	2.80（1.12）	2.67（1.22）	2.69（1.19）	2.41（1.23）	4.25（1.36）	2.64（0.99）
F检验	19.18***	16.32***	12.95***	17.29***	13.79***	13.43***	21.35***	19.73***

注：***表示 $p<0.001$。表格中为平均数（标准差）。

从表16中可以看出，居家六种具体情绪和两种整体情绪在各个职业阶层间差异显著。事后检验结果表明，在愉悦或享受的情绪上，国家与社会管理者阶层、农业劳动者阶层和城乡无业、失业、半失业阶层的得分较低，显著低于其他各职业阶层。在平静或轻松的情绪上，经理人员阶层、专业技术人员阶层、办事人员阶层、商业服务人员阶层和产业工人阶层得分较高，国家与社会管理者阶层、个体工商户阶层、农业劳动者阶层和城乡无业、失业、半失业阶层的得分较低。在生气或愤怒的情绪上，国家与社会管理者阶层、办事人员阶层、个体工商户阶层、农业劳动者阶层和城乡无业、失业、半失业阶层的得分较高，而私营企业主阶层、专业技术人员阶层、商业服务人员阶层和产业工人阶层得分较低。在担忧或害怕的情绪上，国家与社会管理者阶层、办事人员阶层、个体工商户阶层、农业劳动者阶层和城乡无业、失业、半失业阶层的得分较高，而经理人员阶层、私营企业主阶层、专业技术人员阶层、商业服务人员阶层和产业工人阶层得分较低。在伤心或悲哀的情绪上，国家与社会管理者阶层、办事人员阶层、农业劳动者阶层和城乡无业、失业、半失业阶层的得分较高，而私营企业主阶层、专业技术人员阶层、商业服务人员阶层和产业工人阶层得分较低。在厌恶的情绪上，国家与社会管理者阶层、农业劳动者阶层和城乡无业、失业、半失业阶层的得分较高，而经理人员阶层、商业服务人员阶层和产业工人阶层得分较低，其他职业阶层处于中等水平。

综合整体积极情绪和整体消极情绪来看，国家与社会管理者阶层的居家积极情绪较低，显著低于经理人员阶层、私营企业主阶层、专业技术人员阶层、办事人员阶层、商业服务人员阶层和产业工人阶层；其消极情绪较高，显著高于除农业劳动者阶层之外的其他各个阶层。经理人员阶层的整体积极情绪较高，显著高于国家与社会管理者阶层、个体工商户阶层、农业劳动者阶层和城乡无业、失业、半失业阶层；其消极情绪较低，显著低于国家与社会管理者阶层、农业劳动者阶层和城乡无业、失业、半失业阶层。私营企业主阶层的整体积极情绪也较高，显著高于国家与社会管理者阶层、农业劳动者阶层和城乡无业、失业、半失业阶层；其整体消极情绪较低，显著低于国家与社会管理者阶层、办事人员阶层、个体工商户阶层、农业劳动者阶层和城乡无业、失业、半失业阶层。专业技术人员阶层的整体积极情绪处于中等水平，显著高于国家与社会管理者阶层、农业劳动者阶层和城乡无业、失业、半失业阶层，但显著低于商业服务人员阶层和产业工人阶层；其整体消极情绪与私营企业主阶层类似，也处于较低水平，显著低于国家与社会管理者阶层、办事人员阶层、个体工商户阶层、农业劳动者阶层和城乡无业、失业、半失业阶层。办事人员阶层的整体积极情绪处于中等水平，显著高于国家与社会管理者阶层、农业劳动者阶层和城乡无业、失业、半失业阶层；其整体消极情绪也处于中等水平，显著低于国家与社会管理者阶层和城乡无业、失业、半失业阶层，但显著高于私营企业主阶层、专业技术人员阶层、商业服务人员阶层和产业工人阶层。个体工商户阶层的整体积极情绪处于偏低水平，显著低于经理人员阶层、商业服务人员阶层和产业工人阶层；其整体消极情绪处于中等水平，显著低于国家与社会管理者阶层，但显著高于私营企业主阶层、专业技术人员阶层和产业工人阶层。商业服务人员阶层的整体积极情绪较高，显著高于国家与社会管理者阶层、专业技术人员阶层、个体工商户阶层、农业劳动者阶层和城乡无业、失业、半失业阶层；其整体消极情绪较低，显著低于国家与社会管理者阶层、办事人员阶层、农业劳动者阶层和城乡无业、失业、半失业阶层。产业工人阶层的整体积极情绪较高，显著高于国家与社会管理者阶层、专业技术人员阶层、个体工商户阶层、农业劳动者阶层和城乡无业、失业、半失业阶层；其整体消极情绪较低，显著低于国家与社会管理者阶层、办事人员阶层、个体工商户阶层、农业劳动者阶层和城乡无业、失业、半失业阶层。农业劳动者阶层的整体积极情绪较低，显著低于经理人员阶层、私营企业主阶层、专业技术人员阶层、办事人员阶层、商业服务人员阶层和产业工人阶层；其整体消极情绪较高，显著高于经理人员阶层、私营企业主阶层、专业技术人员阶层、商业服务人员阶层和产业工人阶层。城乡无业、失业、半失业阶层的整体积极情绪较低，显著低于经理人员阶层、私营企业主阶层、专业技术人员阶层、办事人员阶层、商业服务人员阶层和产业工人阶层；其整体消极情绪也偏高，只显著低于国家与社会管理者阶层，但显著高于经理人员阶层、私营企业主阶层、专业技术人员阶层、办事人员阶层、商业服务人员阶层和产业工人阶层。

3. 不同职业阶层的工作情绪与居家情绪

为了进一步比较不同职业阶层的工作情绪与居家情绪，并且探究工作情绪与居家情绪是否相互影响，本研究将使用配对 T 检验对各个阶层的工作情绪和居家情绪进行比较，并使用相关分析考察两者的相互影响。

从表 17 中可以看出，国家与社会管理者阶层的工作情绪均显著低于居家情绪，且对应情绪的相关系数均达到显著的中等正相关，其中整体消极情绪的相关达到中高度正相关。

表 17　国家与社会管理者阶层的工作情绪与居家情绪

项目	差值均值	T 检验	相关系数
愉悦或享受	-1.05	-15.54***	0.41***
平静或轻松	-0.95	-14.10***	0.40***
生气或愤怒	-0.33	-6.92***	0.58***
担忧或害怕	-0.31	-5.79***	0.53***
伤心或悲哀	-0.26	-5.00***	0.51***
厌恶	-0.26	-4.74***	0.49***
整体积极情绪	-1.00	-17.91***	0.48***
整体消极情绪	-0.29	-8.23***	0.70***

注：***表示 $p < 0.001$，**表示 $p < 0.01$，*表示 $p < 0.05$；表格中的差值均值表示将对应工作情绪减去居家情绪的均值。

从表 18 中可以看出，经理人员阶层的工作情绪积极情绪均显著低于居家积极情绪，而消极情绪中，工作情境中伤心或悲哀的情绪显著低于居家情境，且对应情绪的相关系数均达到显著的中度正相关，其中担忧或害怕、伤心或悲哀、厌恶及整体消极情绪均达到中高度正相关。

表 18　经理人员阶层的工作情绪与居家情绪

项目	差值均值	T 检验	相关系数
愉悦或享受	-1.38	-9.87***	0.51***
平静或轻松	-1.31	-8.95***	0.48***
生气或愤怒	-0.20	-1.85	0.54***
担忧或害怕	-0.11	-1.31	0.74***
伤心或悲哀	-0.32	-3.35**	0.61***
厌恶	0.06	0.62	0.62***
整体积极情绪	-1.35	-11.37***	0.59***
整体消极情绪	-0.14	-2.26*	0.79***

注：***表示 $p<0.001$，**表示 $p<0.01$，* 表示 $p<0.05$；表格中的差值均值表示将对应工作情绪减去居家情绪的均值。

从表 19 中可以看出，私营企业主阶层的工作情绪积极情绪均显著低于居家积极情绪，而消极情绪则没有显著差异，且对应情绪的相关系数均达到显著的正相关，其中担忧或害怕、伤心或悲哀、厌恶及整体消极情绪均达到中度正相关。

表 19　私营企业主阶层的工作情绪与居家情绪

项目	差值均值	T 检验	相关系数
愉悦或享受	-1.44	-8.21***	0.32**
平静或轻松	-1.23	-6.79***	0.35**
生气或愤怒	-0.20	-1.40	0.24*

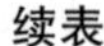
续表

项目	差值均值	T 检验	相关系数
担忧或害怕	0.06	0.50	0.48 ***
伤心或悲哀	-0.19	-1.66	0.56 ***
厌恶	0.00	0.00	0.53 ***
整体积极情绪	-1.34	-8.90 ***	0.39 ***
整体消极情绪	-0.08	-0.87	0.53 ***

注：***表示 $p<0.001$，**表示 $p<0.01$，*表示 $p<0.05$；表格中的差值均值表示将对应工作情绪减去居家情绪的均值。

从表 20 中可以看出，专业技术人员阶层的工作情绪均显著低于居家情绪，且对应情绪的相关系数均达到显著的中等正相关，其中整体消极情绪的相关达到中高度正相关。

表 20　专业技术人员阶层的工作情绪与居家情绪

项目	差值均值	T 检验	相关系数
愉悦或享受	-1.39	-58.96 ***	0.40 ***
平静或轻松	-1.28	-56.33 ***	0.44 ***
生气或愤怒	-0.21	-13.42 ***	0.44 ***
担忧或害怕	-0.13	-7.90 ***	0.48 ***
伤心或悲哀	-0.24	-14.70 ***	0.48 ***
厌恶	-0.13	-7.68 ***	0.50 ***
整体积极情绪	-1.33	-66.48 ***	0.49 ***
整体消极情绪	-0.18	-15.39 ***	0.65 ***

注：***表示 $p<0.001$，**表示 $p<0.01$，*表示 $p<0.05$；表格中的差值均值表示将对应工作情绪减去居家情绪的均值。

从表 21 中可以看出，办事人员阶层的工作情绪均显著低于居家情绪，且对应情绪的相关系数均达到显著的中等正相关，其中整体消极情绪的相关达到中高度正相关。

表 21　办事人员阶层的工作情绪与居家情绪

项目	差值均值	T 检验	相关系数
愉悦或享受	-1.42	-37.45***	0.41***
平静或轻松	-1.36	-36.98***	0.44***
生气或愤怒	-0.28	-9.64***	0.42***
担忧或害怕	-0.30	-10.09***	0.47***
伤心或悲哀	-0.32	-11.92***	0.53***
厌恶	-0.18	-6.48***	0.51***
整体积极情绪	-1.39	-43.42***	0.50***
整体消极情绪	-0.27	-13.66***	0.66***

注：***表示 $p<0.001$，**表示 $p<0.01$，*表示 $p<0.05$；表格中的差值均值表示将对应工作情绪减去居家情绪的均值。

从表 22 中可以看出，个体工商户阶层的工作情绪均显著低于居家情绪，且对应情绪的相关系数均达到显著的中等正相关，其中整体消极情绪的相关达到中高度正相关。

表 22　个体工商户阶层的工作情绪与居家情绪

项目	差值均值	T 检验	相关系数
愉悦或享受	-1.49	-15.07***	0.42***
平静或轻松	-1.15	-14.27***	0.59***
生气或愤怒	-0.38	-5.34***	0.51***
担忧或害怕	-0.28	-3.83***	0.56***
伤心或悲哀	-0.37	-5.03***	0.46***
厌恶	-0.11	-1.32	0.33***
整体积极情绪	-1.32	-16.90***	0.56***
整体消极情绪	-0.29	-5.13***	0.62***

注：***表示 $p<0.001$，**表示 $p<0.01$，*表示 $p<0.05$；表格中的差值均值表示在对应工作情绪减去居家情绪的均值。

从表23中可以看出，商业服务人员阶层的工作情绪均显著低于居家情绪，且对应情绪的相关系数均达到显著的中等正相关，其中整体消极情绪的相关达到中高度正相关。

表23　商业服务人员阶层的工作情绪与居家情绪

项目	差值均值	T检验	相关系数
愉悦或享受	-1.42	-49.05***	0.42***
平静或轻松	-1.39	-48.36***	0.45***
生气或愤怒	-0.27	-13.05***	0.46***
担忧或害怕	-0.17	-7.83***	0.46***
伤心或悲哀	-0.30	-13.85***	0.43***
厌恶	-0.12	-6.01***	0.51***
整体积极情绪	-1.40	-57.46***	0.50***
整体消极情绪	-0.21	-14.33***	0.64***

注：***表示 $p<0.001$，**表示 $p<0.01$，*表示 $p<0.05$；表格中的差值均值表示将对应工作情绪减去居家情绪的均值。

从表24中可以看出，产业工人阶层的工作情绪均显著低于居家情绪，且对应情绪的相关系数均达到显著的中等正相关，其中整体消极情绪的相关达到中高度正相关。

表24　产业工人阶层的工作情绪与居家情绪

项目	差值均值	T检验	相关系数
愉悦或享受	-1.61	-42.92***	0.41***
平静或轻松	-1.50	-41.85***	0.45***
生气或愤怒	-0.28	-10.62***	0.41***
担忧或害怕	-0.20	-7.62***	0.47***
伤心或悲哀	-0.32	-12.01***	0.44***
厌恶	-0.08	-2.93**	0.47***
整体积极情绪	-1.55	-49.49***	0.49***
整体消极情绪	-0.22	-11.29***	0.60***

注：***表示 $p<0.001$，**表示 $p<0.01$，*表示 $p<0.05$；表格中的差值均值表示将对应工作情绪减去居家情绪的均值。

从表 25 中可以看出，农业劳动者阶层的工作情绪均显著低于居家情绪，且对应情绪的相关系数均达到显著的中等正相关，其中整体消极情绪的相关达到中高度正相关。

表 25　农业劳动者阶层的工作情绪与居家情绪

项目	差值均值	T 检验	相关系数
愉悦或享受	-1.07	-17.52***	0.44***
平静或轻松	-1.13	-19.25***	0.49***
生气或愤怒	-0.26	-6.10***	0.45***
担忧或害怕	-0.30	-5.86***	0.41***
伤心或悲哀	-0.30	-6.64***	0.47***
厌恶	-0.28	-5.96***	0.56***
整体积极情绪	-1.10	-22.25***	0.56***
整体消极情绪	-0.28	-8.72***	0.63***

注：***表示 $p<0.001$，**表示 $p<0.01$，*表示 $p<0.05$；表格中的差值均值表示将对应工作情绪减去居家情绪的均值。

从表 26 中可以看出，城乡无业、失业、半失业阶层的工作情绪均显著低于居家情绪，且对应情绪的相关系数均达到显著的中等正相关，其中整体消极情绪的相关达到中高度正相关。

表 26　城乡无业、失业、半失业阶层的工作情绪与居家情绪

项目	差值均值	T 检验	相关系数
愉悦或享受	-1.23	-54.66***	0.40***
平静或轻松	-1.21	-55.98***	0.45***
生气或愤怒	-0.32	-18.95***	0.42***
担忧或害怕	-0.25	-13.91***	0.44***
伤心或悲哀	-0.36	-21.13***	0.46***

续表

项目	差值均值	T 检验	相关系数
厌恶	-0.20	-11.50***	0.47***
整体积极情绪	-1.22	-65.35***	0.49***
整体消极情绪	-0.28	-22.60***	0.60***

注：***表示 $p<0.001$，**表示 $p<0.01$，*表示 $p<0.05$；表格中的差值均值表示将对应工作情绪减去居家情绪的均值。

四　讨论与结论

（一）工作情绪和居家情绪的一般特征

通过对工作情绪和居家情绪的考察，研究发现，不同性别、不同出生年份、不同学历、不同收入、不同发展水平城市的个体，其工作情绪和居家情绪存在显著差异。

首先，不同性别的个体，其工作情绪和居家情绪存在显著差异。工作情绪中，女性个体的愉悦或享受的情绪显著高于男性个体、平静或轻松的情绪显著高于男性个体、厌恶的情绪显著低于男性个体，而生气或愤怒的情绪、担忧或害怕的情绪以及伤心或悲哀的情绪没有显著差异。这说明，女性相对于男性，更能从工作中获得积极情绪，并且对工作的厌恶情绪更少。而居家情绪上，女性个体的愉悦或享受的情绪、平静或轻松的情绪、生气或愤怒的情绪、担忧或害怕的情绪、伤心或悲哀的情绪、厌恶的情绪均显著高于男性个体。女性个体同时报告了较高的积极情绪和消极情绪，有两种可能的解释，一方面，女性相对于男性，更需要家庭，因此居家的产生更多的情绪体验，另一方面，女性本身更容易对情绪敏感，并且在回答关于情绪的问题时更倾向于据实回答，不太会受到社会赞许性的影响。

其次，不同出生年份的个体，其工作情绪和居家情绪存在显著差异。60后和59前个体工作的积极情绪显著高于其他各组，这部分个体处于即将退休的状态，他们已经在工作岗位上奋斗多年，对工作上的事务轻车熟路游刃有余，因此可以获得更多积极体验。而“70后”的个体报告较低的消极工作情绪，这可能是因为“70后”个体也已经经历了与工作岗位的磨合，但又没有因为工作时间过长而产生倦怠，因此其消极情绪较低。居家情绪方面，不同出生年代个体的积极情绪没有显著差异，而消极情绪呈现“先下降后上升”的趋势，“70后”的居家消极情绪也较低，这可能是因为“70后”个体已经经历了“七年之痒”，拥有更成熟的冲突解决能力，并且子女仍然居家，还没有存在“空巢老人”的消极感受。

最后，不同收入、学历和所在城市的个体其工作情绪和居家情绪存在显著差异。这三个变量衡量了个体所拥有的个体资源和社会资源，个体拥有的资源越多，其解决问题的途径就越多，因此会具有更高的积极情绪和更低的消极情绪，本研究的结果基本支持这个假设。但是本研究中发现，收入最高、学历最高和“一线”城市的个体，其积极情绪略低、消极情绪略高，这说明社会的精英群体承担着更多的责任和压力，其情绪体验并不是最好的。

（二）不同职业阶层的一般特征

通过对在不同职业阶层的考察，研究发现，不同职业阶层的个体其性别分布、出生年份分布、学历分布、收入分布、所在城市分布，都略有不同。

首先，不同职业阶层的性别分布略有不同，国家与社会管理者阶层、专业技术人员阶层和产业工人阶层男性多于女性，而私营企业主阶层和办事人员阶层则女性多于男性。这主要是因为不同职业需要的技能适合不同的性别，也因此造就了职业选择的性别刻板印象。

其次，不同职业阶层的出生年份分布没有显著差异，这主要是由于手机 app 这种调查方法，会造成年龄样本抽样的偏差（Berinsky, Huber & Lenz, 2012）。因此，个体多数集中在 80 后、90 后，职业阶层的年龄分布因此不明显存在差异。

再次，不同职业阶层的学历分布和收入分布存在显著的差异，一方面，国家与社会管理者阶层、经理人员阶层、私营企业主阶层、专业技术人员阶层及办事人员阶层主要为大学本科（含在读），产业工人阶层、农业劳动者阶层和城乡无业、失业、半失业阶层则大多数为高中（技校、职高、中专）毕业，另一方面，国家与社会管理者阶层、经理人员阶层、私营企业主阶层的收入主要集中在 3000 元～1 万元，而商业服务人员阶层、产业工人阶层和农业劳动者阶层的收入主要集中在 1000 元～5000 元，除此之外，私营企业主阶层中极高收入（10 万元以上）的比例最高。不同职业需要的学历门槛略有不同，偏重脑力工作的职业对学历的要求较高，而偏重体力工作的职业对学历则没有太高要求。而相应的，不同职业的收入存在显著的差异，总体来讲，管理层和技术人员的收入较高，而体力劳动者的收入较低。

最后，各个职业阶层在不同发展水平城市的分布略有不同。专业技术人员阶层多集中在“一线”城市，而农业劳动者阶层和城乡无业、失业、半失业阶层多集中在“三线”和“四线”城市。这可能是由于在不同城市的生活成本存在差异，因此，不同收入的职业阶层会选择不同的城市。

（三）不同职业阶层的工作情绪与居家情绪

不同职业阶层的工作情绪和居家情绪表现略有不同，情绪能够反映不同职业阶层个体工作情境和家庭情境的体验。除此之外，工作情绪和居家情绪的差异能够反映个体在两种情境中体验的差异，从而有助于判断个体是更享受居家时光还是更享受工作时光。另外，工作情绪和居家情绪的相关，能够反映个体在两种情境中的体验是否会相互影响，比如是否把工作的情绪带到家里或者把家庭的情绪带到工作中。下面将根据每个职业阶层的特点针对各种职业阶层进行概括分析（陆学艺，2002）。

国家与社会管理者阶层的个体，其工作时积极情绪较高、消极情绪也较高，而居家时积极情绪较低、消极情绪较高，整体来说工作的积极情绪和消极情绪都显著低于居家情境，两者相关达到中等正相关。国家与社会管理者阶层的个体是整个社会阶层结构中的主导阶层，承担着社会和国家发展的重任，因此一方面可以通过自己的工作改善民生而获得积极体验，另一方面也因工作而接触社会和国家最棘手的问题，因此也体验着较高的消极情绪。并且其居家情绪和工作情绪会相互影响，尤其是消极情绪，这一方面应该着重被研究者重视。

经理人员阶层的个体，其工作时积极情绪较高、消极情绪中等，而居家时积极情绪较高、消极情绪较低，整体来说工作的积极情绪显著低于居家情境，而消极情绪中只有伤心或悲哀显著低于居家情境，并且两种情境中的情绪达到中等正相关。该阶层是市场化改革的最积极推进者和制度创新者，他们代表着先进生产力和现代经济体制的发展方（陆学艺，2002）。这一阶层拥有巨大的社会资源，他们多数具有较高的学历，并且社会地位也比较高。因此其相对比较享受工作情境，积极情绪较高、消极情绪较低，但是也难免存在工作情绪和居家情绪互相影响的状况。

私营企业主阶层的情况与经理人员阶层非常类似，其工作时积极情绪较高、消极情绪中等，而居家时积极情绪较高、消极情绪较低，整体来说工作的积极情绪显著低于居家情绪，而消极情绪不存在显著差异，并且两种情境中的情绪达到较低正相关。在社会的经济体制改革之后，私营企业主阶层的社会地位也大幅提高，其经济地位也是显

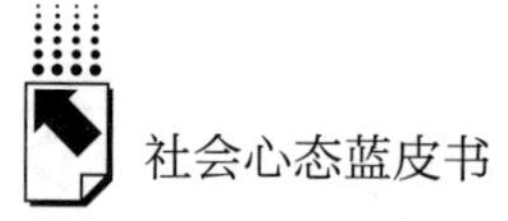

著地高于其他阶层。因此整体上讲，这个阶层的个体在工作情境和家庭情境中都比较幸福，并且其工作情绪和居家情绪的相互影响偏低，说明该阶层的个体能够善用情绪调节能力区分两种情境，不把家庭的情绪带到工作中，也不把工作中的情绪带到家庭中。

专业技术人员阶层的个体，其工作时积极情绪中等、消极情绪偏低，而居家时积极情绪中等、消极情绪偏低，整体来说工作的积极情绪和消极情绪都显著低于居家情境，并且两种情境中的情绪达到中等偏低的正相关。专业技术人员是社会主导价值体系及意识形态的创新者和传播者，是维护社会稳定和激励社会进步的重要力量，是先进生产力和先进文化的重要代表（陆学艺，2002）。这个职业阶层主要依靠脑力劳动进行生产活动，整体来讲，其工作体验和居家体验都较好，但也存在工作情绪、家庭情绪相互影响的现象。

办事人员阶层的个体，其工作时积极情绪中等、消极情绪也中等，而居家时积极情绪中等、消极情绪偏高，整体来说工作的积极情绪和消极情绪都显著低于居家情境，并且两种情境中的情绪达到中等偏低的正相关。这个职业阶层的个体在工作情境中自主性偏低，因此可能对家庭情境中的自主性有更高的预期，若达不到，则往往产生更多的消极情绪，因此也存在工作情绪和居家情绪互相影响的状况。

个体工商户阶层的个体，其工作时积极情绪较低、消极情绪也中等，而居家时积极情绪中等、消极情绪中等，整体来说工作的积极情绪显著低于居家情境，消极情绪中厌恶情绪在两种情境中没有显著差异，而两种情境中的情绪达到中等偏低的正相关。这个阶层的个体其工作是维持生计的重要来源，因此对工作的成就感预期不高，工作的积极情绪偏低。

商业服务阶层的个体，其工作时积极情绪中等、消极情绪较低，而居家时积极情绪较高、消极情绪中等偏低，整体来说工作的积极情绪和消极情绪都显著低于居家情境，两种情境中的情绪达到中等的正相关。商业服务阶层在自己的工作中虽然没有得到较高的积极情绪，但是其消极情绪也较低，属于工作和居家情境中都比较幸福的阶层，但两种情境下的消极情绪依然互有影响。

产业工人阶层的个体，其工作时积极情绪较低、消极情绪也较低，而居家时积极情绪较高、消极情绪较低，整体来说工作的积极情绪和消极情绪都显著低于居家情境，两种情境中的情绪达到中等的正相关。产业工人在工作情境中的各种情绪都较低，可能因为该阶层工作情境中主要与机器打交道，并不会产生太多情绪，而居家的情绪体验是比较幸福的。

农业劳动者阶层的个体，其工作时积极情绪中等偏低、消极情绪较高，而居家时积极情绪较低、消极情绪较高，整体来说工作的积极情绪和消极情绪都显著低于居家情境，两种情境中的情绪达到中等的正相关。与产业工人阶层比较类似，农业劳动者阶层也是主要依靠体力劳动，但是农业生产还受到自然天气的影响，所以造成这个阶层的个体工作消极情绪较高。

城乡无业、失业、半失业阶层的个体，其工作时积极情绪较低、消极情绪较高，而居家时积极情绪较低、消极情绪较高，整体来说工作的积极情绪和消极情绪都显著低于居家情境，两种情境中的情绪达到中等的正相关。这个阶层的个体的工作情绪和居家情绪是各个职业阶层中最差的，其积极情绪都偏低，消极情绪都偏高。这也说明个体没有工作时，生活来源受到影响，整个生活的情绪体验状态都不好。

综上所述，不同职业阶层的个体，其居家情绪和工作情绪存在显著差异，在以后的研究中，除了按照职业阶层划分之外，可以更加深入地探究不同职业工作情境中的工作性质，寻找共同点和差异点用以解释情绪体验的差异。

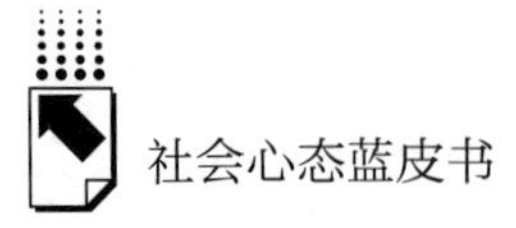

参考文献

〔美〕查尔斯·莫里斯、阿尔伯特·梅斯托：《心理学导论》（第12版），张继明等译，北京大学出版社，2007。

高非：《情绪控制术》，北京理工大学出版社，2009。

桂守才：《基础心理学》，人民教育出版社，2007。

郭天蔚、马文昊、张文悦、潘可欣、赵静洁、郭卓、图娅等：《北京地区职业人群情绪状态及生存质量对比研究》，《职业与健康》2014年第13期。

胡万年：《康德与冯特的科学心理学》，《巢湖学院学报》2005年第2期。

黄长胜、赵芳红、刘胜兰、聂雪琼、刘敏、万国锋：《北京市城市职业人群工作性质与焦虑情绪研究》，《中国预防医学杂志》2014年第3期。

陆学艺：《当代中国社会十大阶层分析》，《学习与实践》2002年第3期。

吕毅辉：《情绪影响因素及情绪管理研究》，华侨大学博士论文，2011。

梅敏君、王大伟：《情绪对职业决策的影响》，《心理科学》2009年第4期。

温馨、肖剑科：《管理者与一般员工的消极情绪对比研究》，《管理工程学报》2010年第2期。

张卫东、刁静、Schick，C.：《正、负性情绪的跨文化心理测量：PANAS维度结构检验》，《心理科学》2004年第1期。

Ashforth, B. E., Humphrey, R. H., "Emotion in the workplace: A reappraisal", *Human Relations*, 48.2 (1995).

Berinsky, A. J., Huber, G. A., & Lenz, G. S., "Evaluating online labor markets for experimental research: Amazon.com's Mechanical Turk", *Political Analysis*, 20.3 (2012).

Davidson, R. J., Ekman, P., Saron, C. D., Senulis, J. A., & Friesen, W. V., "Approach-withdrawal and Cerebral Asymmetry: Emotional Expression and Brain Physiology", *Journal of Personality & Social Psychology*, 58.2 (1990).

Pascalis, V. D., and Speranza, O., "Personality Effects on Attentional Shifts to Emotional Charged Cues: ERP, Behavioural and HR Data", *Personality & Individual Differences*, 29.2 (2000).

Global States of Mind 2014. (2014). Retrieved August 1, 2018, from https: //www. gallup. com/.

Mumby, D. K. , & Putnam, L. L. , "The Politics of Emotion: A Feminist Reading of Bounded Rationality", *Academy of Management Review*, 17. 3 (1992).

Pascalis, V. D. , & Speranza, O. , "107 Personality Effects on ERP and HR Changes to Positive and Negative Emotional Stimuli", *International Journal of Psychophysiology*, 30. 1 – 2 (1998).

Watson, D. , & Tellegen, A. , "Toward a Consensual Structure of Mood", *Psychological Bulletin*, 98. 2 (1985).

B.6 中国人的医患社会情绪体验及其影响因素*

吕小康　刘颖　汪新建　张慧娟　张子睿**

摘　要： 医患社会心态中的社会情绪是指一定时期内医患双方对自身和对方持有的主观情感体验，尤其是其中的社会性情感体验。研究使用南开大学社会心理学系医患信任课题组编制的“医患社会情绪问卷”，通过网络平台和实地调研相结合的方法，自2017年7月到2018年7月共收集4522份医方问卷和10005份患方问卷，样本覆盖大陆地区所有省、市、自治区。研究使用情绪词选择与情绪强度打分的方式调查了医患双方群体对于医患社会情绪的体验，并结合被调查者对于医患关系的认知等内容，从个体、人际和群际三个层面探讨了医患社会情绪体验的影响因素。调查发现，当下中国人的医患社会情绪总体上较为积极和正面，这表现为：积极或中性情绪词汇的选中比例较消极情绪词汇的选中比例高，且积极或中性情绪的体验强度得分比

* 本报告受教育部哲学社会科学研究重大课题攻关项目“医患信任关系建设的社会心理机制研究”（15JZD030）资助。

** 吕小康，南开大学周恩来政府管理学院副教授，博士，硕士生导师，研究方向为社会心理学，尤其是对医学相关现象的社会学、心理学、人类学交叉视角研究及本土化阐释；刘颖，南开大学周恩来政府管理学院博士研究生；汪新建，南开大学周恩来政府管理学院教授，博士、博士生导师，研究方向为文化与社会心理学、医患关系与医患信任建设研究；张慧娟，南开大学周恩来政府管理学院博士研究生；张子睿，南开大学周恩来政府管理学院本科生。

消极情绪的体验强度得分高。其中，“友善”“感激”“乐观”“平静”是医患双方共同的选中频次最高、体验强度最深的情绪。同时，“焦虑”也有较高的选中频次和情感体验，使得医患社会情绪整体呈现混合型情绪的特征。相较而言，医方群体的整体情绪体验更为消极，其积极情绪和中性情绪体验的得分都低于患方，但其愤怒、恐惧和焦虑得分高于患方。有效疏解医方的负性情绪应当得到更多的重视。此外，调查还发现，医患满意度、信任度和对医患关系的正向评价等群际因素与主观幸福感等个体因素是积极医患社会情绪的预测因素，但其中是否存在因果关联仍有待进一步验证。

关键词： 医患关系　医患信任　社会情绪　社会心态

一　引言

医患间关系的恶化将影响社会上绝大部分成员，可以说除医生以外的个体都是潜在的患方群体成员，这使得医患关系脱离了简单的人际交往层面，成为群际层面上“社会成员所普遍共享的关于医患关系的基本认知、情绪情感、态度立场和价值观念”，也就是医患社会心态（吕小康、朱振达，2016）。关于社会心态的研究，到目前为止已经取得了众多具有影响力和代表性的成果（杨宜音，2006，2012；马广海，2008；王俊秀，2014）。医患社会情绪的研究就是建立在社会心态研究的基础框架中，面向现实中的医患信任危机情况而进行的研究。

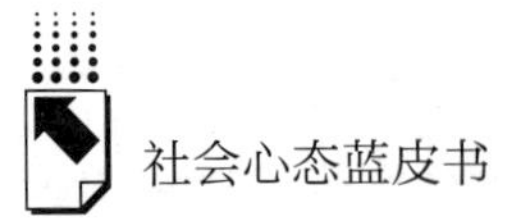

情绪是心理学多年来的主要研究课题之一，在传统的研究中，研究者更多地从个体层面出发，认为情绪是个体生理上对刺激产生的一种反应，是大脑的高级功能（Damasio，1999）。但是，个体层面的研究取向割裂了元素之间的联系，难以反映社会整体层面的心理状况，在面对当下社会转型、急剧变迁的现实时多有不足。因此，研究者提出了“社会情绪”的概念（Smith，1993；Smith，2000；Mackie，Devos & Smith，2000）。目前的研究将情绪置于社会心态的研究范式中进行探讨，认为“社会情绪是一定社会环境下某一群体或某些群体或整个社会多数人所共享的情绪体验”，由此，情绪研究能够兼顾个人和群体两个层面（王俊秀，2013）。此外，社会情绪不仅可以作为描述群体情绪的重要指标，还可以对社会行为进行调节（Adolphs，2003），也影响着个体对自身和社会上的他人情绪的感知，影响其道德判断和行为决策（徐晓坤、王玲玲、钱星、王晶晶和周晓林，2005）。

社会情绪的相关研究有很多，但是以医患群体为对象的社会情绪研究并不多见。温淑春（2013）的研究发现，我国民众的社会情绪总体上是积极健康的，但各种消极的、非理性的甚至极端的社会情绪也呈现增长趋势，医患关系等社会矛盾难以解决是负面社会情绪增长的原因之一。董颖红（2014）通过大数据技术，借助微博用户社会情绪数据，构成网络大众社会情绪时间序列，并对社会情绪与社会风险感知和社会风险决策间的关系进行了研究，发现社会情绪在发生时间上存在领先性，负性社会情绪能够显著预测社会风险感知水平。王夫乐和王相悦（2017）在研究中发现，社会情绪与股市收益存在显著的正相关关系，而社会情绪波动与股市收益负相关。社会情绪较为低落时，股市收益对社会情绪波动的敏感度较高，极高涨的情绪与股市收益具有显著的正向关系，而极低落的情绪与股市收益无关。周晓林和于宏波（2015）通过研究也提出，社会情绪的特点在于其产生于社会交互，并驱动特定的社会行为，引起特定的社会结果。这表明，社会情绪可以作为医患双方决策的线索，与一定社会现实相关，也有助于预测医患双方的行为倾向。医患社会情绪的研究对于了解医患社会心态、预测医患行为方式有重要意义，更为我们理解医患双方面临不同医疗结果会采取的不同行为策略提供了线索，有助于我们对症下药，为解决医患纠纷、缓解医患关系提供助力。

社会情绪的测量是社会情绪研究的重点和难点。吕小康和张慧娟（2017）认为在测量医患社会心态时，需要将社会情绪作为主要维度之一进行建构，建构一个从人际、群际和文化三大层面入手，多方法并举、分层级建构、全要素综合的医患社会心态整体测量路径。在研究方法上，很多对于社会情绪的研究仍然依赖于传统情绪研究的实验范式，往往使用视觉图片诱发情绪体验，使用脑成像技术和事件相关电位技术进行测量，从大脑和神经功能的角度进行分析（徐晓坤、王玲玲、钱星、王晶晶和周晓林，2005；周晓林和于宏波，2015），但是这种研究方法受到实验室和仪器设备的限制，难以广泛应用。也有研究者基于微博平台，使用大数据和词汇匹配技术，测量五种基本社会情绪的每日频次作为社会情绪的测量手段（董颖红、陈浩、赖凯声和乐国安，2015），但是该方法有赖于相应的技术支持，并且抓取特定领域的相关社会情绪数据存在困难，获取的数据仍旧面临难以量化的困境。更多的研究者还是使用传统的问卷调查和量表建构的方式测量社会情绪（敖玲敏、吕厚超和庞雪，2013；陈满琪，2013；刘海宁、韩布新、李晓敏、王路瑶和肖巧玲，2016），量表问卷的方法虽然也有其固有缺陷，但是对于目前医患社会情绪的研究来讲，有不受实验仪器和数据收集技术的限制、便利快捷易于推广等优势，因此仍不能轻易抛弃，而应当充分利用。

本研究将医患社会情绪定义为“医患社会心态中的社会情绪是

一定时期内医患双方对自身和对方持有的主观情感体验，尤其是其中的社会性情感体验”（吕小康、张慧娟，2017），使用了情绪词选择与情绪强度 10 点打分的形式对医方和患方的医患社会情绪类型及其强度进行了调查与分析。

二 对象与方法

（一）对象

本次医患社会情绪调查数据源自教育部哲学社会科学研究重大课题攻关项目“医患信任关系建设的社会心理机制研究”（15JZD030）的阶段性调查结果，调查由南开大学周恩来政府管理学院社会心理学系医患信任课题组负责编制工作并组织实施。此部分数据的调查时间为 2017 年 7 月到 2018 年 7 月，通过线上调研和线下调研同时进行的方式进行数据收集。后续调查工作仍在持续进行中。其中，线上数据主要通过长沙冉星信息科技有限公司开放的线上调研平台问卷星面向全国范围进行收集。线下调研一方面通过北京傲邦阳光咨询有限公司，在中西部的四个城市（银川、武汉、昆明和成都）进行社区和医院现场调研；另一方面通过组织调研人员，在天津、贵州、新疆、西藏、浙江、深圳、上海、山东、河南、辽宁、吉林、内蒙古等地开展线下调研，并将收集的数据通过问卷星平台录入。问卷回收以后，根据筛选题目和填答状况进行筛选，将基本完成所有题目的问卷视为有效问卷，获得有效问卷共 14527 份。调查范围涉及大陆地区所有省、市、自治区，覆盖 270 余个地级市，能够在一定程度上反映当下中国人医患社会情绪感知的基本情况。

调研对象主要面向医方和患方两个群体。其中，医方群体指在医疗机构工作的所有相关人员，其操作化定义为近 6 个月内一直在具有“医疗机构执业许可证”的医疗机构工作（包括兼职和实习），符合中国《医疗机构从业人员行为规范》所定义的医疗机构从业人员，包括医师、护士、药学技术人员、医技人员、管理人员和其他相关人员等。患方群体指前往医疗机构求诊的患者及其亲属或代理人，其操作化定义为近6个月里，本人曾去医院门诊部或住院部看病、带自己的小孩或其他亲人去医院看病、因为家人或朋友生病住院而入院陪护的成年（18周岁以上）个体，同时通过筛选题目排除适用于医方问卷的医务工作者和未完成学制的全日制大、中学生被调查者。

调查获得医方有效问卷4522份，患方有效问卷10005份。其中，医方男性1144人，占25.3%，女性3378人，占74.7%；年龄范围21～69岁，平均年龄33.23±7.88岁。患方男性4535人，占45.3%，女性5459人，占54.6%，11人未透露性别，占0.1%；年龄范围21～79岁，平均年龄37.46±10.78岁。其他人口学信息情况见表1。

表1　样本基本信息（$N_{医}=4522$，$N_{患}=10005$）

项目		医方		患方	
		N	百分比(%)	N	百分比(%)
性别	男	1144	25.30	4535	45.33
	女	3378	74.70	5459	54.56
	缺失值	0	0.00	11	0.11
年龄(周岁)		33.23±7.88		37.46±10.78	
学历	小学毕业及以下	8	0.18	532	5.32
	初中毕业	22	0.49	972	9.72
	高中/中专毕业	189	4.18	1651	16.50
	大学专科/本科在读或毕业	3704	81.91	6091	60.88
	研究生在读或毕业	599	13.25	750	7.50
	缺失值	0	0.00	9	0.09

续表

项目		医方		患方	
		N	百分比(%)	N	百分比(%)
居住地	北上广深市区	23	0.51	1403	14.02
	天津、重庆等直辖市或其他省会城市市区	1147	25.36	2968	29.67
	普通县级市市区	1049	23.20	1254	12.53
	乡镇	91	2.01	743	7.43
	普通地级市市区	2128	47.06	2281	22.80
	农村	84	1.86	1344	13.43
	缺失值	0	0.00	12	0.12
孩子数量	没有孩子	1636	36.18	2695	26.94
	有1个孩子	2282	50.46	5169	51.66
	有2个孩子	592	13.09	1688	16.87
	有3个或3个以上孩子	12	0.27	446	4.46
	缺失值	0	0.00	7	0.07
婚姻状况	从未结婚	947	20.95	2059	20.58
	已婚	3155	69.77	7512	75.08
	离异	21	0.46	241	2.41
	丧偶	44	0.97	83	0.83
	再婚	355	7.85	66	0.66
	缺失值	0	0.00	44	0.44

（二）工具

本研究使用的测量工具是由南开大学社会心理学系医患信任课题组编制的“医患社会情绪问卷”。本问卷主要通过对14个情绪词的选择和程度判定来表现被调查者对“医患关系”的第一感受，要求被调查者从中选出感受最强烈的3个加以评定。感受程度的强烈采用1～10的10点计分制，数值越大，感受越强烈。14个情绪词为：怨恨、感激、悲伤、乐观、冷漠、友善、焦虑、平静、愤怒、厌恶、嫉妒、恐惧、惊讶、快乐。其中，愤怒、恐惧、惊讶、快乐、嫉妒和悲伤这6

种为基本情绪（Levenson，Ekman & Friesen，1990；Ekman，Hager & Friesen，2010），其余为社会情绪；感激、乐观、友善、快乐被视为正性情绪词，怨恨、悲伤、冷漠、焦虑、愤怒、厌恶、嫉妒、恐惧为负性情绪词，平静和惊讶为中性情绪词。此外，还在被调查者完成情绪问卷之后收集了被调查者的基本人口学信息，包括性别、出生年份、文化程度、是否经历过医患纠纷及其主观社会阶层等内容。

数据分析使用 R 软件 3. 5. 1 版本，利用 tideyverse 和 jmv 等数据管理和分析包进行。

三　中国人对医患关系的情绪感知现状

（一）医患关系情绪感知现状

被调查者选择某一情绪词并对其打分则视为该情绪词被击中一次。计算被调查者击中每个情绪词的次数，并根据每个被击中词汇的得分汇总后计算每个情绪词的平均分数表示该情绪词的强度，得到数据如表 2 所示。

表 2　医方患方情绪词击中次数与强度

分组		患方				医方				总计		
项目		N	击中比（%）	强度均值	强度标准差	N	击中比（%）	强度均值	强度标准差	N	强度均值	强度标准差
积极情绪	友善	4586	16. 81	6. 88	1. 97	1579	15. 14	6. 79	2. 27	6165	6. 86	2. 05
	感激	3530	12. 94	7. 00	2. 09	1114	10. 68	6. 46	2. 39	4644	6. 87	2. 18
	乐观	3031	11. 11	6. 88	1. 97	982	9. 42	6. 47	2. 38	4013	6. 78	2. 08
	快乐	1078	3. 95	6. 76	2. 21	470	4. 51	6. 71	2. 57	1548	6. 74	2. 32
消极情绪	焦虑	3073	11. 26	6. 51	2. 17	1604	15. 38	6. 44	2. 40	4677	6. 49	2. 26
	冷漠	2082	7. 63	6. 13	2. 23	665	6. 38	5. 57	2. 35	2747	5. 99	2. 27

续表

分组		患方				医方				总计		
项目		N	击中比（%）	强度均值	强度标准差	N	击中比（%）	强度均值	强度标准差	N	强度均值	强度标准差
消极情绪	悲伤	1261	4.62	6.12	2.24	572	5.48	6.01	2.40	1833	6.09	2.29
	恐惧	1222	4.48	6.18	2.32	683	6.55	6.19	2.58	1905	6.18	2.42
	愤怒	905	3.32	6.27	2.35	694	6.65	6.02	2.60	1599	6.16	2.46
	厌恶	799	2.93	6.12	2.34	327	3.14	5.96	2.56	1126	6.07	2.40
	怨恨	564	2.07	5.78	2.36	273	2.62	5.91	2.59	837	5.82	2.43
	嫉妒	185	0.68	6.54	1.84	15	0.14	4.87	2.95	200	6.41	1.98
中性情绪	平静	4182	15.32	6.69	2.11	1232	11.81	6.32	2.28	5414	6.60	2.16
	惊讶	791	2.90	6.00	2.20	220	2.11	5.48	2.52	1011	5.89	2.28

从统计结果中可以看出，医患双方在积极情绪中击中次数最高的选项都为“友善”，在消极情绪中击中次数最高的都为“焦虑”；但在情绪强度上有所不同，医方在消极情绪中强度最强的选项是“焦虑”，患方则是“嫉妒”，在积极情绪中患方强度最强的选项是“感激”，医方强度最强的是“友善”。从中可以看出，医患双方在社会情绪的感受上有一定程度的相似性。

如果对积极情绪、消极情绪按照击中次数和强度进行排序，可以看出，医方积极情绪中击中次数高的前三个选项是“友善”“感激”和“乐观”，强度最高的前三个选项是“友善”“快乐”和“乐观”；消极情绪击中次数高的前三个选项是“焦虑”“愤怒”和“恐惧”，强度最高的则是“焦虑”“恐惧”和“愤怒”。患方积极情绪中击中次数高的前三个选项是“友善”“感激”和“乐观”，强度最高的前三个选项是“感激”“友善”和“乐观”；消极情绪击中次数高的前三个选项是“焦虑”“冷漠”和“悲伤”，强度最高的则是“嫉妒”“焦虑”和“愤怒”。从中可以发现，医患双方对于社会情绪感受的重点存在一定差异。

由于医患双方被调查者数量差异较大，为了对医患双方的结果进行比较，计算医患双方对14个情绪词的击中次数占各自群体总击中次数的比例以及各个情绪词得分差异，得到结果如图1～图3所示。

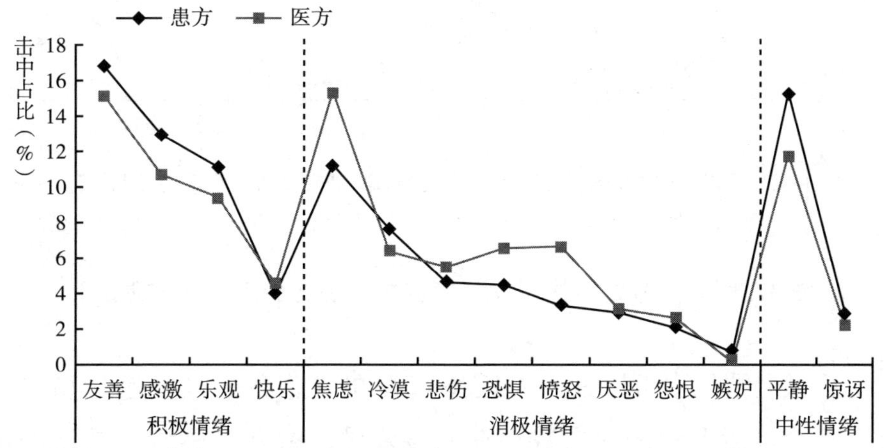

图1　医方患方各个情绪词击中次数比例对比

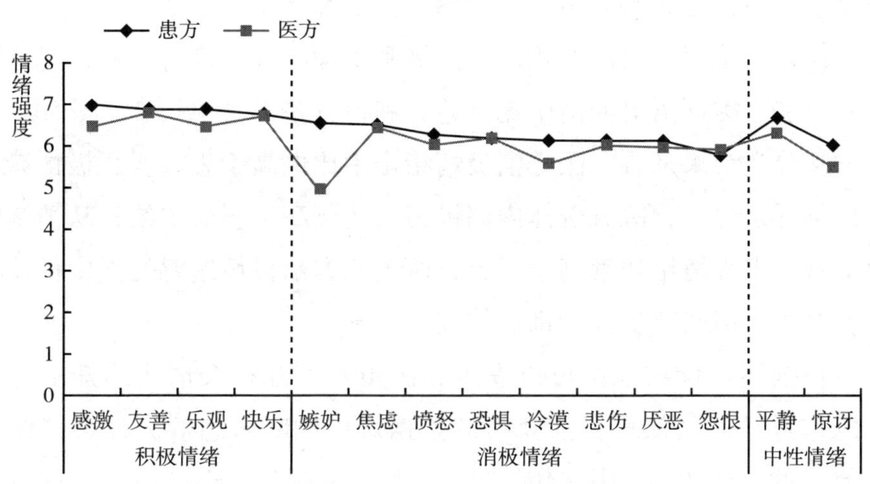

图2　医方患方各个情绪词强度对比

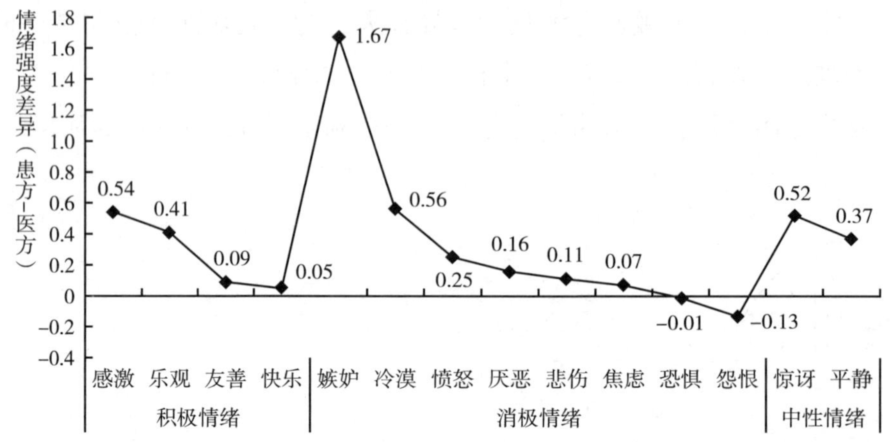

图3　医方患方各个情绪词强度差异（患方强度—医方强度）

从以上结果中可以发现，医患双方在“感激”“焦虑”和“愤怒”三个情绪上的击中次数存在明显差异，患方“感激”情绪的击中次数高于医方，“焦虑”和“愤怒”情绪击中次数低于医方；在感受强度上，医患双方差异主要表现在“感激”“嫉妒”和“冷漠”情绪上，患方在大部分情绪上的感受强度都高于医方。

此外，按照情绪词的积极、消极和中性的分类进行统计，对比医患双方在三类词语上的击中比例差异和得分差异（见图4、图5）。

从分类结果来看，医方消极情绪击中比例高于患方，积极情绪击中比例低于患方，医方群体内消极情绪比例高于积极情绪；从情绪强度上看，患方情绪强度高于医方，医患双方消极情绪感受强度都比较低，对积极情绪感受强度都比较高。

在描述统计结果中可以发现，医患双方在社会情绪感知上存在一定差异，但仅依靠目前获得的数据难以判断医患双方社会情绪感知差异的具体内容和影响因素。因此，本研究对获得的数据进行了进一步的处理分析，以明晰医患社会情绪感知差异的具体表现及其影响因素。

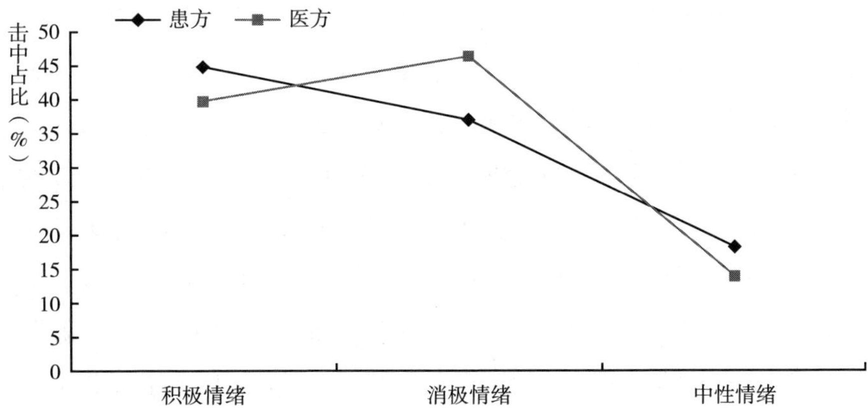

图 4　医方患方各类情绪词击中次数比例对比

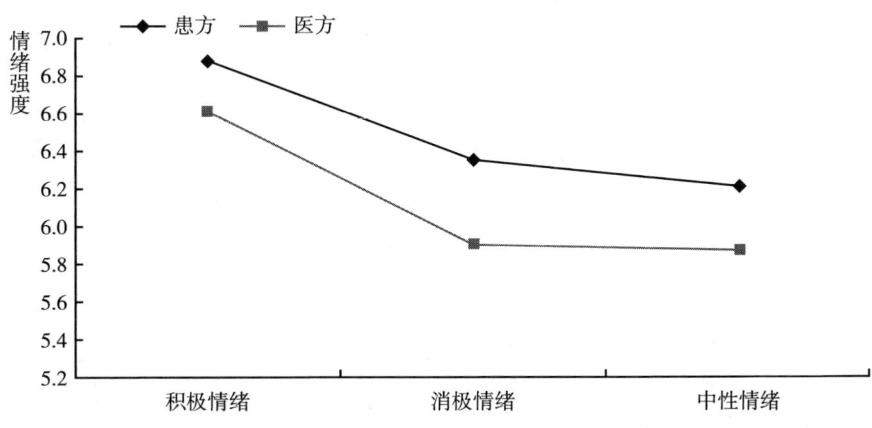

图 5　医方患方各类情绪词强度对比

（二）医患关系认知情况及其在医患群体间的差异

在收集被调查者基本信息的过程中，研究者还收集了被试以往医患关系的经历和对于医患关系的认知。关于以往医患关系经历的问题包括“过去 6 个月内，您在医院有没有看到过患者和医生、护士、护工或医院其他工作人员争吵的情况?”和“过去 6 个月内，您在医院有没有看到过患者殴打医生、护士、护工或医院其他工作人员的情况?”即是否经历或目睹过医患之间“言语冲突”和“肢体冲突”的情况，统计结果见图6。关于对目前医患关系认知的题目包括“总的来说，您就诊时是否信任医务人员/患者及其家属?”“总体来说，根据您过去6个月的经历，您对所接触到的医务工作人员的工作/患者及其家属的满意程度”和“总的来说，您觉得我国目前的医患关系如何?”三个问题都采取了5点计分方法，1代表“非常信任、非常满意或非常和谐”，2代表“信任、满意或和谐”，3代表“一般”，4代表“不信任、不满意或不和谐”，5代表“非常不信任、非常不满意或非常不和谐”，统计结果见图7。

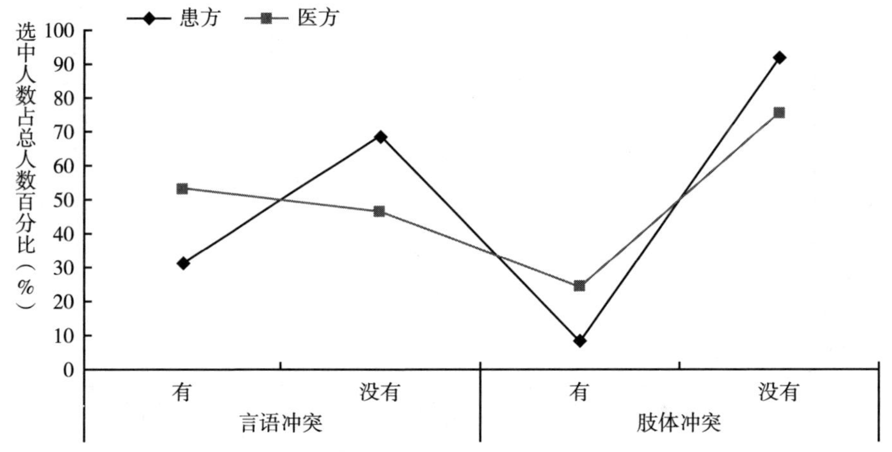

图6 医方患方言语冲突和肢体冲突经历

从以上统计结果中可以看出，约30%的患者曾目睹或经历过医患之间的言语冲突情况，而医方在这一题目中报告“有”的被调查者则有50%以上。经历或目睹过医患之间肢体冲突的被调查者人数相对于言语冲突要少，有10%左右的患方和约25%的医方报告曾经目睹或者经历过医患间的肢体冲突。总体上看，医方报告目睹或经历言语和肢体冲突的被调查者多于患方。

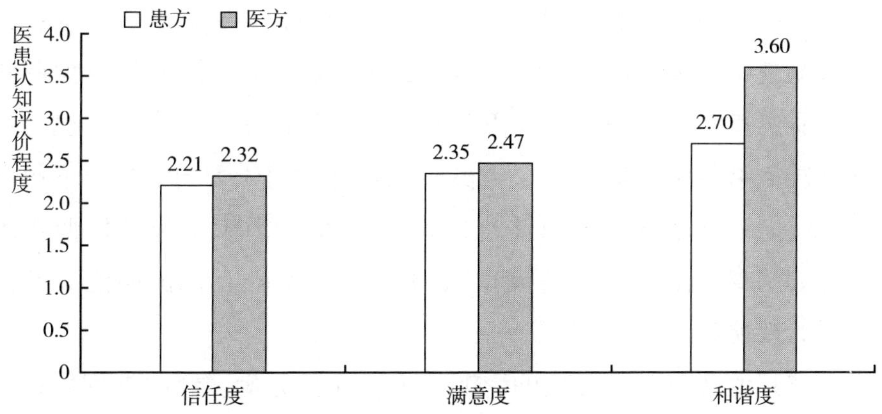

图 7　医患双方对医患关系信任度、满意度和和谐度评价

根据以上统计结果，整体上医方对患方的信任程度和满意度都稍高于患方对医方的信任程度和满意度，医方对医患关系的和谐程度整体认知也更为积极。相比之下，患方对于医方的信任程度和满意度都比较低，更为明显的是对于医患关系和谐程度的整体认知，患方对于医患关系和谐程度的整体认知得分仅为 2. 7 分，医方则为 3. 6 分。

四　医患社会情绪的群体差异及其影响因素

（一）变量选择与处理

1. 因变量

前文已经说明，在数据收集中，要求被调查者在 14 个情绪词汇中挑选 3 个作为自己最近 6 个月在医疗活动中体验到的情绪的代表并对其在 1 ~ 10 上进行赋值。14 个情绪词分为正性情绪词、负性情绪词和中性情绪词，其中，正性情绪词有 4 个，负性情绪词有 8 个，中性情绪词有 2 个。若某词汇被被调查者选择，则视为击中。每个被调查者只可选择 3 个词汇，若不符合要求，则剔除。将每个被调查者选择的词汇按照积极、消极和中性词汇进行标记，观察被调查者的选择组合情况进行分类。由于14个情绪词中仅有两个中性词，而被调查者必须要选择三个词汇，因此不存在三个词汇都是中性词的情况。这样就可避免给分析带来不便。当被调查者选中的3个词汇当中不包含任何消极词汇则被视为“总体积极型”，3个词汇中不包含任何积极词汇的被调查者是“总体消极型”，3个词汇中既有积极词汇又有消极词汇的被视为“混合型”。

考虑其他变量对因变量的影响并进行模型分析。经此处理后，总体情绪类型共有“总体消极型”（37.60%）、“总体积极型”（26.52%）、“混合型”（35.88%）三种类别。它是一个多分类变量，并将混合型设置为基准参照类别，以便进行后续分析。其中，医方总体积极型被调查者1260人，总体消极型1286人，混合型1962人；患方总体积极型被调查者3937人，总体消极型2556人，混合型3485人。如图8所示。除了计算分组情况以外，此部分研究还将医患双方“总体积极型”和“总体消极型”两分类的强度进行了计算，结果如图9所示。

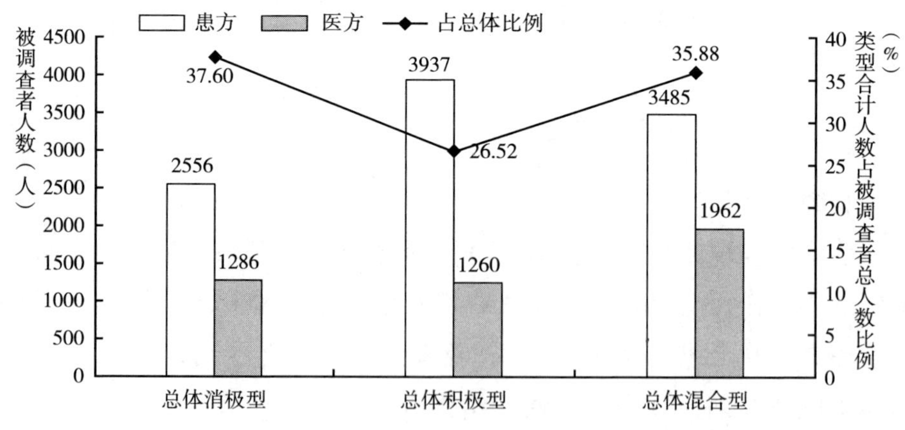

图8　医方患方总体积极型、总体消极型和混合型被调查者占比差异

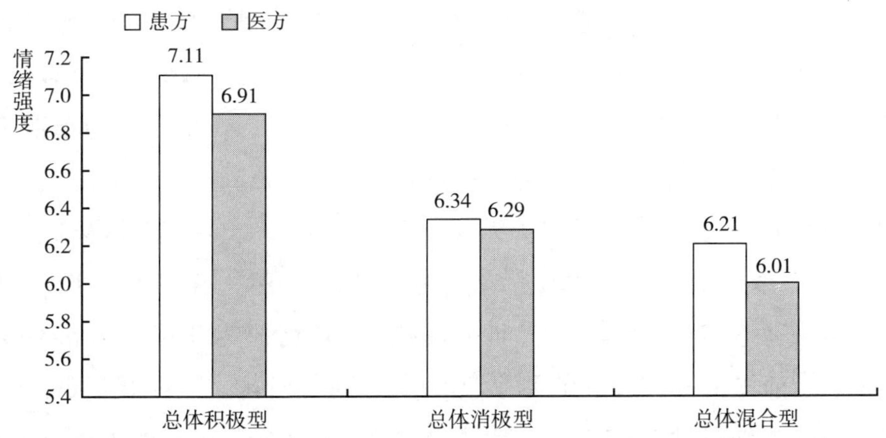

图 9　医方患方总体积极型、总体消极型和混合型被调查者得分差异

2. 自变量

为探讨医患社会情绪的群体差异，将职业身份设为自变量并将其设为二分变量（患方 =0，占总样本的 68. 88%；医方 =1，占总样本的 31. 12%）。另外，根据已有研究并结合医患群体的身份差异，本研究选取一系列可能影响社会情绪的心理学变量，它们分别是：对医方/患方的信任度、对医方/患方的满意度、对医患关系和谐度的总体评价、社会经济地位比较、生活水平比较、对生活幸福程度的感受、当前主观社会阶层。前三者可以归为对医患关系的主观认知维度，后面四个可以归为对社会生活的主观感受维度。

需要对这些变量分别进行操作化。对医患关系的主观认知维度下的三个变量，均使用 5 点计分，1 代表“非常信任/非常满意/非常和谐”，5 代表“非常不信任/非常不满意/非常不和谐”，其中，对医方/患方的信任度的均值为 2. 24，标准差为 0. 67；对医方/患方的满意度的均值为 2. 38，标准差为 0. 69；对医患关系和谐度的总体评价的均值为 2. 98，标准差为 1. 03。

对社会生活的主观感受维度下的社会经济地位比较和生活水平比

较两个变量均有四个类型，并构建相应的虚拟变量。社会经济地位比较设置为“较高”=1（6.24%），“差不多”=2（60.26%），“较低”=3（25.81%），“不好说”=4（7.69%），以“不好说”为参照变量；生活水平比较设置为“更好”=1（10.18%），“差不多”=2（73.33%），“更低”=3（9.93%），“不好说”=4（6.56%），以“不好说”为参照变量。对生活幸福程度的感受变量用5点计分，1代表“非常不幸福”，5代表“非常幸福”，其均值为3.85，标准差为0.86。当前主观社会阶层的测量使用麦克阿瑟阶梯，“在我们的社会里，有些人处在社会的上层，有些人处在社会的下层。如下图所示，如果10层代表社会的顶层，1层代表社会的底层。您认为您现在处在第__层”，被调查者需在1～10十个数字中选择一个填入，此变量的均值为4.99，标准差为0.86。

3. 控制变量

根据已有研究，本研究将一系列可能影响社会情绪的人口学变量纳入了考虑。其中，在性别上，“女性”=1，占总样本的60.86%，“男性”=0，占总样本的39.14%；在住房上，根据有没有属于自己产权（包括共有产权，如与配偶或子女共有）的房子，“有”=1，占总样本的69.84%，“没有”=0，占总样本的30.16%。年龄设定为连续变量，均值为36.26，标准差为10.21。受教育程度操作化为虚拟变量，分别为小学毕业及以下（3.72%）、初中毕业（6.83%）、高中/中专毕业（12.69%）、大学专科/本科在读或毕业（67.46%）、研究生在读或毕业（9.30%），以小学毕业及以下为参照组。子女数量操作化为虚拟变量，分别为没有孩子（29.77%）、有1个孩子（51.36%）、有2个孩子（15.71%）、有3个或3个以上的孩子（3.16%），以没有孩子为参照组。婚姻状况操作化为虚拟变量，分别为从未结婚（19.94%）、已婚（75.54%）、离异（3.01%）、丧偶（0.73%）、再婚（0.78%），以从未结婚为参照组。

（二）模型结果

本研究通过 R 软件 3. 5. 1 版本 jmv 包中的 LogRegMulti 函数进行多分类 Logistic 回归模型的建立与分析。第一步的回归将除去职业身份以及控制变量的其他变量纳入模型，以此分析一般性自变量对情绪类型的影响。第二步的回归在第一个模型的基础上加上控制变量，以此分析在考虑了控制变量的基础上，一般性自变量对情绪类型的影响。最后，在第二个模型的基础上加上职业身份变量，以此分析在考虑了控制变量和一般性自变量对情绪类型的影响的基础上，医患之间的群体情绪差异。最终的模型结果如表 3 所示。

表 3　社会情绪群体差异的 Logistic 回归模型（参照类：混合型）

情绪类型	变量	模型 1			模型 2			模型 3		
		B	标准误	OR	B	标准误	OR	B	标准误	OR
总体消极型	对医方/患方的信任度	0. 21***	0. 03	1. 23	0. 24***	0. 04	1. 27	0. 25***	0. 04	1. 29
	对医方/患方的满意度	0. 53***	0. 04	1. 70	0. 52***	0. 04	1. 69	0. 48***	0. 04	1. 62
	医患关系和谐度的总体评价	0. 15***	0. 02	1. 16	0. 14***	0. 02	1. 15	0. 24***	0. 02	1. 27
	对生活幸福程度的感受	-0. 13***	0. 03	0. 88	-0. 14***	0. 03	0. 87	-0. 13***	0. 03	0. 88
	社会经济地位比较（参照类：不好说）									

续表

情绪类型	变量	模型 1			模型 2			模型 3		
		B	标准误	OR	B	标准误	OR	B	标准误	OR
总体消极型	较高	0.11	0.14	1.11	-0.09	0.15	0.91	-0.14	0.15	0.87
	差不多	0.06	0.09	1.07	-0.04	0.10	0.96	-0.09	0.10	0.91
	较低	0.18	0.09	1.19	0.10	0.10	1.10	0.08	0.10	1.08
	生活水平比较（参照类:不好说）									
	更好	0.25*	0.13	1.28	0.26	0.14	1.30	0.24	0.14	1.28
	差不多	0.18	0.09	1.20	0.19	0.10	1.21	0.17	0.10	1.18
	更低	0.22*	0.11	1.25	0.32**	0.12	1.37	0.31*	0.12	1.36
	当前主观社会阶层	0.02	0.01	1.02	0.01	0.02	1.02	-0.01	0.01	0.99
	年龄				-0.00	0.00	1.00	-0.00	0.00	1.00
	性别(参照类:男性)				-0.11*	0.05	0.90	-0.04	0.05	0.96
	受教育程度（参照类:小学毕业及以下）									
	初中毕业				0.27	0.16	1.32	0.29	0.16	1.33
	高中/中专毕业				0.40*	0.15	1.49	0.44**	0.15	1.55
	大学专科/本科在读或毕业				0.36*	0.15	1.44	0.50***	0.15	1.66
	研究生在读或毕业				0.53**	0.16	1.69	0.71***	0.16	2.02
	子女数量（参照类:没有孩子）									

续表

情绪类型	变量	模型1			模型2			模型3		
		B	标准误	OR	B	标准误	OR	B	标准误	OR
总体消极型	有1个孩子				-0.09	0.08	0.91	-0.17	0.08	0.88
	有2个孩子				-0.23*	0.10	0.79	-0.26**	0.10	0.77
	有3个或3个以上的孩子				-0.26	0.17	0.77	-0.32	0.17	0.72
	住房(参照类:没有)				0.27***	0.06	1.31	0.25***	0.06	1.29
	婚姻状况(参照类:从未结婚)									
	已婚				0.34***	0.09	1.41	0.43***	0.10	1.54
	离异				0.07	0.15	1.07	0.20	0.16	1.22
	丧偶				0.89**	0.29	2.43	1.03***	0.29	2.81
	再婚				0.25	0.26	1.28	0.37	0.26	1.45
	职业身份(参照类:患方)							-0.53***	0.06	0.59
总体积极型	对医方/患方的信任度	-0.17***	0.04	0.84	-0.19***	0.04	0.83	-0.19***	0.04	0.83
	对医方/患方的满意度	-0.03***	0.04	0.72	-0.36***	0.04	0.70	-0.04***	0.04	0.69
	医患关系和谐度的总体评价	-0.32***	0.02	0.72	-0.30***	0.02	0.74	-0.25***	0.0	0.78
	对生活幸福程度的感受	0.17***	0.03	1.19	0.17***	0.03	1.19	0.18***	0.03	1.20

续表

情绪类型	变量	模型1			模型2			模型3		
		B	标准误	OR	B	标准误	OR	B	标准误	OR
总体积极型	社会经济地位比较（参照类：不好说）									
	较高	0.09	0.12	1.09	0.02	0.13	1.02	-0.01	0.13	0.99
	差不多	0.11	0.08	1.11	0.05	0.09	1.06	0.03	0.09	1.03
	较低	-0.08	0.09	0.92	-0.14	0.10	0.87	-0.15	0.10	0.86
	生活水平比较(参照类：不好说)									
	更好	0.07	0.12	1.08	0.08	0.12	1.09	0.07	0.12	1.07
	差不多	0.05	0.09	1.05	0.06	0.10	1.06	0.04	0.10	1.04
	更低	0.12	0.11	1.13	0.17	0.12	1.19	0.17	0.12	1.18
	当前主观社会阶层	0.02	0.01	1.02	0.02	0.01	1.02	0.01	0.01	1.01
	年龄（周岁）				0.00	0.00	1.00	0.00	0.00	1.00
	性别（参照类：男性）				-0.20***	0.04	0.82	-0.16***	0.04	0.85
	受教育程度（参照类：小学毕业及以下）									
	初中毕业				0.067	0.13	1.07	0.07	0.13	1.08
	高中/中专毕业				0.01	0.13	1.01	0.04	0.13	1.04
	大学专科/本科在读或毕业				0.11	0.12	1.12	0.19	0.12	1.21

续表

情绪类型	变量	模型 1			模型 2			模型 3		
		B	标准误	OR	B	标准误	OR	B	标准误	OR
总体积极型	研究生在读或毕业				-0.20	0.14	0.82	-0.11	0.14	0.90
	子女数量（参照类：没有孩子）									
	有1个孩子				0.16*	0.08	1.18	0.14	0.08	1.15
	有2个孩子				0.04	0.09	1.04	0.02	0.09	1.02
	有3个或3个以上的孩子				0.01	0.15	1.01	-0.02	0.15	0.98
	住房（参照类：没有）				0.09	0.06	1.10	0.08	0.06	1.09
	婚姻状况（参照类：从未结婚）									
	已婚				-0.04	0.09	0.96	0.02	0.09	1.02
	离异				-0.07	0.15	0.93	0.01	0.15	1.01
	丧偶				0.50	0.28	1.64	0.59*	0.28	1.08
	再婚				-0.30	0.27	0.74	-0.23	0.28	0.80
	职业身份（参照类：患方）							-0.30***	0.07	0.74
	样本量	14486			14486			14486		
	Chi-square	2453***			2440***			2522***		

注：* $p<0.05$，** $p<0.01$，*** $p<0.001$。

1. 医患关系的主观认知对社会情绪的影响

由模型 1 可知，对医患关系的主观认知维度下的三个变量对医患社会情绪均有非常显著的影响。在其他条件不变的情况下，对医方/

患方越不信任，个体越有可能出现总体消极型情绪而不是混合型情绪，或是更有可能出现混合型情绪而不是总体积极型情绪。更精确地，对医方/患方的信任度每降低一个层次后，个体出现总体消极型情绪与降低前出现总体消极型情绪的相对风险，是对医方/患方的信任度每降低一个层次后出现混合型情绪与降低前出现混合型情绪的相对风险的 1.23 倍；对医方/患方的信任度每降低一个层次后，个体出现总体积极型情绪与降低前出现总体积极型情绪的相对风险，是对医方/患方的信任度每降低一个层次后的个体出现混合型情绪与降低前出现混合型情绪的相对风险的 84%。在加入控制变量得到模型 2 后，此变量对因变量仍有显著影响，不同的是相对风险比分别变为 1.27 倍和 83%。

对于医患满意度来说，在其他条件不变的情况下，对医方/患方越不满意，个体越有可能出现总体消极型情绪而不是混合型情绪，或是越有可能出现混合型情绪而不是总体积极型情绪。更精确地，对医方/患方的满意度每降低一个层次后的个体出现总体消极型情绪与降低前出现总体消极型情绪的相对风险，是对医方/患方的满意度每降低一个层次后出现混合型情绪与降低前出现混合型情绪的相对风险的 1.70 倍；对医方/患方的满意度每降低一个层次后的个体出现总体积极型情绪与降低前出现总体积极型情绪的相对风险，是对医方/患方的满意度每降低一个层次后的个体出现混合型情绪与降低前出现混合型情绪的相对风险的 72%。在加入控制变量得到模型 2 后，此变量对因变量仍有显著影响，不同的是相对风险比分别变为 1.69 倍和 70%。

对于对医患关系的总体评价来说，在其他条件不变的情况下，评价越不和谐，对于总体消极型情绪而言，个体越有可能出现总体消极型情绪而不是混合型情绪；对于总体积极型情绪而言，个体越有可能出现混合型情绪而不是总体积极型情绪。更精确地，评价每降低一个层次后的个体出现总体消极型情绪与降低前出现总体消极型情绪的相对风险，是评价每降低一个层次后出现混合型情绪与降低前出现混合型情绪的相对风险的 1.16 倍；对医方/患方的满意度每降低一个层次后的个体出现总体积极型情绪与降低前出现总体积极型情绪的相对风险，是对医方/患方的满意度每降低一个层次后的个体出现混合型情绪与降低前出现混合型情绪的相对风险的 72%。在加入控制变量得到模型 2 后，此变量对因变量仍有显著影响，不同的是相对风险比分别变为 1.15 倍和 74%。

2. 社会生活的主观感受对社会情绪的影响

由模型 1 可知，在其他条件不变的情况下，个体对生活幸福程度感受越强，越感到幸福，对总体消极型情绪而言，越有可能出现混合型情绪而不是总体消极型情绪；对总体积极型情绪而言，则越有可能出现总体积极型情绪而不是混合型情绪。更精确地，幸福感程度每升高一个层次后的个体出现总体消极型情绪与升高前出现总体消极型情绪的相对风险，是幸福感程度每升高一个层次后的个体出现混合型情绪与升高前出现混合型情绪的相对风险的 88%；幸福感程度每升高一个层次后的个体出现总体积极型情绪与升高前出现总体积极型情绪的相对风险，是幸福感程度每升高一个层次后的个体出现混合型情绪与升高前出现混合型情绪的相对风险的 1.19 倍。在加入控制变量得到模型 2 后，相对风险比分别变为 87% 和 1.19 倍。

进行生活水平比较时，在其他条件不变的情况下，选择更好或者更低的个体比选择不好说的个体更有可能出现总体消极型情绪而不是混合型情绪，具体地说，选择生活水平更好的个体出现总体消极型情绪与选择生活水平不好说的个体出现总体消极型情绪的相对风险，是选择生活水平更好的个体出现混合型情绪与选择生活水平不好说的个体出现混合型情绪的相对风险的 1.28 倍；选择生活水平更低的个体出现总体消极型情绪与选择生活水平不好说的个体出现总体消极型情绪的相对风险，是选择生活水平更低的个体出现混合型情绪与选择生活水平不好说的个体出现混合型情绪的相对风险的1.25倍。加入控制变量得到模型2后，选择更低的个体比选择不好说的个体更有可能出现总体消极型情绪而不是混合型情绪，并且统计上更加显著，相对风险比变为1.37倍。而选择生活水平更高则不再显著。

3. 医患社会情绪的群体差异

在考虑了控制变量与一般性心理学变量对社会情绪的影响基础上，加上职业身份变量得到模型3。由模型结果可知，在其他条件不变的情况，对于总体消极型情绪而言，医方相对于患方来说更有可能出现混合型情绪而不是总体消极型情绪；对于总体积极型情绪来说，医方相对于患方来说更有可能出现混合型情绪而不是总体积极型情绪。更精确地，医方出现总体消极型情绪与患方出现总体消极型情绪的相对风险，是医方出现混合型情绪与患方出现混合型情绪的相对风险的59%；医方出现总体积极型情绪与患方出现总体积极型情绪的相对风险，是医方出现混合型情绪与患方出现混合型情绪的相对风险的74%。也就是说，医方群体的医患社会情绪总体而言是“混合中偏向消极”，而患方群体的医患社会情绪相对而言是“混合中偏向积极”。这种群体差异性在控制了医患双方各自的性别、年龄、子女数、生活水平感受等因素后仍然是存在的。

五　总结与讨论

本调研的被调查者范围覆盖大陆地区的所有省、市、自治区，是国内目前覆盖面较为广泛、较有代表性的以医患社会情绪为主题进行的社会调研。这对于了解当下中国社会的医患社会心态、探索医患社会情绪内容、明晰医患群体情绪差异有重要作用。根据本次调研结果，进行以下总结与讨论。当然，由于本调查并不是严格意义上的抽样调查，因此其结果的可推论性存在一定的欠缺，在将调查结果概化至全体中国人的医患社会情绪时，仍需要适度的谨慎。

（一）医患社会情绪总体积极正面

从医患社会情绪的基本面来看，与之前的诸多研究所报告的结果不同，本次大范围调查得到的结果显示，受访者对医患关系的情绪体验总体较为积极而非消极。这体现在两个方面：一是积极或中性情绪词汇的选中比例较消极情绪词汇的选中比例高，二是积极或中性情绪的体验强度得分比消极情绪的体验强度得分高。而且，在调查所提供的 14 个情绪词汇中，平均体验强度得分最高的是“友善”这一积极情绪词。这一发现既有些令人意外，但又在情理之中。人们通常觉得目前的医患关系特别糟糕，因为当下媒介中关于暴力伤医或庸医误人之类的新闻似乎屡见不鲜。由于此类报道本身具有一定的选择性倾向，使得人们往往认为这些极端化的案例反映了医患关系的普遍性特征，而忽视了医患群体中“沉默的大多数”的真实情感反应可能并非如此。实际上，这也正是传统问卷调查相比于时下流行的基于网络文本的大数据分析的一个优势。网络文本通常具有极端化的特征，往往只有处于情绪极端（消极或积极）的个体才会选择在社会平台或其他平台发表关于医患关系的言论，而日常医患互动场景下的真实感受却不一定得到表达。如此，不论其规模如何，网络文本自身可能是存在高度偏倚的。而传统调查，尤其是在医院现场的调查，要求被调查者就其当下或最近的真实就诊经历作答，能够更加真切地反映出普通患者或医务工作者的情绪感受。因此，不论网络数据采集与分析技术多么发达，传统的问卷调研仍有其存在的必要性，两者应当相互补充而不是彼此替代，如此方能更为完整地展示医患关系以及其他社会关系的全貌。当然，本调查并没有完整的医方和患方的抽样框，不能在统计学意义上精确代表总体情况，但如此大规模和跨区域的调查显示的结果，仍可在一定程度上佐证“医患关系的基本面是好的”这种由于负面报道刺激而可能令人生疑的事实。

（二）医方整体情绪体验相对消极，患方相对两极

从医患群体情绪的群际差异来看，相对于患方而言，医方体验到的消极情绪要更多、强度要更深，而积极情绪要更少、强度要更低。这一点尤其值得注意。医方各类情绪词的选择占比较为接近，分布较为均匀，说明其总体情绪较为稳定，比较符合一般情况下人们对于医方冷静客观的刻板印象（吕小康、刘颖，2018）。但是，从各类情绪体验的强度上看，就可以看出医方群体情绪中隐藏的“危机”。从调查得到的结果来看，医方在几乎所有类型的积极情绪和中性情绪的得分上都低于患方，但在消极情绪中，其恐惧和怨恨得分均高于患方。在所有消极情绪中，焦虑是体验强度最深的一种。这可能是当下医方社会情绪的一种真实写照。在负性情绪方面，医患两个群体体现出一定的“竞争受害者”心理（艾娟，2018），即医患双方都认为自己是医患关系中的受害者，并据此产生相应的攻击性心理（愤怒与恐惧）。当然，最现实的可能是基于无力改变现状而产生的焦虑感。相较之下，患方群体的整体情绪体验则出现了一定程度上“两极跳跃”的特征。他们的积极情绪和平静情绪的得分更高，但又比医方更强烈地感受到医患关系的“冷漠”，同时又不如医方那么“怨恨”和“恐惧”，甚至还出现平均体验强度较大的“嫉妒”情绪。究其原因，可能在于患者群体的成分更加复杂、异质性强，使得其群体情绪的构成较为多元，难以归结为某类共同情绪；而且患方可能存在过高估计医方群体的收入与地位的情况，因此才会出现普遍性的“嫉妒”心理。另外，医患关系是患方所要面临的多种社会关系（如干群关系、警民关系、夫妻关系、职场关系等）的一种，医患关系可能只在特定时间段才会成为其核心关注点，其情绪聚集的力度本身较弱；而医方群体

的同质性强，且医患关系是其执业过程中几乎无时无刻不存在的一种压力源，因此整体上显得更为消极。如何疏解医方的消极情绪体验，使其有更为愉悦的身心状态，是不容忽视的课题。

（三）医患满意度、信任度和对医患关系的正向评价是积极医患社会情绪的预测因素

从调查所采用的简单指标来看，医方和患方对对方的信任程度和满意度都较高，且患方对医方的信任程度和满意程度都显著高于医方对患方的信任程度和满意程度。进一步的分析发现，医患关系的满意度越高、医患信任程度越高、对医患关系和谐程度的评价越积极的个体，其所拥有的情绪总体也就越积极。类似地，个体的主观幸福感越高、社会比较结果越正面的个体，其所拥有的情绪类型也更积极。得出这些结论自然是合乎常识逻辑的。当然，基于问卷而非实验的调查，只能得到相关性而非因果性的结论。现有数据还很难判定是因为这些因素的存在才导致了积极的医患社会情绪，还是因为有了积极的情绪体验才使得其主观幸福感更高、医患信任度更高等，这还有待于进一步的研究。不过，这些积极情绪预测因子的存在，仍为后续验证性或干预性的研究提供了有价值的线索。

参考文献

艾娟：《医患冲突情境下的竞争受害者心理及其对策》，《中国社会心理学评论》2018 年第 1 期。

敖玲敏、吕厚超、庞雪：《“悲喜交加”的概念、测量及相关研究述评》，《心理科学进展》2013 年第 9 期。

陈满琪：《群体情绪及其测量》，《社会科学战线》2013 年第 2 期。

董颖红、陈浩、赖凯声、乐国安：《微博客基本社会情绪的测量及效度

检验》，《心理科学》2015 年第 5 期。

董颖红：《微博客社会情绪的测量及其与社会风险感知和风险决策的关系》，南开大学博士学位论文，2014。

刘海宁、韩布新、李晓敏、王路瑶、肖巧玲：《社会情绪健康调查—初级版在中国儿童中的信、效度检验》，《中国临床心理学杂志》2016 年第 24 期。

吕小康、刘颖：《医生角色的刻板印象及其在医患群体间的差异》，《南京师大学报》（社会科学版）2018 年第 1 期。

吕小康、张慧娟：《医患社会心态测量的路径、维度与指标》，《南京师大学报》（社会科学版）2017 年第 6 期。

吕小康、朱振达：《医患社会心态建设的社会心理学视角》，《南京师大学报》（社会科学版）2016 年第 2 期。

马广海：《论社会心态：概念辨析及其操作化》，《社会科学》2008 年第 10 期。

涂光晋、刘双庆：《社交媒体环境下医患暴力冲突事件的媒介呈现》，《国际新闻界》2015 年第 11 期。

汪新建、王丛、吕小康：《人际医患信任的概念内涵、正向演变与影响因素》，《心理科学》2016 年第 5 期。

汪新建、王丛：《医患信任关系的特征、现状与研究展望》，《南京师大学报》（社会科学版）2016 年第 2 期。

汪新建、王骥：《医患纠纷媒体报道框架及其对医患信任的影响》，《南京师大学报》（社会科学版）2018 年第 1 期。

王夫乐、王相悦：《社会情绪是否会影响股市收益——来自新浪微博的证据》，《山西财经大学学报》2017 年第 2 期。

王俊秀：《社会情绪的结构和动力机制：社会心态的视角》，《云南师范大学学报》（哲学社会科学版）2013 年第 5 期。

王俊秀：《社会心态理论：一种宏观社会心理学范式》，社会科学文献出版社，2014。

温淑春：《当前我国社会情绪的现状、成因及疏导对策》，《理论与现代化》2013 年第 3 期。

徐晓坤、王玲玲、钱星、王晶晶、周晓林：《社会情绪的神经基础》，

《心理科学进展》，2005 年第 4 期。

杨宜音、王俊秀：《当代中国社会心态研究》，社会科学文献出版社，2013。

杨宜音：《个体与宏观社会的心理关系：社会心态概念的界定》，《社会学研究》2006 年第 4 期。

杨宜音：《社会心态形成的心理机制及效应》，《哈尔滨工业大学学报》（社会科学版）2012 年第 6 期。

周晓林、于宏波：《社会情绪与社会行为的脑机制》，《苏州大学学报》（教育科学版）2015 年第 1 期。

Adolphs, R., "Cognitive Neuroscience of Human Social Behavior", *Nature Reviews Neuroscience* 4 (2003).

Damasio, A. R., *The Feeling of What Happens*: *Body and Emotion in the Making of Consciousness*, New York: Harcourt Brace, 1999.

Ekman, P., Hager, J. C., & Friesen, W. V., "The Symmetry of Emotional and Deliberate Facial Actions", *Psychophysiology* 18 (2010).

Levenson, R. W., Ekman, P., & Friesen, W. V., "Voluntary Facial Action Generates Emotion-specific Autonomic Nervous System Activity", *Psychophysiology* 27 (1990).

Mackie, D. M., Devos, T., & Smith, E. R., "Intergroup Emotions: Explaining Offensive Action Tendencies in An Intergroup Context", *Journal of Personality and Social Psychology* 4 (2000).

Smith, E. R., "Affective and Cognitive Implications of A Group Becoming A Part of The Self: New Models of Prejudice and of The Self-concept", *Social Identity and Social Cognition* (1999).

Smith, E. R., "Social Identity and Social Emotions: Toward New Conceptualizations of Prejudice", *Affect Cognition & Stereotyping* (1993).

社会价值观与社会认同

Social Values and Social Identification

B.7
"90后"青年的社会价值取向分析*

高文珺**

摘 要： 本研究从个体和现实两个层面分析了"90后"青年的社会价值观，分别对应个体自身所持有的关于善治社会的价值取向和其对于现实社会价值取向的感知；具体探讨的社会价值观包括集体主义、人文取向和权力平等。数据来源于2017年社会心态调查（CASS-Intellvision Social Mentality Survey）中13779个出生于1990~1999年间的青年。分析发现，所调查"90后"青年个体和现实层面社会价值观并不对等，他们自身

* 本报告受国家社会科学基金青年项目"社会共识形成和作用机制研究"（项目批准号：14CSH001）资助。

** 高文珺，中国社会科学院社会学研究所，博士，助理研究员，研究方向为社会心理学。

普遍认可集体主义、人文关怀和权力平等的价值，但认为现实社会的价值取向欠缺人文关怀和权力平等。个体和现实层面的社会价值对生活满意度、社会公平感、社会信任、国家认同和社会参与均具有独立影响，其中，现实层面社会价值的作用相对更强。

关键词： “90后” 社会价值观 社会心态

一 引言

青年时期是价值观形成和确立的重要时期，在这一时期价值观的塑造对个体和群体都具有重要的意义。学者指出，从青年入手，是实现中国人价值观的整合和重塑的现实路径（周晓虹，2018）。习近平总书记2014年在五四青年节的讲话中强调，青年的价值取向决定了未来整个社会的价值取向。因此，对于青年价值观的研究和引导，一直是学术界和社会广泛关注的话题。而“90后”青年又是青年群体中具有代表性的群体，他们业已成年，处于青春期末期和青年早期阶段，刚刚开始肩负起一定的社会责任。同时，他们又是伴随着全球化浪潮、互联网快速普及和新媒体的发展而成长起来的一代，被称为“互联网的一代”“自我的一代”，他们的价值观的形成深受全球化和信息化浪潮的影响。因此，本研究将针对“90后”青年的价值取向进行分析，并且将侧重点放在社会价值观念上，因为这一层面的价值观对社会心态和社会行为的影响可能更为深远。

杨中芳（1994）曾将中国文化价值体系划分为三大层次，即世界观、社会观和个人观，其中，社会观又包括组织制度、基本单位、社会阶层、人/群关系、社会规范、人际结构、人际规范、人际交往社会化、社会奖惩、社会维系、社会分配、社会公正等相关信念（杨宜音，1998）。本研究所关注的社会价值观与上述社会观的概念类似，体现有关社会整体的价值取向，可界定为人们关于善治社会所应体现出的价值标准的信念。根据文化心理学的研究成果，这一价值取向又可分为两个层面，与社会文化所存在的层面相对应（Zou et al.，2009；Wan & Chiu，2011），一是个体层面价值取向，文化存在于个体自身的信念之中，表现为个体内化和认可的社会文化价值体系。具体到本研究之中，就是人们认可的社会应该鼓励什么样的价值（以下简称个体社会价值）。二是个体间层面，又称共享层面，这一层面的文化存在于人们共同持有的社会中多数成员的信念和偏好。具体到本研究之中，就是人们对于社会现实的价值取向的感知，即人们认为当今社会流行和鼓励的是怎样的社会价值（以下简称现实社会价值）。换句话说，个体社会价值可以理解为“90后”青年所追求的理想的社会价值取向，而现实社会价值则可理解为“90后”青年眼中社会价值取向的现状。那么，理想和现实价值取向之间是相互映衬还是有所差异？两个层面的社会价值取向对“90”后青年的社会心态又会产生怎样的影响？本研究将通过实证调查数据对这些问题进行探讨。

二　研究方法

（一）调查对象

本研究数据来源于社会心态调查（CASS－Intellvision Social Mentality Survey 2017），该调查由中国社会科学院（CASS）社会学研究所社会心理学研究中心和智媒云图（Intellvision）在2017年合作完成。通过智媒云图研发的问卷调研App“问卷宝”，向在线样本库的全国用户（共约110万人，覆盖全国346个地级城市）推送问卷，随后依靠用户分享问卷的方式来进行滚雪球式发放。问卷收回后，课题组利用测谎题、答题完成情况等对问卷进行筛选。最终得到有效成人问卷22669份，问卷有效率为93.0%。本研究在分析时选取1990～1999年出生的青年调查对象，最终选用的样本数量为13779，其中男性8051人，占58.4%，女性5728人，占41.6%；年龄范围是18～27岁，平均年龄22.2±2.9岁。调查对象来自北京、安徽、福建、甘肃、广东、广西、贵州、海南、河北、河南、黑龙江、湖北、湖南、吉林、江苏、江西、辽宁、内蒙古、宁夏、青海、山东、山西、陕西、上海、四川、天津、西藏、新疆、云南、浙江和重庆31个省、自治区和直辖市。调查对象具体情况参见表1。

表1　样本基本情况（N=13779）

属性	类别	人数	百分比(%)
性别	男	8051	58.4
	女	5728	41.6
受教育程度	小学	137	1.0
	初中	982	7.1
	高中/中专/职高/技校	4238	30.8
	大专	3506	25.4
	大学本科	4600	33.4
	研究生及以上	316	2.3
就业状况	在校学生	5840	42.4
	工作	7939	57.6
城市类别	“一线”城市	1706	12.4
	“新一线”城市	2439	17.7
	“二线”城市	2338	17.0
	“三线”城市	2680	19.4
	“四线”城市	2900	21.0
	“五线”及以下城市	1716	12.5

（二）测量工具

1. 社会价值测量

本研究选用修订后的 GLOBE 文化价值观量表（House et al.，2004；高文珺，2015），该量表通过“应该怎样”（What Should Be）和“是怎样”（What Is/What Are）分别测量了个体社会价值和现实社会价值。本研究测量了三种社会价值取向，一是集体主义，测量社会制度鼓励或奖励集体分配资源和集体活动的程度，以及人们在组织或家庭中表现出自豪、忠诚和凝聚力的程度。得分越高，代表调查对象越认可集体主义价值。二是人文取向，测量社会鼓励或奖励人们对待他人公平、利他、友好、宽容、亲切的程度。分数越高，代表调查对象人文取向价值观越高。三是权力平等，测量权力分层和集中的程度。分数越高，代表调查对象越赞同权力平等。同时，用对应的三个现实社会价值分量表，测量人们对于自己所处社会的集体主义、人文取向和权力平等的实际状况的感知。

2. 人口学变量测量

本研究测量了调查对象的性别、年龄、受教育程度、家庭月收入和城市等人口学变量。其中，在分析时，将城市按照《第一财经》的城市划分标准，划分为“一线”城市、“新一线”城市、“二线”城市、“三线”城市、“四线”城市和“五线”城市，而本次调查中还收集了来自四个省属县级行政地区的数据，将其和“五线”城市一起划分为“五线”及以下城市。

3. 生活满意度测量

对于生活满意度的测量，采用的是《生活满意度量表》（Satisfaction with Life Scale，SWLS）（Diener et al.，1985）。包括 6 道题目，7 点量表计分，分析使用量表均分，分数越高，表示生活满意度越高。

4. 社会公平感测量

采用自编12题量表测量人们的社会公平感知，分别衡量了义务教育、司法与执法、党政干部选拔、工作与就业机会等多种社会制度和社会现象的公平程度感知。使用7点量表计分，将量表均分作为社会公平感得分，分数越高，表示公平感越强。

5. 社会信任感测量

采用一般社会调查（General Social Survey，GSS）所使用的一般社会信任量表，该量表包括6道题目，分别测量了人们有关大多数人的可信程度、待人公平和乐于助人三方面的感受。使用7点量表计分，将量表均分作为人们一般信任得分，分数越高，表示社会信任感越强。

6. 国家认同测量

采用自编4题量表测量人们对国家的认同感，使用7点量表计分，将量表均分作为国家认同得分，分数越高，表示国家认同程度越强。

7. 社会参与意愿测量

自编6题量表测量人们的社会参与意愿，包括两个分量表，一个是测量参与捐款、志愿服务和帮助他人等亲社会行为的意愿，另一个是测量网上讨论社会问题、向政府机构或媒体反映意见和向有关部门举报腐败等政治参与意愿。使用7点量表计分，得分越高，表示参与意愿越强。

三　研究结果

（一）“90后”青年社会价值观的人口学特征

1. 社会价值观的性别、年龄分布

首先，分析社会价值观的性别特征，表2和表3列出了“90后”男性与女性不同层面价值取向的平均值、标准差及差异检验。总体上，在所调查的“90后”青年中，女性自身所持有的集体主义、人文取向和权力平等的社会价值取向要略高于男性；而对社会上流行的价值取向的感知上，女性眼中，社会对集体主义价值的重视程度要略高于男性，而社会现实的人文关怀取向要略低于男性，不同性别调查对象眼中现实社会的权力平等价值取向差异很小。

表2　个体社会价值的性别特征

性别	个体集体主义		个体人文取向		个体权力平等	
	平均数	标准差	平均数	标准差	平均数	标准差
男(N=8051)	4.76	1.03	5.13	1.71	4.86	1.74
女(N=5728)	4.87	0.93	5.22	1.54	5.11	1.63
T检验	-6.48***		-3.07**		-8.59***	

注：***表示 $p<0.001$，**表示 $p<0.01$，*表示 $p<0.05$，下同。

表3　现实社会价值的性别特征

性别	现实集体主义		现实人文取向		现实权力平等	
	平均数	标准差	平均数	标准差	平均数	标准差
男(N=8051)	4.90	1.03	4.08	1.81	3.59	1.70
女(N=5728)	5.05	0.95	3.98	1.66	3.53	1.63
T检验	-8.59***		3.47***		2.19*	

注：***表示 $p<0.001$，**表示 $p<0.01$，*表示 $p<0.05$，下同。

其次，分析社会价值观的年龄特征，以1995年为区分进行对比，将出生于1995~1999年的调查对象划分为“95后”，将出生于1990~1994年的调查对象称为“90后”①。表4和表5列出了“90后”和“95后”不同层面社会价值取向的特点。结果显示，在个体

① 注：这里的“90后”是本研究所涉及的“90后”青年群体的一部分，是为在此与“95后”做对比而使用的命名。

社会价值方面，“90 后”和“95 后”几乎没有差异；在现实社会价值方面，与“90 后”相比，“95 后”眼中社会所流行的集体主义程度更低，人文取向和权力平等的价值取向更强。

表 4　个体社会价值的年龄特征

年龄	个体集体主义		个体人文取向		个体权力平等	
	平均数	标准差	平均数	标准差	平均数	标准差
“90 后”(N = 5852)	4.83	0.98	5.17	1.57	4.98	1.66
“95 后”(N = 7927)	4.79	1.00	5.16	1.69	4.95	1.73
T 检验	2.72*		0.31		0.91	

注：* 表示 $p < 0.05$。

表 5　现实社会价值的年龄特征

年龄	现实集体主义		现实人文取向		现实权力平等	
	平均数	标准差	平均数	标准差	平均数	标准差
“90 后”(N = 5852)	5.03	1.00	3.96	1.69	3.43	1.63
“95 后”(N = 7927)	4.92	1.00	4.10	1.80	3.67	1.70
T 检验	6.36***		-4.64***		-8.60***	

2. 社会价值观的受教育程度分布

采用方差分析，比较受教育程度不同的“90 后”青年的文化价值观的特点，如表 6 和表 7 所示。结果表明，在个体价值观方面，大体上，受教育程度越高的调查对象，越认可社会应当鼓励集体主义、人文关怀和权力平等的价值；而在现实社会价值方面，受教育程度越高的调查对象，感知到的当今社会实际表现出的集体主义和权力平等的程度越高，小学及以下受教育程度的调查对象感知到的社会上所流行的人文关怀取向相对较低。

表 6　个体社会价值的受教育程度特征

受教育程度	个体集体主义		个体人文取向		个体权力平等	
	平均数	标准差	平均数	标准差	平均数	标准差
小学毕业及以下（N = 137）	4.44	1.23	4.87	2.12	4.39	2.13
初中毕业（N = 982）	4.68	1.03	5.14	1.83	4.86	1.85
高中毕业（N = 4238）	4.78	1.01	5.18	1.77	4.92	1.79
大专（N = 3506）	4.76	0.99	5.18	1.62	4.97	1.71
大学本科（N = 4600）	4.89	0.95	5.17	1.46	5.02	1.56
研究生及以上（N = 316）	4.98	0.95	5.06	1.66	5.16	1.56
F 检验	18.97***		1.29		6.19***	

表 7　现实社会价值的受教育程度特征

受教育程度	现实集体主义		现实人文取向		现实权力平等	
	平均数	标准差	平均数	标准差	平均数	标准差
小学毕业及以下（N = 137）	4.37	1.20	3.97	2.19	3.39	1.89
初中毕业（N = 982）	4.82	1.05	3.84	1.99	3.59	1.82
高中毕业（N = 4238）	4.88	1.01	4.04	1.90	3.71	1.79
大专（N = 3506）	4.93	1.00	4.02	1.75	3.50	1.66
大学本科（N = 4600）	5.11	0.95	4.09	1.53	3.48	1.52
研究生及以上（N = 316）	5.20	1.00	4.09	1.67	3.70	1.64
F 检验	42.91***		3.35*		10.97***	

3. 社会价值观的城市分布

本研究分析了发展水平不同的城市的“90 后”青年社会文化价值之间的特点，结果如表 8 和表 9 所示。在个体社会价值方面，一线城市调查对象所持有的集体主义和人文取向价值相对略低，不同城市的调查对象在社会权力平等价值观上差异不大；在现实社会价值方面，不同城市调查对象对社会现实的价值取向略有差异，“新一线”城市和“二线”城市的调查对象感知到的社会集体主义程度较高，但感知到的社会的权力平等程度则相对较低，不同城市调查对象在对社会人文价值取向现状上的感知上没有明显差异。

表8　个体社会价值的城市发展水平特征

城市	个体集体主义		个体人文取向		个体权力平等	
	平均数	标准差	平均数	标准差	平均数	标准差
“一线”城市（N = 1706）	4.64	0.99	4.95	1.63	4.89	1.60
“新一线”城市（N = 2439）	4.87	0.95	5.23	1.56	4.98	1.66
“二线”城市（N = 2338）	4.86	0.97	5.19	1.59	5.00	1.68
“三线”城市（N = 2680）	4.83	1.00	5.20	1.68	4.95	1.73
“四线”城市（N = 2900）	4.79	1.00	5.20	1.67	4.96	1.76
“五线”及以下城市（N = 1716）	4.80	1.02	5.16	1.71	4.97	1.73
F 检验	13.28***		7.01***		0.880	

表9　现实社会价值的城市发展水平特征

城市	现实集体主义		现实人文取向		现实权力平等	
	平均数	标准差	平均数	标准差	平均数	标准差
“一线”城市（N = 1706）	4.84	1.05	4.00	1.66	3.65	1.62
“新一线”城市（N = 2439）	5.03	0.96	4.07	1.70	3.49	1.63
“二线”城市（N = 2338）	5.05	0.97	4.04	1.72	3.52	1.68
“三线”城市（N = 2680）	4.98	1.00	4.02	1.81	3.55	1.70
“四线”城市（N = 2900）	4.93	1.00	4.04	1.79	3.61	1.68
“五线”及以下城市（N = 1716）	4.92	1.03	4.05	1.79	3.62	1.72
F 检验	12.309***		0.503		3.098*	

4. 社会价值观的家庭收入分布

本研究分析了经济状况不同的“90 后”青年社会价值之间的特点，由于此次调查的“90 后”青年人中有四成人还在校就读，故在分析社会价值观与经济状况之间的关系时，采用家庭收入进行计算。为便于呈现结果，将家庭收入划分成低收入、中等偏下收入、中等收入、中等偏上收入和高收入五个等级，比较不同家庭月收入水平的“90 后”青年的社会价值观特点，结果如表 10 和表 11 所示。在个人社会价值方面，家庭收入越高的调查对象对集体主义价值的认可程度越高，家庭收入较低的调查对象对人文取向价值的认可程度较高，在权力平等价值上家庭收入不同的调查对象差异不大；在现实社会价值方面，家庭收入越高的调查对象越是认为社会流行集体主义价值取向，家庭收入高的调查对象对于社会权力平等现状的评价也相对较高，家庭收入不同的调查对象在现实社会人文取向程度的感知上差异不大。

表 10　个体社会价值的家庭收入特征

家庭收入	个体集体主义		个体人文取向		个体权力平等	
	平均数	标准差	平均数	标准差	平均数	标准差
低收入(N = 5766)	4. 77	1. 00	5. 24	1. 64	4. 92	1. 76
中等偏下收入(N = 3896)	4. 78	0. 99	5. 09	1. 63	4. 98	1. 64
中等收入(N = 1390)	4. 83	0. 96	5. 11	1. 64	5. 03	1. 66
中等偏上收入(N = 1513)	4. 87	0. 98	5. 14	1. 66	4. 95	1. 68
高收入(N = 1214)	4. 91	0. 98	5. 17	1. 69	5. 05	1. 70
F 检验	7. 051***		5. 232***		2. 188	

表11　现实社会价值的家庭收入特征

家庭收入	现实集体主义		现实人文取向		现实权力平等	
	平均数	标准差	平均数	标准差	平均数	标准差
低收入(N=5766)	4.93	1.01	4.08	1.79	3.52	1.68
中等偏下收入(N=3896)	4.96	0.99	3.99	1.68	3.56	1.63
中等收入(N=1390)	5.00	0.98	3.99	1.71	3.65	1.71
中等偏上收入(N=1513)	5.01	1.01	3.99	1.79	3.59	1.67
高收入(N=1214)	5.09	0.99	4.11	1.80	3.68	1.75
F检验	8.327***		2.266		3.021*	

（二）“90后”青年社会价值观个体和现实层面的关系

1. 个体和现实层面社会价值观的相关

为分析“90后”青年在个体和现实两个层面的社会价值观的相互关系，首先采用偏相关分析来探讨两者的相关关系。在控制了主要人口学变量（性别、年龄、受教育程度、家庭收入和城市发展水平）之后，分别对个体和现实层面的集体主义、人文取向和权力平等价值观进行偏相关分析，结果如表12所示，所分析的几种个体和现实层面的社会价值观之间均有一定的相关关系，其中，不同层面的集体主义价值相关较强，人文取向和权力平等相关较低。

表12　个体和现实社会价值之间的偏相关

项目	现实集体主义	现实人文取向	现实权力平等
个体集体主义	0.58***		
个体人文取向		0.36***	
个体权力平等			0.29***

2. 个体和现实层面社会价值观的差异

上述相关分析中，个体和现实社会价值有一定相关，但并不完全一致，为了解社会价值观在不同层面上的特点，通过重复测量方差分析进一步比较个体和现实社会价值观之间的差异。将社会文化价值观（个人和现实层面）作为被试内变量分析差异，将性别、年龄、受教育程度、家庭收入和城市作为协变量加以控制。结果显示（见表 13 和图 1），首先，从均值上看，使用 7 点量表计分，“4”为中间值，所调查的“90 后”青年认可的社会价值取向是社会应当鼓励集体主义、人文关怀和权力平等的价值，而他们眼中当今社会所表现出的或流行的价值特点则是突出集体利益和荣誉、人与人之间的关心和体谅程度一般，存在权力不平等现象。其次，不同层面的人文取向和权力平等价值观存在显著差异，个体自身对人文取向（M = 5. 17）价值的认可程度明显强于其感知到的社会上现实的人文取向强度（M = 4. 04），自身对权力平等的重视（M = 4. 96）明显高于其感知到的社会对权力平等的重视（M = 3. 57）。不同层面的集体主义价值差异不明显。

表 13　个体和现实社会价值之间重复测量方差分析结果

价值取向		集体主义		人文取向		权力平等	
分析层面		个体	现实	个体	现实	个体	现实
均值		4. 80	4. 97	5. 17	4. 04	4. 96	3. 57
F 值		2. 46		252. 16***		130. 39***	
协变量 F 值	性别	55. 61***		0. 01		25. 29**	
	年龄	2. 81		7. 46**		33. 16**	
	受教育程度	123. 02***		7. 54**		0. 24	
	家庭月收入	34. 96***		1. 79		16. 27***	
	城市	11. 49***		1. 92		1. 41	

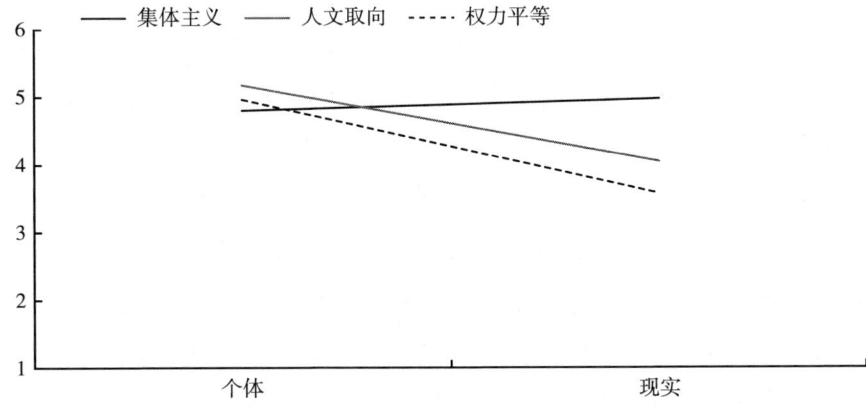

图1　个体和现实社会价值的差异示意

（三）“90后”青年社会价值观与社会心态

本研究假定不同层面的社会价值和“90后”青年的社会心态具有独立的关联性，为此，分别选取几个重要的社会心态指标，包括生活满意度、社会公平感、社会信任、国家认同和社会参与意愿，比较两个层面的社会价值观和这些指标之间的关系。

1. 社会价值观与生活满意度

为剔除性别、年龄、受教育程度、家庭月收入、城市等人口学变量的影响，控制个体和现实社会价值观之间的相互作用，分析两者对社会心态的独立作用，以上述变量为自变量，以生活满意度为因变量，进行了多重线性回归分析，自变量采用层次进入的方式，考察每层中增加的变量对回归方程解释力度的影响，从而判定增加的变量是否和因变量独立关联。具体而言，第一层进入人口学变量，其中城市以“五线”及以下城市为参照类；第二层进入个体社会价值观；第三层进入现实社会价值观。每层变量采用全部进入（Enter）方式，结果如表14所示。

三步回归之后的回归方程可在一定程度上解释生活满意度的变化。在控制了人口学变量的影响之后，第二步和第三步进入的个体和现实社会价值观都显著增加了回归方程的解释力，说明个体层面和社会层面的社会价值观与生活满意度有独立关联。回归方程累计解释了生活满意度 10.1% 的变异，最终的回归方程中，个体的集体主义价值观与生活满意度呈正相关，即“90 后”调查对象越是认可集体主义价值，生活满意度越高；权力平等价值观与生活满意度负相关，即个人越是认可权力平等价值，生活满意度越低。现实集体主义、人文取向和权力平等价值与生活满意度均正相关，表明调查对象越是认为当今社会重视集体主义、人与人之间的关怀包容和权力平等分布，对生活的满意程度就越高。从回归系数大小看，现实层面的人文取向、权力平等价值和生活满意度的关联更为紧密。

表 14　生活满意度对社会价值观的回归分析结果

变量	第一层标准化系数β	第二层标准化系数β	第三层标准化系数β
性别	0.026*	0.020*	0.024**
年龄	-0.007	-0.007	0.013
受教育程度	0.045***	0.036***	0.028***
家庭月收入	0.059***	0.053***	0.047***
“一线”城市	-0.025*	-0.015	-0.019
“新一线”城市	-0.023	-0.025*	-0.023
“二线”城市	-0.020	-0.021	-0.021
“三线”城市	0.003	0.002	0.004
“四线”城市	-0.006	-0.005	-0.005
个体集体主义		0.156***	0.105***
个体人文取向		0.012	-0.015
个体权力平等		-0.038***	-0.059***
现实集体主义			0.095***
现实人文取向			0.170***

续表

变量	第一层标准化系数β	第二层标准化系数β	第三层标准化系数β
现实权力平等			0.187***
R^2	0.007	0.031	0.101
ΔR^2	0.007	0.024	0.070
ΔF	10.626***	112.894***	358.465***

2. 社会价值观与社会公平感

采用相同步骤，以社会公平感为因变量进行多重线性回归分析，结果如表15所示。三步回归之后的回归方程解释了社会公平感19%的变化。在控制了人口学变量的影响之后，第二步和第三步进入的个体和现实社会价值观都显著增加了回归方程的解释力，说明个体层面和社会层面的社会价值观与社会公平感有独立关联。最终的回归方程中，个体的集体主义价值观与社会公平感呈正相关，即调查对象自身越认可集体主义价值，社会公平感越高；个体权力平等价值观与社会公平感负相关，即个人越是认可权力平等价值，社会公平感越低。现实集体主义、人文取向和权力平等价值与社会公平感均正相关，表明调查对象越是在现实社会中感知到集体主义、人文关怀和权力平等的价值的流行，对社会制度、分配等公平的感知越强。从回归系数大小看，现实层面的社会价值观和社会公平感的关联更紧密。

表15　社会公平感对社会价值观的回归分析结果

变量	第一层标准化系数β	第二层标准化系数β	第三层标准化系数β
性别	0.000	-0.010	-0.008
年龄	-0.060***	-0.060***	-0.033***
受教育程度	0.031***	0.018*	0.004
家庭月收入	0.033***	0.024**	0.014
“一线”城市	-0.022	-0.007	-0.012

续表

变量	第一层标准化系数β	第二层标准化系数β	第三层标准化系数β
“新一线”城市	-0.009	-0.012	-0.010
“二线”城市	-0.004	-0.006	-0.007
“三线”城市	-0.007	-0.009	-0.006
“四线”城市	-0.016	-0.014	-0.015
个体集体主义		0.217***	0.118***
个体人文取向		0.032***	-0.002
个体权力平等		-0.034***	-0.070***
现实集体主义			0.185***
现实人文取向			0.214***
现实权力平等			0.262***
R^2	0.005	0.053	0.190
ΔR^2	0.005	0.048	0.136
ΔF	7.656***	234.237***	777.249***

3. 社会价值观与社会信任感

采用相同步骤，以社会信任感为因变量进行多重线性回归分析，结果如表16所示。三步回归之后的回归方程解释了社会信任感10%的变化。控制人口学变量的影响之后，第二步和第三步进入的个体和现实社会价值观都显著增加了回归方程的解释力，说明个体和社会层面的社会价值观与社会信任感有独立关联。最终的回归方程中，个体的集体主义和人文取向价值观与社会信任感正相关，即调查对象越认可集体主义价值，越看重人与人之间的关怀与包容，社会信任感越强；现实集体主义、人文取向和权力平等价值均与社会信任感正相关，表明如果调查对象眼中的社会是鼓励集体主义、充满人文关怀和重视权力平等的，他们就更可能认为社会上人与人之间普遍的信任程度较高。从回归系数大小看，现实层面的人文取向和权力平等价值和社会信任感的关联更紧密。

表 16　社会信任感对社会价值观的回归分析结果

变量	第一层标准化系数β	第二层标准化系数β	第三层标准化系数β
性别	-0.004	-0.009	-0.003
年龄	0.008	0.008	0.028 ***
受教育程度	0.064 ***	0.060 ***	0.050 ***
家庭月收入	0.006	0.005	0.001
"一线"城市	-0.010	-0.001	-0.004
"新一线"城市	0.000	-0.003	-0.001
"二线"城市	-0.012	-0.014	-0.012
"三线"城市	-0.014	-0.016	-0.012
"四线"城市	0.001	0.000	0.002
个体集体主义		0.067 ***	0.049 ***
个体人文取向		0.125 ***	0.053 ***
个体权力平等		-0.027 **	-0.001
现实集体主义			0.031 **
现实人文取向			0.252 ***
现实权力平等			0.105 ***
R^2	0.005	0.028	0.100
ΔR^2	0.005	0.023	0.072
ΔF	7.145 ***	109.268 ***	365.450 ***

4. 社会价值观与国家认同

采用相同步骤，以国家认同为因变量进行多重线性回归分析，结果如表 17 所示。三步回归之后的回归方程解释了国家认同 28.5% 的变化。在控制了人口学变量的影响之后，第二步和第三步进入的个体和现实社会价值观都显著增加了回归方程的解释力，说明个体和社会层面的社会价值观都与国家认同有独立关联。最终的回归方程中，个体的集体主义、人文取向和权力平等价值观都与国家认同感正相关，即"90 后"调查对象越认可集体主义、人文关怀和权力平等的价值，他们对国家的认同程度就越高；现实层面的集体主义和人文取向价值与国家认同正相关，表明调查对象越是感知到当今社会鼓励集体主义、强调人文关怀与包容，对国家的认同程度就会越高。从回归系数大小看，个体和现实层面的集体主义价值和国家认同感的关联更紧密。

表 17　国家认同对社会价值观的回归分析结果

变量	第一层标准化系数β	第二层标准化系数β	第三层标准化系数β
性别	0.052***	0.025***	0.017*
年龄	-0.055***	-0.055***	-0.058***
受教育程度	0.032***	0.006	-0.014
家庭月收入	0.041***	0.025***	0.019**
“一线”城市	-0.123***	-0.088***	-0.088***
“新一线”城市	-0.016	-0.022*	-0.027**
“二线”城市	-0.017	-0.022*	-0.029**
“三线”城市	-0.023	-0.025*	-0.028**
“四线”城市	0.005	0.006	0.004
个体集体主义		0.384***	0.233***
个体人文取向		0.177***	0.139***
个体权力平等		0.034***	0.030***
现实集体主义			0.279***
现实人文取向			0.027***
现实权力平等			0.008
R^2	0.020	0.234	0.285
ΔR^2	0.020	0.214	0.051
ΔF	31.571***	1283.903***	326.037***

5. 社会价值观与社会参与意愿

采用相同步骤，分别以亲社会行为参与意愿和政治参与意愿为因变量进行多重线性回归分析，结果如表 18 和表 19 所示。三步回归之后的回归方程分别解释了亲社会行为和政治参与意愿 15.6% 和

11.5%的变化。在控制了人口学变量的影响之后，第二步和第三步进入的个体和现实社会价值观都显著增加了两个回归方程的解释力，说明这两个层面的社会价值观与亲社会行为和政治参与意愿都有独立关联。

对亲社会行为参与意愿来说，最终的回归方程中，个体的集体主义、人文取向和权力平等价值观都与亲社会行为参与意愿正相关，即“90后”调查对象越认可集体主义、人与人之间关怀包容和社会权力平等分布的价值，亲社会行为参与意愿越强；现实集体主义、人文取向和权力平等价值与亲社会行为参与意愿均正相关，表明调查对象越是认为现实社会中重视集体主义、人文关怀和权力平等的价值，就越愿意参与捐款、志愿服务和帮助他人等亲社会行为。从回归系数大小看，现实层面的集体主义与亲社会行为参与意愿的关联更紧密。

对政治参与意愿来说，最终的回归方程中，个体的集体主义、人文取向和权力平等价值观都与政治参与意愿正相关，即“90后”调查对象越是持有集体主义、人文取向和权力平等的价值观，越愿意进行政治参与；现实集体主义、人文取向和权力平等价值也与政治参与意愿正相关，表明调查对象越是相信社会中实际流行的是集体主义、人文关怀和权力平等的价值，就越愿意在网上参与社会问题的讨论，向政府机构或媒体反映意见、举报腐败问题。从回归系数大小看，个体和现实层面的集体主义和政治参与意愿的关联更紧密。

表18　亲社会行为参与意愿对社会价值观的回归分析结果

变量	第一层标准化系数β	第二层标准化系数β	第三层标准化系数β
性别	0.078***	0.057***	0.052***
年龄	-0.014	-0.014	-0.012
受教育程度	0.087***	0.069***	0.055***
家庭月收入	0.023**	0.013	0.008
“一线”城市	-0.111***	-0.086***	-0.087***

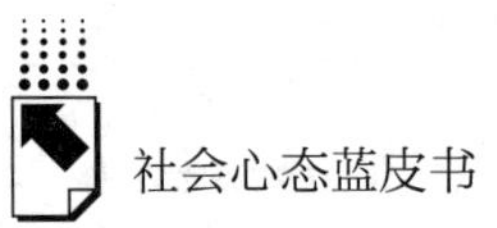

续表

变量	第一层标准化系数β	第二层标准化系数β	第三层标准化系数β
“新一线”城市	-0.019	-0.024*	-0.026*
“二线”城市	-0.014	-0.016	-0.021
“三线”城市	-0.020	-0.022	-0.023
“四线”城市	-0.018	-0.017	-0.019
个体集体主义		0.243***	0.134***
个体人文取向		0.142***	0.115***
个体权力平等		0.060***	0.052***
现实集体主义			0.201***
现实人文取向			0.043***
现实权力平等			0.040***
R^2	0.023	0.127	0.156
ΔR^2	0.023	0.104	0.029
ΔF	36.190***	548.162***	158.182***

表 19　政治参与意愿对社会价值观的回归分析结果

变量	第一层标准化系数β	第二层标准化系数β	第三层标准化系数β
性别	-0.059***	-0.078***	-0.081***
年龄	-0.021*	-0.020*	-0.017
受教育程度	0.027**	0.010	-0.002
家庭月收入	0.020	0.009	0.005
“一线”城市	-0.096***	-0.075***	-0.076***
“新一线”城市	-0.039***	-0.043***	-0.044***
“二线”城市	-0.023	-0.026*	-0.029**
“三线”城市	-0.024	-0.025*	-0.026*
“四线”城市	-0.019	-0.018	-0.020
个体集体主义		0.226***	0.138***
个体人文取向		0.105***	0.077***
个体权力平等		0.059***	0.054***
现实集体主义			0.162***
现实人文取向			0.060***

续表

变量	第一层标准化系数β	第二层标准化系数β	第三层标准化系数β
现实权力平等			0.048 ***
R^2	0.012	0.093	0.115
ΔR^2	0.012	0.081	0.023
ΔF	18.932 ***	412.615 ***	116.870 ***

四　讨论和结论

本研究针对"90后"青年的社会价值观，从个体和现实两个层面进行了分析。个体层面的社会价值观是"90后"青年对于社会所应倡导的价值的认识，现实层面的价值观则是"90后"青年对于当今社会实际推崇的价值取向的感知。研究分析了两个层面价值观之间的关联，又比较了不同层面的社会价值观对"90后"青年的社会心态的影响，得到了以下两方面的发现。

（一）"90后"青年的社会价值观：理想的社会与现实的社会

本研究关注的价值信念包括集体主义、人文取向和权力平等。结果发现，"90后"青年自身所持有的社会价值观和他们眼中的社会现实价值取向之间有关联，但更多的是存在差异，尤其是对于人文取向和权力平等两种价值。具体而言，所调查的"90后"青年都普遍持有集体主义的社会价值观，认为社会应当在制度上鼓励集体分配资源和集体活动，人们应为组织或家庭而自豪；而他们眼中现实社会的集体主义程度也比较高。本研究中所调查的"90后"青年还都认可人文取向和权力平等这样的社会价值，认为社会应鼓励人们待人友好、宽容，权力应平等分布，不应集中于上层，不应存在特权阶级。但是，在这些"90后"青年的眼中，当今社会却是人与人之间缺乏宽容、体谅和关心，权力分布不平等。也就是说，他们感知到的现实社会价值取向与他们心中理想的社会价值之间还有距离。

（二）“90后”青年不同层面的社会价值与社会心态

本研究中，无论是“90 后”青年自身持有的个体社会价值观还是他们感知到的现实社会价值观，都与生活满意度、社会公平感、社会信任感、国家认同、亲社会行为参与意愿和政治参与意愿关系紧密，并且不同层面社会价值的作用强度也不相同。个体和现实集体主义都能增强人们的生活满意度、提高社会公平感和社会信任感、增加国家认同感、提升亲社会行为参与和政治参与的意愿，而现实层面的集体主义作用力度略强，两个层面的集体主义对国家认同的影响都比较大。人文取向的价值可以增强生活满意度、社会公平感、社会信任感，增加国家认同感，提升亲社会和政治行为的参与意愿，这些作用主要体现在现实人文取向之上；个体人文取向价值只有在作用于国家认同时效果较强。个体的权力平等价值取向一定程度上减弱了青年的生活满意度和社会公平感，但是现实社会的权力平等可以增强生活满意度和社会公平感，可能的原因是个体自身重视权力平等，但社会现状又未达到理想状态，因而可能对社会心态产生消极影响；现实层面的权力平等价值还可以提升一般社会信任，增强社会参与意愿，但与国家认同关系不大，而个体层面的权力平等价值观可以增加青年的国家认同感。

上述结果表明，所调查的“90 后”青年个人普遍持有正向、积极的社会价值观，重视集体主义、人文关怀和权力平等，但他们对社会现状的感知相对消极，认为社会的人文价值取向一般，权力不平等。个体的社会价值和现实社会价值对于社会心态基本都具有积极的影响，但多表现为现实层面的社会价值观影响力度更强，范围更广。这一结果显示，对于“90 后”青年来说，培育其个人积极的社会价值观是一方面，另一方面还要关注其对社会现状的感知，并且在现状感知与青年理想价值观存在差异的时候，给予积极引导，让正向的社会价值观能充分发挥积极的作用。

参考文献

高文珺:《“应然”与“实然”：社会文化价值特点与影响》,《学术交流》2015 年第 7 期。

杨宜音:《社会心理领域的价值观研究述要》，《中国社会科学》1998 年第 2 期。

杨中芳：《中国人真的是集体主义的吗？——试论中国文化的价值体系》，载杨国枢主编《中国人的价值观——社会科学观点》，桂冠图书公司，1994。

周晓虹:《从青年入手重塑中国人的价值观——〈中长期青年发展规划（2016～2025 年）〉的精神启示》,《中国青年研究》2018 第 3 期。

Diener, E., Emmons, R. A., Larsen, R. J., & Griffin, S. "The satisfaction with life scale", *Journal of Personality Assessment* 49 (1985): 71-75.

House, R. J., Javidan, M., Gupta, V., Dorfman, P. W., & Hanges, P. J. (eds.). *Culture, leadership, and organizations: The GLOBE study of 62 societies*. Thousand Oaks, CA: Sage Publications, 2004.

Wan, C., & Chiu, C. "Culture as intersubjective representations of values", In: A. K.-. Leung, C. Chiu & Y. Hong (eds.) *Cultural processes: A social psychological perspective* (pp. 40-64). New York, NY, US: Cambridge University Press, 2011.

Zou, X., Tam, K., Morris, M. W., Lee, S., Lau, I. Y., & Chiu, C. "Culture as common sense: Perceived consensus versus personal beliefs as mechanisms of cultural influence", *Journal of Personality and Social Psychology* 97 (2009): 579-597.

B.8 后物质主义价值观及对国家认同与社会参与的影响*

李　原**

摘　要： 物质主义价值观强调经济发展和安全保障的重要性，而后物质主义价值观在价值优先排序上更看重自主表达、民主参与以及人性化的社会等内容。调查发现，①受访者的后物质主义价值观得分均值为2.08±1.12。六成以上受访者为偏物质主义价值取向；1/3以上受访者为偏后物质主义取向，其中1/10的受访者属于后物质主义类型。②在国家发展目标的选择上，受访者认为重点依然是发展经济、维持秩序等物质主义目标。不过，建设人性化的社会、政府决策中的话语权等后物质主义目标逐渐受到民众的重视。③“90后”群体受访者的后物质主义价值观更高；“新一线”城市受访者的后物质主义价值观更高；职业层级越高、个人收入越高、教育程度越高、主观社会阶层评价越高的个体，倾向于秉持后物质主义价值观。④后物质主义价值观对国家认同有弱化作用，对社会救助行为和对社会问题干预有强化作用。

* 本报告受国家社会科学基金项目“物质主义的结构及民众物质主义现状调查”（项目批准号：11BSH042）资助。

** 李原，中国社会科学院社会学研究所，博士，副研究员，中国社会科学院社会学研究所社会心理学研究室副主任，研究方向为价值观与道德判断、工作家庭平衡、精神健康服务。

关键词： 后物质主义价值观　国家认同　社会参与

一　引言

1977 年，英格尔哈特在其出版的《寂静的革命》一书中提出了后物质主义的概念。他发现，在西方发达工业社会中，民众价值观正在发生重大调整，即从物质主义向后物质主义转型（英格尔哈特，2013a）。英格尔哈特的后物质主义理论中包含两个重要维度：一个是"传统权威"（Traditional Authority）与"世俗—理性权威"（Secular-Traditional Authority）的现代化维度，该维度的一端强调服从传统权威的重要性，另一端强调礼治与法治权威的重要性；另一个是"生存"（Survival）与"自我表达"（Self-Expression）的后现代化维度，该维度的一端追求经济发展和安全保障（称为物质主义价值观），另一端追求自主表达、参与决策、人性化的社会等价值（称为后物质主义价值观）（李原，李朝霞，2013）。

英格尔哈特和韦尔泽在《现代化文化变迁和民主：人类发展时序》一书中提出，根据价值观的变迁可以把现代化分为两个阶段：第一阶段与工业化进程相伴随，表现为传统权威向世俗理性权威的转变；第二阶段与工业化的持续深化密切相关，表现为从生存向自我表达的后现代维度的转变。生存价值观（即物质主义价值观）强调一个国家或社会要着力发展经济、提供物质富足、保障人身安全。第二次世界大战之后，随着西方社会从工业化阶段进入到后工业化阶段，大部分人的物质需求得到充分满足，人们把能生存下来并且过着舒适的生活视为理所当然。在这样的经济基础上，也催生了新的价值体系，发展出后物质主义价值观，在价值的优先排序上更看重言论自由、民主参与，对不同价值观（离婚、堕胎、安乐死、同性恋等问题）秉持更包容的态度（Ingehart & Welzel，2005；Ingelhart，2008）。

后物质主义价值观的影响包括方方面面：在经济发展方面，它促使民众更多考虑生活质量和财富分配的公平性；在自我表达方面，它促使民众更加重视个人自由，强调个人权益；在尊崇权威方面，整个社会的权威主义影响力大幅下降，反权威主义正在成为西方社会一种普遍的价值取向，也导致了西欧民众中爱国主义和民族主义的衰落（英格尔哈特，2013b）。

中国改革开放40年来，国家发展取得的成就令世人赞叹。随着中国经济的快速发展，民众生活水平获得了极大提高。在这样的经济基础上，中国民众的价值观发生了怎样的变迁，后物质主义是否出现，存在什么样的特点？这些问题是本文关注的焦点。

二 研究假设

根据后物质主义理论，时代的经济繁荣，社会和地区的经济发展良好，都可能促进后物质主义价值观的形成。在贫穷的社会中，强调生存的物质主义价值观在民众中分布最广；在更富裕、更安全的社会中，后物质主义价值观在民众中分布最广。中国改革开放40年来，经济一直处于稳步发展之中，民众生活水平不断提高，由此，我们假设：

假设1.1 在代际上越年轻的群体，后物质主义价值观更高；

假设1.2 所处地区的经济发展越高，个体的后物质主义价值观更高。

根据后物质主义理论，个人的社会经济地位会影响后物质主义价值观的形成和发展，受教育程度高、更富有的个体，更容易接纳后物质主义价值观。我们这里用个人收入、职业层级、教育程度作为客观社会经济地位的指标，探讨它们对后物质主义价值观的影响。

在职业方面，本研究参照李春玲、刘海洋（2018）的分类，将职业划分为三个层级：基础职业层级（包括商业、服务业人员，产业工人，农业劳动者和城乡无业、失业、半失业者），中间职业层级（包括专业技术人员，办事人员，自由职业者），优势职业层级（包括国家机关、党群组织、企事业单位负责人）。

除了职业层级、教育程度、收入水平这些客观经济地位指标，人们对自己所属的社会阶层是否有相应的心理预期和认同，也可能影响个体价值观的形成。主观社会阶层（Subjective Social Status，SSS）指的是一种阶层认同，即个人对自己在社会阶层结构中所占据位置的感知（张海东，杨成晨，2017）。客观社会经济地位与主观社会阶层之间关系紧密，但也存在一定差异。有研究指出，社会经济地位会影响当前主观社会阶层的感知，但对阶层预期影响较小（高文珺，2017）。

由此，我们假设：

假设 2.1　收入水平越高的个体，后物质主义价值观越高；

假设 2.2　职业阶层越高的个体，后物质主义价值观越高；

假设 2.3　受教育程度越高的个体，后物质主义价值观越高；

假设 2.4　主观社会阶层越高的个体，后物质主义价值观越高。

有关后物质主义价值观的影响方面，本文主要探讨它对国家认同以及社会参与行为（包括社会救助行为和社会问题干预）的影响，我们假设：

假设 3.1　后物质主义价值观对国家认同有弱化作用；

假设 3.2　后物质主义价值观对社会救助行为有强化作用；

假设 3.3　后物质主义价值观对社会问题干预有强化作用。

三 研究方法

（一）数据来源

本研究数据来源于 2017 年社会心态调查。社会心态调查（CASS-Intellvision Social Mentality Survey 2017）由中国社会科学院社会学研究所社会心理学研究中心编制，于 2016 年 8 月到 2017 年 4 月，通过智媒云图研发的问卷调研 App“问卷宝”，向在线样本库的全国用户（共约 110 万人，覆盖全国 346 个地级城市）推送问卷，随后依靠用户分享问卷的方式来进行滚雪球式发放。问卷收回后，利用测谎题、答题完成情况等对问卷进行筛选。调查最初共收回全部作答问卷 24364 份，筛选后最终得到有效成人问卷 22154 份，问卷有效率为 90.9%。由于本研究中对相关变量的特殊要求，我们没有包括学生身份的被试。本研究中有效样本共计 16667 人。

（二）测量工具

1. 后物质主义价值观的测量

后物质主义价值观的测量，采用世界价值观调查中的后物质主义问卷（英格尔哈特，2013a）。该测量的指导语如下：“这些天来，人们对这个国家今后十年的目标应该是什么有很多讨论。在这张单子上面有一些被不同的人定为首要目标的项目。请告诉我们，你认为哪一项是最重要的？哪一项是第二重要的？”请受访者在 12 个项目清单上选择他们“心目中最重要的目标是什么”。其中 6 项为物质主义特点的目标，5 项为后物质主义特点的目标。后物质主义价值观的分值介于 0 ~5 之间，取决于 5 项后物质主义目标中有多少项作为首选或次选的目标。其中 0 分代表绝对物质主义，即所有优先选项都是物质主义特点的目标；5 分代表着绝对后物质主义，即所有的选项都是后物质主义特点的目标。

2. 主观社会阶层测量

采用国内外研究中通常的阶梯量表，给受访者呈现标注了 1 ~ 10 十个数字的阶梯图形，1 代表处于社会的最底层，10 代表处于社会的最顶层，让他们报告自己目前处于哪个等级（高文珺，2017）。本文在原始数据的基础上，进一步将主观社会阶层概括为五级：下层（得分为 1 ~ 2 分）、中下层（得分为 3 ~ 4 分）、中层（得分为 5 ~ 6 分）、中上层（得分为 7 ~ 8 分）和上层（得分为 9 ~ 10 分）。

3. 国家认同测量

国家认同测量为社会心态项目组自编问卷，测量受访者对国家的依恋感和情感投入。杨宜音、高文珺的研究（2015）曾使用 5 题版的国家认同量表，信效度较高。本次调查使用其中因子载荷较高的 4 题。典型题目包括“当别人批评中国人的时候，我觉得像在批评自己”“我经常为国家取得的成就而自豪”“不管中国发生什么事情，即使有机会离开，我也会留在中国”。采用 7 点计分（1 表示对此观点“完全不同意”，7 表示“完全同意”），维度总分越高代表该倾向越强。数据分析表明，4 个题目构成国家认同的单维结构，KMO 值是 0.77，可以解释 67.07% 的变异量，问卷的内部一致性系数为0.84。

4. 社会救助行为测量

社会救助行为测量的是个体从事义工、帮助弱势群体等社会救助行为的程度，为社会心态项目组自编问卷，共计 3 题。典型题目包括“过去一年里，你是否为帮助受困受灾的人捐款捐物?”“过去一年里，你是否参与过志愿者服务活动?”采用 7 点计分（1 表示“从来没有”，7 表示“总是”），分数越高代表社会救助行为的频率越高。数据分析表明，3 个题目构成社会救助行为的单维结构，

KMO 值是 0. 66，可以解释 65. 85% 的变异量，问卷的内部一致性系数为0. 74。

5. 社会问题干预测量

社会问题干预测量个体对于身边社会问题付诸行动加以干预的程度，为社会心态项目组自编问卷，共计 3 题。典型题目包括“过去一年里，你是否在网上参与了社会问题的讨论?”“过去一年里，你是否向政府机构、媒体等反映过意见?”采用 7 点计分（1 表示“从来没有”，7 表示“总是”），分数越高代表对社会问题进行干预的频率更高。数据分析表明，3 个题目构成社会问题干预的单维结构，KMO 值是 0. 66，可以解释 70. 64% 的变异量，问卷的内部一致性系数为 0. 79。

表 1　变量的基本特征描述

变量名称		均值	标准差	说明
后物质主义价值观		2. 08	1. 12	最小值 1 分，最大值 5 分，分数越高，后物质主义价值观越高
国家认同		5. 31	1. 22	最小值 1 分，最大值 7 分，分数越高，国家认同感越强
社会救助行为		3. 28	1. 19	最小值 1 分，最大值 7 分，分数越高，社会救助行为的频率越高
社会问题干预		2. 81	1. 33	最小值 1 分，最大值 7 分，分数越高，对社会问题进行干预的频率越高
性别		0. 54	0. 50	女 =0，男 =1
代际	“90 后”	0. 48	0. 50	非“90 后” =0，“90 后” =1
	“80 后”	0. 38	0. 49	非“80 后” =0，“80 后” =1
	“70 后”	0. 10	0. 30	非“70 后” =0，“70 后” =1
	“70 前”	0. 04	0. 20	非“70 前” =0，“70 前” =1

续表

变量名称		均值	标准差	说明
城市发展水平	“一线”城市	0.16	0.36	非“一线”城市 =0,“一线”城市 =1
	“新一线”城市	0.18	0.38	非“新一线”城市 =0,“新一线”城市 =1
	“二线”城市	0.17	0.38	非“二线”城市 =0,“二线”城市 =1
	“三线”城市	0.19	0.40	非“三线”城市 =0,“三线”城市 =1
	“四线”及以下	0.19	0.40	非“四线”城市 =0,“四线”及以下城市 =1
城镇户口		0.45	0.50	农村户口 =0,城镇户口 =1
职业层级		1.65	0.57	基础层级 =1,中间层级 =2,优势层级 =3
收入水平		3.00	1.07	低收入 =1,中低收入 =2,中等收入 =3,中高收入 =4,高收入 =5
教育程度		2.51	0.78	初中及以下 =1,高中 =2,大专本科 =3,研究生及以上 =4
主观社会阶层		2.54	0.89	最小值 1 分,最大值 5 分,分数越高,主观社会阶层越高。

四 结果分析

(一)后物质主义价值观的总体特点

后物质主义价值观测量的是，在国家发展目标上民众把后物质主义特点的目标（自主表达、平等话语权、人性化的社会等等）排列为优先选择的程度。总体来说，本次调查受访者后物质主义价值观的均数为2.08，标准差为1.12。具体的得分如表2所示。

表2 后物质主义价值观得分

后物质主义得分	0	1	2	3	4	5
人数(比例)	1340 (8%)	3741 (22.4%)	5751 (34.5%)	4102 (24.6%)	1467 (8.8%)	266 (1.6%)

参照英格尔哈特的研究（2013），本文根据后物质主义得分划分出四种类型：后物质主义类型（后物质主义得分≥4）；混合型（偏后物质主义）（后物质主义得分=3）；混合型（偏物质主义）（后物质主义得分=2）；物质主义类型（后物质主义得分≤1）。物质主义类型和混合型（偏物质主义），又统称为偏物质主义取向；后物质主义类型和混合型（偏后物质主义），又统称为偏后物质主义取向。

表3　后物质主义的四种类型

类型		个案	均分	百分比
偏物质主义取向	物质主义类型	5081	0.74	30.5
	混合型(偏物质主义)	5751	2.00	34.5
偏后物质主义取向	混合型(偏后物质主义)	4102	3.00	24.6
	后物质类型	1733	4.15	10.4

可见，受访者偏物质主义取向占据六成以上比例（物质主义类型与偏物质主义混合类型占全部样本的65.0%），偏后物质主义取向占据35%（后物质主义类型与偏后物质主义混合型），其中属于后物质主义类型的仅占10.4%。另外，英格尔哈特还使用了一个比差指数，即人群中后物质主义所占比例减去物质主义所占比例，来衡量社会或群体的后物质主义程度。就本次调查结果而言，后物质主义比例与物质主义比例之间的差距（比差指数）为-20.1。

进一步分析后物质主义测量中提供的国家发展目标的优先选择状况可以看到，在国家未来十年发展的优先选择上，受访者首选的前四个目标全部是物质主义特点的发展目标：E维护国家秩序（13581，61.3%），I稳定经济（9841，44.4%），B强大国防（9208，41.6%），A经济增长（6910，31.2%）；首选排位第五和第六的是两个后物质主义特点的目标：J建设人情与人性的社会，F政府决策中的话语权。这说明，此次调查受访者认为国家的重点依然主要是发展经济、维持秩序的物质主义目标。不过，建设人性化的社会、政府决策中的话语权等后物质主义目标也逐渐受到重视。

表 4　国家未来发展目标的优先选择比例

项目	首选（人数/比例%）	次选（人数/比例%）	未选（人数/比例%）
物质主义目标			
A 经济增长	6910(31.2)	7514(33.9)	7730(34.9)
B 强大国防	9208(41.6)	5994(27.1)	6951(31.4)
E 维护国家秩序	13581(61.3)	4132(18.7)	4441(20.0)
G 打击物价上涨	2895(13.0)	5320(24.0)	13939(62.9)
I 稳定经济	9841(44.4)	5823(26.3)	6489(29.3)
L 打击犯罪	3926(17.7)	4984(22.5)	13244(59.8)
后物质主义目标			
C 工作与社区中的话语权	3564(16.1)	4933(22.3)	13656(61.6)
F 政府决策中的话语权	4750(21.4)	9342(42.2)	8062(36.4)
H 保护言论自由	927(4.2)	3360(15.2)	17866(80.6)
J 人情与人性的社会	6140(27.7)	6250(28.2)	9763(44.1)
K 理念比财富重要的社会	2247(10.1)	5097(23.0)	14810(66.9)

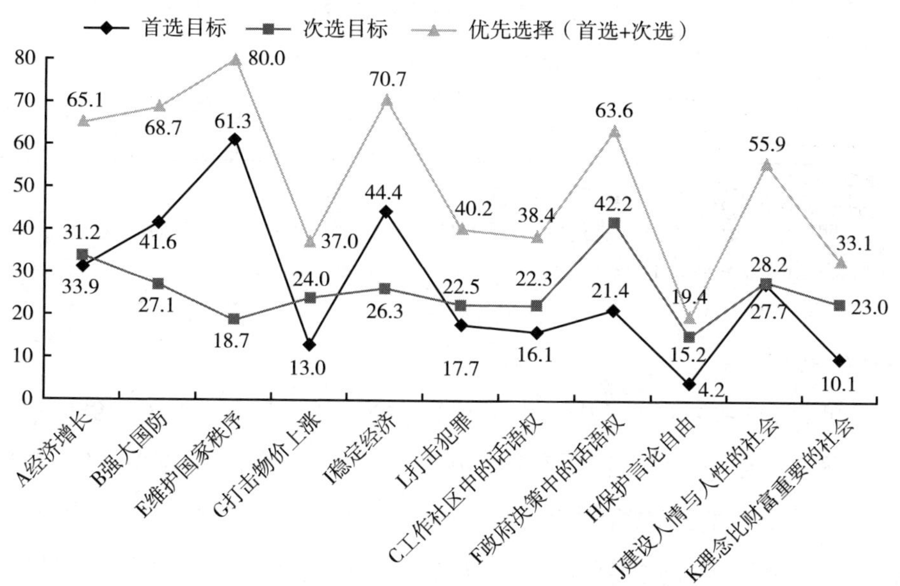

图 1　国家未来发展目标的优先选择比例

（二）后物质主义价值观的人口学特征

下面从性别、代际、所在城市发展水平、职业层级、收入水平、教育程度、主观社会阶层等方面考察后物质主义的特点。我们展示了平均数和标准差、各变量在后物质主义四种类型上的分布以及不同群体的比差指数。

1. 性别

结果表明，男性的后物质主义价值观总体上高于女性（见表5）。比差指数（后物质主义比例—物质主义比例）为：男性 -17.5，女性 -23.3（见图2）。

表5　不同性别的后物质主义得分

性别	人数	均数	标准差	物质主义	混合型（偏物）	混合型（偏后）	后物质主义	比差指数
女	7596	2.02	1.12	2473（32.6%）	2607（34.3%）	1810（23.8%）	706（9.3%）	-23.3
男	9071	2.14	1.14	2608（28.8%）	3144（34.7%）	2292（25.3%）	1027（11.3%）	-17.5
T	6.78***							

注：$^{*}p<0.05$，$^{**}p<0.01$，$^{***}p<0.001$，下同。

说明：混合型（偏物）是指混合型（偏物质主义），混合型（偏后）是指混合型（偏后物质主义），本文下同。

2. 代际

我们把1990年之后出生的群体简称为“90后”，1980~1989年出生的群体简称为“80后”，1970~1979年出生的群体简称为“70后”，1970年前出生的群体简称为“70前”。结果表明，“90后”群体的后物质主义价值观分数明显高于“80后”和“70后”，其他代际群体之间无显著差异（见表6）。进一步对四种类型进行分析，在代际群体之

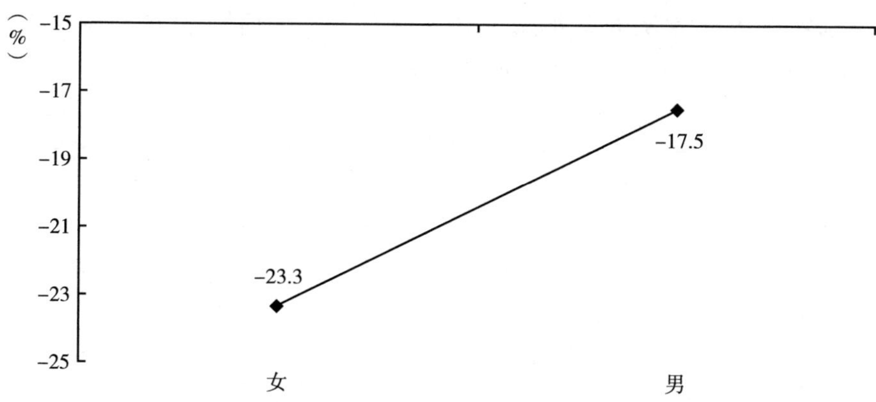

图 2　不同性别的比差指数（后物质主义比例 - 物质主义比例）

间，后物质主义类型的人数比例差异不明显，但物质主义类型的人数比例差异显著。尤其是“90 后”群体，尽管后物质主义类型的人数比例变化不明显，但物质主义类型明显减少，混合类型明显增加。

表 6　不同代际的后物质主义得分

代际	人数	均数	标准差	物质主义	混合型（偏物）	混合型（偏后）	后物质主义	比差指数
“90 后”	7939	2. 12	1. 09	2230（28. 1%）	2839（35. 8%）	2065（26. 0%）	805（10. 1%）	- 18. 0
“80 后”	6413	2. 05	1. 15	2073（32. 3%）	2158（33. 7%）	1514（23. 6%）	668（10. 4%）	- 21. 8
“70 后”	1650	2. 06	1. 22	568（34. 4%）	523（31. 7%）	365（22. 1%）	194（11. 8%）	- 22. 6
“70 前”	665	2. 04	1. 13	210（31. 6%）	231（34. 7%）	158（23. 8%）	66（9. 9%）	- 21. 7
F 值	5. 44***							

虽然物质主义类型的人群依然占据多数，但比差指数的变化也可以看到后物质主义价值观在代际之间的变化状况：“90 后”群体后物质

主义与物质主义比例的差距减少到-18.0，“80后”的差距为-21.8，“70后”和“70前”的差距分别是-22.6和-21.7（见图3）。

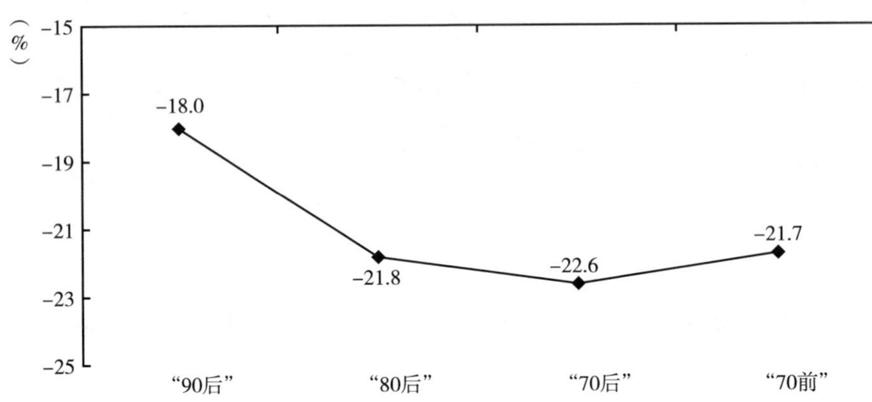

图3 不同代际的比差指数（后物质主义比例-物质主义比例）

3. 所在城市发展水平

根据《第一财经》的城市划分标准，将城市划分为“一线”城市、“新一线”城市、“二线”城市、“三线”城市、“四线”及以下城市。结果表明，“新一线”城市的后物质主义价值观得分最高，令人意外的是，“一线”城市的后物质主义得分最低。其中“一线”与“新一线”城市的差异显著性达到0.01水平，其他群体之间差异不显著（见表7）。从比差指数上可以看到，“新一线”城市的差距最小，为-18.8；“一线”城市的差距最大，为-21.2（见图4）。

表7 不同城市发展水平的后物质主义分布

城市发展水平	人数	均值	标准差	物质主义	混合型（偏物）	混合型（偏后）	后物质主义	比差指数
“一线”城市	2617	2.04	1.19	842（32.2%）	878（33.5%）	608（23.2%）	289（11.0%）	-21.2
“新一线”城市	2968	2.12	1.15	893（30.1%）	976（32.9%）	764（25.7%）	335（11.3%）	-18.8

续表

城市发展水平	人数	均值	标准差	物质主义	混合型（偏物）	混合型（偏后）	后物质主义	比差指数
“二线”城市	2895	2. 09	1. 13	898 (31. 0%)	1005 (34. 7%)	680 (23. 5%)	312 (10. 8%)	-20. 2
“三线”城市	3234	2. 09	1. 10	947 (29. 3%)	1164 (36. 0%)	824 (25. 5%)	299 (9. 2%)	-20. 1
“四线”及以下	4953	2. 08	1. 11	1501 (30. 3%)	1728 (34. 9%)	1226 (24. 8%)	498 (10. 1%)	-20. 2
F 值	1. 83							

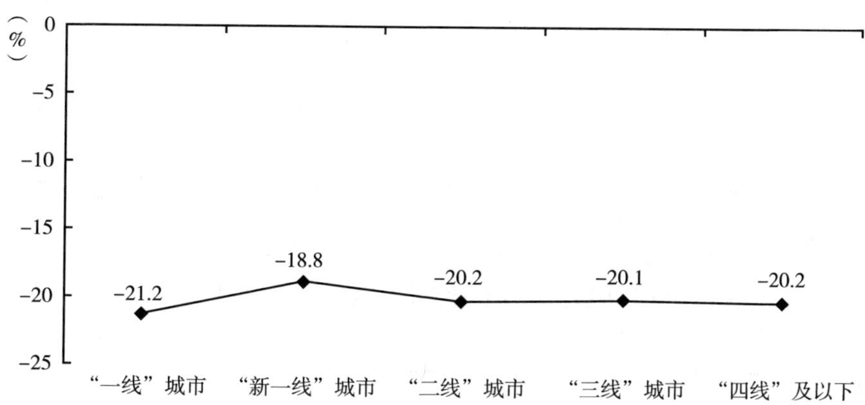

图 4 不同城市发展水平的比差指数（后物质主义比例 - 物质主义比例）

4. 教育程度

在教育程度上，除了初中及以下与高中学历的群体之间无显著差异外，其他群体之间的差异均达到 0. 01 显著水平。明显趋势是：研究生及以上学历者的后物质主义价值观得分最高，其次是高中学历，再次是初中及以下学历（见表 8）。另外，不同教育程度在后物质主义类型上差异不大，但转变发生在混合型（偏后物质主义）上，接受高等教育（本科生和研究生）的个体，此类型的比例明显高于未受高等教育（高中及以下）的个体；在物质主义类型中，随着学历升高该类型的人数比例在不断降低。

表 8　不同教育程度的后物质主义分布

教育程度	人数	均值	标准差	物质主义者	混合型（偏物）	混合型（偏后）	后物质主义	比差指数
初中及以下	2124	2. 03	1. 11	677（31. 9%）	737（34. 7%）	525（24. 7%）	185（8. 7%）	-23. 2
高中	4841	2. 04	1. 09	1494（35. 9%）	1738（35. 9%）	1185（24. 5%）	424（8. 8%）	-27. 1
大学	8840	2. 10	1. 16	2704（30. 6%）	2965（33. 5%）	2965（33. 5%）	1011（11. 4%）	-19. 2
研究生及以上	862	2. 27	1. 13	206（23. 9%）	311（36. 1%）	311（36. 1%）	113（13. 1%）	-10. 8
F 值	12. 36***							

比差指数也显示，高中、初中及以下群体的后物质主义与物质主义比例的差距都较大，但从高中学历开始，随着学历的升高比差指数不断下降，研究生及以上学历的比差指数仅为 -10. 8。

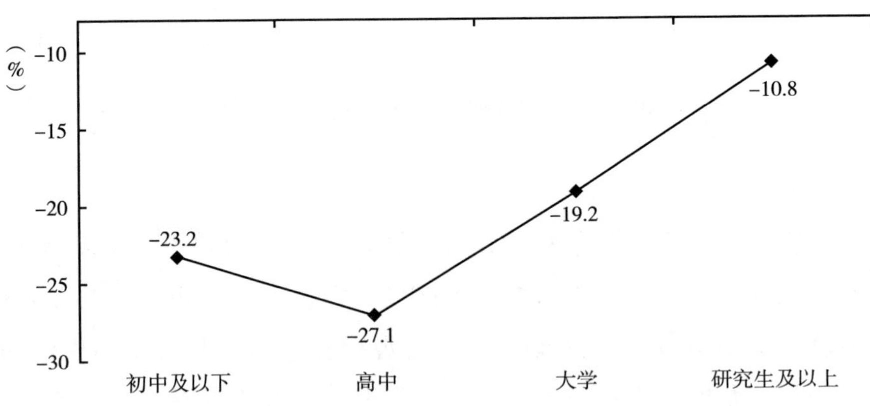

图 5　不同教育程度的比差指数

5. 收入水平

在收入方面，我们把月收入在 1000 元以下（含 1000 元）的个体划分为低收入，1001～3000元为中低收入，3001～5000元为中等收入，5001～10000元为中高收入，10000元以上为高收入。总体趋势表现为，较高收入群体（中高和高收入）的后物质主义得分显著高于较低收入群体（中等、中低和低收入）（见表9）。在物质主义类型中，低收入与中低收入人群占有更高比例，而高收入与中高收入占有更低比例；后物质主义类型中分布趋势正好相反。两种混合类型中，不同收入水平的分布状况差异不大。从比差指数上也可看到，随着收入的提高，差距（后物质主义占比－物质主义占比）正在缩小（见图6）。

表9　不同收入水平的后物质主义分布

收入水平	人数	均值	标准差	物质主义	混合型（偏物）	混合型（偏后）	后物质主义	比差指数
低收入	1238	2.04	1.10	399（32.2%）	423（34.2%）	305（24.6%）	111（9.0%）	－23.2
中低收入	4386	2.01	1.11	1410（32.1%）	1545（35.2%）	1056（24.1%）	375（8.5%）	－23.6
中等收入	5512	2.08	1.13	1693（30.7%）	1895（34.4%）	1362（24.7%）	562（10.2%）	－20.5
中高收入	4142	2.16	1.17	1179（28.5%）	1399（33.8%）	1040（25.1%）	524（12.7%）	－15.8
高收入	1389	2.15	1.14	400（28.8%）	489（35.2%）	339（24.4%）	161（11.6%）	－17.2
F值	10.67***							

6. 职业层级

结果表明，优势职业的后物质主义得分明显较高，中间职业与基础职业之间差异不显著（见表10）。优势职业的物质主义类型所占比例明显低，混合类型所占比例明显高。但在后物质主义类型中，优势职业与其

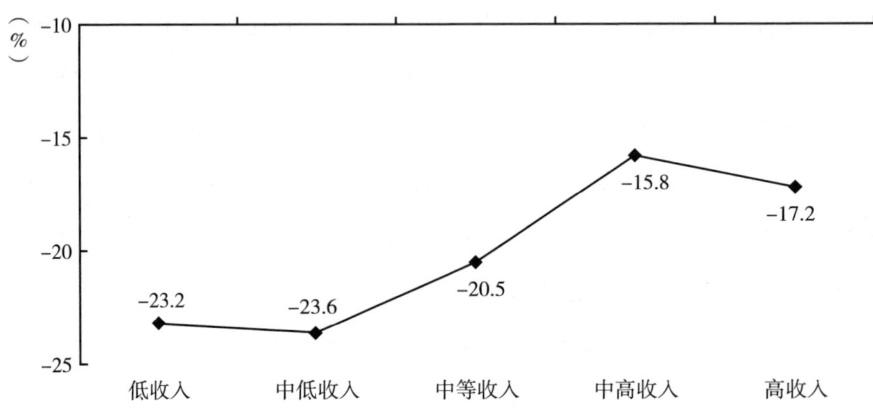

图 6　不同收入水平的比差指数

他职业并无显著差异。从比差指数上明显看到，随着职业层级的提高，后物质主义与物质主义之间的人数比例差距不断缩小（见图 7）。

表 10　不同职业层级的后物质主义分布

职业层级	人数	均值	标准差	物质主义者	混合型（偏物）	混合型（偏后）	后物质主义	比差指数
基础职业	6261	2. 06	1. 13	1985（31. 7%）	2118（33. 8%）	1530（24. 4%）	628（10. 0%）	-21. 7
中间职业	8745	2. 10	1. 14	2616（29. 9%）	3048（34. 9%）	2139（24. 5%）	942（10. 8%）	-19. 1
优势职业	750	2. 22	1. 04	177（23. 6%）	280（37. 3%）	216（28. 8%）	77（10. 3%）	-13. 3
F 值	7. 22***							

7. 主观社会阶层

结果表明，中上和上层的后物质主义价值观得分最高，中下和中层的后物质主义价值观得分最低，下层得分稍高。后物质主义类型中，不同主观社会阶层所占比例差异很小；混合型（偏后物质主义）和混合型（偏物质主义）都随着主观社会阶层的提高而比例增加；

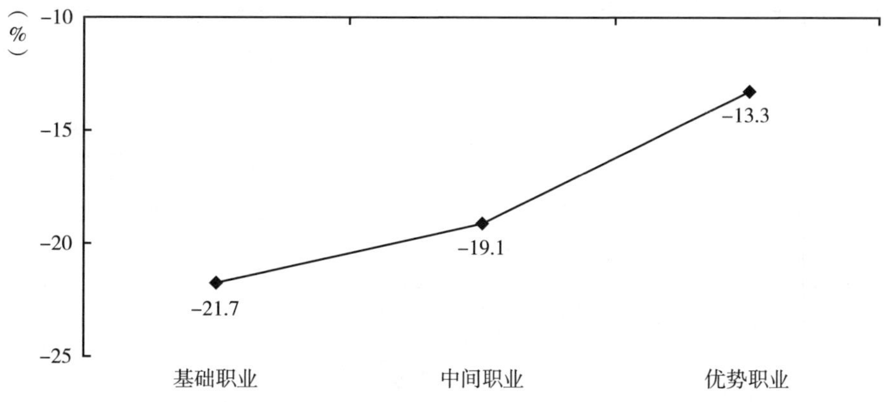

图7　不同职业层级的比差指数

随着主观社会阶层的提高，物质主义类型中所占比例不断降低。比差指数可以明显看到这样的趋势，随着主观社会阶层的提高，后物质主义所占比例与物质主义所占比例的差距正在不断缩小。其中，主观社会阶层为上层的比差指数仅为 -10.4（见图8）。

表11　不同主观社会阶层的后物质主义分布

主观社会阶层	人数	均值	标准差	物质主义者	混合型（偏物）	混合型（偏后）	后物质主义	比差指数
下层	1995	2.13	1.15	593（29.7%）	663（33.2%）	523（26.2%）	216（10.8%）	-18.9
中下	5875	2.02	1.16	1985（33.8%）	1931（32.9%）	1353（23.0%）	606（10.3%）	-23.5
中层	6958	2.08	1.12	2094（30.1%）	2472（35.5%）	1688（24.3%）	704（10.1%）	-20.0
中上	1464	2.25	1.09	342（23.4%）	530（36.2%）	413（28.2%）	179（12.2%）	-11.2
上层	375	2.28	.92	67（17.9%）	155（41.3%）	125（33.3%）	28（7.5%）	-10.4
F值	16.832***							

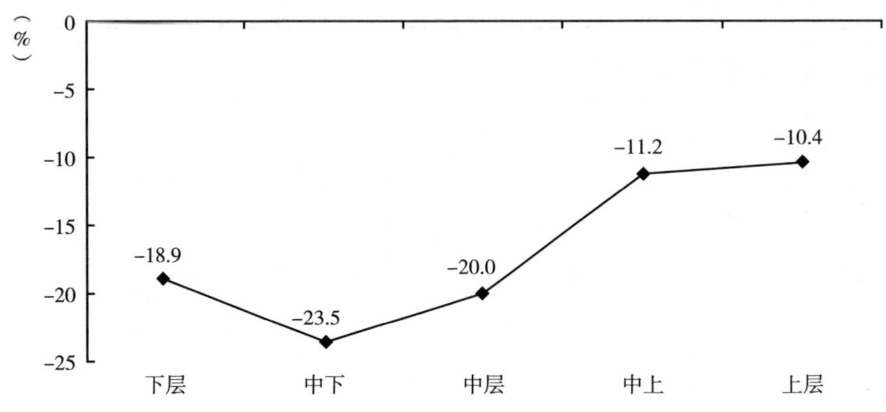

图8　不同主观社会阶层的比差指数

（三）后物质主义的影响

这里主要探讨后物质主义价值观对国家认同及社会参与（包括社会救助行为和社会问题干预）的影响。在控制了性别、年龄、所在城市发展水平、城镇户口、职业层级、教育程度、收入水平、主观社会阶层这些变量之后，依然可以看到后物质主义价值观对国家认同呈现显著的负向预测力（B = -0.147，p<0.001），对社会救助行为（B=0.060，p<0.001）及社会问题干预（B=0.081，p<0.001）呈现显著的正向预测力。

表12　后物质主义价值观对国家认同及社会参与的影响

项目	国家认同(B)	社会救助行为(B)	社会问题干预(B)
性别	-0.063***	0.017*	0.063***
年龄	-0.037***	-0.038***	-0.044***
所在城市发展水平	-0.105***	-0.041***	-0.031***
城镇户口	-0.073***	-0.020*	-0.014
职业层级	-0.055***	0.056***	0.064***
收入水平	-0.030***	0.112***	0.112***

续表

项目	国家认同(B)	社会救助行为(B)	社会问题干预(B)
教育程度	0.020*	0.082***	0.037***
主观社会阶层	0.027***	0.156***	0.152***
后物质主义价值观	-0.147***	0.060***	0.081***
Adj R2	0.051	0.078	0.076
F值	95.543***	1148.831***	145.184***

五　结论与讨论

1. 数据分析

本次调查受访者的后物质主义价值观得分为2.08±1.12。六成以上的民众为偏物质主义价值取向。但是也应看到，1/3以上的民众表现为偏后物质主义取向，其中1/10的民众属于后物质主义类型。另外，英格尔哈特（2013a）的数据表明，20世纪90年代西欧六国的比差指数在-5%到-15%之间波动。到2008年，西欧的后物质主义者在数量上略超物质主义者。从比差指数的分析可以看出，总体上本次调查的比差指数为-20.1。但是一些细分群体表现出，后物质主义人数与物质主义人数的差距正在不断减少。例如，“90后”群体的比差指数为-18.0，研究生及以上学历的群体比差指数为-10.8，优势职业群体的比差指数为-13.3。当然，与西方国家的数据相比，我们还有较长的道路要走。

2. 假设与结果

我们假设在代际上越年轻的群体，秉持更高的后物质主义价值观。结果表明，“90后”群体的后物质主义价值观的确高于其他代际，但是其他代际之间的差异并不显著，假设1.1得到了部分证实。我们假设，所处地区经济发展水平更高，后物质主义价值观更高。结果表明，“新一线”城市中后物质主义价值观最高，令人诧异的是，“一线”城市的后物质主义价值观反而较低，与“二线”“三线”等城市之间无显著差异。是否由于“一线”城市虽然处于经济发展良好的地区，但是人们的生活压力更大、不安全感更强，因此更倾向于秉持物质主义价值观？该问题值得进一步深入探讨。假设1.2未得到证实。

对社会经济地位的变量进行分析，发现职业层级越高、个人收入越高、教育程度越高的个体，更倾向于秉持后物质主义价值观，假设2.1、2.2、2.3得到验证。对主观社会阶层的分析也有类似的分布趋势，主观类别化为中高层及高层的群体后物质主义价值观较高，但比较意外的是，主观社会阶层为低层的个体也有着较高的后物质主义价值观，背后的原因需要进一步探讨，假设2.4得到部分验证。

可以看到，后物质主义价值观对国家认同的确有着负向的预测作用，也就是说，随着后物质主义价值观的提高，会弱化个体的国家认同感，这与不少研究得到的结果是类似的（英格尔哈特，2013a；李春玲、刘海洋，2018）。但是，后物质主义价值观并不引导个体向着更加利己、不关注社会及国家的方向发展。我们的研究同样发现，后物质主义价值观对于社会救助行为、社会问题干预有着显著的正向预测作用。在爱国主义研究中，有人提出了感性爱国主义（Blind Patriotism）和理性爱国主义（Constructive Patriotism）的划分（于海涛、张雁军、乔亲才，2014），也许后现代主义价值观促使人们更多采取一种基于理性的爱国行为，它通过救助他人的行为、对不良社会问题进行干预的方式，来表达个体的爱国情感和对国家的认同。

参考文献

高文珺：《城市居民主观社会阶层特点分析》，载王俊秀主编《中国社会心态研究报告（2017）》，社会科学文献出版社，2017。

高文珺、杨宜音、赵志裕、冯江平：《民族—国家双重社会认同与群际知觉研究——以云南汉族和少数民族居民调查为例》，《云南师范大学学报》2013 年第 5 期。

李春玲、刘海洋：《国家认同的影响因素及其代际特征差异——基于 2013 年中国社会状况调查数据》，《中国社会科学》2018 年第 4 期。

李原、李朝霞：《物质主义价值观的心理机制及其测量》，载杨宜音、王俊秀等著《当代中国社会心态研究》，社会科学文献出版社，2013。

罗纳德·英格尔哈特：《发达工业社会的文化转型》，社会科学文献出版社，2013a。

罗纳德·英格尔哈特：《现代化与后现代化：43 个国家的文化经济与政治变迁》，社会科学文献出版社，2013b。

于海涛、张雁军、乔亲才：《全球化时代的国家认同：认同内容及其对群际行为的影响》，《心理科学进展》2014 年第 5 期。

张海东、杨城晨：《住房与城市居民的阶层认同——基于北京、上海、广州的研究》，《社会学研究》2017 年第 5 期。

Inglehart, R. "Changing Values among Western Publics from 1970 – 2006", *West European Politics*, 31 (1 – 2) 2008.

Inglehart, R. & Welzel, C., *Modernization, Cultural Change, and Democracy: The Causal Link between Democratic Values and Democratic Institutions: Empirical Analyses*, Cambridge University Press, 2005.

空间与社会流动

Space and Social Mobility

B.9
主观流动感知的现状分析及其社会心理影响*

武朋卓　张　跃　谭旭运　鹿梦颖**

摘　要：　阶层流动是社会学研究领域的核心研究议题之一。与客观阶层流动不同，主观流动感知更关注的是个体对流动经历的主观感受，以及这种感受对个体及整个社会的影响。本研究采用中国社会科学院和智媒云图联合发布的民众获得感状况调查（2018）问卷的抽样调

* 本报告受国家社会科学基金重大项目“社会心理建设：社会治理的心理学路径”（项目批准号：16ZDA231）和国家社会科学基金青年项目“社会心态视角下主观社会阶层对公众参与的影响与机制研究”（项目批准号：17CSH040）的资助。

** 张跃，南京师范大学心理学院，心理学博士研究生；武朋卓，上海大学社会学院，统计学硕士研究生；谭旭运，中国社会科学院社会学研究所助理研究员，主要研究领域：社会心态，社会阶层认同与流动等；鹿梦颖，济南大学教育与心理科学学院，心理健康教育硕士研究生。

查数据，分析了主观流动感知的现状及其对社会心理（民生获得感、生活质量评价和社会心态）的影响。研究结果显示，调查对象的主观流动感知以短距离、向上流动为主，男性、农村户口、高收入的调查对象主观流动感知更高；流动方向和流动幅度对社会心理具有显著影响，主观流动感知为向上流动、流动幅度越大时，民众体验到更高的民生获得感，生活质量评价更好，也表现出更积极的社会心态；而向下流动则表现出相反的作用。

关键词： 主观流动感知　流动方向　流动幅度　社会心态

一　引言

当代中国经济社会不断发展，整个社会处于转型期和关键期。在这种社会变迁背景下，中国社会阶层结构与社会利益群体发生了很大变化，社会分层与社会流动成为社会生活的基本现实（杨家宁，2011；Bian，2002）。社会流动（Class Mobility）又称为阶层流动，指的是在一定的社会分层体系中个体所处社会位置的变动过程。根据变动方向的不同，又可为水平流动和垂直流动。前者是指在同一阶层或位置上的横向变动，这种流动不会造成人们在社会等级序列中所处地位的改变；后者则是指不同阶层之间的变动，又可以分为向上流动和向下流动（陆学艺，2004；关丽丽、崔淑芳，2007；张翼，2011）。当前我国总体社会流动率逐步提升，但社会不平等依然存在，甚至存在阶层固化的风险（李路路、朱斌，2015）。一方面，社会流动是社会发展与开放的重要反映尺度，中国经济社会发展带来大规模、大范围、快速的社会流动（周晓桂，2009）。以农民工为例，2012 年调查数据显示，农民工群体的代际流动较为活跃，流动模式以向上流动为主，社会总流动率为 56.89%，62.12% 的农民工实现了代际社会阶层的提高（顾东东、杜海峰、刘茜、李姚军，2016）。而另一方面，社会阶层之间的不平等虽然有所改善，但仍然存在，中国社会面临着社会流动滞缓甚至“阶层固化”的风险（杨文伟，2014）。

社会变迁背景下，社会心态也随之发生了改变。人们对社会阶层与社会流动的主观感知即是社会阶层结构变化在社会心态上的表现（王俊秀，2018；秦广强，2016）。主观流动感知（Subjective Social Mobility）是指个体对流动过程的主观反映（范晓光、陈云松，2015），强调个体对已获得的社会阶层和目前生活水平的认可度和满意度（盛智明，2013）。根据布迪厄对流动轨迹的类型划分办法（Bourdieu，1984），研究者将主观阶层流动感知划分为向上流动感知、向下流动感知和水平流动感知三大类型（范晓光、陈云松，2015；陈云松、范晓光，2016）。研究者发现，2003～2013 年间，中国人的阶层自我定位稳定地呈“保龄球状”，主观阶层较低者占据调查对象大半，而主观流动感知与阶层自我定位的关联较强，并且，随着时间的推移，主观“向上流动感”对于主观阶层的上拉效应变弱，而“向下流动感”的下拉效应则相对变强（陈云松、范晓光，2016）。此外，阶层认同偏差（Social Status Discordance）反映了个体所处的客观阶层与主观阶层的不一致程度（韩钰、仇立平，2015）。研究发现，中国民众普遍存在阶层认同偏差，而社会流动感知和阶层认同偏差显著相关，主观“向下流动感知”强化阶层认同下偏，“向上流动感知”则相反。可见，社会流动及其主观感知深刻影响人们的阶层认同（Curtis，2015）。

社会流动及其感知具有广泛而深远的社会影响，并且，主观流动感知对个体态度或行为的影响更大（Turner，1992）。比如，社会不平等所带来的重要社会问题之一即健康不平等，而社会流动有助于降低健康不平等水平（王甫勤，2011）。以往研究也发现，主观流动感知影响人们对自我健康状况的判断。Jin 和 Tam（2013）基于 2010 年度东亚调查，分析了 3405 个中国样本，发现向上流动感知和自我健康状况判断正向相关。而吴青熹和陈云松（2015）基于 2005 ~ 2012 年的调查数据研究发现，主观流动感知对自我健康状况的影响存在显著的城乡差异，即主观流动感知仅在城镇居民中对自我健康状况判断有显著的正向作用。在幸福感研究领域，研究发现居民的社会地位流动性预期显著影响了居民的幸福感，即社会地位流动性预期每上升 1 个百分点，居民的幸福感指数将上升 3.1%（卢燕平、杨爽，2016）。社会流动会显著影响个人的政治态度和价值取向（Lü，2014；Amiel，Bernasconi，Cowell & Dardanoni，2015）。比如，盛智明（2013）研究发现，向上流动及其感知与预期都显著增强了人们的政治信任，社会经济发展为人们带来的向上流动的经历与期望有助于维护社会政治稳定。此外，张丽娜（2018）考察了主观流动感知对育龄女性的二孩生育意愿的影响，结果发现，不同主观流动感知的育龄女性其生育意愿之间存在显著差异，认为自己过去十年社会阶层向上流动的程度越高，其二孩生育意愿就越强；预期未来十年社会阶层向上流动程度越高，其二孩生育意愿就越强。

社会心态是社会中多数成员表现出的普遍的、一致的心理特点和行为模式，并成为影响每个个体成员行为的模板（王俊秀，2013）。社会心态产生于个体的心理感受，并以整体的形态存在，主要表现在社会认知（社会安全感、社会公正感、社会信任感、社会幸福感等）、社会情绪、社会价值和社会行为倾向四个方面（王俊秀，2013）。作为一种弥漫于社会生活中的心理感受，社会心态不仅受到个体因素的影响，也会因社会结构因素而发生变化。比如，研究表明

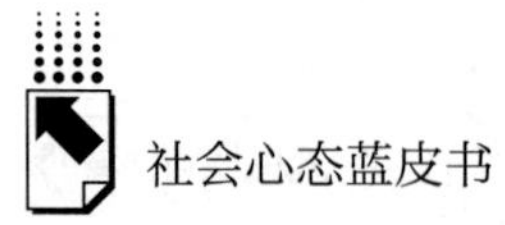

不同的社会阶层所具有的社会心态存在差异，与社会下层相比，中层和中上层具有更加积极的社会心态（王俊秀，2018）。也有研究发现城乡居民的社会态度存在显著差异，家庭收入与受教育程度越高，社会态度越积极（孙德梅、王正沛、康伟，2014）。由于社会结构改革和经济体制改革引起的收入分配制度的变化也对社会心态有重要影响（黄鑫鑫，2013）。然而，目前研究主要探讨不同社会阶层群体中社会心态的差异及其表现，在社会流动结构的主观感知的动态视角下，民众社会心态又会如何表现？这是本研究需要回答的重点问题。

本研究首先探讨中国现阶段民众主观流动感知的现状，然后分别探讨流动方向和流动幅度对总体社会心态的影响。同时，为了更全面地考察主观流动感知的影响，我们也将考察教育、医疗、社保、文化、服务和法制等民生方面的获得感及生活质量评价在主观社会流动感知状态下的表现。

二　数据来源及测量方法

（一）数据来源

本研究采用中国社会科学院（CASS）和智媒云图（Intellvision）联合发布的获得感调查问卷（The Sense of Gain Survey 2018）的数据。该调查问卷由中国社会科学院社会学研究所社会心理学研究中心编制，于2018年1月通过智媒云图研发的问卷调研App“问卷宝”，向在线样本库的全国用户（共约110万人，覆盖全国346个地级城市）推送问卷，再通过用户分享问卷的方式进行滚雪球式发放。目前“问卷宝”在问卷控制方面能够实现定制化调查和精准的问卷推送。问卷回收后，利用测谎题、答题完成情况等对问卷进行筛选。该调查覆盖全国31个省、市、自治区（不含港澳台），最后经过筛选共得到有效问卷4001份。其中，男性2326人，占58.1%，女性1675人，占41.9%；年龄范围18~78岁，平均年龄为31.3±8.3岁。调查对象具体情况参见表1。

表1　样本分布情况描述（N=4001）

单位：人，%

属性	类别	计数(N)	百分比
性别	男	2326	58.1
	女	1675	41.9
户口	城市	1994	49.9
	农村	2006	50.1
受教育程度	小学毕业及以下	30	0.7
	初中毕业	185	4.6
	高中(技校、职高、中专)毕业	1301	32.5
	大专(含在读)	874	21.8
	大学本科(含在读)	1427	35.7
	研究生(含在读)及以上	184	4.6
婚姻状况	未婚	1717	42.9
	已婚	2179	54.5
	再婚	46	1.2
	离婚独身	53	1.3
	丧偶独身	5	0.1
宗教信仰	无宗教信仰	3107	77.7
	有宗教信仰	894	22.3
月收入	1000元以下	198	4.9
	1001~3000元	670	16.7
	3001~5000元	1587	39.7
	5001~7000元	905	22.6
	7001~10000元	417	10.4
	1万~1.5万元	144	3.6
	1.5万~3万元	57	1.4
	3万~5万元	16	0.4
	5万~10万元	1	0.0
	10万元以上	6	0.1

（二）测量工具

1. 主观流动感知

主观流动感知是指人们对自己现在所处阶层相比于过去所处阶层的变化感知，即可以用现在主观阶层与过去主观阶层的差值来表示。其中，主观阶层采用国内外研究常用的阶梯量表（Alder et al.，2000）进行测量，现在主观阶层的具体测量题目是“您认为您现在处于什么等级?”过去主观阶层的具体测量题目是“过去五年，您认为您处于什么等级?”两者相减差值为负表示现在阶层相比于过去阶层有所下降即向下流动，重新编码为 -1；差值为 0 表示现在阶层相比于过去阶层没有变化即水平流动，重新编码为 0；差值为正表示现在阶层相比于过去阶层有所上升即向上流动，重新编码为 1。相减数值的绝对值越大，表示主观流动感知的幅度越大。

2. 民生获得感

民生获得感涉及教育、医疗、社会保障、文化、公共服务和法治六个主要方面。通过询问“你觉得过去五年在这些方面获得感如何”，分别测量调查对象在民生方面的获得感情况。采用 7 点计分方式，1 表示“非常少”，7 表示“非常多”。调查对象根据自己实际获得感受进行打分，分值越高，表示在这些方面的获得感越高。

3. 生活质量评价

采用生活质量量表的 10 个题目来测量个体的总体生活质量状况。通过“我喜欢现在每天的生活”“我每天都在学习或做着有意思的事”等 10 道题目进行测量。采用 7 点计分方式，要求调查对象根据自己的感受做出评价，其中 1 表示“非常不赞同”，7 表示“非常赞同”。10 个项目的总均分表示个体生活质量状况，分值越高，表示主观评价的生活质量越高。

4. 社会心态

采用“社会心态测量和指标体系”简版量表（王俊秀，2014）进行测量。测量指标包括生活满意度、社会公平、社会信任、社会安全四个方面。

（1）生活满意度。通过询问“总体来说，您对生活的满意度是?”来测量生活满意度。采用5点计分方式，要求调查对象根据自己的感受做出评价，其中1表示“非常不满意”，5表示“非常满意”。分值越高，表示总体的生活满意度越高。

（2）社会公平。通过询问“总体来说，您觉得当前社会的公平程度如何?”来测量总体的公平程度。采用5点计分方式，要求调查对象根据自己的感受做出评价，其中1表示“非常不公平”，5表示“非常公平”。分值越高，表示总体的社会公平感知越高。

（3）社会信任。通过询问“总体来说，社会上大多数人都可以信任”来测量社会信任水平。采用5点计分方式，要求调查对象根据自己的感受做出评价，其中1表示“非常不赞同”，5表示“非常赞同”。分值越高，表示总体的社会信任度越高。

（4）社会安全。通过询问“在离家一公里的范围内，您夜里走路是否担心不安全”来测量社会安全程度。采用5点计分方式，要求调查对象根据自己的感受做出评价，其中1表示“完全不担心”，5表示“特别担心”。分析时，对该题进行反向计分之后重新编码，分值越高，表示总体的社会安全程度越高。

三　研究结果

（一）主观流动感知的现状分析

首先分析主观流动感知的基本状况，结果如表2、图1所示。其中，向上流动的人数最多，占比为45.5%；其次为向下流动，占比为34.6%；水平流动的人数最少，占比为19.9%。可见，多数调查对象认为与过去五年相比，自己现在所处的阶层位置有所上升，但也有不少调查对象认为自己所处的阶层位置有所下降。

从图1中可以看出，调查对象主观流动感知的流动幅度主要以向上或向下流动1~2个阶层为主，流动一个阶层的占比为39.6%，流动2个阶层的占比为38.5%，流动3个阶层的占比为13.5%，流动4个阶层及以上的占比为8.4%。

该调查结果表明，民众主观流动感知表现为非对称的哑铃式分布，即以较多的向上流动感知和向下流动感知为主，且向上流动感知多于向下流动感知，而水平流动感知则较少；在流动幅度方面，则以平稳的短距离流动（1~2个阶层）为主，跃阶式的长距离流动（4个阶层及以上）占比较少。

表2 主观流动感知的基本状况（N=4001）

单位：人，%

主观流动感知	频率	有效百分比
向下流动	1384	34.6
水平流动	798	19.9
向上流动	1819	45.5
合计	4001	100.0

（二）主观流动感知及其流动方向的人口学差异

本部分用独立样本T检验、方差分析及卡方检验的方法分别报告主观流动感知及其流动方向的人口学差异。

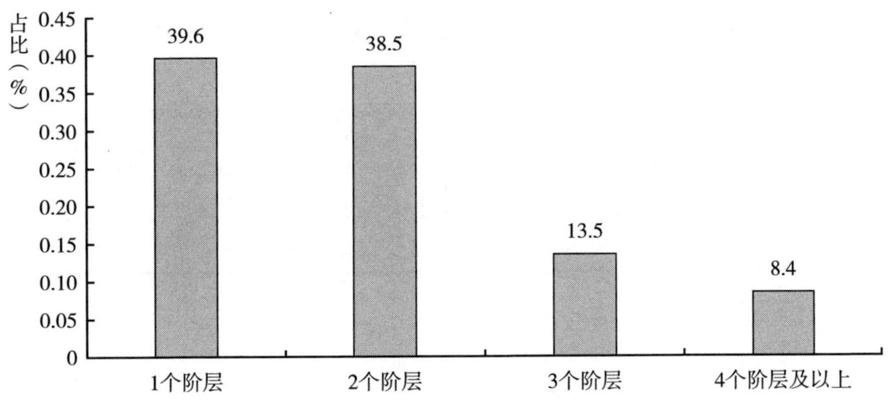

图1　阶层流动幅度基本情况

1. 主观流动感知及其流动方向的性别差异

采用T检验的方法，分析了主观流动感知的性别差异。结果见表3，主观流动感知存在显著的性别差异（$t=-2.46$，$p<0.05$）。总体来看，男性的主观流动感知（$M=0.35$）高于女性的主观流动感知（$M=0.19$）。

表3　主观流动感知的性别差异（N＝4001）

项目	性别	N	M	SD	t
主观流动感知	男	2326	0.35	1.91	-2.46*
	女	1675	0.19	2.02	

注：本文 * $p<0.05$，** $p<0.01$，*** $p<0.001$，下同。

采用卡方独立检验的方法，检验了主观阶层流动方向的性别差异，结果见表4。从卡方检验结果来看，主观阶层流动方向存在显著的性别差异（$\chi^2=25.68$，$p=0.000$）。不管是向上流动、水平流动还是向下流动，男性比女性的占比更多，而且男性向上流动的人数占比远多于向下流动和水平流动，女性向上流动和向下流动的人数占比差别较小。

表 4 性别与主观流动方向的卡方检验（N = 4001）

性别	流动方向			合计	χ^2
	向下流动	水平流动	向上流动		
女	648(46.8%)	289(36.2%)	738(40.6%)	1675(41.9%)	
男	736(53.2%)	509(63.8%)	1081(59.4%)	2326(58.1%)	25.68***
合计	1384(100.0%)	798(100.0%)	1819(100.0%)	4001(100.0%)	

注：括号内为列百分比。

2. 主观流动感知及其流动方向的户口差异

将户口重新编码为农村户口和城市户口，即将本地和外地城市户口合并为城市户口，将本地和外地户口合并为农村户口（户口系统缺失 1 个样本）。采用 T 检验的方法，对主观流动感知做了户口上的差异检验（$t = 3.45$，$p < 0.001$）。从表 5 的结果可以看出，主观流动感知存在显著的户口差异。拥有农村户口的调查对象的主观流动感知（$M = 0.39$）显著高于拥有城市户口的调查对象的主观流动感知（$M = 0.17$）。

表 5 主观流动感知的户口差异（N = 4000）

项目	户口	N	M	SD	t
主观流动感知	农村	2006	0.39	2.06	3.45***
	城市	1994	0.17	1.85	

采用卡方独立检验的方法，检验了主观阶层流动方向的户口差异，结果见表 6。从卡方检验结果来看，主观阶层流动方向存在显著的户口差异（$\chi^2 = 20.17$，$p = 0.000$）。水平流动和向下流动中，拥有城市户口的人数占比比农村户口的人数多，而在向上流动中拥有农村户口人数占比更多。

表 6　户口与主观流动方向的卡方检验（N = 4000）

户口	流动方向			合计	χ^2
	向下流动	水平流动	向上流动		
农村	640(46.2%)	385(48.2%)	981(54.0%)	2006(50.2%)	
城市	744(53.8%)	413(51.8%)	837(46.0%)	1994(49.9%)	20.17***
合计	1384(100.0%)	798(100.0%)	1818(100.0%)	4000(100.0%)	

注：括号内为列百分比。

3. 主观流动感知及其流动方向的婚姻状况差异

由于再婚、丧偶独身和离婚独身人数较少，将婚姻状况重新编码。未婚、丧偶独身和离婚独身编码为单身，将已婚和再婚编码为有配偶（系统缺失 1 个样本）。采用 T 检验的方法，对主观流动感知的婚姻状况做了均值差异检验。从表 7 的分析结果可以看出，主观流动感知不存在显著的婚姻状况差异（$t = -1.87$，$p = 0.06$）。说明不论是单身还是有配偶家庭，其主观流动感知没有差异。

表 7　主观流动感知的婚姻状况差异（N = 4000）

项目	婚姻	N	M	SD	t
主观流动感知	单身	1775	0.22	2.06	-1.87
	有配偶	2225	0.33	1.88	

采用卡方独立检验的方法，检验了主观阶层流动方向的婚姻状况差异。经过检验后发现，流动方向不存在显著的婚姻状况差异（$\chi^2 = 2.91$，$p = 0.23$）。

4. 主观流动感知及其流动方向的受教育程度差异

采用方差分析的方法，比较了主观流动感知的不同受教育程度的差异，结果见表 8 和图 2。从总体的 F 值检验来看，主观流动感知存在显著的教育程度差异，$F = 7.09$，$p < 0.001$。从事后 LSD 检验结果

表明，高中（技校、职高、中专）毕业者的主观阶层流动均值最高，其次是小学毕业及以下，而研究生（含在读）及以上的主观阶层流动均值最低，如表8所示。

从图2中可以明显看出，随着受教育程度的提高，主观流动感知整体呈现下降的趋势，高中学历是一个转折点，即拥有高中学历的居民主观流动感知最高。

表8　主观流动感知的受教育程度差异（N=4001）

项目	教育程度	N	M	SD	F
主观流动感知	小学毕业及以下	30	0.37	1.50	7.09***
	初中毕业	185	0.24	2.21	
	高中(技校、职高、中专)毕业	1301	0.54	1.88	
	大专(含在读)	874	0.15	2.02	
	大学本科(含在读)	1427	0.15	1.96	
	研究生(含在读)及以上	184	0.09	1.91	

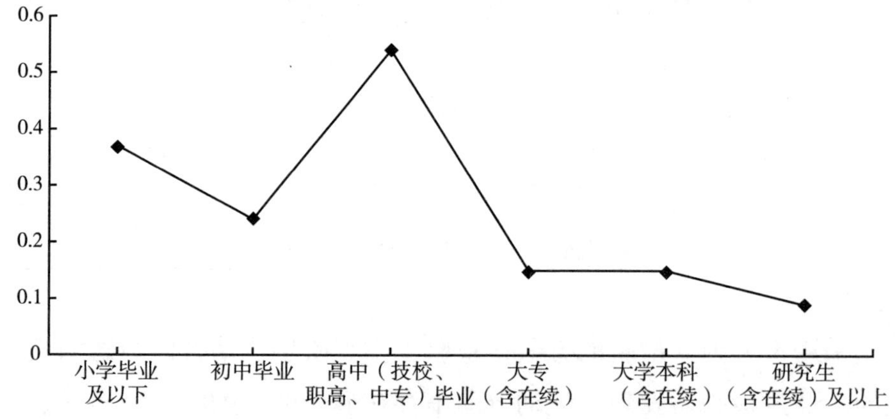

图2　不同受教育程度的主观流动感知

采用卡方独立检验的方法，检验了主观阶层流动方向的受教育程度差异，结果见表9。从卡方检验结果来看，主观阶层流动方向存在显著的受教育程度差异（$\chi^2=89.70$，$p=0.000$）。感知向下流动中，大学本科的人数占比最多，高中学历次之；而水平流动和向上流动中，高中学历的人数占比最多。

表9　主观阶层流动方向与受教育程度的卡方检验（N=4001）

教育程度	流动方向			合计	χ^2
	向下流动	水平流动	向上流动		
小学毕业及以下	9(0.7%)	6(0.8%)	15(0.8%)	30(0.7%)	89.70***
初中毕业	68(4.9%)	32(4.0%)	85(4.7%)	185(4.6%)	
高中(技校、职高、中专)毕业	328(23.7%)	329(41.2%)	644(35.4%)	1301(32.5%)	
大专(含在读)	326(23.6%)	164(20.6%)	384(21.1%)	874(21.8%)	
大学本科(含在读)	572(41.3%)	237(29.7%)	618(34.0%)	1427(35.7%)	
研究生(含在读)及以上	81(5.9%)	30(3.8%)	73(4.0%)	184(4.6%)	
合计	1384(100.0%)	798(100.0%)	1819(100.0%)	4001(100.0%)	

注：括号内为列百分比。

5. 主观流动感知及其流动方向的月收入差异

由于调查样本中，月收入为3万~5万元、5万~10万元及10万元以上的人数占比较少，在分析时重新编码合并为3万元及以上。采用方差分析的方法，检验了主观流动感知的月收入差异，结果见表10和图3。从表10中可以看出，对于不同收入来说，其主观流动感知存在显著的差异（$F=9.77$，$p<0.001$）。而且，收入在3000元以下的调查对象的主观流动感知为负值，说明其对于目前的阶层感知相比于过去来说是下降的。

表 10　主观流动感知的月收入差异（N = 4001）

项目	教育程度	N	M	SD	F
主观流动感知	1000 元以下	198	-0.18	2.40	9.77***
	1001 ~ 3000 元	670	-0.15	2.06	
	3001 ~ 5000 元	1587	0.48	1.81	
主观流动感知	5001 ~ 7000 元	905	0.24	1.92	9.77***
	7001 ~ 1 万元	417	0.35	2.00	
	1 ~ 1.5 万元	144	0.58	2.20	
	1.5 ~ 3 万元	57	0.70	1.61	
	3 万元及以上	23	0.78	2.43	

此外，从图 3 中可以清晰地看出，随着月收入的增加，主观流动感知呈现上升的趋势。

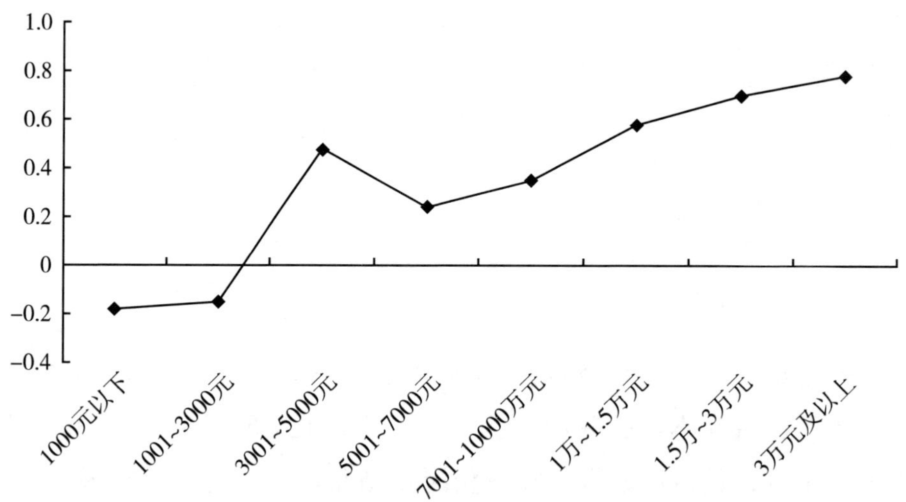

图 3　不同收入水平上的主观流动感知

采用卡方独立检验的方法，检验了主观阶层流动方向的月收入差异，结果见表 11。从卡方检验结果来看，主观阶层流动方向存在显著的收入差异（$\chi^2 = 89.01$，$p = 0.000$）。3000 元及以下的收入群体更多感知到向下流动，其次是水平流动；3001～7000 元的收入群体较多感知到水平流动，其次是向上流动；7001 元以上的收入群体更多感知到向上流动，其次是向下流动。可见，随着收入的增高，人们体验到越多的向上流动感知。

表 11　收入与主观阶层流动方向的卡方检验（N＝4001）

收入	流动方向			合计	χ^2
	向下流动	水平流动	向上流动		
1000 元以下	95(6.9%)	30(3.8%)	73(4.0%)	198(4.9%)	
1001～3000 元	288(20.8%)	135(16.9%)	247(13.6%)	670(16.7%)	
3001～5000 元	452(32.7%)	341(42.7%)	794(43.7%)	1587(39.7%)	
5001～7000 元	324(23.4%)	191(23.9%)	390(21.4%)	905(22.6%)	
7001～1 万元	152(11.0%)	70(8.8%)	195(10.7%)	417(10.4%)	89.01***
1 万～1.5 万元	54(3.9%)	16(2.0%)	74(4.1%)	144(3.6%)	
1.5 万～3 万元	15(1.1%)	7(0.9%)	35(1.9%)	57(1.4%)	
3 万元及以上	4(0.3%)	8(1.0%)	11(0.6%)	23(0.6%)	
合　计	1384(100.0%)	798(100.0%)	1819(100.0%)	4001(100.0%)	

注：括号内为列百分比。

（三）主观流动感知的社会心理影响

1. 流动方向的影响

（1）流动方向对民生获得感的影响

本报告采用方差分析的方法，从阶层流动的角度考察了阶层流动方向对民生获得感的影响。如表 12 所示，调查对象的民生获得感在不同流动方向上存在显著差异。并且事后检验结果显示，在教育、社会保障、医疗服务和法制四个方面，主观流动感知为向上流动时的获得感与向下和水平流动存在显著差异，且比向下和水平流动时更高；

在文化和公共服务方面，主观流动感知为向上流动时的获得感只与向下流动存在较大的差异，且比向下流动时的获得感更高。

表 12　民生获得感在流动方向上的差异分析（N =4001）

民生获得感	流动方向	N	M	SD	F 值
教育	向下流动	1384	4. 81	1. 17	10. 48***
	水平流动	798	4. 79	1. 20	
	向上流动	1819	4. 96	1. 08	
社会保障	向下流动	1384	4. 76	1. 24	7. 21**
	水平流动	798	4. 72	1. 21	
	向上流动	1819	4. 88	1. 14	
医疗服务	向下流动	1384	4. 59	1. 27	8. 45***
	水平流动	798	4. 66	1. 27	
	向上流动	1819	4. 77	1. 14	
文化	向下流动	1384	4. 61	1. 27	5. 18**
	水平流动	798	4. 65	1. 25	
	向上流动	1819	4. 75	1. 16	
公共服务	向下流动	1384	4. 75	1. 23	3. 43*
	水平流动	798	4. 79	1. 14	
	向上流动	1819	4. 86	1. 12	
法治	向下流动	1384	4. 83	1. 24	12. 50***
	水平流动	798	4. 85	1. 16	
	向上流动	1819	5. 02	1. 10	

（2）流动方向对生活质量评价的影响

采用方差分析的方法，分析了不同流动方向上生活质量评价的差异，结果如表 13 所示。从检验结果来看，生活质量评价在不同流动方向上存在显著差异（F =26. 23，p =0. 000）。从事后检验结果可知，与向下流动和水平流动相比，主观流动感知为向上流动时，生活质量评价显著更高。

表 13 生活质量评价在不同流动方向上的差异分析（N = 4001）

项目	流动方向	N	M	SD	F
生活质量评价	向下流动	248	4.68	0.92	26.23***
	水平流动	163	4.69	0.94	
	向上流动	302	4.89	0.86	

（3）流动方向对社会心态的影响

采用方差分析的方法，分析了不同流动方向上社会心态的差异。结果如表 14 所示。从总体来看，社会心态在不同流动方向上存在显著差异。

表 14 社会心态在不同流动方向上的差异分析（N = 4001）

社会心态	流动方向	N	M	SD	F 值
生活满意度	向下流动	1384	3.47	0.92	20.60***
	水平流动	798	3.47	0.90	
	向上流动	1819	3.65	0.81	
社会公平	向下流动	1384	3.25	0.92	19.90***
	水平流动	798	3.33	0.90	
	向上流动	1819	3.45	0.83	
社会信任	向下流动	1384	3.33	0.92	19.23***
	水平流动	798	3.51	0.83	
	向上流动	1819	3.51	0.84	
社会安全	向下流动	1384	3.60	1.12	31.99***
	水平流动	798	3.24	1.14	
	向上流动	1819	3.33	1.17	

具体来看，生活满意度在不同流动方向上存在显著差异（F = 20.60，p = 0.000）。事后检验结果显示，与向下流动和水平流动相比，主观流动感知为向上流动时生活满意度更高。

社会公平在不同流动方向上存在显著差异（F = 19.90，p = 0.000）。事后检验的结果显示，在三种流动方向上，主观流动感知为向上流动时社会公平感更高（M = 3.45），而在向下流动时社会公平感最低（M = 3.25）。

社会信任也存在显著的流动方向上的差异（F = 19.23，p = 0.000）。事后检验的结果显示，与向上流动和水平流动相比，主观流动感知为向下流动时社会信任感（M = 3.33）更低。

社会安全也存在显著的流动方向上的差异（F = 31.99，p = 0.000），事后检验的结果显示，与向上流动和水平流动相比，主观流动感知为向下流动时社会安全更高（M = 3.60）。

2. 流动幅度的影响

（1）流动幅度对民生获得感的影响

本报告用简单的回归分析，分析了流动幅度对民生获得感的影响，结果如表 15 和表 16 所示。从表 15 的回归结果来看，基本的人口学变量方面，男性在民生获得感方面高于女性；年龄越大，在教育和医疗方面的获得感评价越低；有配偶的调查对象的民生获得感较高；有城市户口被访者得到的社会保障越多、文化越丰富。在控制了人口学变量之后，向上流动幅度对教育、社会保障、医疗和文化方面的获得有显著的正向作用。即越向上流动，得到的教育资本越多、社会保障和医疗服务越多、文化生活越丰富；每向上流动 1 个单位，在教育、社会保障、医疗和文化方面的获得感分别上升 0.10 个、0.05 个、0.06 个和 0.05 个单位。向上流动幅度对公共服务和法制在统计上虽然没有显著的预测作用，但从影响方向上来看，存在正向的预测作用。

表 15　向上流动幅度对民生获得感的影响（N = 1817）

项目	教育	社会保障	医疗	文化	公共服务	法治
性别	0. 02	0. 08 **	0. 07 **	0. 08 **	0. 05 *	0. 05 *
年龄	-0. 07 **	-0. 03	-0. 06 *	-0. 05	-0. 04	-0. 04
婚姻	-0. 09 **	-0. 09 **	-0. 09 ***	-0. 09 **	-0. 10 ***	-0. 08 **
户口	0. 03	0. 05 *	0. 00	0. 06 *	0. 04	0. 04
向上流动幅度	0. 10 ***	0. 05 *	0. 06 *	0. 05 *	0. 04	0. 04
R^2	0. 03	0. 02	0. 03	0. 02	0. 02	0. 01
F	11. 69 ***	8. 16 ***	10. 82 ***	8. 85 ***	7. 75 ***	5. 98 ***

注：参照组：女性、单身、农村户口；表中为标准化系数。

从表 16 的回归结果来看，在人口学变量方面，随着年龄增长，在教育、社会保障、医疗、文化、公共服务和法治方面获得的评价越低。在控制了基本的人口学变量之后，向下流动幅度对民生获得感有显著的负向作用。即向下流动幅度越大，教育水平、社会保障、医疗、文化和公共服务水平方面的获得感就越低；每向下流动 1 个单位，教育水平、社会保障、医疗、文化和公共服务水平方面的获得感就分别降低 0. 09 个、0. 12 个、0. 08 个、0. 08 个、0. 08 个和 0. 07 个单位。可见向下流动幅度对民生获得感的影响不容忽视。

表 16　向下流动幅度对民生获得感的影响（N = 1384）

项目	教育	社会保障	医疗	文化	公共服务	法治
性别	-0. 01	-0. 01	0. 01	0. 02	-0. 01	-0. 02
年龄	-0. 19 ***	-0. 12 ***	-0. 14 ***	-0. 09 **	-0. 09 **	-0. 11 ***
婚姻	0. 02	0. 01	-0. 01	-0. 01	-0. 02	-0. 05
户口	0. 02	0. 04	0. 05	0. 05	0. 05	0. 01
向下流动幅度	-0. 09 **	-0. 12 ***	-0. 08 **	-0. 08 **	-0. 08 ***	-0. 07 *
R^2	0. 03	0. 02	0. 02	0. 01	0. 01	0. 02
F	9. 40 ***	6. 46 ***	6. 34 ***	4. 04 **	4. 21 ***	5. 61 **

注：参照组：女性、单身、农村户口；表中为标准化系数。

（2）流动幅度对生活质量评价的影响

流动幅度对生活质量评价的回归结果如表17 和表18 所示。表17 的回归结果显示，人口学变量方面，男性的生活质量评价高于女性，有配偶的生活质量评价低于单身，年龄和户口没有显著的影响。在控制了人口学变量之后，向上流动幅度对生活质量评价有显著的正向预测作用。每向上流动 1 个单位，生活质量评价提高 0. 13 个单位。而表 18所显示的模型整体不显著，但是从影响系数来看，向下流动幅度对生活质量评价有显著的负向预测作用。

表 17　向上流动幅度对生活质量评价的影响（N =1817）

自变量	生活质量
性别	0. 10***
年龄	0. 02
婚姻	-0. 08**
户口	-0. 02
向上流动幅度	0. 13***
R^2	0. 03
F	13. 94***

注：参照组：女性、单身、农村户口；表中为标准化系数。

表 18　向下流动幅度对生活质量评价的影响（N =1384）

自变量	生活质量
性别	-0. 02
年龄	-0. 06
婚姻	0. 02
户口	0. 03
向下流动幅度	-0. 06*
R^2	0. 002
F	1. 67

注：参照组：女性、单身、农村户口；表中为标准化系数。

（3）流动幅度对社会心态的影响

本报告用简单的回归分析，分析了流动幅度对社会心态的影响，结果如表 19 和表 20 所示。从表 19 的回归结果来看，男性的生活满意度、社会公平、社会信任和社会安全的评价比女性高，城市户口的生活满意度和社会安全的评价比农村户口高。在控制了基本的人口学变量之后，向上流动幅度对生活满意度有显著的正向预测作用，即每向上流动 1 个单位，生活满意度提高 0.07 个单位，但对社会公平、社会信任和社会安全没有显著影响。

表 19　向上流动幅度对社会心态的影响（N = 1817）

变量	生活满意度	社会公平	社会信任	社会安全
性别	0.07**	0.08**	0.12***	0.06*
年龄	-0.01	-0.05*	0.01	0.06*
婚姻	-0.04	-0.08**	-0.02	0.25***
户口	0.06*	-0.03	0.01	0.14***
向上流动幅度	0.07**	0.02	0.01	0.01
R^2	0.01	0.02	0.01	0.11
F	4.71***	9.92***	5.16***	46.91***

注：参照组：女性、单身、农村户口；表中为标准化系数。

从表 20 的回归结果来看，男性对社会公平的评价比女性低但是对社会安全的评价较高；随着年龄的增长，对生活满意度、社会公平的评价越低，对社会安全的评价越高；城市户口的调查对象对社会安全的评价较高。在控制了基本的人口学变量之后，向下流动幅度对生活满意度、社会公平和社会信任有显著的负向作用。即向下流动幅度越大，对生活满意度、社会公平感、社会信任的评价就越低；每向下流动 1 个单位，对生活满意度、社会公平感、社会信任的评价就分别降低 0.10 个、0.10 个和 0.15 个单位。结合向上和向下流动幅度来看，流动幅度对社会安全感没有显著影响。

表 20　向下流动幅度对社会心态的影响（N = 1384）

项目	生活满意度	社会公平	社会信任	社会安全
性别	-0.03	-0.07**	-0.02	0.22***
年龄	-0.07**	-0.06*	-0.01	0.08**
婚姻	-0.02	0.01	0.00	0.01
户口	0.05	0.03	0.02	0.08**
向下流动幅度	-0.10***	-0.10***	-0.15***	-0.01
R^2	0.01	0.01	0.02	0.07
F	4.54***	4.83***	7.08***	20.22***

注：参照组：女性、单身、农村户口；表中为标准化系数。

四　结论及讨论

本研究采用问卷调查的方法，描述和探讨了民众主观流动感知的现状及其对社会心理的影响。本研究得出的结论如下。

（一）主观流动感知以向上流动和短距离流动为主，并存在显著的人口学差异

从研究结果可以得出，民众主观流动感知表现为非对称的哑铃式分布，即以较多的向上流动感知和向下流动感知为主，且向上流动感知多于向下流动感知，而水平流动感知则较少；在流动幅度方面，以平稳的短距离流动（1～2 个阶层）为主，跃阶式的长距离流动（4 个及以上阶层）占比较少。

另外，主观流动感知在性别、户口、收入和受教育程度等人口学变量上存在显著的差异。具体来说，男性的主观流动感知显著高于女性，且男性向上流动的人数占比远多于向下流动和水平流动，女性向上流动和向下流动的人数占比差别较小；拥有农村户口的调查对象的

主观流动感知高于城市户口，城市居民比农村个体体验到更多的向下流动，而农村个体比城市个体体验到更多的向上流动；不同受教育程度的居民表现出不同的主观流动感知，随着受教育程度的提高，主观流动感知整体呈现下降的趋势，其中，拥有高中学历的居民主观流动感知最高，并以水平流动和向上流动为主，而拥有大学本科学历的居民则感知到较大的向下流动；在收入方面，调查显示随着收入的增加，主观流动感知呈现上升的趋势，并体验到更多的向上流动感知。

（二）主观流动感知的流动方向和流动幅度对居民社会心理有显著的影响

流动方向显著影响民生获得感、生活质量评价和社会心态。与水平流动和向下流动相比，主观流动感知为向上流动时，居民体验到更高的民生获得感，生活质量评价更好，也表现出更积极的社会心态。然而，调查也显示，向下流动者的社会安全比水平流动和向上流动者高，原因可能是向上流动者更担心财富的安全。

流动幅度对民生获得感、生活质量评价和社会心态也有显著影响。具体来说，向上流动幅度越大，居民体验到更高的民生获得感，生活质量评价更好，也表现出更积极的社会心态；而向下流动幅度越大，居民则体验到更低的民生获得感，生活质量评价越差，也表现出更消极的社会心态。

可见，社会流动方向和流动幅度，特别是向下流动幅度对解决社会心态问题、提高民众民生获得感有重要启示作用。

调查结果具有重要的现实意义。首先，应着重解决阶层流动通道问题。从研究结果发现，受访者的主观阶层流动感知以向上流动和短距离流动为主，且流动方向显著影响民生获得感、社会心态和生活质量评价。可见，拓宽民众的阶层流动通道，促进其向上流动，有助于解决社会心态问题，提高民众的民生获得感。其次，流动幅度对民生获得感、社会心态和生活质量评价也有显著的影响，而且向下流动幅度对社会心态和民生获得感有显著的负向作用，可见向下流动幅度对社会心理影响更广泛，应关注长距离的大幅度向下流动。

参考文献

陈云松、范晓光：《阶层自我定位、收入不平等和主观流动感知(2003 ~ 2013)》,《中国社会科学》2016 年第 12 期。

范晓光、陈云松：《中国城乡居民的阶层地位认同偏差》，《社会学研究》2015 年第 4 期。

顾东东、杜海峰、刘茜、李姚军：《新型城镇化背景下农民工社会分层与流动现状》《西北农林科技大学学报》（社会科学版）2016 年第 4 期。

关丽丽、崔淑芳：《当代中国社会阶层流动探析》,《辽宁教育行政学院学报》2007 年第 9 期。

韩钰、仇立平：《中国城市居民阶层地位认同偏移研究》,《社会发展研究》2015 第 1 期。

黄鑫鑫：《浅析收入分配对社会心态的影响》,《河北省社会主义学院学报》2013 年第 2 期。

李路路、朱斌：《当代中国的代际流动模式及其变迁》，《文化纵横》2015 年第 5 期。

卢燕平、杨爽：《社会地位流动性预期对居民主观幸福感的影响研究——来自 CGSS（2010、2013）数据的经验证据》,《南京财经大学学报》2016 年第 5 期。

陆学艺：《研究社会流动的意义》,《中国党政干部论坛》2004 年第 8 期。

秦广强：《社会分层研究：客观与主观的双重维度》，《理论导刊》2016 年第 9 期。

盛智明：《社会流动与政治信任——基于 CGSS 2006 数据的实证研究》,《社会》2013 年第 4 期。

孙德梅、王正沛、康伟：《转型期我国公民社会心态影响因素分析：基于 CGSS 2008 调查数据的分析》,《科学决策》2014 年第 1 期。

王甫勤:《社会流动有助于降低健康不平等吗?》,《社会学研究》2011 年第 2 期。

王俊秀:《不同主观社会阶层的社会心态》,《江苏社会科学》2018 年第 1 期。

王俊秀:《社会心态的结构和指标体系》,《社会科学战线》2013 年第 2 期。

王俊秀:《社会心态理论:一种宏观社会心理学范式》,社会科学文献出版社,2014。

吴青熹、陈云松:《主观阶层如何影响自评健康——基于八年全国调查数据的研究》,《南京社会科学》2015 年第 7 期。

杨文伟:《转型期中国社会阶层固化探究》,中共中央党校博士学位论文,2014。

张丽娜:《社会经济地位、主观流动感知与育龄女性的二孩生育意愿——基于 CGSS 2013 数据的经验研究》,《西华大学学报》(哲学社会科学版)2018 年第 3 期。

张翼:《中国社会阶层结构变动趋势研究——基于全国性 CGSS 调查数据的分析》,《中国特色社会主义研究》2011 年第 3 期。

周晓桂:《我国社会流动的现状、特点及政治影响》,《安徽工业大学学报》(社会科学版)2009 年第 3 期。

Adler, N. E., Epel, E. S., Castellazzo, G. & Ickovics, J. R., "Relationship of subjective and objective social status with psychological and physiological functioning: Preliminary data in healthy, White women", *Health psychology* 19 (2000).

Amiel, Y., Bernasconi, M., Cowell, F. & Dardanoni, V. "Do we value mobility?", *Social Choice and Welfare*, 44 (2015).

Bian, Y., "Chinese Social Stratification and Social Mobility", *Annual review of sociology*, 28 (2002).

Curtis, J., "Social Mobility and Class Identity: The Role of Economic Conditions In 33 Societies, 1999 - 2009", *European Sociological Review*, 32 (2015).

Jin, L. & Tam, T., "Subjective Social Status, Perceived Social Mobility and

Health in China", *Presented in the Annual meeting of the American Sociological Association*, (2013).

Lü, X., "Does Changing Economic Well-being Shape Resentment about Inequality in China?", *Studies in Comparative International Development*, 49 (2014).

Turner, F. C. (ed.), "Social Mobility and Political Attitudes: Comparative Perspectives", *Transaction Publishers*, (1992).

B.10
荣誉价值观与迁移者生活满意度调查报告*

毕重增**

摘　要： 社会流动是当前最常见的社会现象，文化契合性则是影响流动者生活幸福的一个重要因素。虽然中国文化并不是典型的荣誉文化，但这并不妨碍荣誉提升人们的幸福感，成为维护流动人群幸福感的重要支撑。报告着重探讨荣誉价值认同对在异地（省/市/自治区）工作者生活满意度的支持作用。结果发现，迁移人群（到出生省份以外工作）生活满意度受益于荣誉价值的比例和水平都更高，而对于本地工作者而言，只有少数人的生活满意度受益于荣誉认同，绝大多数人的生活满意度与荣誉价值认同没有关系，甚至有极少部分自尊水平低的人因认同荣誉价值而降低了生活满意度。总体上来看，荣誉对于迁移者的生活满意度有更多支撑作用。追求和实现荣誉对于日益流动化的社会来说是一个提高生活满意度的良好路径。

* 本研究得到教育部人文社科规划项目（14XJA190001）和重庆市人文社会科学重点研究基地重点项目（18SKB004）的支持。

** 毕重增，博士，西南大学教授，重庆市人文社会科学重点研究基地心理学与社会发展研究中心副主任、心理学部人格发展与社会适应实验室负责人，研究方向为人格与社会心理学。

关键词： 荣誉价值认同　生活满意度　自尊

一　引言

伴随小康社会的到来，建构生活幸福、满意的因素正在发生变化。令人满意的生活包含物质生活的富足与精神生活的充实，但满足和充实是否意味着幸福，则是一个新的问题。尤其是社会的高流动和变迁使文化创新、混搭、融合成为日常，有太多的新内容需要人们去学习和适应。如何从丰富的文化资源中重构幸福生活的支撑，对于每一个人都是挑战。

建构生活幸福的根源之一是文化模式的契合，价值观是其中的根基要素。随着各种主要文化的交流，主导文化中会不同程度地嵌入新的文化元素，或形成新的文化群体。这虽然不会改变特定的文化模式，但会对个体判断善恶美丑、行为正当性、价值实现等产生具体的影响。Oyserman（2017）描述了三种主要文化模式，分别是个人主义、集体主义和荣誉主义，与此论述近似，Leung & Cohen（2011）从社会秩序（Social Order）和价值（Valuation）的角度，区分了尊严（Dignity）、面子（Face）和荣誉（Honor）的三种“文化逻辑”（参见表1）。尊严文化中的个人相对平等，每个人都有稳定和内在的价值感，个人主义看重尊严；面子文化相对更阶层化，更强调群体内的和谐与谦虚，集体主义更推崇面子；而荣誉文化更强调建立和捍卫自己和团体的美德与荣誉，独立于个人主义和集体主义。显然，无论是尊严、面子，还是荣誉，都存在于我们的文化之中。

社会流动和文化变迁使人们在客观和主观两个层面都有了文化选择的空间。但在同一种文化的内部，这些文化（要素）对应的幸福生活的逻辑却并不如文化选择那样清晰。例如，面子文化实践对于生活仍然很重要，是许多人处理人际关系的重要考量，但对于高社会流动性、陌生人环境中的个体，人人平等的契约原则更显得有价值。再比如，传统的面子文化尊重阶层，现代行政和工商组织也广泛采用科层制，二者看起来具有形式的一致性；然而，面子文化并不强调独立性和自尊，后者建构于高流动性和个人主义基础之上，但无论是面子还是自尊，又都在更宏观层面内嵌于集体主义主导的文化之中，这形成了多层次的选择或表达冲突。这些形式和内容的相似或矛盾，使得当代人在选择文化（尤其是价值观）作为自己幸福生活的出发点和归宿点时有了更多选择，也有了更多的不确定性。

表1　尊严、荣誉和面子三种文化的理想型情景和逻辑

文化理想类型	尊严	荣誉	面子
自我评价依据?	内部	外部/都有	绝大多数外部
属于	每个人	一些人	你拥有,除非你失去
可以丧失吗?	否(或至少不能被他人剥夺)	可以:可获得或丧失;也可由竞争对手侵占	可以
情景	匿名的,独立的人	竞争环境大致平等	分层的
互动与交易	平等合同或温和的针锋相对	非常强的互惠规范(潜在的竞争、逐步升级)	受阶层地位规范指引;特殊性,强互惠规范
如何保障良好行为?	(内部)对自己行为自责;(外部)有效的司法系统	羞耻;受害者发起的报复(不是由第三方或政府)	丢脸/羞耻;由上级或群体的惩罚;由受害者直接惩罚是不适当的,破坏性的
理性/非理性	都有	诉诸非理性(至少是厌恶短期损益算计)	都有
不值得信赖的人	没有坚强的内在尊严感	对荣誉、他人的看法漠不关心	对面子、他人的看法漠不关心

译自：Leung & Cohen，2011。

本文关注荣誉文化对迁移者幸福感的支撑作用。选择荣誉文化并不仅仅因为关于面子和自尊对幸福感的研究已经很多，而是因为荣誉文化（元素）正变得对现代人的生活重要起来。我们没有一部关于面子的法律，也没有一部关于自尊的法律，但我们有一部《国家勋章和国家荣誉称号法》，有系统法定的荣誉体系。当前，荣誉成为价值来源既有传统文化奠定的心理基础，也是尊严文化流行对自我价值个体化的要求。虽然传统中华文化是一种纵向集体主义（Triandis & Gelfand，1998；黄任之、姚树桥和邹涛，2006）的面子文化（黄光国，2010），但对照文化理想类型（Leung & Cohen，2011）可以发现，自我认同和成就相结合已在共同塑造更符合荣誉文化特征的价值实现方式。传统文化要素内涵已经发生改变或转化。例如，传统阶层和现代科层体系在形式上相似，但前者孕育的谦卑与和谐价值并不为后者所认同，科层体制更强调平等、独立以及将工具性关系和人情关系区隔。人们可能还在小心地维护面子（黄光国，2010），但有的人已经将个人价值从关系中摘离出来，这得到了当代心理咨询体系的背书，咨询理论鼓吹个人无可置疑的先赋价值，如罗杰斯的“来访者中心理论”（罗杰斯，2013）。本文选择迁移者作为研究群体，是因为迁移者脱离了原有的社会关系体系，但保留了传统文化赋予的某些心理动力机制，如羞耻感。这些特征更容易在陌生人环境中与荣誉整合而建构成为个体的生活与工作价值。也就是当环境没有明确的面子或自尊的要求时，荣誉可以成为人们生活的指引，而这并不需要文化形态的转换。

从个体角度来看，已有文献强调个性或自我改变来适应文化和社会的变迁，如现代人格对现代工作生活的相互建构（英克尔斯、史密斯，1992），再如从集体主义文化到个人主义文化的留学者，其自我由互倚性转化为独立性（Chen et al.，2013），即通过自我结构的变化突破原生文化的限制从而获得适应。对于国内的迁移者而言，不排除采用这种方式来应对文化变迁，但个体的改变并不是唯一的路径。不管是主动选择还是被动选择，为了有效应对环境挑战，迁移者中有更多人会考虑“为什么到这里来工作和生活”的问题。即便对于土生土长的人而言，社会流动和文化变迁也使得本地文化不再单一纯粹，同样需要面对文化多元化不断加强的趋势。个体既可以追求混搭文化的自由主义，也可以追求原生文化的单一保守。不同的是，迁移者更容易与多元多样的文化混搭主义相遇，而“本土派”仍可以在原有的人情圈子中寻求价值（面子）。

基于以上叙述，本文认为无论是对于到外地工作生活的迁移者，还是在出生地生活与工作的人，随着现代生活和社会流动的增加，自尊对于个人生活的意义都是显著的。但对于迁移者而言，更容易认同荣誉价值，追求和实现荣誉也会让其感受到生活的价值和意义。本文的具体目标是描述荣誉价值认同对迁移者生活满意度的支撑作用，以此说明文化内变异及个人或群体选择对于营建幸福生活的重要性，并呼吁将荣誉价值作为社会心态建构的一个要素。

二　方法

（一）样本选取

选取17个省份，以每个省（自治区/直辖市）80人为目标收集数据，最终获得1414人的数据。其中，本地样本来自17个省份，工作与成长在同一省份，各省份46～74人，共1113人；迁移样本为成长与工作省份不同的有301人，来自30个省份，各省份1～28人。男女分布在整个样本、迁移样本和本地样本中均平衡（$\chi^2 < 1$，$p > 0.2$），年龄、受教育情况、自我报告收入情况、自我报告本人在组织（单位）中的地位等人口学变量汇总见表2。

表2　研究样本的人口统计学特征

变量	迁移样本		本地样本		F	p
	平均数	标准差	平均数	标准差		
年龄(岁)	31.80	7.01	33.66	8.66	11.79	0.001
在本单位的地位(1~10)	6.69	1.55	6.73	1.66	0.10	0.749
受教育水平(7~1)	2.19	0.74	2.43	0.84	20.13	<0.001
年收入(千元)	116.18	106.33	98.37	190.43	2.42	0.120

（二）测量工具

1. 生活满意度量表

采用Denier（2009）编制的生活满意度量表，采用1~7计分（1="强烈反对"，7="极力赞成"），测量认知层面的幸福感。生活满意度在本研究中作为因变量。工具的内部一致性克龙巴赫α系数为0.88。

2. 荣誉价值观

采用Oyserman和Novin（2016）编制的荣誉价值观问卷，测量荣誉价值认同，采用1~7计分（1="完全不同意"，7="完全同意"）。荣誉价值观在本研究中作为自变量。工具的内部一致性克龙巴赫α系数为0.90。

3. 自尊

采用罗森博格自尊问卷（季益富、于欣，1999）测量自尊，采用1~5计分（1="完全不符合"，5="完全符合"）。自尊在本研究中作为调节变量。工具的内部一致性克龙巴赫α系数为0.86。

4. 总体自信

采用毕重增（2017）编制自陈式总体自信问卷测量自信，采用1~5计分（1="完全不符合"，5="完全符合"）。自信在本研究中作为监测共同方法偏差的工具变量。工具的内部一致性克龙巴赫α系数为0.89。

5. 人口统计学变量

包括性别、年龄、受教育水平（1 = "研究生"，2 = "本科"，3 = "专科"，4 = "高中/中专"，5 = "初中"，6 = "小学"，7 = "没有上过学"）、自我报告收入（单位为千元）、自我报告的在组织/单位中的地位（1 分代表"您的地位处于单位的低端，没人尊敬，没人愿意和您在一起，各方面成绩都很差"；10 分代表"您的地位处于单位的顶端，受大多数人尊敬，有很好的成绩，有很高的威望"）等，参见表2。

（三）统计分析

采用SPSS统计分析软件对数据进行管理和分析。主要运用的统计方法为方差分析和多元回归分析。

三　结果与分析

（一）预分析

1. 人口学变量的影响分析

由于人口学变量在本地和迁移两个群体之间并不完全匹配，故先分析其对研究的变量关系是否产生了系统影响。回归分析发现，年龄和性别不影响生活满意度，收入、受教育水平和在本单位的主观地位对生活满意度有正面影响。进一步将人口学变量加入到研究变量关系分析当中，发现荣誉、自尊及二者交互作用对生活满意度的作用模式并不受增加或减少这些变量的影响，无论是整个样本，还是两个子群体样本，都维持相似的统计结果。故而在接下来的回归分析中，为了简化结果，不再包括以上所述人口学变量。

2. 共同方法偏差检验

本研究使用问卷法采集数据，虽然设置有反向计分题目，但理论上并不完全排除由使用共同方法而造成变量之间的伪关系。进行因素分析后发现单一因子解释率为28.3%，处于较低的水平。另外，在分析中加入与本研究无关但同样使用问卷法测量的自信，亦未改变研究变量之间的关系模式。基于以上的证据，可排除共同方法的影响。

（二）变量的基本情况

从表3中可以看到，无论是本地样本还是迁移样本，生活满意度、荣誉价值认同及自尊整体水平均较高（量尺中位数为4分或3分），其中迁移样本的生活满意度更高，而本地样本的自尊水平较高，两个样本的荣誉价值认同没有统计学意义的差别。

表3　研究变量的平均数标准差及群体差异

变量	迁移样本		本地样本		F	p
	平均数	标准差	平均数	标准差		
生活满意度(1~7)	4.39	1.13	4.09	1.18	15.56	<0.001
荣誉价值认同(1~7)	5.22	0.74	5.29	0.72	2.55	0.111
自尊(1~5)	3.69	0.69	3.82	0.61	9.74	0.002

（三）回归分析

运用回归分析探讨荣誉价值认同对生活满意度的解释作用及其在本地和迁移样本中的差异。

1. 全样本回归分析

将荣誉价值认同、自尊及其二者的交互作用作为自变量对生活满意度进行回归。三项自变量建立的回归方程有统计意义，$F(3, 1410) = 66.96$，$p < 0.001$，$R^2 = 0.13$。从表4中可以看到，荣誉价值认同和自尊均可预测生活满意度，二者之间的交互作用显著。

表4　荣誉价值认同和自尊对生活满意度的回归分析（N = 1414）

自变量	回归系数	标准误	标准化回归系数	t	p
荣誉价值认同(A)	-0.85	0.23	-0.52	-3.64	<0.001
自尊(B)	-0.81	0.33	-0.43	-2.40	0.016
A×B	0.25	0.06	1.14	4.13	<0.001

为明确交互作用的意义，运用 Johnson-Neyman 法确定荣誉价值认同预测生活满意度的自尊条件。分析得到自尊的2.75和3.67两个分界值，形成荣誉价值认同预测生活满意度的三个有显著性差异区域。其中，自尊低分段人数比例为5.2%，荣誉对于生活满意度的预测值为负（$t = -2.95 \sim -1.96$，$p = 0.003 \sim 0.050$），荣誉认同越高，生活满意度越低；自尊中间分数段人数占比为34.1%，荣誉对于生活满意度无预测作用（$t = -1.60 \sim 1.96$，$p = 0.109 \sim 0.050$），即荣誉认同程度与生活满意度无关；自尊的高分段人数占比为60.7%，荣誉对生活满意度的回归系数为正（$t = 2.67 \sim 4.65$，$p = 0.007 \sim <0.0001$），即越认同荣誉的价值，生活满意度就越高（参见图1）。

2. 成长工作在本省样本的回归分析

按照同样的方式对本地样本进行分析，结果显示，三项自变量建立的回归方程有统计意义，$F(3, 1109) = 55.52$，$p < 0.001$，$R^2 = 0.13$。从表4中可以看到，与全样本的结果略有不同，荣誉价值认同

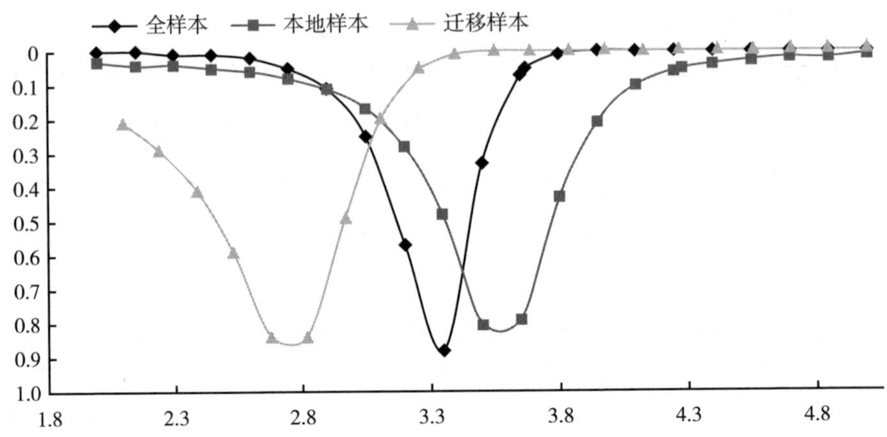

图 1　荣誉价值认同对生活满意度回归显著性的样本间差异分布

注：V 字形曲线左侧对应回归系数为负值，右侧为正值，即左侧显著为消极效应，右侧显著为积极效应。

及其与自尊的交互作用仍可预测生活满意度，但模型中的自尊不能单独预测生活满意度。

同样运用 Johnson-Neyman 法确定样本中荣誉价值认同预测生活满意度的自尊条件，以明确交互作用的意义。分析得到自尊 2.46 和 4.28 两个分界值，形成荣誉价值认同预测生活满意度的三个有显著性差异区域（参见表 5）。其中，自尊低分段人数比为 1.3%，荣誉对于生活满意度的预测值为负（t = -2.15 ~ -1.96，p = 0.031 ~ 0.050）；自尊中间分数段人数占比为 72.6%，荣誉对于生活满意度无预测作用（t = -1.87 ~ 1.96，p = 0.061 ~ 0.050）；自尊高分段人数占比为 26.1%，荣誉对生活满意度的回归系数为正（t = 2.10 ~ 2.45，p = 0.036 ~ 0.015）（参见图 1）。荣誉价值认同对生活满意度的预测模式与全样本相同，但有突出变化的是自尊中间分数段的人数比例高达七成多，而荣誉价值认同能够预测生活满意度的人数仅约占样本的四分之一。

表 5 荣誉价值认同和自尊对工作在本省者生活满意度的回归分析（N = 1113）

自变量	回归系数	标准误	标准化回归系数	t	p
荣誉价值认同(A)	-0.65	0.27	-0.39	-2.40	0.016
自尊(B)	-0.31	0.39	-0.16	-0.80	0.422
A×B	0.18	0.07	0.79	2.54	0.011

3. 工作在他省的迁移样本的回归分析

分析结果显示，三项自变量建立的回归方程有统计意义，$F(3, 297) = 21.50$，$p < 0.001$，$R^2 = 0.18$。从表5中可以看到，荣誉价值认同和自尊均可预测生活满意度，二者之间的交互作用显著，这与全样本的回归结果模式相同。

表 6 荣誉价值认同和自尊对迁移样本生活满意度的回归分析（N = 301）

自变量	回归系数	标准误	标准化回归系数	t	p
荣誉价值认同(A)	-1.12	0.45	-0.74	-2.47	0.014
自尊(B)	-1.82	0.64	-1.12	-2.84	0.005
A×B	0.40	0.12	2.01	3.37	0.001

再次运用Johnson-Neyman法确定本样本中荣誉价值认同预测生活满意度的自尊条件，明确交互作用的意义。分析得到一个分界值（3.26），形成荣誉价值认同预测生活满意度的两个有显著性差异区域。自尊低分段人数比例为30.2%，荣誉对于生活满意度无预测作用（t = -1.26 ~ 1.96，p = 0.208 ~ 0.050）；自尊的高分段人数占比为69.8%，荣誉对生活满意度的回归系数为正（t = 2.68 ~ 5.26，p = 0.008 ~ 0.015）（参见图1）。总体上，无论自尊的高低，荣誉价值认同对生活满意度均无负面作用。与本省样本比较，显著的不同是荣誉价值认同对生活满意度起积极作用的人数比例大大提升，迁移样本与本地样本的占比差值达到了43.7个百分点，且起积极作用的自尊分数起点由4.28降到了3.26。

四　讨论与结论

自尊和荣誉价值认同均能够预测幸福感，但二者结合而产生的作用模式不同。部分人（低自尊者）的荣誉价值认同有损生活满意度，而更多人的荣誉价值认同对生活满意度有益，此支撑或贡献作用受自尊水平的调节，在迁移状态上有差异。自尊越高，荣誉价值认同的作用越积极，工作于外地的迁移者较工作于本省者受益面更大、受益水平更高。即荣誉价值认同对迁移者的生活满意度表现出了更强的支撑作用。这个结果支持引言部分提出的荣誉文化（元素）随着社会流动和文化变迁对于构建生活满意度的作用，也表明迁移人群（其荣誉价值认同水平并不高于未迁移群体）的荣誉价值认同遵循了相对内生的机制，较自尊建构生活满意度处于更基础的地位。

从迁移角度来看，到外地工作往往是主动选择的结果（当代国内人口迁移，应是寻求工作机会的主动性迁移，是更优选择），也是适应的结果（即便不问迁移原因，迁移者成功地适应了当地生活），适应不但意味着物质生活有保障，也意味着社会网络和精神生活的稳定。其中，具有一定普遍性的是荣誉价值认同成为人们生活满意度的来源（至少比本地未迁移者影响深广）。换言之，迁移者在一定社会环境和文化影响下形成了具有相当普遍性的荣誉支撑生活满意度的心理特点与行为模式，构成了影响迁移者的社会心态（王俊秀，2007；2013）。

从文化模式角度来看，个人内在品质与外在社会价值形成良性互动是生活满意度的根本。按照前述文化理想类型，面子、自尊、荣誉这几种特质要素都可以提供良性互动架构。“面子”的优势是有深广的传统文化实践，有潜移默化的生活基础，最易自动成为生活满意度的支撑因素，其不足是起支撑作用的阶层系统已经重构和式微。“自尊”的潜力来自理性、陌生人社会的深化，其不足是国人自尊的生活实践尚短，且过度的自尊维护会导致副作用。将自尊作为支撑生活满意度的基础，还需要进一步丰富话语支撑和修饰。荣誉跟自尊有类似的地方，一方面，荣誉是自我价值实现的尺度；另一方面，捍卫荣誉也可能会导致消极甚至反社会的行为。但荣誉有历史文化实践和现实制度的支撑，不管是道德层面的正直诚实，还是社会声誉，其社会承认机制合理合法，足以在满足面子心理的同时让个体在陌生化环境中获得支撑生活满意的价值。

荣誉价值观支撑本地和迁移群体生活满意度的共通性和特异性，反映了荣誉体系建构和实践的复杂性。建构荣誉社会文化心理作为生活幸福基础对于某些人群尤其重要。荣誉内涵丰富，对于作用机制的理解还相当有限。本地人和迁移者荣誉内涵和作用机理的差异也是生活日益多样性的一部分。充分理解才能充分尊重，才能沟通和对话，让荣誉在文化建构中发挥积极作用，为幸福生活提供价值支点和意义支撑。另外，一个重要的问题是虚荣（Vanity），追求荣誉的进一步符号化、极端化就会推高虚荣发生的可能性。无论是“死要面子”的传统风险，还是自尊运动导致的自恋盛行，都是虚荣发生的前车之鉴。

本研究的不足主要在于样本方面。本研究样本受教育水平偏高，大多接受了大学教育，不能直接推论到其他受教育水平较低的群体，如“农民工”。但总的来看，荣誉价值认同对迁移者的生活满意度表现出了更强的支撑作用。文化模式提供了陈述性和程序性的知识体系，这是幸福生活建构的内在资源。生活实践虽更具情景性和变异性，但文化理想类型分析具有清楚的界定，明了群体文化元素在变迁社会中对幸福生活的作用模式，不但具有重要的实践意义，也有助于植根于文化传统和丰富实践，推动社会心态理论体系的建构。

五　对策与建议

（一）有区别性地对个体进行荣誉价值引导

研究发现，跨省流动人群的生活满意度更受益于荣誉价值。由此，在强化荣誉对该群体价值和意义的同时，要更进一步引导他们对制度化荣誉价值的认同。由于未跨省流动者较少受益于荣誉价值认同，可从被动社会流动（越来越多的人迁移到某地后，对于本地成长的人而言，环境也在经历如迁移者类似的变迁）普遍性的角度去实践荣誉的支持效应，针对不同形式社会流动与价值认同所塑造生活满意度的特点，发掘荣誉的正面效用，加强对传统文化与现代文化的整合性认知。

（二）将荣誉价值作为社区心态建设的要素

跨区流动使荣誉对生活满意度的支撑出现了系统化差异，由此提示社区工作对于荣誉价值发掘与建设的重要性。可尝试在社区工作中将荣誉作为日常教育、宣传和管理的内容，通过对不同人群荣誉价值规律的把握和运用，将荣誉建构为社会心态的动力与支撑要素，既发挥内生荣誉的积极作用，又提升社区的和谐进取精神。

参考文献

毕重增：《自信与社会适应》，科学出版社，2017。

黄光国：《人情与面子：中国人的权力游戏》，中国人民大学出版社，2010。

黄任之、姚树桥、邹涛：《个人主义和集体主义量表中文版信度和效度的研究》，《中国临床心理学杂志》2006 年第 6 期。

季益富、于欣：《自尊量表》，载汪向东、王希林、马弘编《心理卫生评定量表手册》，中国心理卫生杂志社，1999。

〔美〕罗杰斯：《当事人中心治疗：实践、运用和理论》，李孟潮等译，中国人民大学出版社，2013。

王俊秀、杨宜音、陈午晴：《中国社会心态调查报告》，《民主与科学》2007 年第 2 期。

王俊秀：《社会心态的结构和指标体系》，《社会科学战线》2013 年第 2 期。

〔美〕英克尔斯、史密斯：《从传统人到现代人——六个发展中国家中的个人变化》，顾昕译，中国人民大学出版社，1992。

Chen, P. H. A., Wagner, D. D., Kelley, W. M., et al., "Medial Prefrontal Cortex Differentiates Self from Mother in Chinese: Evidence from Self-Motivated Immigrants", *Culture and Brain* 1 (2013).

Leung, A. K. & Cohen, D., "Within-and Between-culture Variation: Individual Differences and the Cultural Logics of Honor, Face, and Dignity Cultures", *Journal of Personality & Social Psychology* 100 (2011).

Novin, S. & Oyserman, D., "Honor as Cultural Mindset: Activated Honor Mindset Affects Subsequent Judgment and Attention in Mindset-congruent Ways", *Frontiers in Psychology* 7 (2016).

Oyserman, D., "Culture Three Ways: Culture and Subcultures within Countries", *Annual Review of Psychology*, 68 (2017).

Pavot, W. & Diener, E., *Review of the Satisfaction with Life Scale. Assessing Well-Being*, Springer Netherlands, 2009.

Triandis, H. C. & Gelfand, M. J., "Converging Measurement of Horizontal and Vertical Individualism and Collectivism", *Journal of Personality & Social Psychology* 74 (1998).

B.11
社会道德行为的城乡差异：关系流动性的影响*

应小萍**

摘　要： 报告通过分析社会道德行为的城乡差异，从社会生态心理学的角度，探讨关系流动性和社会道德行为之间的关系。关系流动性是指在特定社会或情境中人际和群际关系的选择自由度。与低关系流动性环境相比，高关系流动性环境下的人们更容易结交新伙伴和结束旧有关系；与农村相比，城市具有显著的更高的关系流动性环境。数据来自2017年社会心态调查（CASS-Intellvision Social Mentality Survey 2017）。社会道德行为包括亲社会行为、利他行为和社会规范行为，被调查者从意愿和实际行为两个方面进行了自我评价。在分析社会道德行为的城乡差异和关系流动性在其中的调节效应后，研究发现，关系流动性在社会规范行为意愿评价、亲社会行为和利他行为的自我评价的城乡差异上存在调节效应。

---

* 本报告受国家社会科学基金重大项目“社会心理建设：社会治理的心理学路径”（项目批准号：16ZDA231）资助。

** 应小萍，中国社会科学院社会学研究所，副研究员，研究方向为社会心理学。

关键词： 社会道德行为　关系流动性　城乡差异　社会生态心理学

一　引言

2017 年社会心态调查中，自编了十题与社会道德相关的题目，根据内容不同又可分为三类，一是利他行为，包括捐款捐物和帮助陌生人两题；二是亲社会行为，包括参加志愿者活动和参加绿色环保活动两题；三是社会规范行为，包括遵守交通规则一题。针对这五个方面，分别进行意愿（将来希望进行和参与这五种活动的程度）和行为（过去一年中这五种活动实际发生的频次）评价。虽然并未完全涵盖道德研究者对道德的定义的范围和讨论（Haidt，2008；Haidt & Kesebir，2010；Schein & Gray，2018；Tomasello & Vaish，2013；梅拉妮·基 & 朱迪思·斯梅塔，2011），但本报告通过对这三类五种社会道德行为从意愿和行为两个层面进行评价，将有助于对社会道德行为的进一步深入研究。

利他行为是不带个人私利地关注他人幸福的行为，不同于亲社会行为是一种有利于他人的助人行为，这种助人行为并不保证能给施助者带来直接利益，或许还有可能会带来风险（巴伦和伯恩，2004）。社会规范遵守行为是道德违规行为的反面，不是从违反道德规范研究道德行为，而是将遵守社会规范作为一种道德行为来进行研究。卡罗（2006）也强调在进行道德研究时，必须涉及具体行为。本研究不仅涉及对社会道德活动的态度测量，即评价参与的愿意程度，也涉及了行为发生状况的自我评价。

（一）社会道德行为的城乡差异

有研究者通过元分析发现，亲社会行为如助人行为在城乡之间存

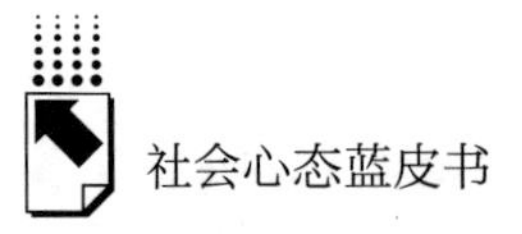

在差异。因为存在大城市居民更为冷漠、乡村和小镇居民更为友好的刻板印象，一般假设乡村居民比大城市居民会有更多的助人意愿和行为。但也有不少的研究并不支持这一假设，认为从人们的出生地区推断人格上的原因，进而用来解释助人行为的差异不够严谨。旁观者效应和人口数量也是影响助人行为的原因，而人口数量与助人行为相关，但并不是简单的线性相关，在城市以外的地区，人口数量与助人行为才有正相关。研究也发现，助人行为的城乡差别只是表面现象，背后的真实因素是情境（Setting）（Eisenberg，1991）。最近一项关于克罗地亚城乡居民的内群和外群的道德判断研究，引入关系流动性这一概念探讨了城乡、内外群和道德判断的关系。研究发现，相较于城市居民，农村居民对道德偏差行为的评价更为严格（Moncrieff & Lienard，2018）。

本次调查中要求被调查者回答了居住类型，选项中包括中心城区和农村两个选项，为社会道德行为的城乡比较提供了可能性。本研究将探讨亲社会行为、利他行为和社会规范行为的城乡差异，并从关系流动性这一社会生态心理学变量入手探讨其中的机制。

（二）社会道德行为与关系流动性

结城雅树等人（Oishi，Schug，Yuki & Axt，2015；Thomson et al.，2018；Yuki & Schug，2012；Yuki et al.，2007）提出关系流动性这一概念，并编制了相应的量表在全球 39 个国家和地区进行了跨文化施测和研究。关系流动性是指在特定社会或情境中人际和群际关系的选择自由度，不是对个体自身的自由度的判断，而是个体对所处社会环境的关系流动性的判断，在测量时，强调的是周围的人们如何行为，被调查者也是对周围人的行为做出评价。

关系流动性反映的是对社会环境的感知，也被认为与文化密切相关，已有的跨文化研究结果显示不同文化的国家和地区之间，人们的关系流动性知觉水平存在显著差异。北美国家，美国和加拿大相较于日本等东亚社会，被认为是高关系流动性社会，处于高关系流动性社会中，人们有更多的结交新朋友的机会，一旦与朋友不合适也较为容易结束关系，转而建立新的关系。

关系流动性不仅在不同文化之间会呈现高低不同水平，在同一文化下，同一个国家和民族内部也会被知觉为不同水平。关系流动性在城市和农村之间也会存在差异，城市居民会比农村居民知觉所在社会环境具有更高的关系流动性（Oishi et al.，2015；Sato & Yuki，2014；Yuki，Sato，Takemura & Oishi，2013）。在前面提到的克罗地亚城乡道德判断差异研究中，也发现在城市中，关系流动性与外群体内疚显著相关；而知觉环境为关系流动性高的被调查者在内外群体道德偏差行为的判断没有差异，低关系流动性知觉的被调查者在内外群体的道德判断上存在不同（Moncrieff & Lienard，2018）。

本研究也对关系流动性的城乡差异进行检验，并探讨城乡和关系流动性对道德行为的影响。社会心态通过社会成员的心理和行为得以表达，反映的是整个社会的情绪基调、社会共识和社会价值取向的总合（杨宜音，2013）。社会心态可以通过社会成员所知觉的关系流动性水平得以表达，探讨关系流动性对道德行为的城乡差别的影响机制，是感知所处社会的关系流动性的高低，从而感知到所处的整个社会环境的人际和群际关系状况，进而有机会调整自己的行为以适应所处的社会环境（Kito，Yuki & Thomson，2017；Li，Adams，Kurtiş & Hamamura，2015；Yamada，Kito & Yuki，2017）。愿意遵守社会规范，遵守乘车排队等交通规则，也是表示其不愿意因为违反社会规范而受到其他社会成员的谴责，或者受到规章制度的惩罚。农村相对城市而言，是低关系流动性社会，社会网络小，人们交友的机会少，需要维持原有的社交网络不被打破。所以，在农村，越愿意遵守社会规范，越有可能获得周围人的认可，也越容易维持原有的社会关系。这也解释了关系流动性何以在城乡对社会规范遵守意愿影响中起调节作用。

二　方法

（一）被调查者

本报告使用的数据来自2017年社会心态调查（CASS-Intellvision Social Mentality Survey 2017）。调查问卷由中国社会科学院社会学研究所社会心理学研究中心编制，于2016年8月到2017年4月，通过智媒云图研发的问卷调研App“问卷宝”，向在线样本库的全国用户（共约110万人，覆盖全国346个地级城市）推送问卷，再通过用户分享问卷的方式进行滚雪球式发放。问卷收回后，课题组依据陷阱题、答题完成情况等对问卷进行筛选，有效受调查人数为22669名。

（二）测量

1. 城乡地区

根据被调查者回答的居住地区类型，即“市县城的中心城区”“市县城的边缘地区”“市县城的城乡结合部”“市县城以外的镇”“农村”，选取其中的中心城区和农村两端的居住类型，人数分别为6437名和3955名。

2. 社会道德行为

本次调查的社会道德行为题目共10题，包括5种行为，其中，2个利他行为，即捐款捐物和帮助陌生人；2个亲社会行为题目，即志愿者服务和绿色环保活动的参与；1个社会规范方面的题目，即遵守交通规则。并从两个方面让被调查者对亲社会道德行为的态度和行为进行评价。一是对5个社会道德行为的未来愿意程度进行评价，1分表示“非常不愿意”，7分表示“非常愿意”，进行1～7级评分，在本报告中用“意愿”表示，分数越高表示参加社会道德行为和活动的意愿越高；二是自我评价在过去一年中，上述5个社会道德行为的发生频率和多少程度，1分表示“从来没有”，7分表示“总是”，进行1~7级评分，在本报告中用“行为”表示，分数越高，表示过去一年的社会道德行为越频繁、活动参与程度越高。本研究作为社会道德行为与关系流动性关系探讨的初步研究，将十题的每个题目单独作为一个因变量进行分析。

3. 关系流动性

调查中使用的是结城雅树等人（Thomson et al.，2018；Yuki & Schug，2012；Yuki et al.，2007）编制的关系流动性量表的中文版，共为12题，其中6题为反向题，采用1~7分评分。被调查者在回答时是基于自己周围人的情况，而不是基于自身情况。用12题的总均分作为关系流动性的分数，答题分数越高表示所处环境的关系流动性越高，知觉到其周围人的关系流动性水平越高，反之，分数越低，表示所处的关系流动性环境是低关系流动性的。量表的内部一致性信度为0.790。

（三）统计分析方法

用SPSS的Process插件（Hayes，2013）的model 1处理分析关系流动性环境对城乡的社会道德行为和意愿差异的调节作用，Process插件可以同时处理控制变量，本研究报告中将参与调查者的年龄和居住时间长短作为控制变量。将城乡变量的“中心城区”转码为0，“农村”转码为1。关系流动性社会生态心理变量的调节效应分析，选用了均值和上下一个标准差。城乡和关系流动性的乘积项也一起进入回归方程。

三 结果

（一）关系流动性和社会道德行为的城乡差异

选取回答居住地区类型为中心城区和农村的被调查者，分别对关

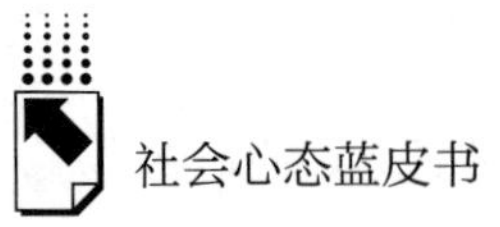

系流动性和十个社会道德行为相关的题目进行城乡差异的T检验。总体被调查者、各居住地区的各变量均值见图1，T检验结果见表1。

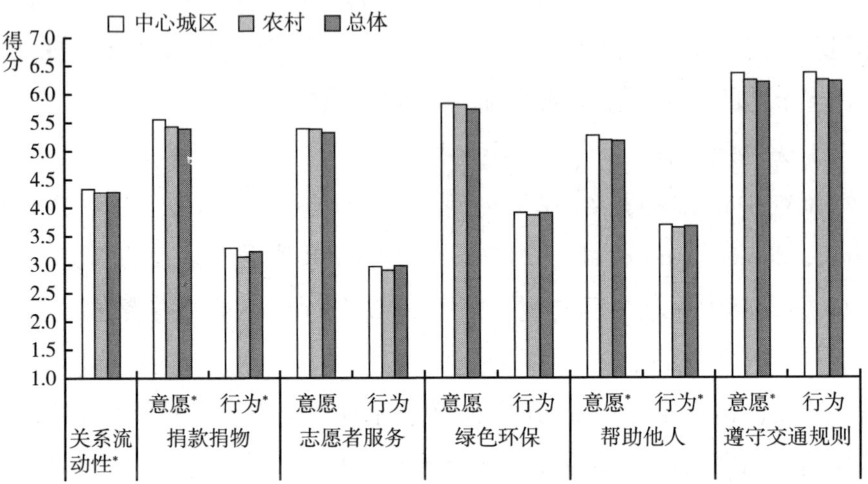

图1　中心城区和农村的关系流动性和社会道德行为的得分

注：*表示在中心城区和农村两个地区之间的变量得分存在显著差异，表1列出了具体的数值。

表1　各变量在不同居住地区的描述统计量和城乡差异的T检验

项目	关系流动性	捐款捐物		志愿者服务		绿色环保		帮助陌生人		遵守交通规则	
		意愿	行为	意愿	行为	意愿	行为	意愿	行为	意愿	行为
总体(N=22669)	4.28	5.39	3.23	5.32	2.97	5.73	3.90	5.17	3.66	6.19	6.21
边缘城区(N=4733)	4.30	5.44	3.14	5.32	2.86	5.79	3.83	5.18	3.59	6.27	6.27
城乡结合部(N=4368)	4.22	5.18	3.33	5.20	3.13	5.51	3.94	5.04	3.67	5.94	5.99
城区以外镇(N=3176)	4.23	5.24	3.21	5.24	3.05	5.63	3.99	5.12	3.73	6.04	6.10
中心城区(N=6437)	4.33	5.56	3.29	5.39	2.96	5.83	3.91	5.26	3.69	6.36	6.36

续表

项目	关系流动性	捐款捐物		志愿者服务		绿色环保		帮助陌生人		遵守交通规则	
		意愿	行为	意愿	行为	意愿	行为	意愿	行为	意愿	行为
农村（N＝3955）	4.27	5.43	3.14	5.39	2.90	5.81	3.86	5.19	3.64	6.23	6.24
T 检验	5.46***	4.77***	5.47***	0.21	1.89	0.92	1.17	3.20***	1.63	5.74***	5.17***

注：*p＜0.05；** p＜0.01，***p＜0.001，下同。

从中可以看到，城乡结合部和城区以外镇的关系流动性分数最低，分别为4.22分和4.23分；居住在中心城区的被调查者所知觉到社会环境的关系流动性水平为4.33分，超过了总体均值的4.28分，为五个居住地区中最高，并显著高于居住在农村的被调查者的4.27分。中心城区比农村地区的居民有更多的机会认识新朋友，也更有可能结束一段旧的社会关系，从而建立新的人际关系或者加入新的群体。而农村地区的居民则比中心城区的居民更倾向于维持一段长久的人际关系，更认同自己的群体成员身份，更排斥外部群体，也因而比城区居民更不可能建立新的朋友关系。

与利他行为相关的捐款捐物和帮助陌生人的意愿在城乡之间存在显著差异，城区的被调查者比农村的有更高的亲社会行为的意愿，不仅是中心城区的捐款捐物（5.56分）和帮助陌生人（5.26分）的意愿高于总体均值5.39分和5.17分，农村的被调查者对亲社会行为的愿意程度也高于或接近与总体均值，城乡结合部的被调查者的捐款捐物意愿最低，为5.18分，帮助陌生人的意愿也最低，为5.04分。可以看到，城区居民相较于农村居民有更高的愿意无条件帮助他人的意愿，更愿意为帮助受困受灾的人而捐款捐物，也更愿意帮助素不相识的陌生人。在利他行为的实际情况的自我报告上，中心城区（3.29分）比农村（3.14分）的被调查者显著地有更多更频繁的捐款捐物行为；但在帮助陌生人上，中心城区（3.69分）和农村（3.64分）

的被调查者之间没有显著差异，总体均分为 3.66 分，城区以外镇的助人行为最多，为 3.73 分。利他行为的实际状况在城乡之间只有捐赠行为有显著差异，在帮助陌生人上没有显著差异。

与亲社会行为相关的参加志愿者服务活动的未来意愿方面，城乡之间不存在显著差异，均为 5.39 分，为五个地区中最高，高于总体均分 5.32 分，最低的是城乡结合部，为 5.20 分；志愿者服务活动的过去一年的实际参与状况在城乡之间差异为边缘显著（$p = 0.05$），分别为 2.96 分和 2.90 分，低于总体均分（2.97 分）。参加绿色环保活动的意愿和志愿者服务类似，城乡之间差异不显著，分别为 5.83 分和 5.81 分，高于总体均分（5.73 分）；过去一年的实际行为状况上，城乡之间差异也不显著，分别是 3.91 分和 3.86 分。

在是否愿意遵守社会规范相关的交通规则并排队乘车上，城乡之间存在显著差异，城市为 6.36 分，是五个居住地区中愿意程度最高的，农村为 6.23 分，均超过了总体均分（6.19 分），城乡结合部的被调查者的愿意程度相对最低，为 5.94 分；在自我报告过去一年的社会规范遵守方面，遵守交通规则并排队乘车上，城乡之间差异显著，中心城区为 6.36 分，农村地区的分数为 6.24 分，均高于总体均分（6.21 分），城乡结合部的分数最低为 5.99 分。

相较于利他行为和亲社会行为，社会规范相关的社会道德行为的意愿和行为分数是最高的，在五个地区中都呈现了这一趋势。

（二）关系流动性和社会道德行为的相关分析

表 2 列出了关系流动性和与社会道德行为相关的十个题目的相关系数，考虑到在分析关系流动性对社会道德行为城乡差异的调节效应时，将控制年龄和居住时间这两个变量，因而也将年龄和居住时间纳入进来进行相关分析。

除了参加志愿者服务活动的实际行为情况，关系流动性与另外的社会道德行为均相关显著，但相关程度偏低。关系流动性与意愿的相关，比与行为的相关程度更高一些。

年龄与关系流动性的相关不显著，但年龄和居住时间长短与社会道德行为之间还是存在一定程度的相关，虽然从相关系数看，相关程度偏低，但在之后的调节变量分析中，仍有必要将两者作为控制变量纳入回归方程中。

从表 2 中也可看到五个社会道德行为和意愿之间相关分析，相关系数均呈现为显著相关。在意愿层面，相关系数的范围为 0.331 ~ 0.542，达到中等程度的相关；在行为层面，相关系数的范围为 -0.032 ~ 0.583，社会规范行为与亲社会行为和利他行为相关均较弱，而亲社会行为和利他行为之间呈现中等程度相关。从意愿和行为的相关分析可以看到，遵守交通规则、帮助陌生人、绿色环保、志愿者服务和捐款捐物的意愿和行为的相关系数分别为 0.610、0.467、0.317、0.304 和 0.247，呈现依次递减趋势。

（三）关系流动性的调节效应分析

表 3 列出了 Process 分析关系流动性在城乡和十个社会道德的调节作用的结果，自变量为城乡变量，中心城区转码为 0，农村转码为 1；调节变量为关系流动性量表得分，设置为平均数和上下一个标准差作为高低关系流动性；因变量为社会道德行为的意愿和行为变量。Process 的处理结果中，将会显示城乡和关系流动性的乘积项的统计量，以及高低关系流动性分数下的城乡变量对社会道德行为的回归系数等统计量，可以依此判断调节效应以及简单斜率的分析结果。

1. 社会道德行为和意愿的城乡差异

与表 2 中的城乡差异 T 检验结果一致，在控制了年龄和居住时间这两个变量之后，与亲社会行为相关的志愿者服务和绿色环保活动的

表2 各变量的相关系数表

项目	年龄	居住时间	城乡	关系流动性	意愿					行为				
					捐款捐物	志愿者服务	绿色环保	帮助陌生人	遵守交通规则	捐款捐物	志愿者服务	绿色环保	帮助陌生人	遵守交通规则
年龄	1													
居住时间	0.153***	1												
城乡	-0.209***	-0.011	1											
关系流动性	0.004	0.075***	-0.052***	1										
意愿														
捐款捐物	-0.002	0.038***	-0.048***	0.165***	1									
志愿者服务	-0.041***	0.014	-0.002	0.171***	0.480***	1								
绿色环保	-0.023*	0.046***	-0.009	0.173***	0.441***	0.542***	1							
帮助陌生人	-0.022*	0.030**	-0.032***	0.165***	0.358***	0.427***	0.387***	1						
遵守交通规则	-0.028**	0.059***	-0.058***	0.193***	0.394***	0.371***	0.523***	0.331***	1					
行为														
捐款捐物	0.052***	0.012	-0.054***	0.059***	0.247***	0.274***	0.143***	0.195***	0.031**	1				
志愿者服务	-0.033**	-0.040***	-0.019	0.018	0.116***	0.304***	0.084***	0.166***	-0.063***	0.583***	1			
绿色环保	-0.017	0.002	-0.011	0.071***	0.169***	0.246***	0.317***	0.189***	0.099***	0.428***	0.496***	1		
帮助陌生人	-0.070***	-0.042***	-0.016	0.057***	0.162***	0.251***	0.154***	0.467***	0.056***	0.409***	0.422***	0.373***	1	
遵守交通规则	-0.015	0.064***	-0.052***	0.161***	0.312***	0.300***	0.406***	0.283**	0.610***	0.053***	-0.032***	0.128***	0.081***	1

注：N = 10392。

参与意愿在城乡之间没有显著差异；捐款捐物和帮助陌生人的利他行为的意愿和在社会规范遵守意愿上，城市居民相较于农村居民显著更高；在过去一年的实际行为上，除了绿色环保活动的参与状况在城乡之间无显著差异外，志愿者服务、利他行为和社会规范行为存在显著的城乡差异，城市居民较农村居民具有更高的社会道德行为水平。

2. 关系流动性对社会道德行为的正性相关

在控制年龄和居住时间后，关系流动性对社会道德的行为和意愿均具有显著影响，Beta 值区间为 0.14 ~ 0.41。而相较于行为层面，社会道德的意愿层面受到关系流动性的影响更大，Beta 值更高。

3. 关系流动性在城乡影响社会道德行为的调节效应

（1）在城乡对亲社会行为和利他行为意愿的影响上，关系流动性的调节效应不存在。

表 3 显示，关系流动性在城乡影响亲社会和利他行为意愿上不存在调节效应。一方面，关系流动性的高低并不会影响城乡因素对亲社会和利他行为的意愿高低。另一方面，不管是城区还是农村，相较于知觉周围的社会环境的关系流动性低的居民，知觉关系流动性越高的居民越有可能倾向于表达较高的亲社会和利他行为意愿。

（2）关系流动性在城乡影响社会规范遵守意愿的调节效应。

表 3 显示，关系流动性在城乡影响社会规范遵守意愿上存在调节效应。相对于知觉周围环境为高关系流动性的被调查者群体（$\beta = -0.07$，95% CI 置信区间［-0.12，-0.03］），对知觉低关系流动性的被调查者人群而言（$\beta = -0.17$，95% CI 置信区间［-0.24，-0.10］），城乡对社会规范遵守意愿的影响更大。关系流动性知觉水平低的被调查者，居住在中心城区的居民比居住在农村的有更高的遵守交通规则的意愿。与居住在中心城区的居民相比，居住在农村的居民，随着对社会环境的关系流动性知觉程度增加，遵守交通规则的意愿更为强烈。

关系流动性在城乡对遵守社会规范行为的影响上调节效应不显著。

表 3　关系流动性对城乡社会道德行为的调节效应的分析结果

项目	年龄			居住时间			城乡			关系流动性			城乡×关系流动性			R^2	F (5,10386)
	β	SE	t	β	SE	t	β	SE	t	β	SE	t	β	SE	t		
意愿																	
捐款捐物	0	0	-1.56	0.02	0.01	2.76**	-0.11	0.03	-4.17***	0.39	0.03	13.74***	0.01	0.05	0.12	0.03	63.31***
志愿者服务	-0.01	0	-4.31***	0.01	0.01	0.80	-0.01	0.03	-0.25	0.41	0.03	14.94***	-0.03	0.05	-0.63	0.03	67.75***
绿色环保	0	0	-2.98***	0.03	0.01	3.64***	-0.01	0.02	-0.60	0.37	0.03	14.64***	0.04	0.04	0.86	0.03	74.97
帮助陌生人	0	0	-3.15***	0.02	0.01	2.28*	-0.07	0.02	-2.97***	0.36	0.03	13.46***	0.02	0.05	0.40	0.03	62.41***
遵守交通规则	-0.01	0	-4.71***	0.04	0.01	4.74***	-0.12	0.02	-5.67***	0.34	0.02	16.10***	0.09	0.04	2.42*	0.04	105.14***
行为																	
捐款捐物	0.01	0	4.14***	0	0.01	0.14	-0.12	0.03	-4.22***	0.22	0.03	6.68***	-0.21	0.06	-3.61***	0.01	18.28***
志愿者服务	-0.01	0	-3.21***	-0.04	0.01	-3.56***	-0.09	0.03	-2.56*	0.14	0.04	3.72***	-0.25	0.07	-3.69***	0	9.81***
绿色环保	0	0	-1.96	0	0.01	-0.02	-0.05	0.04	-1.26	0.30	0.04	6.99***	-0.18	-0.07	-2.37*	0.01	11.77***
帮助陌生人	-0.01	0	-6.81***	-0.04	0.01	-3.53***	-0.09	0.03	-2.91***	0.25	0.04	6.92***	-0.24	0.06	-3.99***	0.01	24.21***
遵守交通规则	0	0	-3.38***	0.05	0.01	5.29***	-0.12	0.02	-4.93***	0.31	0.02	13.89***	0.09	0.04	2.00	0.03	75.99***

注：N = 10392；城乡变量的中心城区 = 0，农村 = 1；*p < 0.05；** p < 0.01，***p < 0.001。

（3）关系流动性在城乡影响亲社会行为和利他行为上的调节效应均显著。

在捐赠利他行为上，关系流动性的调节效应显著。在社会环境的低关系流动性知觉者中（β = -0.01，95% CI 置信区间 [-0.09，0.07]），无论其是居住在中心城区还是农村，过去一年的捐款捐物的行为均相对较低，并且两者之间没有差异；而在社会环境为高关系流动性知觉者中（β = -0.23，95% CI 置信区间 [-0.32，-0.15]），居住在中心城区的居民的捐赠利他行为显著多于农村地区。对于居住在农村的被调查者来说，随着关系流动性知觉程度的增加，捐款捐物行为并没有相应增加；而对于居住在中心城区的关系流动性知觉程度越高的被调查者，在过去一年的捐款捐物行为也会越多。也就是说，关系流动性对捐款捐物这一行为的影响只在城市居民中起作用。

在帮助陌生人的利他行为上，关系流动性存在调节效应。在社会环境知觉为低关系流动性的被调查者中（β =0.04，95% CI 置信区间 [-0.04，0.13]），无论其是居住在中心城区还是农村，过去一年帮助陌生人的行为较少且两者之间没有显著差异；而知觉社会环境为高关系流动性的被调查者（β = -0.22，95% CI 置信区间 [-0.30，-0.13]），相对于农村地区，中心城区的居民自我报告了更多的帮助陌生人行为。对关系流动性的知觉也只对居住在中心城区居民的帮助陌生人的利他行为有影响，对居住在农村地区的被调查者，关系流动性不会影响帮助陌生人这一类利他行为。

在参加志愿者服务活动的亲社会行为上，关系流动性具有调节作用。在低关系流动性知觉者中（β = 0.05，95% CI 置信区间 [-0.05，0.10]），不管其是居住在中心城区还是农村，过去一年参加志愿者服务较少且两者之间没有显著差异；而在高关系流动性知觉者中（β = -0.22，95% CI 置信区间 [-0.31，-0.12]），相对于农村地区，中心城区的被调查者显示在过去一年中参加了更多的志愿者服务活动。对居住在中心城区的，知觉所处环境关系流动性越高的被调查者，过去一年参加志愿者服务的活动越频繁；而对居住在农村地区的被调查者，知觉到关系流动性越高，并不能促进反而降低了参与志愿者服务这一亲社会行为，但降低的程度并不显著。

在参加绿色环保活动的亲社会行为上，关系流动性的调节效应存在。在低关系流动性知觉的被调查者中（β = 0.05，95% CI 置信区间［-0.06，0.15］），不管居住在中心城区还是农村，过去一年参加志愿者服务均较少且两者之间没有显著差异；而在高关系流动性知觉者中（β = -0.14，95% CI 置信区间［-0.25，-0.03］），相对于农村地区，中心城区的被调查者的自我报告显示在过去一年中参加了更多的绿色环保活动。知觉关系流动性越高的城区居民，参加环保服务的活动越频繁；而对居住在农村地区的被调查者，知觉关系流动性的高低对是否参与志愿者服务活动的亲社会行为并不存在促进作用。

四　讨论和建议

（一）社会道德行为和关系流动性的城乡差异

本研究发现，利他行为和遵守社会规范行为存在城乡差异，而亲社会行为在城乡之间没有差异。助人行为在城市和农村是否存在差异并没有得到一致性的结果，关键是如何解释社会道德行为的城乡差异（Eisenberg，1991）。本研究结果也显示了关系流动性的城乡差异，城市的关系流动性比农村的高，城市比农村居民在人际和群际关系上有更大的自由度，这也是与已有的研究假设和研究结果一致（Oishi et al.，2015；Sato & Yuki，2014；Yuki et al.，2013）。关系流动性不仅在东西方不同文化之下，北美和东亚等国家地区之间存在显著差异，还可能由于现代文化和传统文化之间的差异而在城乡之间出现显著差异。关系流动性可以用于理解和解释不同文化之下的个体行为差异（Heine & Buchtel，2009），本研究将关系流动性用以解释道德行为的城乡差异。社会变迁影响了城乡之间的人口流动，以及城乡的文化。考虑到城市的人口流动性问题，也对居住时间超过十年的城乡居民的社会道德行为和关系流动性进行了考察，得到了与本研究同样的结果。研究中也已将居住时间长短设置为控制变量。

（二）关系流动性对城乡和社会道德行为的调节效应

关系流动性的调节效应，只在社会规范的遵守意愿、亲社会行为和利他行为的实际发生中有作用。而在亲社会行为和利他行为的意愿上，没有发现关系流动性的调节效应。在以后的道德相关研究中，也需要将道德行为做区分。关系流动性对亲社会行为和利他行为的促进作用只在城市，而不是农村，这一结果也提示我们，在社会变迁过程中，城乡之间的差异是在扩大还是缩小？研究如何促进社会道德行为时，必须考虑到社会变迁对个人心理的影响（杨宜音，2010），要充分考虑城市和乡村的不同，并制定不同的策略，从而提升社会道德水平。

（三）社会道德的行为和意愿的关系

本研究从意愿和行为两个层面对社会道德进行了探讨，表2中的数据也显示出意愿和行为之间呈中等的相关，但并没有分析意愿和行为之间的关系，只将意愿和行为作为单独变量加以分析，这也是本研究的不足之处。进一步的研究可以在关系流动性、社会道德行为和意愿三者之间进行，以便深入探讨关系流动性对社会道德的影响。

参考文献

〔美〕巴伦、伯恩：《社会心理学：第十版（上下册）》，杨中芳译，华东师范大学出版社，2004。

〔美〕梅拉妮·基伦、朱迪思·斯梅塔娜：《道德发展手册》（第1版），杨韶刚等译，教育科学出版社，2011。

杨宜音：《当代中国社会心态研究》，社会科学文献出版社，2013。

杨宜音：《人格变迁和变迁人格：社会变迁视角下的人格研究》，《西南大学学报》（社会科学版）2010年第4期。

Eisenberg, N., "Meta-Analytic Contributions to the Literature on Prosocial Behavior", *Personality and Social Psychology Bulletin*, 3 (1991).

Haidt, J., "Morality", *Perspectives on Psychological Science*, 3 (2008).

Haidt, J. & Kesebir, S., "Morality", In *Handbook of Social Psychology*, John Wiley & Sons, Inc, 2010.

Hayes, A. F., "*Introduction to Mediation, Moderation, and Conditional Process Analysis: Methodology in the Social Sciences*" (1st ed.), The Guilford Press, 2013.

Heine, S. J. & Buchtel, E. E., "Personality: The Universal and the Culturally Specific", *Annual Review of Psychology*, 1 (2009).

Kito, M., Yuki, M. & Thomson, R., "Relational Mobility and Close Relationships: A Socioecological Approach to Explain Cross-cultural Differences", *Personal Relationships*, 1 (2017), 114-130.

Li, L. M. W., Adams, G., Kurti, T. & Hamamura, T., "Beware of friends: The Cultural Psychology of Relational Mobility and Cautious Intimacy", *Asian Journal of Social Psychology*, 2 (2015).

Moncrieff, M. A. & Lienard, P., "Moral Judgments of In-group and Out-Group Harm in Post-conflict Urban and Rural Croatian Communities", *Frontiers in Psychology*, 9 (2018).

Oishi, S., Schug, J., Yuki, M. & Axt, J., "*The Psychology of Residential and Relational Mobilities*", Oxford University Press, 2015.

Sato, K. & Yuki, M., "The Association between Self-esteem and Happiness Differs in Relationally Mobile vs. Stable Interpersonal Contexts", *Frontiers in Psychology*, 5 (2014).

Schein, C. & Gray, K., "Thetheory of Dyadic Morality: Reinventing Moral Judgment by Redefining Harm", *Personality and Social Psychology Review*, 1 (2018).

Thomson, R., Yuki, M., Talhelm, T., Schug, J., Kito, M., Ayanian, A. H., … Visserman, M. L., "Relational Mobility Predicts Social Behaviors in 39 Countries and Is Tied to Historical Farming and Threat", *Proceedings of the National Academy of Sciences*, 115 (2018).

Tomasello, M. & Vaish, A., "Origins of Human Cooperation and Morality", *Annual Review of Psychology*, 1 (2013).

Yamada, J., Kito, M. & Yuki, M., "Passion, Relational Mobility, and Proof of Commitment: A Comparative Socio-ecological Analysis of an Adaptive Emotion in A Sexual Market", *Evolutionary Psychology*, 4 (2017).

Yuki, M., Sato, K., Takemura, K. & Oishi, S., "Social Ecology Moderates the Association between Self-esteem and Happiness", *Journal of Experimental Social Psychology*, 4 (2013).

Yuki, M. & Schug, J., "Relational Mobility: A Socioecological Approach to Personal Relationships", In *Relationship Science: Integrating Evolutionary, Neuroscience, and Sociocultural Approaches*, American Psychological Association, 2012.

Yuki, Schug, Horikawa, Takemura, Sato, Yokota & Kamaya. (2007). *Development of a Scale to Measure Perceptions of Relational Mobility in Society.*

B.12
中国城市网民性格及其在线名片的大数据分析*

林仲轩　林　鸿　胡　慧　赖凯声　何凌南**

摘　要：中国疆域辽阔，各个区域因自然地理环境、历史传承、宗教信仰等原因存在区域文化差异。但随着中国城市化的发展，不同地域间的文化也处于相互扩散、交融的状态，在互联网时代，网民在网络空间中的表达、交流与互动过程一定程度上反映了个人及所在共同体的性格特征。因此本研究希望探究网民在网络上所表现的行为及性格是否会呈现出区域聚类规律。本文通过研究中国 90 个城市的网民在新浪微博平台上的客观行为数据，并从微博网民的热点关注、情感表达和认知思维三个维度进行分析。结果发现，中国城市网民性格表现出较大的地区性差异，并呈现一定规律。我国城市网民性格具有鲜明的地域性特征，这对于建立城市网络治理体系和提高网络治理能力具有重

* 本文获广东省哲学社会科学“十三五”规划项目“基于大数据挖掘的广东网民社会心态研究”（GD16CXW01）、广东省哲学社会科学“十三五”规划项目“广东城市互联网软实力：基于网络大数据的指标评估及应用研究”（GD17CXW03）、中央高校基本科研业务费专项资金资助项目“城市网民医患社会心态大数据研究”（17WKPY07）资助，系广东省舆情大数据分析与仿真重点实验室的研究成果。

** 林仲轩，博士，副研究员，中山大学传播与设计学院副研究员；林鸿，本科生，中山大学传播与设计学院；胡慧，本科生，中山大学传播与设计学院；赖凯声，博士，副教授，暨南大学新闻与传播学院；何凌南，博士，讲师，中山大学传播与设计学院大数据传播实验室副主任。

要意义。

关键词： 城市性格　社交媒体　城市群　地域差异

一　引言

根据中国互联网络信息中心（CNNIC）所发布的《中国互联网络发展状况统计报告》显示，截至2017年6月，我国网民规模达到7.51亿人，较2016年年底提升1.1个百分点。作为互联网空间的主体，网民群体在当下社会中的重要性不言而喻。

同时，随着世界范围内城市化水平的推进，城市已经成为人类生存和发展的重要单位。城市作为人类适应环境的一种特殊方式，是具有某些特征、在地理上有界的社会组织形式，是反映所处时代、社会、经济、科学技术、生活方式、人际关系、伦理道德和宗教信仰的地理载体。人类创造了城市，也创造了城市文化。正如刘易斯·芒福德所说，“城市是文化的容器”，是人类文化的荟萃之地。中国幅员辽阔，各个区域因为自然地理环境、历史传承、宗教信仰、多样性的方言和经济发展不平衡等原因，区域文化差异很大，不能简单地作为一个整体来处理（赵向阳，2015）。虽然现代化的传播手段使得当代生活具有更多的共性和世界性色彩，但这并不能完全消除各个地区的独特文化。随着我国城市空间和城市人口的迅速增长，城市已逐渐成为国家治理的基层单位，2015年中央城市工作会议提出将城市群作为城镇化主体形态，并以此为主体，提出了构建由城市群和大中小城市与小城镇协调发展的新型城镇化发展新格局。

城市人口同时也是构成网民的主要人群。社会化媒介催生下的用户生成内容（UGC）在互联网不断变革与演化进程中愈发彰显，网民身份逐渐实现了由“信息消费者”向“内容生成者”的转变。在这一过程中，网民的话语权与互动行为得到极大释放，凭借庞大的数量，以其独特身份与动态化、风格化的自我表达和内容共享，实现自我的身份构建和社会认同。网民不仅在时刻创造、反映和描述有价值的信息，其内容生成的动态行为更在建构社会实体与社会关系，重塑着多元的网络空间与舆论场。虚拟的网络空间和现实的城市空间，这二者相互影响，构成了我国当下互联网治理和城市治理的两个重要命题。那么，在形态上具有“组团发展”特征、在机制上形成“共生互动”的城市群是否会在互联网上表现出一定的内部同质化和外部差异化的特征呢？

目前关于中国城市网民浏览互联网时的行为和心理特征的实证研究还非常有限，这与城市网民在社会中的重要性并不相称。本报告以我国地级市为基本单位，根据城市等级做分层随机抽样，抽取 90 个代表性城市，分析这些城市网民在新浪微博这一网络社交平台的行为数据，并从网民的议题关注、认知特征、情绪特征这三个维度系统分析和总结城市网民性格特征。在此基础上，利用聚类分析，进行城市群的归类和划分，描绘城市性格画像并汇总城市名片。

二　研究数据和方法

本研究将通过中国城市网民在以微博为代表的网络社交平台上的在线行为数据，结合大数据抓取和分析技术对城市网民的性格特征以及城市网民性格的聚类规律进行探索。

（一）数据来源

1. 城市名单筛选

中国幅员辽阔，截至 2016 年年末，我国城市数量已经达到 657

个，其中直辖市4个，副省级城市15个，地级市278个，县级市360个。中国城市数量众多、差异较大，考虑到数据获取的成本及可行性，本研究将通过抽样的方式确定研究的样本城市。本研究根据《第一财经周刊》的中国城市分级榜单选取的“一线”“二线”及广东省所有的城市，在“三线”“四线”城市中进行简单随机抽样，共选取90所城市进行微博用户筛选。该排名综合了城市的GDP规模、居民人均收入、500强企业落户数量、高校数量、国际航线数量、外国使领馆数量和机场吞吐量等多项指标，综合反映城市的经济发展水平、居民消费能力、教育资源和经济活跃程度。本研究最终确定的样本城市分布见表1。

表1　中国90个城市分布

城市级别	所选取样本城市
“一线”城市	北京、上海、广州、深圳
“二线”城市	重庆、金华、宁波、绍兴、杭州、温州、台州、昆明、乌鲁木齐、天津、成都、西安、太原、青岛、烟台、济南、沈阳、大连、南昌、苏州、南通、常州、无锡、南京、长春、长沙、武汉、哈尔滨、郑州、石家庄、海口、南宁、佛山、东莞、中山、惠州、珠海、福州、厦门、泉州、合肥
“三线”城市	湖州、淄博、东营、济宁、银川、鞍山、九江、赣州、扬州、淮安、吉林、宜昌、齐齐哈尔、洛阳、唐山、保定、汕头、江门、揭阳、湛江、清远、肇庆、漳州
“四线”及以下城市	曲靖、大理、遂宁、乐山、渭南、菏泽、呼伦贝尔、宿迁、四平、湘潭、开封、安阳、张家口、汕尾、梅州、韶关、潮州、河源、茂名、阳江、安庆、云浮

2. 微博数据来源

本研究选择微博作为舆论场的代表。微博仍是当下十分重要的公共舆论场，其话题领域覆盖面不断扩大，在新闻舆论和互联网公共参与等方面保持着较强影响力。同时，微博也是网民发表日常行为和社会生活的重要渠道，根据新浪公司2017年第二季度财报，2017年6月微博月活跃用户数达3.61亿人，较上年同期增长28%，且考虑到数据隐私等伦理问题和数据可得性，微博是研究大规模网民性格与行为的重要研究证据。

在微博用户筛选方面，本研究基于城市规模，按城市规模等比例抽取微博用户，对“一线”城市各抽取5000名以上微博用户，“二线”城市各抽取2000名以上，“三线”城市各抽1000名以上。基于以上种子用户涉及的转发和评论数据，对其样本库进行扩充，得到914.108万名用户数据，平均每个城市的用户量约为10.15万名。运用爬虫获取用户的微博全部文本发言和相关注册信息。

（二）分析指标说明

本研究从关注、情绪和认知三个方面分析城市网民的性格特征，探究其在舆论场中的行为特征和规律，即分别回答每个城市的网民关注什么社会议题，每个城市的网民有何认知特征以及每个城市网民的情绪特征如何。

1. 网民议题关注特征

本研究将网民对2017年上半年热点事件的关注频数作为网民公共参与的衡量指标，运用基于词频规则的主题自动抽取技术，将微博文本自动化判断话题类型，最终将热点事件分为经济类议题、时尚类议题、历史类议题、军事类议题、移动互联网类议题、政治类议题、电影明星类议题七大类别。

2. 网民情绪与认知特征

本研究通过爬虫软件抓取的微博文本数据，借助文本分析软件LIWC（Linguistic Inquiry and Word Count，Tausczik & Pennebaker，2010）进行计算机自动化海量文本分析。情绪与认知特征包括多种指标。在情绪特征方面，包括情感过程、正向情绪水平、负向情绪水平、焦虑指数等；在认知特征方面，包括认知过程、确定性、探索性等。

三　研究结果

（一）中国城市网民性格呈现概况

部分城市网民在议题关注、认知特征以及情绪特征方面，存在一定程度上的共性。例如，在议题关注方面，北京、上海对于政治类、军事类、历史类和经济类的关注度均位于城市前十，可见北京、上海网民对于传统网络议题的关注度普遍较高。在情绪特征方面，大部分广东城市均表现为较低的愤怒指数，云浮网民在愤怒指数上表现为最低，成为最“温和”的城市。

一些城市在这三个方面也呈现出一定的城市特征。例如，河南安阳在时尚类议题、电影明星类议题的关注度均位列前十，可见安阳网民对娱乐性议题关注度较高；广东梅州对经济类、历史类、军事类和政治类议题的关注度都较低，均位于排名后十的城市中，但其对电影明星类议题却颇为关注，可见梅州网民对娱乐信息具有偏好性，而对传统议题关注较少。

（二）城市聚类分析：在线城市群

为了方便总结中国各城市网民在信息使用上的规律和特点，我们分别对各城市网民在微博表现出的议题关注特征、认知特征和情绪特征进行聚类分析。借由这些指标的差异把各个城市划分到有独立标签的特定城市群中，得以形象地描绘出在微博舆论场中各城市之间的共性和个性。即通过对微博平台上的网民的议题关注特征、网民认知特征、网民情绪特征进行城市水平的聚类分析，从而探索“在线城市群”的聚类特征。

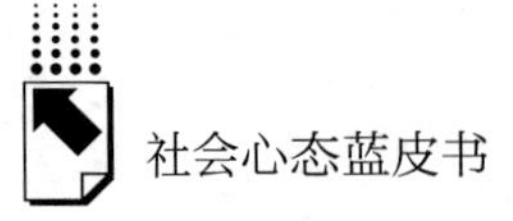

1. 基于微博关注议题的六大城市群

基于微博上各个城市网民对七大类议题（电影明星类议题、时尚类议题、移动互联网类议题、政治类议题、军事类议题、历史类议题、经济类议题）的关注程度，把 90 个城市划分为六大城市群：严肃型、低关注型、人文型、娱乐型、兴趣广泛型和互联网关注型。

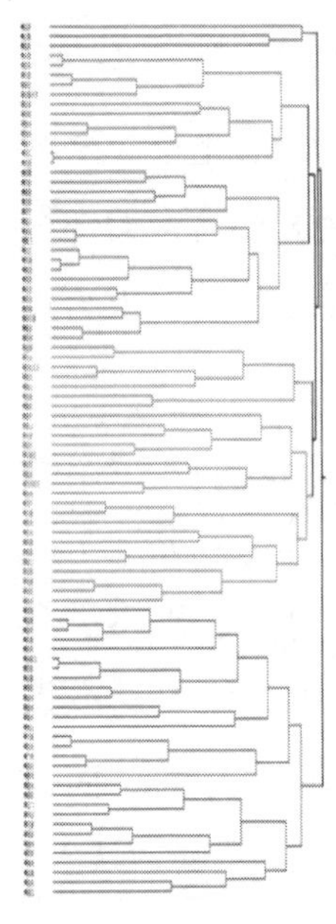

第一类 严肃型城市（对电影明星类议题和时尚类议题关注度低）：北京、上海、云浮

第二类 低关注型城市（对各类议题关注度都低）：大理、宜昌、东营、保定、乌鲁木齐、菏泽、昆明、赣州、扬州、南宁、阳江、太原

第三类 人文型城市（对政治类、经济类和军事类议题有一定关注，历史类议题关注度突出）：湘潭、开封、淮安、沈阳、济宁、银川、洛阳、厦门、九江、天津、青岛、南京、长沙、武汉、济南、哈尔滨、烟台、郑州

第四类 娱乐型城市（对电影明星类议题关注度高）：曲靖、乐山、呼伦贝尔、宿迁、鞍山、吉林、肇庆

第五类 兴趣广泛型城市（对电影明星类、时尚类议题关注度高，对政治类、军事议题关注度也高）：遂宁、唐山、大连、绍兴、石家庄、安阳、重庆、齐齐哈尔、台州、四平、无锡、常州、杭州、珠海、南昌、海口、成都、南通、合肥、泉州

第六类 互联网关注型城市（对移动互联网类议题关注度高）：渭南、淄博、东莞、金华、安庆、张家口、西安、长春、茂名、湖州、漳州、福州、佛山、宁波、苏州、广州、深圳、惠州、潮州、揭阳、江门、中山、河源、清远、温州、韶关、梅州、汕尾、汕头、湛江

图 1　基于微博关注议题的六大城市群

（1）严肃型城市（对电影明星类议题和时尚类议题关注度低）。这些城市包括：北京、上海、云浮。

（2）低关注型城市（对各类议题关注度都低）。这些城市包括：大理、宜昌、东营、保定、乌鲁木齐、菏泽、昆明、赣州、扬州、南宁、阳江、太原。

（3）人文型城市（对政治类、经济类和军事类议题有一定关注，历史类议题关注度突出）。这些城市包括：湘潭、开封、淮安、沈阳、济宁、银川、洛阳、厦门、九江、天津、青岛、南京、长沙、武汉、济南、哈尔滨、烟台、郑州。

（4）娱乐型城市（对电影明星类议题关注度高）。这些城市包括：曲靖、乐山、呼伦贝尔、宿迁、鞍山、吉林、肇庆。

（5）兴趣广泛型城市（对电影明星类、时尚类议题关注度高，对政治类、军事类议题关注度也高）。这些城市包括：遂宁、唐山、大连、绍兴、石家庄、安阳、重庆、齐齐哈尔、台州、四平、无锡、常州、杭州、珠海、南昌、海口、成都、南通、合肥、泉州。

（6）互联网关注型城市（对移动互联网类议题关注度高）。这些城市包括：渭南、淄博、东莞、金华、安庆、张家口、西安、长春、茂名、湖州、漳州、福州、佛山、宁波、苏州、广州、深圳、惠州、潮州、揭阳、江门、中山、河源、清远、温州、韶关、梅州、汕尾、汕头、湛江。

2. 基于微博情绪的四大城市群

基于微博上各城市网民的情绪指标（积极情绪指数、消极情绪指数、焦虑指数、愤怒指数、悲伤指数），本报告将 90 个城市划分为四大城市群：愉悦型、忧虑型、感性型和冷漠型。

（1）愉悦型（积极情绪指数相对其他指数而言较高）城市。这些城市包括：乐山、渭南、赣州、遂宁、宜昌、东营、菏泽、宿迁、鞍山、湘潭。

（2）忧虑型（愤怒指数、焦虑指数和消极情绪都较高）城市。这些城市包括：湖州、吉林、九江、淮安、淄博、北京、温州、台州、长春、沈阳、太原、扬州、金华、宁波、绍兴、南通、长沙、杭州、成都、武汉、南京、天津、烟台、济南、青岛、常州、苏州、无锡、昆明、大连、西安、上海。

（3）感性型（各个情绪指数都高）城市。这些城市包括：大理、南昌、曲靖、银川、呼伦贝尔、乌鲁木齐、重庆、济宁、四平。

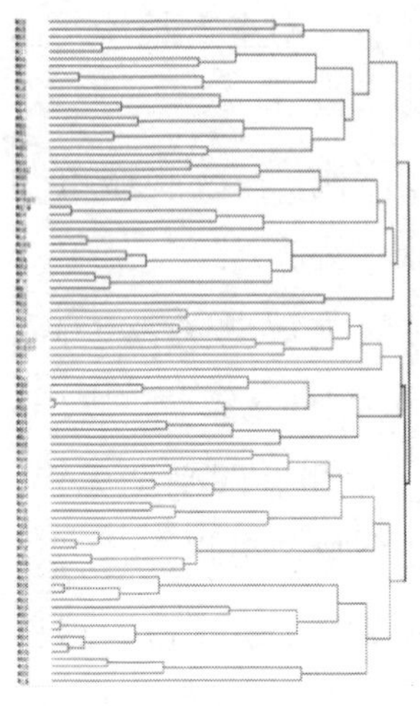

第一类 冷漠型（各个情绪指数都低）城市：云浮、东莞、韶关、潮州、江门、茂名、惠州、梅州、清远、汕尾、保定、漳州、泉州、唐山、肇庆、湛江、中山、揭阳、佛山、安阳、张家口、洛阳、开封、河源、齐齐哈尔、哈尔滨、郑州、海口、合肥、汕头、石家庄、南宁、珠海、深圳、福州、广州、厦门、阳江、安庆

第二类 感性型（各个情绪指数都高）城市：大理、南昌、曲靖、银川、呼伦贝尔、乌鲁木齐、重庆、济宁、四平

第三类 愉悦型（积极情绪指数相对其他指数而言较高）城市：乐山、渭南、赣州、遂宁、宜昌、东营、菏泽、宿迁、鞍山、湘潭

第四类 忧虑型（愤怒指数、焦虑指数和消极情绪都较高）城市：湖州、吉林、九江、淮安、淄博、北京、温州、台州、长春、沈阳、太原、扬州、金华、宁波、绍兴、南通、长沙、杭州、成都、武汉、南京、天津、烟台、济南、青岛、常州、苏州、无锡、昆明、大连、西安、上海

图2　基于微博情绪的四大城市群

（4）冷漠型（各个情绪指数都低）城市。这些城市包括：云浮、东莞、韶关、潮州、江门、茂名、惠州、梅州、清远、汕尾、保定、漳州、泉州、唐山、肇庆、湛江、中山、揭阳、佛山、安阳、张家口、洛阳、开封、河源、齐齐哈尔、哈尔滨、郑州、海口、合肥、汕头、石家庄、南宁、珠海、深圳、福州、广州、厦门、阳江、安庆。

（三）基于微博认知的四大城市群

基于微博上各城市网民的认知指标（确定性、试探性、洞察性、因果性），本报告将90个城市划分为两大城市群：简洁型和缜密型。

（1）简洁型（各类认知指标都低）城市。这些城市包括：云浮、清远、东莞、韶关、齐齐哈尔、张家口、潮州、汕尾、泉州、河源、唐山、梅州、茂名、汕头、保定、揭阳、漳州、安阳、海口、开封、南宁、阳江、江门、安庆、广州、洛阳、合肥、石家庄、福州、厦门、肇庆、湛江、惠州、佛山、中山、哈尔滨、郑州、珠海、深圳。

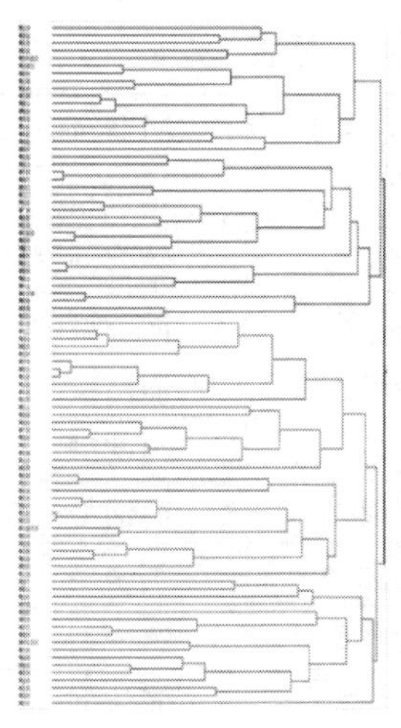

第一类 简洁型（各类认知指标都低）城市：云浮、清远、东莞、韶关、齐齐哈尔、张家口、潮州、汕尾、泉州、河源、唐山、梅州、茂名、汕头、保定、揭阳、漳州、安阳、海口、开封、南宁、阳江、江门、安庆、广州、洛阳、合肥、石家庄、福州、厦门、肇庆、湛江、惠州、佛山、中山、哈尔滨、郑州、珠海、深圳

第二类 缜密型（各类认知指标都高）城市：大理、九江、烟台、重庆、吉林、济南、青岛、北京、沈阳、长春、太原、乐山、南通、湖州、宁波、常州、绍兴、无锡、长沙、湘潭、曲靖、银川、天津、杭州、南京、大连、武汉、乌鲁木齐、苏州、昆明、成都、南昌、西安、上海、遂宁、鞍山、四平、东营、渭南、菏泽、宿迁、赣州、呼伦贝尔、台州、淄博、淮安、扬州、金华、宜昌、温州、济宁

图 3　基于微博认知的两大城市群

（2）缜密型（各类认知指标都高）城市。这些城市包括：大理、九江、烟台、重庆、吉林、济南、青岛、北京、沈阳、长春、太原、乐山、南通、湖州、宁波、常州、绍兴、无锡、长沙、湘潭、曲靖、银川、天津、杭州、南京、大连、武汉、乌鲁木齐、苏州、昆明、成都、南昌、西安、上海、遂宁、鞍山、四平、东营、渭南、菏泽、宿迁、赣州、呼伦贝尔、台州、淄博、淮安、扬州、金华、宜昌、温州、济宁。

（四）基于城市聚类的“在线城市名片”

通过微博的在线数据和相关指标分析，我们可以对中国城市进行聚类分析并得到在线城市群的分类。在此基础上，本研究以城市为单位，具体考察特定城市在各个指标上的特征，汇总“在线城市名片”。由于城市数量较多，本研究在每类城市中各随机抽取 5 个城市（“一线”城市选择 4 个）进行说明。城市名片详见表 2。

表 2　基于在线城市聚类分析的城市名片汇总表

城市级别	城市名	议题关注特征	情绪特征	认知特征
“一线”	北京	严肃型	忧虑型	缜密型
	上海	严肃型	忧虑型	缜密型
	广州	互联网关注型	冷漠型	简洁型
	深圳	互联网关注型	冷漠型	简洁型
“二线”	烟台	人文型	忧虑型	缜密型
	南宁	低关注型	冷漠型	简洁型
	温州	互联网关注型	忧虑型	缜密型
	杭州	兴趣广泛型	忧虑型	缜密型
	东莞	互联网关注型	冷漠型	简洁型
“三线”	湛江	互联网关注型	冷漠型	简洁型
	济宁	人文型	感性型	缜密型
	齐齐哈尔	兴趣广泛型	冷漠型	简洁型
	揭阳	互联网关注型	冷漠型	简洁型
	淮安	人文型	感性型	缜密型
“四线”及以下	韶关	互联网关注型	冷漠型	简洁型
	遂宁	兴趣广泛型	愉悦型	缜密型
	梅州	互联网关注型	冷漠型	简洁型
	湘潭	人文型	愉悦型	缜密型
	呼伦贝尔	娱乐型	感性型	缜密型

四　结语

根据各城市网民的微博文本发言和相关地区信息，我们从关注、情绪和认知三个方面发现了城市网民性格的部分特征和规律。在议题关注方面，基于各个城市网民对七大类议题的关注程度，90 个城市可被划分为六大城市群；在情绪特征方面，基于微博上各城市网民的情绪指标，90 个城市可被划分为四大城市群；在认知特征方面，基于各城市网民的认知指标，90 个城市可被划分为两大城市群。此外，在聚类分析的基础上，本研究还以城市为单位，具体考察特定城市在各个指标上的特征，汇总“在线城市名片”。

本文关于中国城市网民在议题关注、情绪状态和认知特征上的研究，对于更深一步了解中国城市性格有重要价值。在当前我国互联网化和城市化齐头并进的大环境之下，了解和运用城市网民性格特征，对于政府治理、企业本地化精准营销以及学术研究都具有重要的意义。本研究发现，中国城市网民性格表现出较大的地区性差异，甚至呈现一定规律，因此，建立网络综合治理体系时需高度关注网民心态的地域特征，具体区域具体分析，根据不同的网民心理特征制定相应的调试策略和引导机制，契合建立互联网时代城市治理体系和提升治理能力的要求，从而维护良好的互联网秩序，建设理性平和、积极向上的网络环境。

由于数据资源获取有限，本研究依旧存在不足，以中国 90 个城市网民微博样本作为数据样本，在不同研究角度上难免具有一定的局限和误差。随着网民表达渠道的多元发展以及网络信息采集技术的进步，未来研究可考虑将其他使用率高、参与度强的大众化社交媒体作为采集数据样本的平台，不仅局限于议题关注、情绪表达和认知思维这三个维度，从多个指标进行分析，并进一步扩大采集样本的数量，提高研究结果的准确性和权威性。

参考文献

方创琳：《中国城市群研究取得的重要进展与未来发展方向》，《地理学报》2014 年第 8 期。

高华：《我国区域文化软实力的影响因素及差异研究》，《珞珈管理评

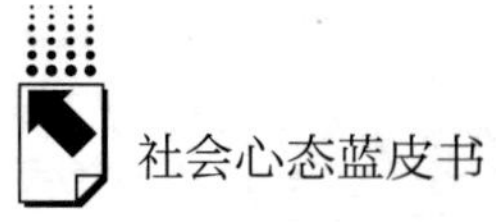

论》2012 年第 2 期。

桂琳：《媒介场景：文化研究中的新思路——读梅罗维茨的〈消失的地域〉》，《文化与诗学》2008 年第 1 期。

刘士林：《中国城市群的发展现状与文化转型》，《江苏行政学院学报》2015 年第 1 期。

孙莉、孙佳乐：《试论网络媒介情境下的"地域"消失》，《新闻世界》2010 年第 11 期。

陶然：《论中国城市化进程中的文化认同建设》，《科技资讯》2016 年第 15 期。

武向青：《浅析城市文化的特征及其功能》，《工程建设与档案》2004 年第 4 期。

张凤琦：《"地域文化"概念及其研究路径探析》，《浙江社会科学》2008 年 4 期。

赵向阳、李海、孙川：《中国区域文化地图："大一统"抑或"多元化"?》，《管理世界》2015 年第 2 期。

社会心态及培育

Social Mentality and Its Cultivation

B.13

香港市民社会心态调查报告*

张志安　聂鑫　沈菲**

摘　要： 本文运用最近的网络问卷调查数据，从社会期望、社会感受以及政治态度三个方面分析当前香港市民的社会心态状况。调查结果显示，在社会期望方面，整体上，香港市民对“社会安全”维度的期望要高于“个人发展”维度，社会地位主观认知越高的群体对“社会安全”期望更高，男性和青年人更注重获得财富和尊严。在社会感受方面，香港市民的压力感最高，安

* 本报告受国家社会科学基金重大项目“社会心理建设：社会治理的心理学路径”（项目批准号：16ZDA231）资助。

** 张志安，中山大学粤港澳发展研究院副院长，中山大学传播与设计学院院长、教授，广东省舆情大数据与仿真分析重点实验室主任；聂鑫，中山大学传播与设计学院 2018 级政治传播专业博士生；沈菲，香港城市大学媒体传播系副教授，中山大学互联网与治理研究中心特约研究员。

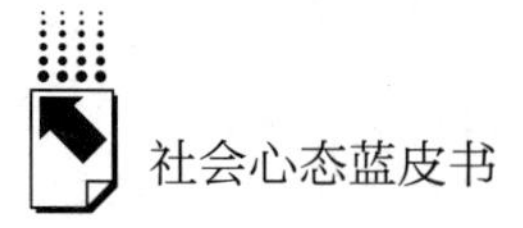

全感次之，幸福感和公平感处于中等水平。其中，幸福感、公平感和安全感随着收入增加和阶层提高而上升，家庭月收入处于1万~4万港币之间的群体压力感最高。

关键词： 社会心态　社会期望　社会感受　政治态度　香港

中山大学传播与设计学院大数据传播实验室联合香港城市大学媒体传播系对香港市民的社会心态进行了问卷调查。本次调查问卷通过电子邮件方式分两个阶段派发：第一阶段于2017年9~10月间完成，第二阶段于2018年1~2月间完成，第一阶段回收有效问卷1500份，第二阶段回收有效问卷753份。本报告的数据来源于第二阶段问卷调查。根据调查结果，报告主要从香港市民的社会期望、社会感受两个方面分析当前香港市民的社会心态状况。

本次调查的受访者基本情况如表1所示。

表1　2018年香港社会心态调查样本在人口学变量上的分布情况

单位：个，%

项目		样本数	比例	累计百分比
性别	女	452	60.03	60.03
	男	301	39.97	100
年龄	总体	均值=41.8　方差=11.36		
	青年组	153	20.32	20.32
	中青年组	376	49.93	70.25
	中年组	224	29.75	100

续表

项目		样本数	比例	累计百分比
家庭月收入	HK $ 10000 以下	30	3. 98	3. 98
	HK $ 10000 ~ 19999	189	25. 1	29. 08
	HK $ 20000 ~ 39999	260	34. 53	63. 61
	HK $ 40000 ~ 59999	165	21. 91	85. 52
	HK $ 60000 以上	109	14. 48	100
	低收入组	219	29. 08	29. 08
	中等收入组	425	56. 44	85. 52
	高收入组	109	14. 48	100. 00
社会阶层	草根阶层	160	21. 25	21. 25
	中下阶层	309	41. 04	62. 28
	中等阶层	251	33. 33	95. 62
	中上阶层	33	4. 38	100
	上层阶层	0	0	100
	中低阶层组	469	62. 28	62. 28
	中上阶层组	284	37. 72	100
受教育程度	未受教育	1	0. 13	0. 13
	小学	10	1. 33	1. 46
	初中	67	8. 9	10. 36
	高中	237	31. 47	41. 83
	副学位/文凭/证书	117	15. 54	57. 37
	本科	267	35. 46	92. 83
	研究生(硕/博)	54	7. 17	100
	低学历	432	57. 37	57. 37
	高学历	321	42. 63	100
户籍类型	香港本地市民	737	97. 88	97. 88
	内地人(获永久居留权)	14	1. 86	99. 73
	内地人(无永久居留权)	1	0. 13	99. 87
	其他	1	0. 13	100
是否到内地读过书	否	695	92. 3	92. 3
	是	58	7. 7	100

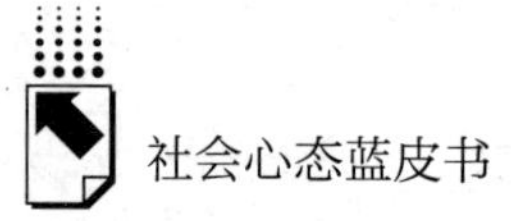

为了对调查数据进行描述统计，本文将根据受访者的不同人口特征进行分组，其中：①按照年龄分为3组，18~30岁为青年组，31~49岁为中青年组，50~65岁为中年组；②按照家庭月收入分为3组，19999港币以下为低收入组，20000~59999港币为中等收入组，60000港币以上为高收入组；③按照受教育程度分为2组，未获得本科学历的样本归类为低学历组，将本科或以上学历的样本归类为高学历组；④按照自我社会地位评价分为2组，将自认为草根阶层和中下阶层的群体合并为中低阶层，将中等阶层和中上阶层合并为中上阶层。

一 受访香港居民的社会期望：对“生活在安全环境里”的期望最高，“个人发展”维度的期望呈现明显性别和代际差异

本次问卷调查从两个维度测量受访者的社会期望，一是“社会安全”维度，包括“希望国家强大以确保居民的安全免受各种威胁”和“希望生活在安全环境里，避免危及安全的事”；二是“个人发展”维度，包括“希望获得更多金钱和昂贵物品”和“希望获得他人尊敬”。社会期望的题项采取6点量表，评分越高表示受访者对该项的期望越强烈。

1. 整体上：受访香港居民更关注“社会安全”，对物质财富需求期望较低

从总体趋势上看，受访者对“社会安全”维度的需求显著高于“个人发展”维度（$t = 11.01$，$p < 0.001$），相比个人层面期望，香港市民普遍对社会整体的安全环境和安全保障能力要求更高。其中，“希望获得更多物质财富”均值最低（3.03分），只有约30%的受访者认为物质财富很重要（4分以上），反映了香港市民对纯粹物质主

义需求并不普遍，而在精神层面获得他人尊敬、社会层面关心生活环境安全等后物质主义需求的倾向则相对更高。

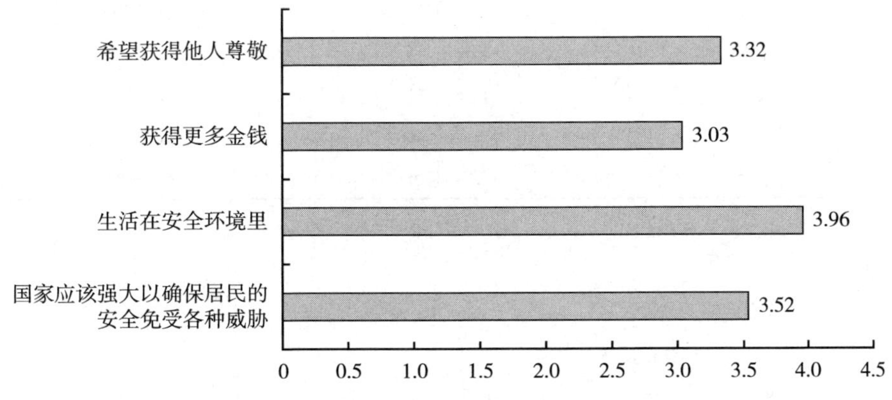

图1　香港居民的社会期望指数

2. “社会安全”维度：自觉社会地位越高的群体对安全的期望更高，越希望获得国家安全保障的群体对中国人身份认同越强

数据显示：46.3%的受访者对社会安全期望很高（4分以上），其中超过六成的受访者很希望生活在安全环境里。中年人、中上阶层、高收入和高学历群体的社会安全期望指数①均值皆高于3.8分。可以认为，自觉社会地位越高的群体对社会安全期望越高。

约50%的受访者很期望国家能够保障市民安全（4分以上）。通过相关性检验发现，“国家应该强大以确保居民的安全免受各种威胁”题目评分与中国人身份认同评分呈显著正相关关系（Correlation Coef. = 0.44，$p < 0.001$），但与香港人身份认同并无相关关系（Correlation Coef. =0.01，$p > 0.10$）。说明香港市民遇到社会安全威胁时，仍希望得到祖国的保护。

① 社会安全期望指数，即“生活在安全环境里”和“国家应该保护居民安全免受威胁”的题目均分，取值范围是1~6分。

表 2 “社会安全”维度的人口学变量检验结果

人口学变量	检验结果	显著性(p)
性别	t = 0.83	0.4054
年龄	F = 3.74*	0.0242
收入	F = 4.41*	0.0125
阶层	t = -2.46*	0.0141
学历	t = -1.87*	0.0618

注：* $p < 0.05$，** $p < 0.01$，*** $p < 0.001$，下同。

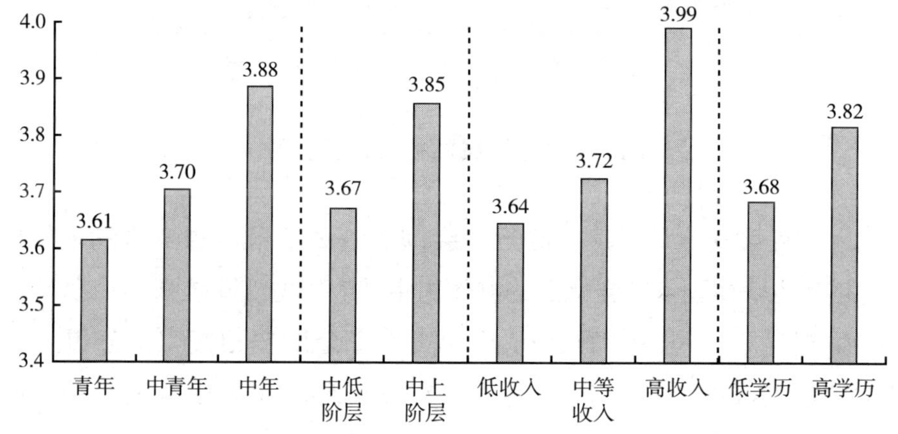

图 2 不同群体对“社会安全”维度的期望

3. “个人发展”维度：男性和青年更期望获得财富和他人尊敬

从性别上看，男性比女性更希望获得物质财富和他人的尊敬；从年龄分布上看，青年和中青年等 50 岁以下群体对于获得物质财富期望较高，而青年比中青年对获得他人尊敬的期望更加强烈；整体上，男性和青年群体更希望通过积累财富和获得他人尊敬实现向上流动。此外，高学历群体对获得他人尊敬的期望为 3.43 分，高于低学历群体（3.24 分），即学历越高的人越希望获得他人的尊敬。

表 3　“个人发展”维度的人口学变量检验结果

人口学变量	对财富的社会期望		对尊敬的社会期望	
	检验结果	显著性(p)	检验结果	显著性(p)
性别	t = −2.08*	0.0383	t = −2.62***	0.0089
年龄	F = 9.20***	0.0001	F = 3.59*	0.0280
收入	F = 0.17	0.8400	F = 0.28	0.7576
阶层	t = 0.31	0.7595	t = −0.75	0.4518
学历	t = −0.98	0.3277	t = −2.36*	0.0185

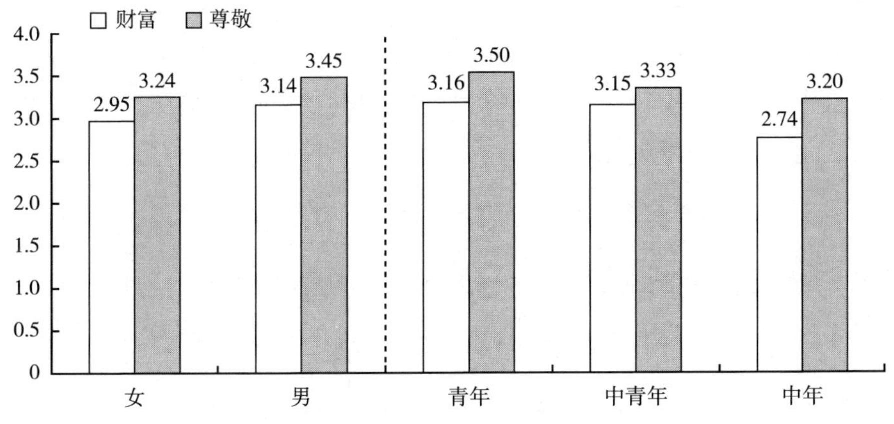

图 3　不同群体对“个人发展”的期望

二　受访香港市民的社会感受：整体压力感较高，中低层群体的幸福感和安全感较低

本次调查问卷从幸福感、公平感、安全感和压力感四个方面考量受访香港市民的社会感受。这部分问卷题目采取 5 点量表，其中，幸福感、公平感和安全感得分越高，表示感受越强烈，而压力感得分越低，表示感受压力越大。

1. 整体而言，受访香港市民压力感最强烈，安全感次之，幸福感和公平感处于中等水平

本次调查问卷数据显示，四项社会感受中，压力感最强烈，均值为2.71分，有86.5%的受访者认为存在压力感（低于或等于3分），说明近年香港经济衰退和社会矛盾增加导致香港市民普遍感受到较大压力。其次，香港市民安全感的均值为3.14分，82.3%的香港市民安全感较高，香港在2017年“全球安全城市指标”中位列第9，香港整体安全保障完善使香港市民对安全信心较高。再次，幸福感和公平感的均值为3.07和2.95，说明受访者对这两项社会感受较中立，但公平感均值低于3分，公平问题仍需得到重视。另外，经相关性检验，幸福感、公平感和安全感之间存在显著正相关关系（检验结果见表4）。

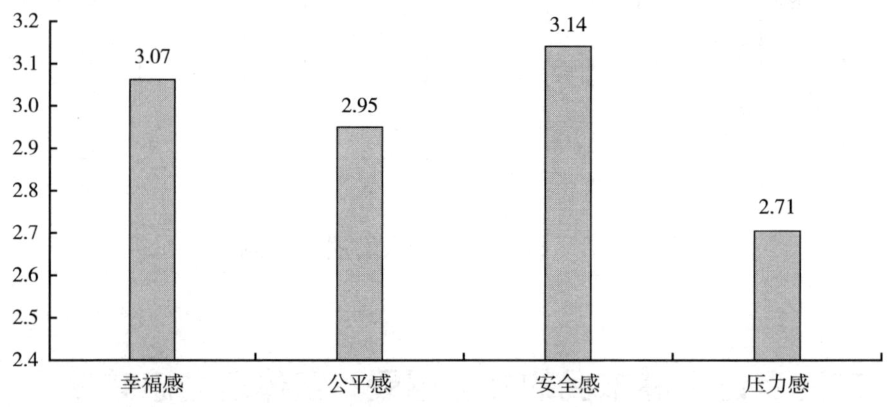

图4　香港居民的社会感受评分

2. 家庭月收入和社会阶层越高的受访者，社会感受也越积极

受香港居民的幸福感、公平感和安全感随着收入增加和阶层提高而上升。具体来说，安全感随着收入增加（$\beta = 0.107$，$p < 0.01$，Adjusted $R^2 = 0.048$），幸福感随着社会阶层提高而明显上升（$\beta = 0.248$，

表4 Pearson 检验结果

	幸福感	公平感	安全感
幸福感	1.0000		
公平感	0.4316*** (0.0000)	1.0000	
安全感	0.5126*** (0.0000)	0.5222*** (0.0000)	1.0000

Notes：*：$p<0.05$ **：$p<0.01$，***：$p<0.001$.

$p<0.01$，Adjusted $R^2=0.053$）。只有中上阶层有明显的公平感（mean = 3.42，t = −2.36，$p<0.05$），较其他阶层评分上升幅度更大。

此外，压力感最高的是月收入1万~4万港币群体，而月收入在1万以下与4万以上群体的压力感基本持平。说明收入处于中等偏低水平的群体目前面临的社会压力更严峻，需要予以重点关注和情绪疏导。

3. 青年人的幸福感较低，压力感大，低学历人群的公平感和安全感较低

数据显示，香港青年人的幸福感为2.86分，压力感为2.49分，这两项社会心态评分在所有人群中都是最低的。其中，75.8%的青年人的家庭月收入在4万港币以下①，并且79.1%的青年人处于中低阶层②，这意味着大部分青年人处于低收入、低阶层的状态。受访青年人通常向上流动意愿较强，自我发展意愿较高，因而面对社会压力增大，幸福感随之降低。此外，低学历人群的公平感和安全感分别为

① 家庭月收入4万港币以下群体占受访者总数的61.7%，相比之下家庭月收入在4万港币以下青年人占比明显偏高。

② 中低阶层群体占受访者总数的62.3%，相比之下中低阶层的青年人比例远超社会平均水平。

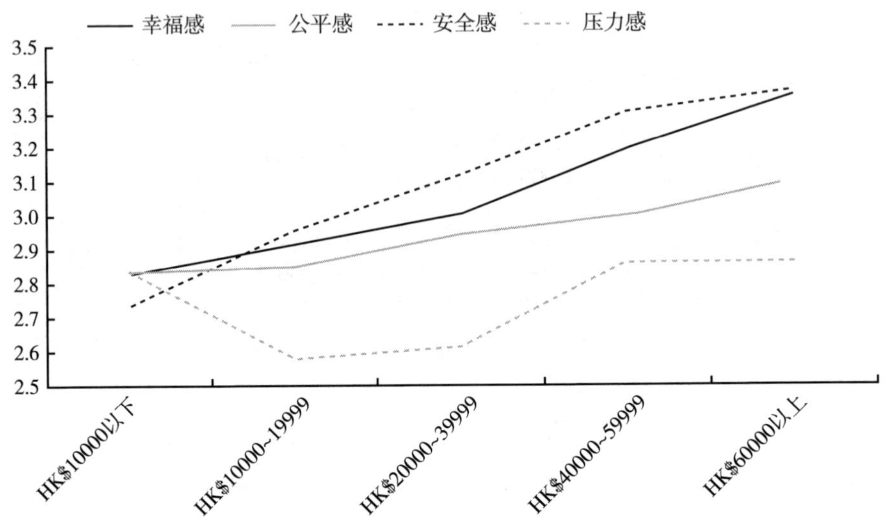

图5　受访香港居民社会感受与收入的关系

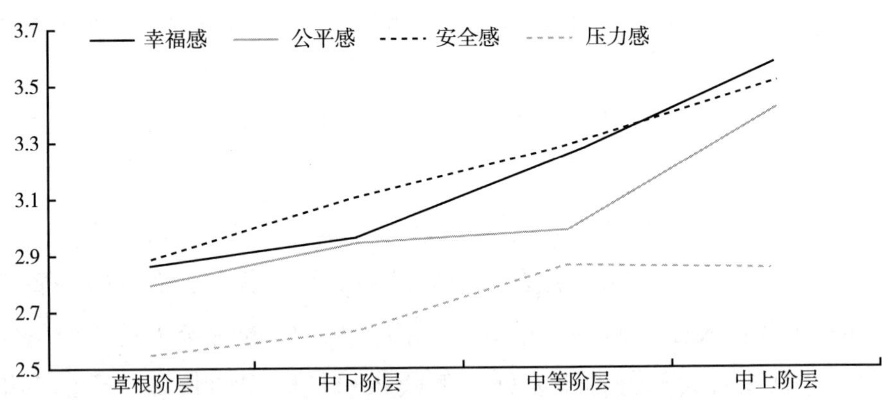

图6　受访香港居民社会感受与阶层的关系

2.88 分和3.04 分，显著低于高学历人群（$t_{公平感} = -2.66$，$p < 0.01$；$t_{安全感} = 3.68$，$p < 0.001$）。

三　结论与探讨

针对本次问卷调查结果，关于香港市民的社会心态以及后续进一步增进内地与香港的交流，或有如下启示。

1. 关注青年群体和底层群体“本土意识”强烈的问题，在传播中促进国家与地方身份糅合

本报告数据显示，香港青年群体以及低收入、自我评价社会地位在中低阶层的群体对中国人身份认同的疏离感较强，在新媒体上通常自我标签为“本土派”（并不一定加入本土派政党）。因而，在媒体舆论场建构方面，应鼓励多元话语之间的沟通，找出舆论争议的本质问题，避免将社会分化问题简单归结为二元对立的“内地”与“香港”矛盾。

2. 把握香港居民不同群体对“安全问题”的关注，通过保障香港居民的“安全需求”，逐步提高其身份认同感

调查显示，受访者对“国家应该强大以确保居民的安全免受各种威胁”的评分较高（3.52 分），且这道题的评分越高，对中国人身份认同越强。这说明，大部分受访香港居民面对安全威胁时，仍希望依靠强大的国家保障。同时，需要注意的是，“安全问题”不仅仅是狭义的社会治安、犯罪率等问题，还包括“金融安全保障”“法治安全”“生存环境安全”等广义的“社会安全”。结合香港大学民意调查数据可以发现，1998 年和 2008 年金融危机时，中央政府全力保障香港的金融安全，因而在这两个时间节点中香港市民对中国人身份认同分数更高，与本次问卷题目结果相符。但是本文研究发现，针对目前香港社会心态现状，不同群体之间的社会感受和社会期望分化明显，整体压力感较大，使得经济手段并不能直接改善香港市民对中国内地的疏离感。

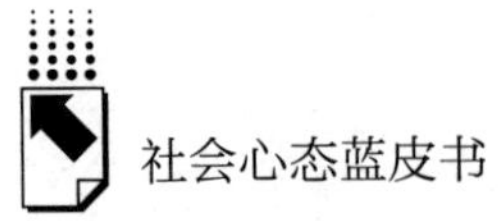

从传播角度看，一方面，有必要进一步研究不同层次、不同身份背景的香港市民对“安全问题”的诉求，可编制量表进行追踪调查，形成针对香港社会的长期评价体系；另一方面，香港媒体发达，香港市民在媒体上进行意见表达的意愿强烈，因此，后续研究可针对“安全”“威胁”“危机感”等舆论数据进行重点挖掘，尝试更加细致、精准地分析香港市民关注的痛点。

3. 有效把握“一带一路”在港传播的契机，有利于增强香港市民对“中国道路”的认同

随着“一带一路”倡议影响力逐渐增强，可以此为契机，通过“一带一路”增进香港市民对“中国道路”和中国模式的了解。目前，“一带一路”建设在近两年的《香港特别行政区施政报告》中占有重要比重，可针对“一带一路”倡议相关的媒体报道、新媒体公众讨论进行调查和分析，研究不同媒体受众和细分群体的态度和争论焦点，从而调整“一带一路”在港的传播策略。

B.14

内地居民对港澳心态及其影响因素分析*

兰 天 赖凯声 何凌南**

摘 要： 近年来，内地与港澳地区的交流与合作伴随着粤港澳大湾区的建设和个人赴港澳旅行的发展不断深化。了解内地居民对港澳的态度与评价是推动内地与港澳在更多领域展开紧密合作的重要前提。本研究通过广东省舆情大数据分析与仿真重点实验室在2018年对内地东部、中部及西部的三个代表城市进行抽样调查，考察内地居民对香港和澳门评价与态度的现状和影响机制，分析和探讨港澳接触经验与个体主观社会阶层对评价结果的影响。结果表明，加强内地与港澳的交流接触能够有效促进内地居民对香港和澳门的评价。

关键词： 社会心态 主观社会阶层 港澳评价 港澳接触经验

---

* 本文获广东省哲学社会科学“十三五”规划项目“基于大数据挖掘的广东网民社会心态研究”（GD16CXW01）、广东省哲学社会科学“十三五”规划项目“广东城市互联网软实力：基于网络大数据的指标评估及应用研究”（GD17CXW03）、中央高校基本科研业务费专项资金资助项目“城市网民医患社会心态大数据研究”（17WKPY07）资助，系广东省舆情大数据分析与仿真重点实验室的研究成果。

** 兰天，博士生，北京师范大学心理学部；赖凯声，博士，副教授，暨南大学新闻与传播学院；何凌南，博士，讲师，中山大学传播与设计学院大数据传播实验室副主任，广东省舆情大数据分析与仿真重点实验室副主任。

一 引言

党的十九大报告提出：香港、澳门发展同内地发展紧密相连。要支持香港、澳门融入国家发展大局，以粤港澳大湾区建设、粤港澳合作、泛珠三角区域合作等为重点，全面推进内地同香港、澳门互利合作。深化内地与港澳地区的全面合作与交流是区域经济发展与社会文化融合的发展途径，加强与提升内地居民对港澳的认知与评价，是实现这一途径的重要前提。

社会心态包括一段时间内弥散在整个社会群体中的社会认知与情绪（杨宜音，2006；马广海，2008），内地居民对港澳的社会认知与评价是新时期中国社会心态的重要组成部分，伴随着社会互动与建构，显示出活跃、变动的时代特征。香港地区以其颇具特征的大众流行文化（如影视作品、通俗小说）与商业文化等对内地产生了很大的影响（安兴本等，1994）。而澳门一向以博彩业与旅游业的繁荣被内地居民熟知（郑婉卿、黎熙元，2015）。很多学者将关注焦点集中于港澳地区的就业、经济、文化认同等方面（任佳燕，2005；郑宏泰、尹宝珊，2014；张安、丁登山，1998；黎熙元、姚书恒，2010），将港澳的影响局限在珠三角地区（关志钢，1996；陈丽君，1994）。2003 年 7 月之后，“港澳自由行”大大丰富了内地居民与港澳地区的文化接触与交流，加快了港澳与内地经济融合的步伐。不同地域的内地居民对港澳地区具有何种认知与评价，受到哪些因素的影响，都是值得研究的社会心态议题。

为考察内地居民对香港和澳门的认知、评价及其影响因素，广东省舆情大数据分析与仿真重点实验室在 2018 年对内地东部、中部及西部的代表城市进行抽样调查，总结了不同地区内地居民对香港和澳门的关注内容和主观评价现状，并深入分析了文化接触经验与个人主观社会阶层的影响机制。

二　研究方法

本次调查选取北京、西安与武汉作为东部地区、西部地区与中部地区的代表。所选城市在与香港、澳门地区的交流接触程度上有所差异，北京地区居民在2003年9月可以进行港澳“自由行”，武汉地区居民也在2007年1月开放了“自由行”计划，而西安尚未推行港澳个人“自由行”计划，且距港澳相对较远，因此与港澳交流相对较少。研究采取分层随机整群的抽样方法，选取来自东部地区（北京）、西部地区（西安）和中部地区（武汉）14个城区，共1528人进行调查。抽样性别比例为1∶1均匀分布，在各年龄阶段、教育水平、职业、收入水平上尽可能实现均匀或正态分布。所有受访者的平均年龄为30岁，标准差为11.8岁。人口学情况见表1。

表1　调查受访者人口学变量分布情况

单位：个

变量	类型划分	数量	变量	类型划分	数量
地区	北京	500	年龄段	20岁以下	9
	武汉	500		20～29岁	235
	西安	500		30～39岁	431
性别	男性	745		40～49岁	465
	女性	755		50～59岁	223
受教育程度	初中及以下	263		60岁以上	137
	中专或高职	179	家庭经济状况	远低于平均水平	13
	高中	331		低于平均水平	238
	大专	327		平均水平	1072
	大学本科	363		高于平均水平	163
	硕士及以上	37		远高于平均水平	14

三　研究结果

（一）港澳认知

社会群体的资讯获取渠道、方式和内容，是影响社会心态的重要因素（李佳桧，2017）。本研究通过测量内地居民对港澳资讯的关注来了解内地居民的港澳认知。根据张鹏翼等人（2017）的分类方法，将最受关注港澳资讯分为一般性事件、负面事件、公平公正事件和专业性事件4类。

一般性事件指港澳社会的民生民情、港澳与内地合作等事件。比如粤港澳大湾区战略（如港珠澳大桥落成）、支付宝进入港澳、中国首艘航空母舰在香港向公众开放等。

负面事件指具有明显负面倾向或由矛盾引发的事件。如香港、深圳双非儿童的“夹心”生活，澳门遭遇风灾“天鸽”等。

公平公正事件指涉及司法程序、贫富差异等与政策执行密切相关的事件。比如前任香港特首曾荫权被廉政公署起诉、香港贫富差距进一步拉大创50年新高和澳门社屋（类似经济适用房）再开申请等。

专业性事件指涉及财经、法律法规、学术等具有一定专业指向的事件。比如香港恒生指数超过3万点（财经）、香港基本法颁布25年（法律法规）和香港六校入围世界大学排行榜（学术）等。

总体而言，内地居民对港澳资讯的总体关注度不高，其中对香港事件的关注度（1.91分）略高于澳门（1.74分）（以0~5分测量内地居民对港澳资讯的关注度，0分为“完全不关注”，5分为“非常关注”），如图1。

细分来看，内地居民对一般性事件关注度最高（2.16分），其后为专业性事件（1.74分）和负面事件（1.74分），最后为公平公正事件（1.68分），如图2。

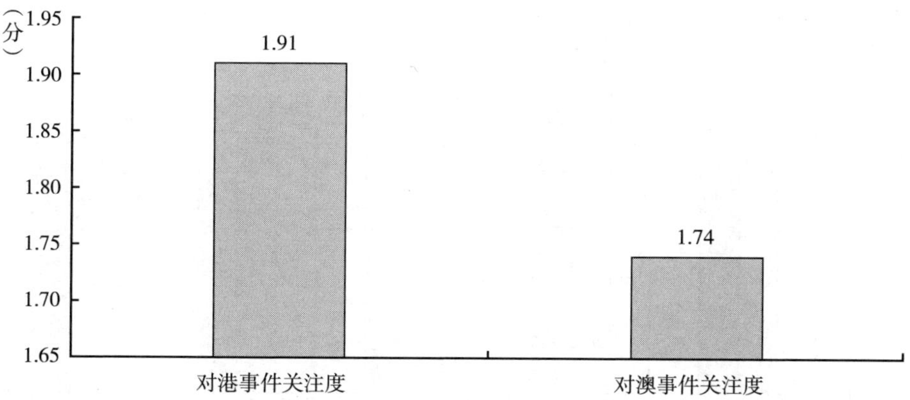

图 1　内地居民对港澳资讯的关注程度比较

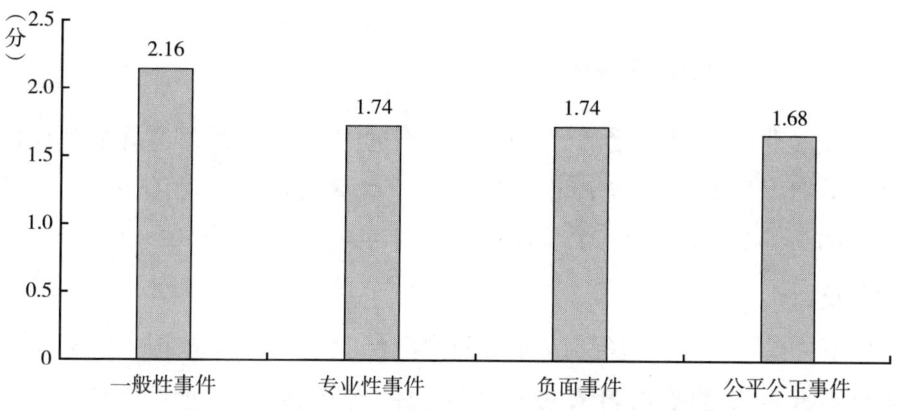

图 2　内地居民对各类港澳资讯的关注程度分布

具体地区而言，东部地区居民对港澳资讯关注度最高（2.14 分），中部地区其次（2.00 分），西部地区最低（1.80 分）。东部地区与港澳地区的协作较多，其对与港澳政策执行密切相关的专业性事件和公平公正事件的关注度最高；中部地区赴港澳旅游等文化交流日趋频密，其对涉及港澳民生民情的一般性事件和负面事件的关注度最高；西部地区距港澳相对较远且与港澳交流相对较少，其对各类港澳资讯的关注度均相对较低。

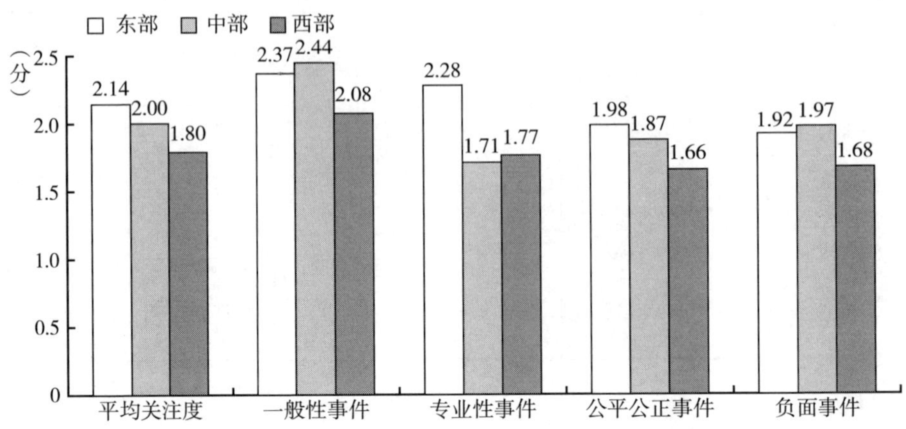

图3　不同地区居民对各类港澳资讯的关注程度分布

（二）港澳接触经验

对香港和澳门的接触经验，本调查通过被调查者去过香港和澳门的频率和次数对其进行测量。选项包括“从来没有”“10年内一次”“5~10年一次”“2~5年一次”“1~2年内一次”“1年一次”“1年两次及以上”。

不同地区居民，有到访香港和澳门经验的比例相差很大。东部地区有接近80%的受访者有过到访港澳的经历；中部地区约有半数的受访者曾有到访港澳的经验；西部地区对港澳地区的到访经验最少，仅为30%左右。

内地居民赴港澳交流的经验受到香港特别行政区对大陆地区开放“自由行”的影响。东部地区的北京、中部地区的武汉均在首批开放自由行的城市之列。而西部地区的居民无法实现个人自由旅行，到访港澳的比例最低。

（三）港澳评价与态度

港澳评价测量了内地居民对香港和澳门的评价，包括6个方面：城

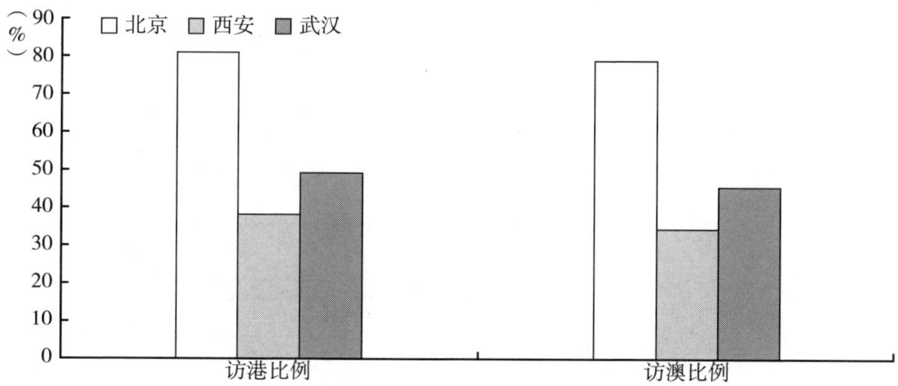

图 4　不同地区居民到访香港与澳门的比例

市环境、旅游资源、政府形象、市民形象、非观光型旅游活动、社会资源。被试分别评价对香港和澳门地区在 6 个方面的满意程度，由“非常不满意”到“非常满意”进行打分。打分分值为 1～5。内地居民对香港评价的内部一致性系数 $\alpha=0.84$，对澳门评价的内部一致性系数 $\alpha=0.87$。

测量受访者是否同意“总体来说，我对香港/澳门这个城市的满意度很高”，选项由“完全不同意”到“完全同意”，反映了内地居民对待香港和澳门的整体性态度。

1. 受访者对香港的评价

总体而言，受访者对香港的评价处于中等水平，在“不太满意”到“中立”之间。而在各项指标中，对香港的城市环境和旅游资源评价最高，对社会资源、市民形象和政府形象的评价中等，对非观光型旅游活动的评价最低，如图 5。

比较不同地区居民对香港的具体评价。北京地区受访者在所涉及的 6 个方面对香港的评价均高于西安与武汉的受访者，平均得分介于“中立”到“比较满意”之间。武汉居民对香港的各个方面评价均最低，尤其是对香港的社会资源分配和政府形象满意度低。西安居民对香港评价最高的是城市环境与旅游资源，如图 6。

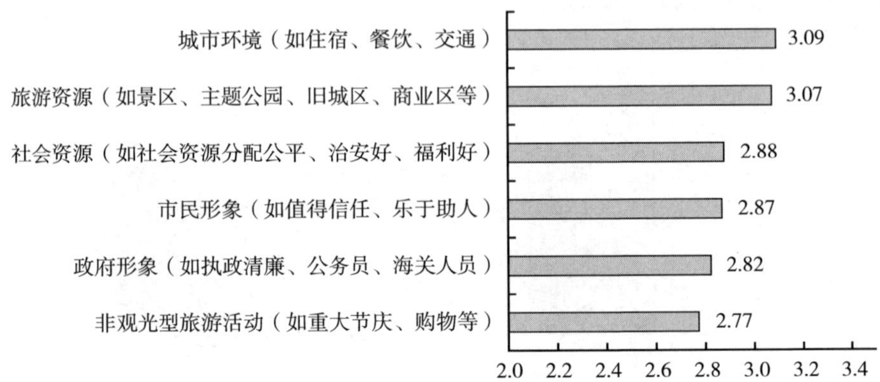

图5　受访者对香港的评价得分

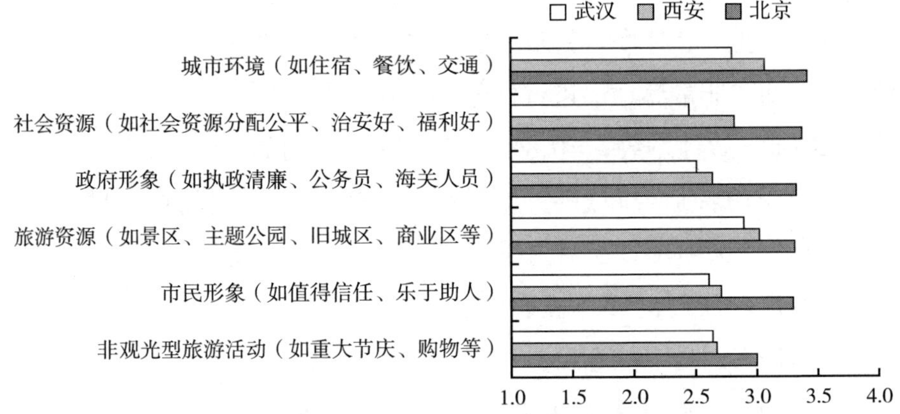

图6　不同地区受访者对香港的具体评价

2. 受访者对澳门的评价

总体而言，受访者对澳门的评价处于中等水平，在“不太满意”到“中立”之间。而在各项指标中，对澳门的城市环境和旅游资源评价最高，对政府形象的评价最低。内地居民对澳门的住宿、餐饮、交通与景区的满意度高于对市民形象、社会资源和购物体验的满意度，如图7。

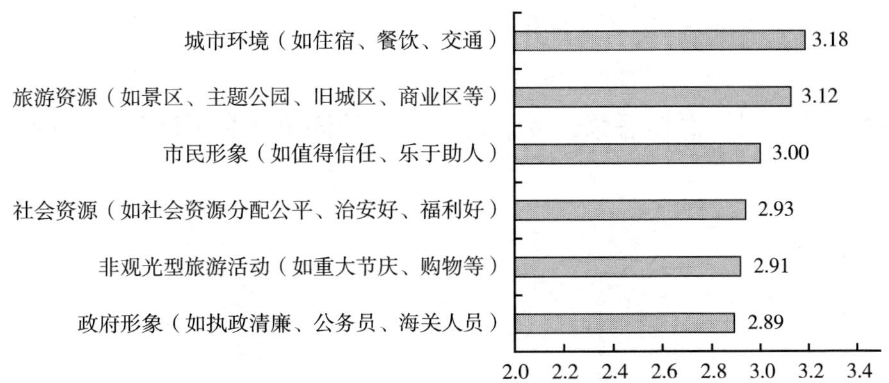

图7　受访者对澳门的评价得分

比较不同地区居民对澳门的具体评价。北京地区受访者在所涉及的城市环境、旅游资源、市民形象、社会资源、政府形象和非观光型旅游活动等6个方面对澳门的评价均高于西安与武汉的受访者，平均得分介于“中立”和“比较满意”之间；武汉地区受访者除了对澳门的市民形象评价高于西安地区，其余各方面均为三地最低；西安地区受访者对澳门的旅游资源评价最高而对政府形象评价最低，如图8。

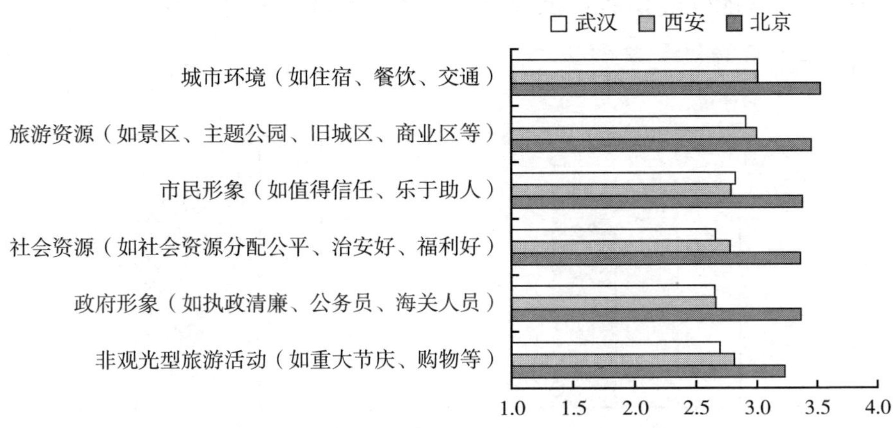

图8　不同地区居民对澳门具体评价

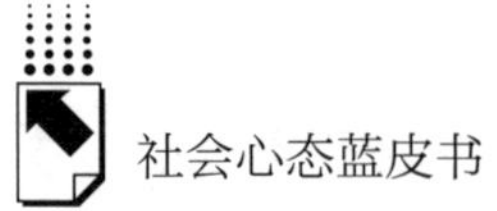

3. 内地居民对港澳的态度

此次调查中，大部分受访者较为同意对香港、澳门的“总体满意程度较高”。总体看来，受访者对香港的评价略高于澳门，如图9。

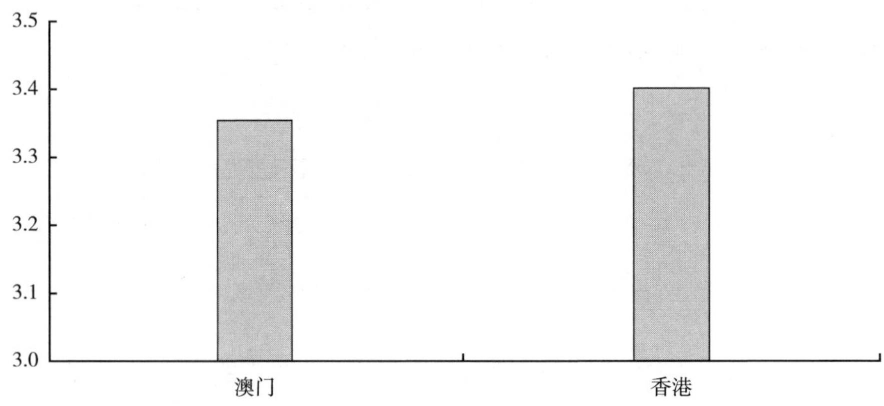

图9　内地居民对港澳整体满意程度

具体地区而言，东部地区受访者对香港的满意度最高（M =4.00，SD =0.73），西部地区受访者次之（M =3.42，SD =0.84），中部地区受访者最低（M =3.14，SD =0.81）。在对澳门的满意度方面，西部地区受访者最高（M =3.32，SD =0.61），中部地区受访者次之（M =3.27，SD =0.70），东部地区受访者最低（M =3.00，SD =0.66），如图10。

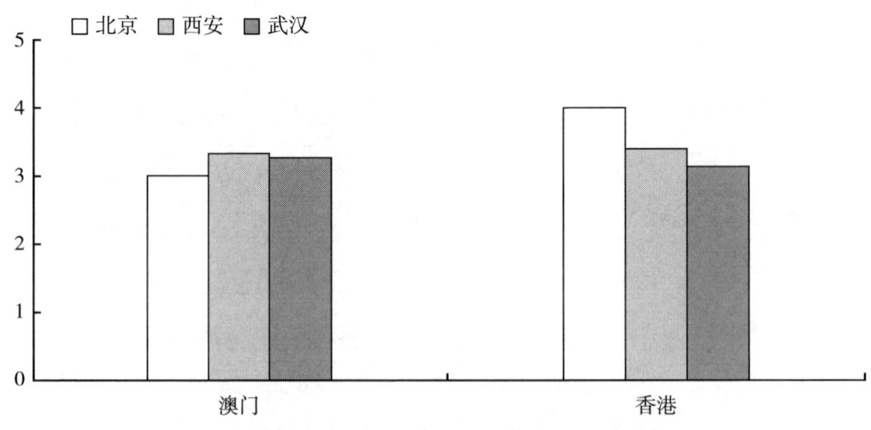

图10　不同地区内地居民对港澳整体满意程度

尽管不同地域内地居民与港澳的文化接触和交流程度不相同，但对港澳地区的评价并非完全与接触经验对应。需要进一步探索不同地区的内地居民对香港和澳门整体态度的影响因素。

（四）受访者对港澳认知的影响因素

个人的主观社会阶层反映出对自身社会经济地位的认知，对于社会心态具有稳健的解释和预测作用（王俊秀，2017；高文珺，2017）。在与港澳进行资讯获取、交流接触的过程中，主观社会阶层影响了对港澳地区资源、环境和文化社会环境的认识，进而影响内地居民对香港和澳门的整体评价。

主观社会阶层（Subjective Social Status，SSS）是指个人对自己在社会阶层结构中所占据位置的感知（张海东、杨城晨，2017）。本研究中对主观社会阶层的测量包括：（1）对 14 岁之前自己所在家庭的社会阶层进行主观评价；（2）对个体当下所处社会阶层的主观评价；（3）对未来所能达到的最高社会阶层的主观预期。测量工具采用经典的阶梯量表（Adler，et al.，2000）。以标有 1 ~ 10 的阶梯图形中的数字代表社会中的不同阶层：“1”代表社会的最底层，受教育程度最低，所从事工作也最不受尊重；“10”代表社会中的最上层，其受教育程度最高，从事最受人尊重的职业。

结果表明，在本次调查的 1528 名受访者中，个体对当下主观阶层的评价显著高于对幼年主观阶层的回顾（$t = 49.45$，$p < 0.001$），表明人们的主观阶层认同具有提高。并且，个体对未来自身所能达到的最高社会阶层预期显著高于当下所处的社会阶层（$t = 60.62$，$p < 0.001$），如图 11。

来自北京（东部）、武汉（中部）以及西安（西部）地区的受访者的主观社会阶层具有差异：在 14 岁前主观社会阶层方面，东部地区显著高于西部地区和中部地区（$F = 46.66$，$p < 0.001$）；当下主

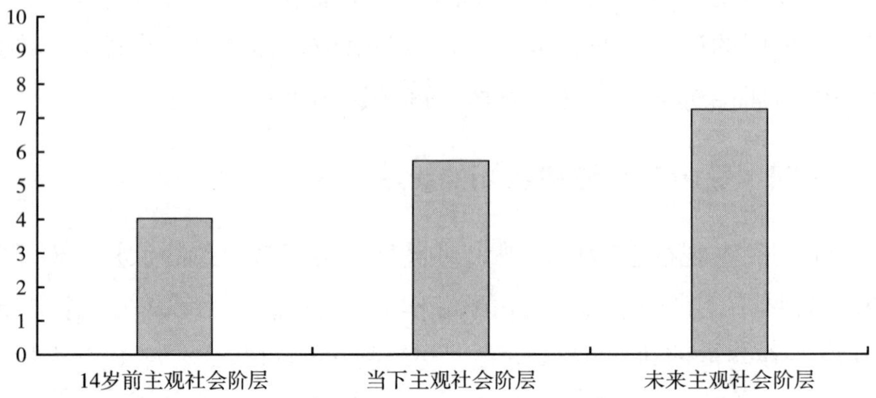

图 11　主观社会阶层特点

观社会阶层方面，东部地区显著高于西部地区和中部地区（$F = 23.53$，$p < 0.001$）；未来主观社会阶层预期方面，东部地区和西部地区显著高于中部地区（$F = 21.63$，$p < 0.001$）。另外可以看出，相比幼年时期，不同地区受访者的当前主观社会阶层具有显著的提升，并且对于未来的社会阶层流动具有较高的期待，如图 12。

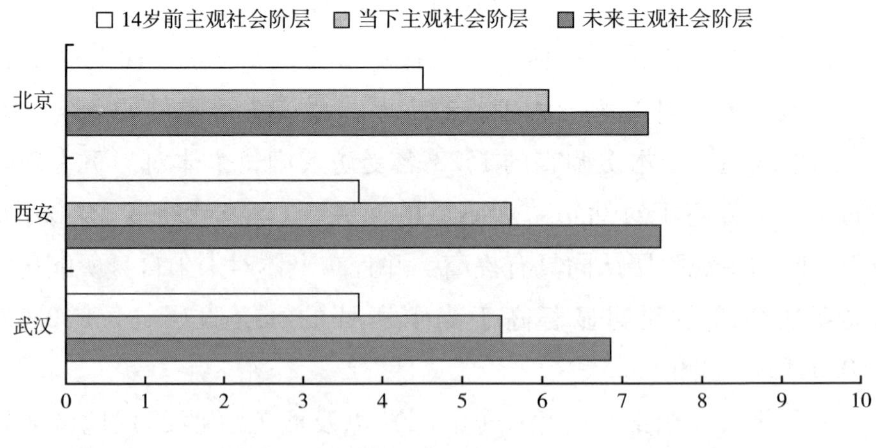

图 12　不同地区受访者主观社会阶层

1. 内地居民对香港整体评价的影响因素

本研究采用分层回归分别探索不同地区受访者对香港的整体评价。其中，因变量为人们对香港的总体评价，由 6 个方面的评价均值计算得出。为了控制被试的个体差异，将基本的人口学变量（性别、年龄、收入等）作为第一层自变量进入回归方程，采用 Enter 方式。第二层自变量为人们对主观社会阶层的回顾（14 岁前社会阶层）、评价（当前社会阶层）和预期（未来社会阶层），以及到访香港的接触经验，采用 Stepwise 方式，选取达到显著性标准的变量进入回归方程。最终进入回归方程的自变量如表 2 所示。

表 2　香港整体评价回归分析

地区	项目	未标准化系数 B	标准误	标准化系数 β	t	ΔR^2	ΔF
北京	香港接触经验	0.81	0.13	0.28	6.19	0.10	3.47
西安	14 岁前主观社会阶层	1.23	0.18	0.31	6.78	0.17	6.01
	未来社会阶层预期	-0.95	0.18	-0.25	-5.34		
	香港接触经验	1.05	0.18	0.27	5.98		
武汉	14 岁前主观社会阶层	0.77	0.31	0.17	2.47	0.16	5.30
	未来社会阶层预期	-1.18	0.27	-0.31	-4.35		
	香港接触经验	0.38	0.18	0.10	2.15		

总体来看，来自三个地区的受访者与香港的接触经验有助于促进他们对香港地区的总体评价。西安和武汉地区的受访者也受到了自身幼年主观社会阶层以及未来主观阶层预期的影响。

在控制人口学变量因素之后，北京地区仅以有香港接触经验的被试进入回归方程。曾经到访香港特别行政区的居民对香港的评价更高。西安和武汉居民除了香港接触经验之外，14 岁前主观社会阶层和未来的社会阶层预期具有显著预测作用，但方向相反。14 岁前主观社会阶层较高的受访者对香港评价较高，而对自身的未来社会阶层预期较低的受访者对香港的评价较高。

总结不同地区内地居民对香港总体评价的影响因素，可以发现主观社会阶层和香港接触经验的差异。14 岁前的幼年主观阶层回顾一致性地起到正向预测作用，而未来可以达到的最高社会阶层预期体现了个体对社会阶层流动的预期，起到了负向预测作用。值得注意的是，文化交流与接触经验能够促进内地居民对香港的总体评价。北京地区调查结果表明，香港接触经验具有显著的预测作用，模型解释力 R^2 的增长达到了 0.1，仅增加这一变量对香港评价的解释力增加了 10%。

2. 内地居民对澳门态度的影响因素

同样采用分层回归分别探索不同地区内地居民对澳门的整体评价。其中，因变量为人们对澳门的总体评价，由 6 个方面的评价均值计算得出。为了控制被试的个体差异，将基本的人口学变量（性别、年龄、收入等）作为第一层自变量进入回归方程，采用 Enter 方式。第二层自变量为人们对主观社会阶层的回顾（14 岁前社会阶层）、评价（当前社会阶层）和预期（未来社会阶层），以及到访澳门的接触经验，采用 Stepwise 方式，选取达到显著性标准的变量进入回归方程。最终进入回归方程的自变量如表 3 所示。

表 3　澳门总体评价回归分析

地区	项目	未标准化系数	标准误	标准化系数 β	t	ΔR^2	ΔF
北京	澳门接触经验	0.99	0.13	0.32	7.41	0.01	6.05
	14 岁前主观社会阶层	0.33	0.13	0.11	2.50		
西安	澳门接触经验	0.98	0.19	0.24	5.32	0.05	5.08
	14 岁前主观社会阶层	1.23	0.19	0.31	6.54		
	未来社会阶层预期	-0.99	0.18	-0.26	-5.39		
武汉	未来社会阶层预期	-0.84	0.20	-0.20	-4.20	0.03	5.13

在控制人口学变量因素之后，北京地区受访者的14岁前主观社会阶层和澳门接触经验进入回归方程。曾经到访澳门特别行政区的居民对于澳门的评价更高。西安地区受访者的访澳经验、14岁前主观社会阶层和未来社会阶层预期进入回归方程。14岁前主观社会阶层较高的受访者对澳门评价较高，而对未来社会阶层预期较低的受访者对澳门的评价较高。武汉地区受访者仅以未来社会阶层预期进入回归方程，对澳门评价具有负向预测作用。

总结不同地区受访者对澳门总体评价的影响因素，可以发现主观社会阶层和澳门接触经验的差异。14岁前的幼年主观阶层能够正向预测人们对澳门的评价，而未来社会阶层预期则起到了负向预测作用。另外，文化交流与接触经验能够促进受访者对澳门的整体评价，只有武汉地区受访者例外。

四　讨论与结论

（一）受访者对港澳的整体评价与态度处于中等水平

本研究结果显示，内地居民总体上对香港和澳门的满意程度处于中等水平。具体而言，人们对香港和澳门评价最高的方面包括城市环境和旅游资源，而对香港地区的非观光旅游活动、澳门地区的政府形象评价较低。现阶段内地居民对待港澳的认知和态度都比较积极。

（二）主观社会阶层影响受访者对港澳的评价

主观社会阶层反映出人们对自身所处社会经济地位的评价与预期。研究结果表明，对港澳评价的影响，并非受到当下主观社会阶层的影响，而是受到14岁前主观社会阶层与未来社会阶层预期的影响。14岁前主观社会阶层代表了个人对自身家庭的阶层认同，正向预测了对港澳的整体评价。未来社会阶层预期反映出人们对自身社会阶层流动的预期，负向预测了对港澳的整体评价。因此，在社会阶层向上流动的心理背景下，可能会出现对港澳评价降低的趋势。

（三）港澳接触经验影响受访者对港澳的评价

通过比较不同地区差异结果发现，东部地区对香港和澳门的整体评价与态度最高。由于北京等地更早开放港澳“自由行”政策，东部地区与港澳的交流与合作更加频繁和深入。不同地区居民的资讯关注有所差异，建立相适应的交流机制，进一步增强协作和融合，特别是在中国改革开放40周年之际，建议借助粤港澳大湾区的发展契机，逐步推进内地与港澳的合作交流，促进内地与港澳形成自发交流的动力，形成“共同体意识”。

个人与香港、澳门的接触经验能够正向预测其对港澳的评价。三个不同地区受访者与香港的接触经验均能正向预测对香港的整体评价。而东部与西部地区受访者与澳门的接触经验能够正向预测对澳门的整体评价。可见，加强内地与港澳的交流与合作能够促进内地居民对港澳的态度与评价。不断强化交流与合作，增进接触与融合，是推动内地与港澳全面合作的心理基础。

参考文献

安兴本、胡克、邱建、葛幼力：《香港文化对大陆的影响》，《中国国情国力》1994年第9期。

陈丽君：《香港文化对珠江三角洲影响之现状及趋势分析》，《当代港澳研究》1994年第2期。

高文珺：《城市居民主观社会阶层特点分析》，载王俊秀主编《中国社会心态研究报告（2017）》，社会科学文献出版社，2017。

关志钢：《香港文化特点及其对深圳的影响》，《特区实践与理论》1996 年第 6 期。

黎熙元、姚书恒：《60 年来港人身份之惑》，《文化纵横》2010 年第 6 期。

马广海：《论社会心态：概念辨析及其操作化》，《社会科学》2008 年第 10 期。

任佳燕：《“自由行”对澳门经济的影响》，《中国统计》2005 年第 2 期。

王俊秀：《关注阶层心态，提高民众获得感》，载王俊秀主编《中国社会心态研究报告（2017）》，社会科学文献出版社，2017。

杨宜音：《个体与宏观社会的心理关系：社会心态概念的界定》，《社会学研究》2006 年第 4 期。

张安、丁登山：《中国大陆入境旅游中港澳客源市场结构分析》，《亚太经济》1998 年第 8 期。

张海东、杨城晨：《住房与城市居民的阶层认同——基于北京、上海、广州的研究》，《社会学研究》2017 年第 5 期。

郑宏泰、尹宝珊：《香港本土意识初探：身分认同的社经与政治视角》，《港澳研究》2014 年第 3 期。

郑婉卿、黎熙元：《文化还是博彩：广东居民对澳门旅游资源的认知初析》，《当代港澳研究》2015 年第 3 期。

Adler, N. E. , Epel, E. S. , Castellazzo, G. Ickovics, J. R. , “Relationship of Subjective and Objective Social Status with Psychological and Physiological Functioning: Preliminary Data in Healthy White Women”, Health Psychology Official Journal of the Division of Health Psychology American Psychological Association, 2000 (19).

B.15
2018年上半年社会心态报告

人民论坛问卷调查中心*

摘　要： 本报告采用线上线下结合的方式收集2018年社会心态调查的3288个城乡公众数据，开展了公众对于美好生活的感知现状和创造能力测评，分析了当前公众所体现出的主要社会情绪、社会心态以及行为倾向，并对社会心态进行预测和研判。结果表明，受访者普遍认为目前生活幸福指数高，追求内涵更加丰富的美好生活，对社会发展趋势的总体预期良好，对基础公共服务较为满意，民族归属感和使命感非常强烈。但仍然受到社会焦虑、浮躁、愤恨、失落等负面情绪的影响，住房、子女教育和物价是当前公众的三大主要压力来源，医疗安全、食品安全等民生安全领域的安全感较低，对财富和收入分配的公平度有更高期待，城市地位认同感有很大的提升空间。在面对社会暴力事件时，公众对于惩罚的呼声远高于修复主义；在对美好生活的追求中，公众不断增强对生态环境的认识和期望；公众更认同以渐进改良、稳中求变的态度迎接新时代的挑战等。

关键词： 社会心态　美好生活感知　社会情绪

---

* 执笔：人民智库研究员陈琳、单宁。

一　引言

中国共产党的十九大报告明确指出，中国正处于“决胜全面建成小康社会”与“‘两个一百年’奋斗目标的历史交汇”并存的时期。如期全面建成小康社会，既有有利条件，也面临艰巨困难，前进道路并不平坦，矛盾、风险就在眼前。一方面，改革开放以来经济突飞猛进发展，综合国力和公众的物质文化生活水平得到显著提高；另一方面，中国已步入改革发展的关键期、攻坚期，社会矛盾和问题交织叠加，要增强风险防控意识，提高防范化解重大风险能力，就必须关注社会消极情绪的变动。负面的社会心态可能会导致社会缺乏生机活力乃至社会凝聚力的下降，甚至酿成社会结构性风险。而所有风险都有一个从萌芽、积累到最终释放的过程，早识别、早预警、早发现、早处置，就能显著降低风险造成的负面冲击。

中国特色社会主义进入新时代，中国社会主要矛盾已经转化为人民日益增长的美好生活需要和不平衡不充分的发展之间的矛盾。从心理学角度讲，美好生活一般被界定为幸福、快乐或者生活满意度等，是一种积极向上的社会心态和情绪，体现出对主流价值观的认同。同时美好生活的实现，有助于培育和增强公众的自豪感、幸福感、归属感、认同感，而美好生活的创造同样需要公众在其人生历程中积极构建健康心理基础，积极达成平衡中正的心态。因此，了解当前公众对于美好生活的感知，及其创造美好生活的心态和行为，对于在新时代中把握社会心态走势，指引社会心态建设具有十分重要的意义。

认识和把握当前中国公众的社会心态，有利于找准方位、把握航向，更有效地培育自尊自信、理性平和、积极向上的社会心态，为构建美好生活提供动力源泉，助力实现“两个一百年”奋斗目标和中华

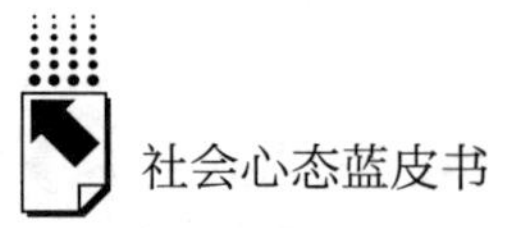

民族伟大复兴的中国梦。课题组在 2017 年至 2018 年第一季度共四次社会心态调查基础上，结合 2018 年上半年的时事热点，进一步优化了已开发的相关指数。调查内容具体包括公众对于美好生活的感知现状和创造能力测评、社会情绪、社会心态及预测、行为倾向等方面。

二　研究方法

（一）调查对象

本报告使用的数据库是人民论坛杂志社人民智库设计的“2018 上半年社会心态调查数据库”，该调查问卷于 2018 年 1 月到 6 月通过民智市场调查公司向在线全国用户进行推送，此次调查覆盖全国 31 个省区市，调查共回收作答问卷 3288 份，问卷回收后，课题组利用测谎题、答题完成情况等对问卷进行筛选。数据库中，男性样本 1972 人，占 60.0%，女性样本 1316 人，占 40.0%；年龄范围是“18 岁以下”至“60 岁及以上”，其中，18 岁以下占 10.7%，18～39 岁占 78.6%，40～59 岁占 10.5%，60 岁及以上占 0.3%；在职业方面，机关、事业单位人员占 34.6%，企业人员占 37.5%，离退休人员占 3.1%，个体从业者（含自由职业者）占 13.7%，学生占 9.2%；在受教育程度方面，6.5% 属于初中及以下学历，30.7% 是中专/职高/技校/高中学历，25.2% 为大专学历，31.5% 是本科学历，6.1% 是研究生学历；在月收入（包括基本工资、奖金、津贴等）方面，月收入在 2000 元以下占 11.3%，2001～5000 元占 31.6%，5001～8000 元占 33.9%，8001～12000 元占 16.5%，12001～15000 元占 4.3%，15001 元以上占 2.5%。另外，中共党员（含预备党员）占 29.8%，共青团员占 33.7%，民主党派、无党派人士占 12.0%，群众占

24.5%；19.3%的受访者日常居住地为直辖市，32.8%为省会城市，35.3%为地级或县级城市，10.8%是乡镇村，港澳台地区或海外占1.1%，其他地区占0.7%。

（二）测量指标

1. 美好生活感知和创造能力

该项目主要包括两个测量维度。一是公众对于美好生活感知的现状测量，包括公众对于美好生活的总体评价，以及对于美好生活分指标的评价，如工作状态、生活状态、精神状态、社会环境和社会治理；二是公众关于创造美好生活的能力测量，包括自我接纳、自我效能、稳定性、问题解决和社会支持。自我接纳是指个体对自我价值和现状的认可，自我效能是指对自我能力的肯定，稳定性是指个体情绪成熟稳定的状况，问题解决是指个体通过自我努力来解决问题的能力，社会支持是指个体从社会获得的物质、认识、情感上的支持性资源。

2. 社会情绪

本次调查社会情绪选取了8个指标，并试图从公众在8类负面社会情绪的整体得分上，选取对公众影响较大的前4个指标。八大情绪分别为社会焦虑、社会恐惧、社会愤恨、社会痛苦、社会孤独、社会冷漠、社会失落、社会浮躁。社会焦虑是一种紧张不安的心理状态；社会恐惧常常伴随着焦虑、惧怕和强迫感；社会愤恨是不满、敌视、怨恨的心理状态；社会痛苦是现实的逆境导致了矛盾和消极的负面情绪；社会孤独是脱离群体的自我封闭的情绪；社会冷漠是对于社会现象的漠视、无视、不为所动的情绪；社会失落是对于未来不抱期望的情绪；社会浮躁是急躁不安、烦闷焦虑的状态。

3. 社会心态

社会心态价值观包含社会压力感、社会安全感、社会支持感、社会信任感、社会公平感、个人成就感、民族归属感、城市认同感、公共服务满意度、社会信心度和社会预期，共 11 个方面。其中，社会压力感和社会公平感主要探究公众在住房、子女教育、养老等社会保障待遇、公共医疗、环境污染等方面的压力水平和公平感水平；社会安全感检测公众对国土安全、政治安全等传统安全以及生态安全、食品安全等民生类安全的安全感水平；社会支持感和社会信任感考察公众对家庭或家族、朋友等私人关系以及社会中各个职业群体，如教师、警察、律师等的支持程度和信任感水平；个人成就感研究公众在工作胜任、社会适应以及家庭支持三个方面的成就感情况；民族归属感和城市认同感主要考察公众对民族、国家的认同感、使命感和对所居住城市的认同情况；公共服务满意度涉及公众对经济、安全、社会等方面的满意程度；社会信心度和社会预期考察公众对个人和社会发展的信心强度和预期情况。

4. 社会行为

公众的主要行为倾向状况是对公众倾向性行为的一种预判，是对公众有可能做出的行为的倾向性分析，本次调查主要研究大部分群体就某一方面的行为倾向，包含公众在政治领域中的公共参与行为、经济领域中的失信行为、文化领域中的社会道德行为、社会领域中的冲突应对行为、生态领域中的环保行为以及网络领域中的舆论倾向行为，根据行为倾向来分析当前公众行为的主要特点。

三　研究结果

（一）2018年上半年让公众印象深刻的十件大事

本次调查根据 2018 年上半年的时事热点，初步列出了 19 个热度较高的国内外舆情和事件。通过问卷调查分析，2018 年上半年让公众印象深刻的十件大事见图 1。

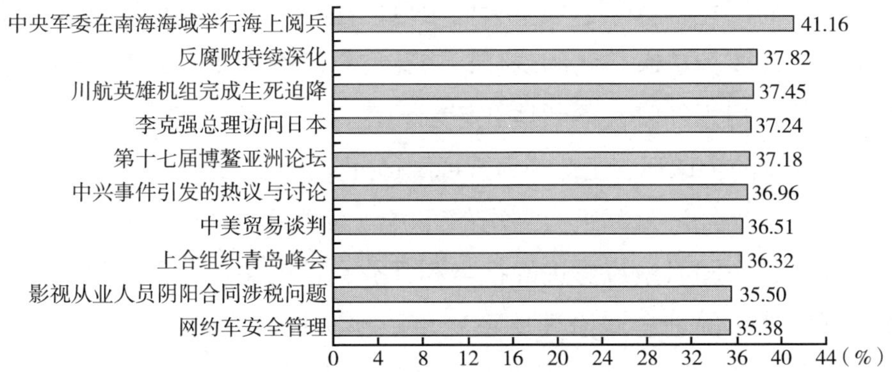

图1　2018 年上半年让公众印象深刻的十件大事

1. 源于反腐和强军的影响，公众的民族自信愈发强大

“南海阅兵”是2018 年上半年公众最为关注的时事（41.16%），战略打击、水下攻击、远海作战、航母打击、两栖登陆、近海防御、综合保障共7 个梯队登场亮相，“南海阅兵”彰显了中国建立世界一流海军，实现“强军梦”的能力和决心，赢得公众一片“提气”的点赞。此外，内部政治生态的风清气正则为我们端正风气、振奋精神、撸起袖子加油干注入了强大正能量。37.82% 的受访者选择了“反腐败持续深化”，党的十九大以来多位省部级领导干部落马，反腐持续深化，中央纪委二次全会上，习近平总书记发出“夺取反腐败斗争压倒性胜利，坚持无禁区、全覆盖、零容忍，坚持重遏制、强高压、长震慑”的动员令。

2. 川航英雄机组完成生死迫降的英雄故事，最受公众热捧

37.45% 的受访者选择关注“川航英雄机组完成生死迫降”，位列该榜单第三。川航英雄机组体现出过人的胆识、极强的责任感，值得公众赞扬和学习，把职责当成自己的信仰，勇于承担起对自己的责任，就是对他人负责，对社会负责。在改革开放40 周年之际，以促进社会公平正义、增进人民福祉的“全面深化改革”也到了关键的

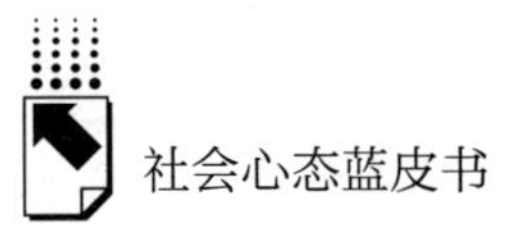

时刻，全面深化改革是一项重大而艰巨的历史任务。完成这项任务需要所有人都要担负起自己的责任，履行好自己的职责，既要有担当也要有自信，积累经验，不断地开拓创新。

3. 公众的全球观念更体现为重视周边外交和地区合作

面对世界经济复苏乏力、局部冲突动荡频发、全球性问题加剧的外部环境，中国以激流勇进的担当和开放自信的态度，倡导构建人类命运共同体，促进全球治理体系变革。本次调查发现约 37% 的受访者选择了“李克强总理访问日本”“第十七届博鳌亚洲论坛”以及“上合组织青岛峰会”。国家主席习近平在上合组织青岛峰会中提出，继续在“上海精神”指引下构建上海合作组织命运共同体；在博鳌亚洲论坛强调，要向着构建人类命运共同体的目标不断迈进。党的十八大以来，我国提出的“一带一路”倡议，以及开放包容、合作共赢的外交观得到了公众的广泛认同和支持。这些周边外交热点时事说明我国公众对于区域合作的重视程度不断提升。

4. 中美贸易谈判和中兴芯片事件，进一步激发了国人的自强意识

3 月 22 日，美国宣布将对从中国进口的商品大规模征收关税，涉税的中国商品规模可达 500 亿美元；4 月 16 日，美国商务部称，美国政府在未来 7 年内禁止中兴通讯向美国企业购买敏感产品；6 月 7 日，美国政府与中兴通讯达成协议，只要后者再次缴纳 10 亿美元罚金，并改组董事会，即可解除相关禁令。本次调查发现，近 37% 的受访者关注“中美贸易谈判”“中兴芯片事件”。对此，不少受访公众表示“中兴受辱国耻日，国人自强当醒时”，“不要沉醉在国酒飘香中，不要陶醉在房地产经济的虚幻辉煌里，没有‘中国芯’是赢不了世界尊重的”。

5. 阴阳合同、网约车的热度凸显当前公众对贫富差距和社会治安的担忧

5 月 6 日和 8 月 24 日，先后两位年轻女子在搭乘滴滴顺风车时惨

遭司机杀害，随后“滴滴司机骚扰”事件层出不穷，“黑车”“马甲车”“爽约车”等乱象也被曝出，暴露出网约车管理存在重大经营管理漏洞和安全隐患，网约车管理问题引起了公众对社会治安情况的担忧与讨论。2018 年 5 月，网上反映有关影视从业人员签订“阴阳合同”中的涉税问题，影视从业人员普遍高收入和“逃税漏税”联系在一起，很大程度上激发公众不公平感，刺激公众关于贫富差距过大的议论。

（二）公众关于美好生活的感知现状和创造能力测评

本次调查将美好生活感知下设工作、精神、生活状态，以及社会治理、社会环境等指标。并通过五个二级指标测量公众关于创造和感知美好生活的能力指数，分别为自我接纳、自我效能、稳定性、问题解决和社会支持。具体结果如图 2 所示。

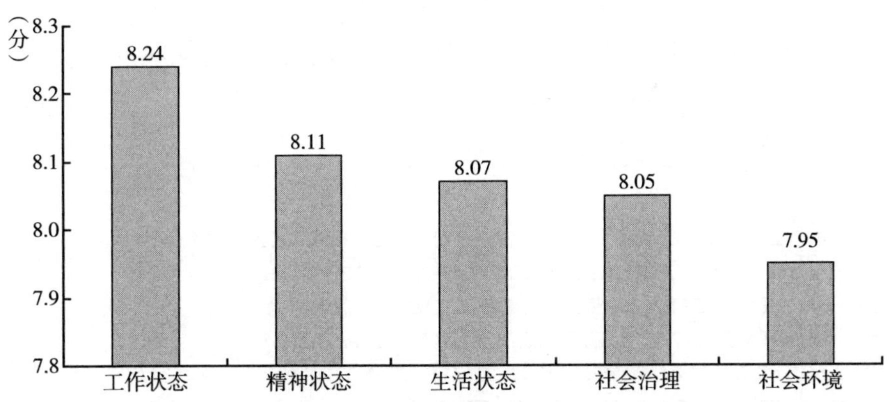

图 2　公众感知美好生活分领域得分

1. 公众感知美好生活的现状

公众普遍认为目前生活幸福指数高，追求内涵更加丰富的美好生活。调查发现，87.7% 的受访者表示目前的生活“非常幸福”或

“比较幸福”。工作、精神、生活状态和社会治理的评分均超过了8分（十分制），社会环境得分为7.95分，接近8分。同时，发现公众对美好生活有强烈的追求，近四成的受访者认为“选择一个地方工作生活是看重了它的文化底蕴、创新活力和美食娱乐”，近三成的受访者认为“努力工作是为了追求更高品质的生活”，超过四成的受访者认为“健康状况”“家庭关系”和“收入水平”是幸福生活的主要因素。可以看出，公众对美好生活的追求不仅局限于富裕的物质生活，还包括健康、人际、环境、文化等方面的需要。

公众更关注由工作带来的自我价值和同事关系等精神层面的认同。公众对当前的工作状态评价得分最高，为8.24分。在影响工作状态评价的因素中，调查发现，公众关于美好工作的认知普遍看重自我价值是否实现、同事关系是否融洽、薪酬水平和晋升空间是否满意等，其中更为关注由工作带来的精神层面的认同。约四成的受访者选择了自我价值和同事关系（见图3）。自我价值的认同和同事关系的融洽是公众在工作中首要考虑的因素。自我价值是自我对社会做出贡献的评价与肯定，同事关系融洽和谐，是工作有干劲、心情愉快的重要条件。此外，也有约35%的受访者选择了薪酬水平和晋升空间等

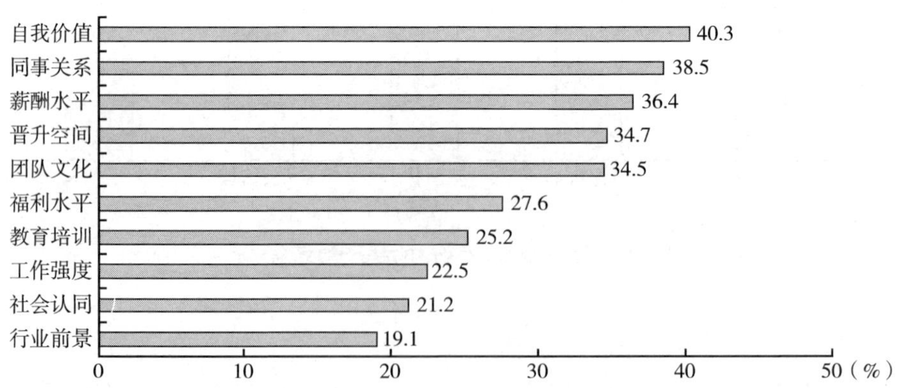

图3　影响公众工作状态的因素占比

物质方面的因素。

公众对目前精神状态评分相对较高，为 8.11 分。手机上网是公众丰富精神文化生活的主要途径。十九大报告指出："满足人民过上美好生活的新期待，必须提供丰富的精神食粮。"2018 年上半年以来，中国各个艺术门类百花竞放、异彩纷呈，《国家宝藏》《红海行动》等一批思想性、艺术性、观赏性强的精品力作不断涌现，为公众提供日趋丰富多彩的精神文化生活。关于承载公众精神文化生活的平台，数据显示，近五成的受访者表示"手机上网"是主要途径，超四成受访者选择了"阅读"，约 37% 的受访者选择通过"电脑上网"和"业余培训"满足精神文化生活需要（见图 4）。

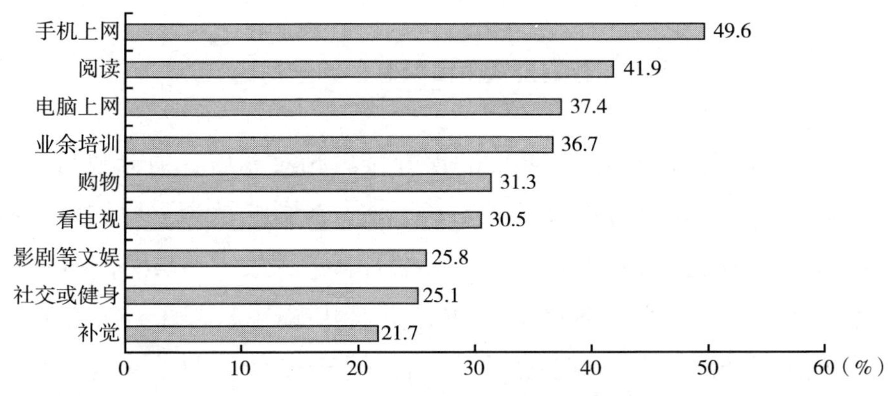

图 4　公众日常休闲项目选择占比

教育、住房和养老是当前影响公众美好生活感知的三大因素。公众对生活状态评分排名第三，为 8.07 分。其中，约四成的受访者最为关注"孩子成长""住房条件"，超过三成的受访者选择"养老质量"等（见图 5）。根据 2017 年以来的社会心态调查报告，教育、住房和养老一直是公众最大的生活压力源，因此也不难理解它们同样是公众对美好生活向往的关键因素。随着中国进入发展新时代，人们收入水平不断提高，支出的方向越来越多，消费的质量也在不断升级，

"有学上""有房子住""有病上医院"对于大多数人来讲已经是基本诉求，越来越多的公众将要追求更加美好、更高质量，更具有安全感、幸福感和获得感的生活。

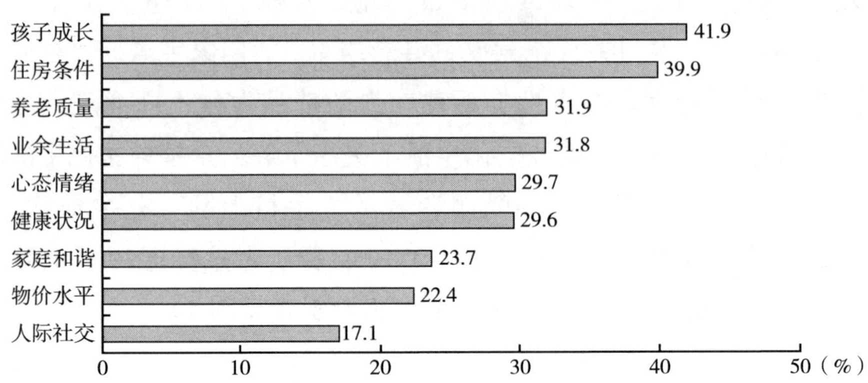

图 5　影响公众生活状态的因素占比

公众对社会治理和社会环境的评分排名相对靠后，但分数与其他领域相差不大，分别为 8.05 分和 7.95 分。在影响社会环境的因素测评中，近四成的受访者最为关注"社会保障""食品安全"，约 36% 的受访者关注"政府办事效率"和"交通状况"（见图 6）。相比之下，"治安状况""个人信息安全"和"财产安全"的关注度则相对较低，说明公众对我国当前的安全环境较为满意，或者个人信息的保护意识较弱。在影响社会治理的因素中，约四成的公众选择"道德规范""文化自信""精神追求"和"诚信状况"，相反只有约 26% 的公众选择了"法治观念"（见图 7）。可见，相比法治，更多的受访者认同从道德、精神、文化等方面出发来规范社会行为、调节利益关系、协调社会矛盾等。

2. 公众创造美好生活的能力测评

习近平总书记曾多次强调"幸福是奋斗出来的"。美好生活不仅来自党和国家的引导，更源于公众的创造和奋斗。从本次调查数据来

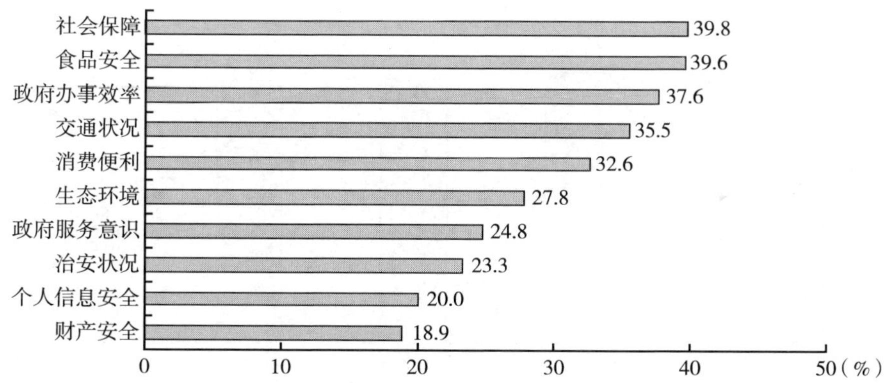

图 6　影响社会环境的因素占比

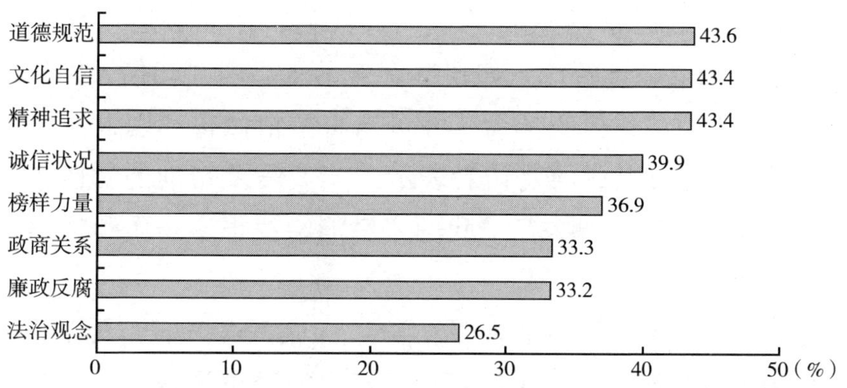

图 7　影响社会治理的因素占比

看，我国公众的美好生活创造能力指数得分较高，平均81.48分（百分制）。

具体来看，受访者的自我接纳能力得分最高，表现出对自我价值和现状的较高认可（见图8）。近八成的受访者表示认同“总的来说，我对自己是满意的”“我觉得我有很多好的品质”，约73%的受访者认为“我能基本接受真正的自我”“我比我认识的多数人更自信”。

公众的社会支持和自我效能得分较高，说明受访者对自我能力

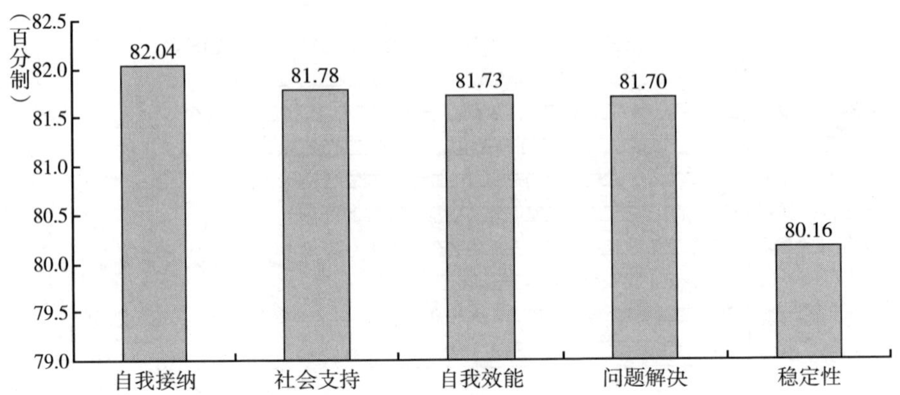

图8　公众创造美好生活的能力指数

的肯定，相信自己能达成目的或完成任务，并能够运用物质、认识、情感上的支持性资源。如超过76%的受访者“相信天生我材必有用”，并认为“只要我努力，我可以将事情做得和别人一样好或甚至更好”。超过七成的受访者表示“当我需要帮助的时候，我在很大程度上能够依靠朋友”“我的家庭能给我很多物质和情感上的支持与帮助”。

公众的问题解决能力虽然排名靠后，但是分数不低。说明公众认为可以通过自我努力来解决问题。近八成的受访者表示“我善于区分事情的轻重缓急来优先解决某些问题”，超过74.0%的受访者表示“遇到困难时，我常常会制定计划，并按计划去解决问题”“我常常通过学习别人的经验教训来解决我的现实问题”。

调查发现，公众的情绪稳定性得分在各指标中排在最后，但也超过了80分。稳定性是指个体情绪成熟稳定的状况、情绪的起伏、情绪易被影响度。约七成的受访者表示“我的情绪比较稳定”“有人烦扰我时我常能心平气和”以及“不愉快的事很少能引起我情绪波动”。

（三）2018年上半年公众社会情绪状况分析

社会情绪是指公众形成的较为复杂又相对稳定的态度体验，是公众对社会生活中各种情境的知觉并通过群体成员之间相互作用影响而形成的。根据研究结果，我们归纳出几种主要负面情绪，试图通过调查筛选出对当前社会影响最大或者最为普遍的负面情绪。因此，本次社会情绪调查涉及八大情绪，分别为：①社会孤独；②社会焦虑；③社会恐惧；④社会愤恨；⑤社会痛苦；⑥社会失落；⑦社会浮躁；⑧社会冷漠。我们针对这八大情绪进行了测量和分析，调查结果显示，社会焦虑、社会浮躁、社会愤恨、社会失落4种社会情绪得分最高。

1. 生存和身份认同威胁，以及大数据下的无蔽状态导致了社会焦虑的泛滥

本次调查显示，31.6%的受访者经常产生焦虑情绪，36.2%的受访者偶尔焦虑。社会整体呈现出一种紧张不安的心理状态，调查结果显示，42.8%的受访者经常“感到紧张或容易紧张”“坐立不安，心神不宁”。具体来讲，社会焦虑常表现在三个方面。一是社会生存和发展焦虑，在民生保障体系的加快建设中，仍有不少人被住房、教育、医疗、就业、消费等生存问题困扰。二是人际交往焦虑，以大数据为核心驱动重塑了社交模式，一方面，人们的“数据脚印”被追踪，每个网民都被暴露在“全景式监狱”；另一方面，社交分享的自媒体平台也导致“貌似亲近实则疏远的局面”，人际交往的无蔽状态导致个人空间大大被压缩，产生紧张的心理。三是身份认同焦虑。社会地位较低的人处于不利的社会生存条件，比如危险的工作环境、低收入和社会污名化，从而感受到身份认同威胁。

2. 盲目从众、急于求成，抓不住重点的忙碌是当前社会浮躁的主要表现

中国经济飞速发展的同时，高利益和高效益逐渐成为部分公众追

求的终极目标，快节奏的生活方式成为主流，尤其在高速发展的“一线”城市内，富裕的物质和相对贫瘠的精神不相匹配，反而促使社会不满滋生，社会浮躁蔓延，衍生了很多“热”词，如炒股热、学位热、公考热、直播热等，4 月，《你的同龄人正在抛弃你》成了 2018 年上半年最火的刷屏“鸡汤”，这种对物质和财富的崇拜，反映出浮躁已成为一种流行的社会情绪。社会浮躁是对不确定性的社会反映，对社会积极发展的预期性不足。一方面，社会浮躁表现出盲目跟风、急于求成，尤其是对金钱和成功的渴望，本次调查发现，超过六成的受访者表示“我期望通过炒股、彩票实现一夜暴富”“如果有足够的钱，我会投资买很多房子”。另一方面，社会浮躁也常表现为“总是忙碌得热火朝天却抓不住重点”的尴尬局面，调查发现，67.6% 的受访者认同“如果有孩子，我会送他上各式各样的兴趣班”，66.6% 的受访者表示“看见别人考研、考证，我也心痒痒”。

3. 社会愤恨的主要对象是官员、富人等被标签化的群体，或将体制机制视为万恶之源

在转型社会中，社会利益被重新调整，各个阶层间利益和成本分配的不均匀，主观上认为自己处于不利地位的群体可能会更容易通过非理性的横向比较，并因此产生不公平感、被剥夺感。同时，市场化的转型中，安全感的下降也在激化社会愤恨，对安全感的威胁一方面来自食品危机、生态环境破坏、网络信息泄露等客观现实，另一方面也来自当前人际关系、家庭关系的不稳定。此外，现代社会的信息流动量较大，大量负面的信息被报道，增加了公众的迷茫和焦虑，进而产生社会愤恨。本次调查发现，超过三成的受访者表示，有明显的“容易烦恼和激动”“自己不能控制地大发脾气”“有想打人或伤害他人的冲动”以及“有想摔坏或破坏东西的冲动”等行为倾向。社会愤恨的指责对象包括两类：一类是以某类群体为对象，如官员、富人、老板、医生等，具有一定的标签化，甚至以某个事件为导火索，

社会愤恨会演化为社会冲突；另一类是将现存的问题都归结为体制机制问题，认为制度问题解决了，一切社会矛盾都可迎刃而解，这种情绪更易被“激进左派”利用，激化社会矛盾和愤恨情绪。

4.6月高考引起公众对贫富差距和社会厚黑的热议，增强了社会失落感

社会失落是一种没有达成期望之后的一种沮丧、灰心的消极情绪，甚至失去信心和希望。中国用40年的时间跨入中等收入国家的行列，然而贫富差距仍然是当前不容忽视的重要问题。本次调查显示，社会失落感是社会主要的负面情绪，约35%的受访者表示“我曾感觉心里难受，但说不清为什么”“通常一次失败就会给自己带来很大压力”“对未来，我不报什么期望”“我常常感到被剥夺”。6月的高考热又刷新了一波社会失落感。比如一些学校打出“不努力，你怎么拼得过富二代、官二代?”“考过白富美，打败高帅富”“高考成败，决定你将来穿布鞋还是穿皮鞋!”等惊人标语，表现出由贫富差距、社会地位差距而带来的强烈的社会失落感。同时，随着高考试卷“掉包”事件的爆出，舆论第一时间倾向于“要不是检察官的孩子，这事就这么过去了”的社会阴谋论，继续助推社会失落感高涨。

（四）2018年上半年公众社会心态的整体状况分析

1.受访者对社会发展趋势的总体预期良好，对社会开放度和社会和谐的期待最高

受访者对社会发展趋势的总体预期良好，其中对社会开放度和社会和谐的期待最高，对社会公平、贫富差距的预期水平偏低（见图9）。党的十八大以来，中国取得了全方位的、开创性的成就，公众亲身感受到了欣欣向荣的变化，中国特色社会主义进入了新时代，目前处于决胜全面建成小康社会、全面建设社会主义现代化强国的关键时期，公众对未来美好生活充满期待。

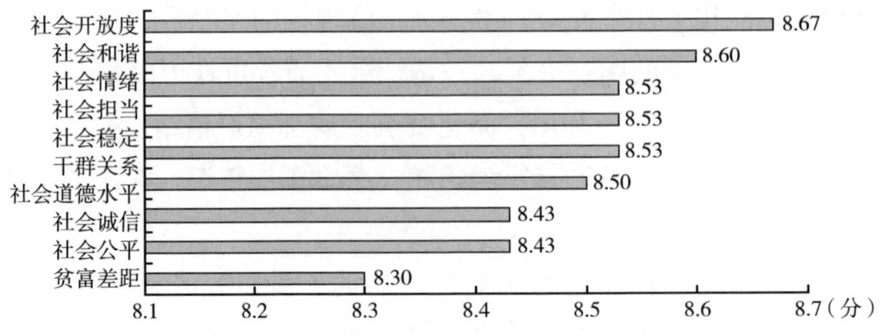

图9　2018 年上半年社会预期得分

数据结果显示，超六成的受访者相信社会开放度会越来越高，62.2%的受访者对社会和谐的预期良好。中国经济快速发展，科学技术的崛起为经济发展注入了新的生命力，中国经济活力尽显，各领域合作不断加强，社会开放度将显著提升。社会主义核心价值观凝结着全体人民的共同价值追求，由于社会主义核心价值观的培育和普及，以及民生短板不断得到改善，公众对美好生活的期待日益提升，获得感增强，对社会和谐的期待与日俱增。

受访者对社会公平、贫富差距等社会预期水平偏低，三成左右的受访者表示社会公平将越来越差或者和现状差不多，40.4%的受访者表示贫富差距将越来越大或者和现状差不多。腐败、偷税漏税、阶层分化、收入差距悬殊等问题持续冲击公众对公平正义的期待。

2. 绝大多数受访者对个人发展充满信心，对当地经济社会发展信心十足

根据结果，绝大多数受访者对个人发展充满信心，对当地经济社会发展信心十足（见图 10）。这与改革开放 40 年的丰硕成果密切相关，是全党全国各族人民共同奋斗的结果。习近平强调，“人民有信心，国家才有未来，国家才有力量”，自信才能自立，才能富强，只

有公众具备较高自信心水平才能凝聚所有中国人的力量，为实现中华民族伟大复兴而努力奋斗。

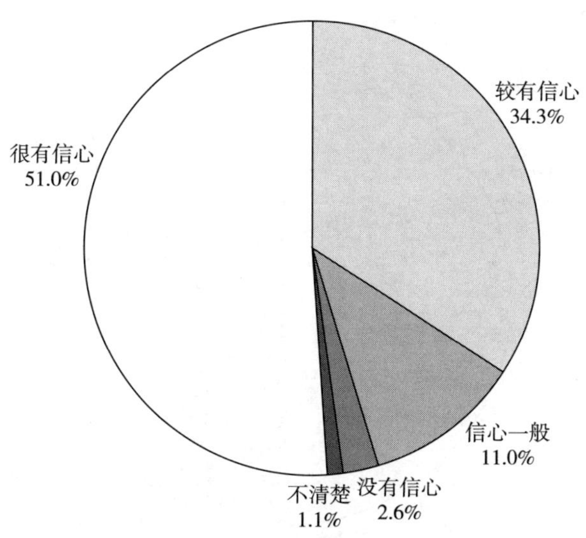

图 10　2018 年上半年个人信心占比

半数左右的受访者对个人发展充满信心，只有 3.7% 的受访者对个人发展没有信心或者不清楚。共享经济的“井喷式”发展，一批基于互联网的创新型分享经济平台脱颖而出，为社会创造了广泛的就业、创业机会；优先发展教育事业、深化教育改革等政策使公众在子女教育方面满意度不断提高；多主体供给、多渠道保障、租购并举的住房制度提升了公众对美好生活的向往和期待，一系列为人民谋幸福的民生措施使公众的获得感不断增强，对未来个人发展充满信心。

近五成的受访者表示对当地经济社会发展信心十足，仅有 3.6% 的受访者表示对经济社会发展没有信心或者不清楚（见图 11）。城市发展理念正在发生巨变，从速度型向质量型转变，城市规划、建设和管理正在加快改革创新，创新创业、人才措施等因素不断激活城市潜在动能。有力的人才优惠政策、不断完善的基础公共服务、科技创新能力显著增强等优势使得“新一线”城市不断壮大，逐渐成为发展的新引擎，引领城市化的转型升级，使多数公众对城市未来经济社会发展充满信心。

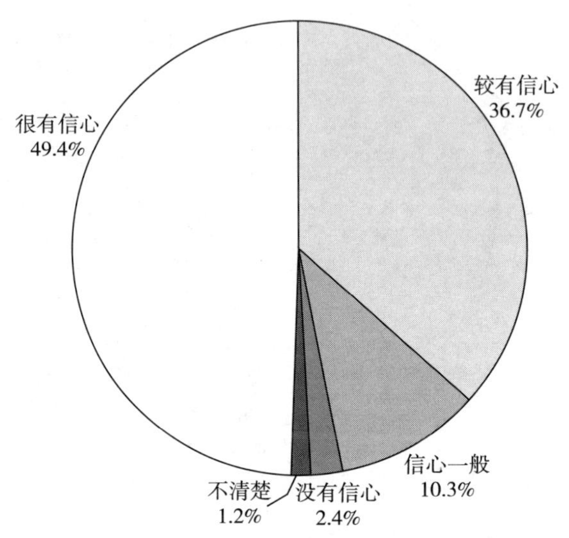

图 11　2018 年上半年社会信心占比

3. 住房、子女教育和物价是当前公众的三大主要压力来源

本次调查从经济压力、人际压力和社会环境压力切入测评公众的社会压力感。数据结果显示，住房、子女教育和物价是当前公众生活的主要压力来源（见图 12）。物价、医疗、住房、子女教育等民生问题与公众利益直接相关，是长久以来公众最关注的重点问题，各地租房价格飞涨给租客带来巨大生活压力，基本公共教育服务均等化是公众的期盼，公众对民生问题的忧虑和关注直接体现对美好生活的憧憬和追求。目前，民生领域尚存在不少短板，民生诉求也在不断变化，增进民生福祉则成为发展的根本目的。党的十八大以来，国家以人民利益为出发点，先后出台多项政策旨在改善民生、增强人民的获得感。脱贫攻坚战取得决定性进展，精准扶贫得到高质量推进，贫困发

生率显著下降。坚持“房子是用来住的、不是用来炒的”定位，热点城市房价涨势得到明显控制，租购并举住房制度的落实让广大人民群众实现住有所居，多项民生政策的持续推进将有助于在发展中补齐民生短板，缓解公众社会压力。

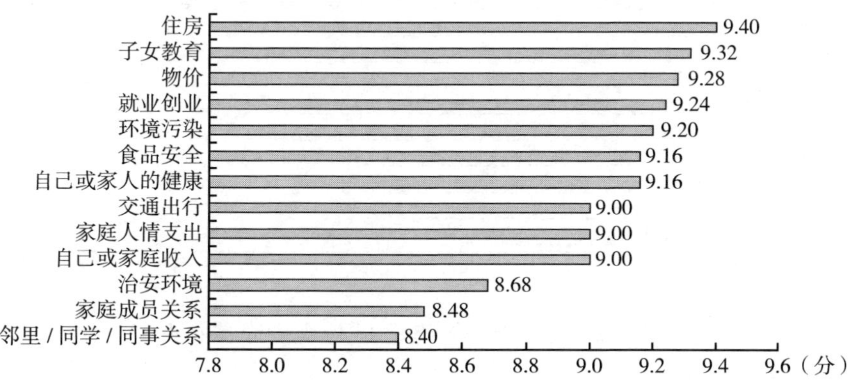

图 12　2018 年上半年社会压力感得分

4. 公众在传统安全领域的安全感最高，在医疗安全、食品安全等民生安全领域的安全感较低

习近平总书记指出，要贯彻落实总体国家安全观，既重视国土安全，又重视国民安全；既重视传统安全，又重视非传统安全；既重视发展问题，又重视安全问题。数据结果显示，公众在国土安全、政治安全等传统安全领域安全感水平最高，在民生安全领域中，在劳动安全、人身安全等个人安全领域安全感较高，在医疗安全、食品安全等国家安全领域安全感水平较低（见图 13）。

结果显示，38.9%的受访者认为国土安全领域非常安全，分别有 35.1%和 35.6%的受访者表示对政治安全和军事安全的认可度最高。政治稳定、国家领土和主权完整、强大的军事实力是公众安全感的主要来源。只有坚持中国共产党的领导和社会主义制度才能够形成万众一心的磅礴力量，带领中华民族实现伟大复兴事业，坚决维护领土完整、反对分裂势力使公众感受到国家维护国土安全的决心。

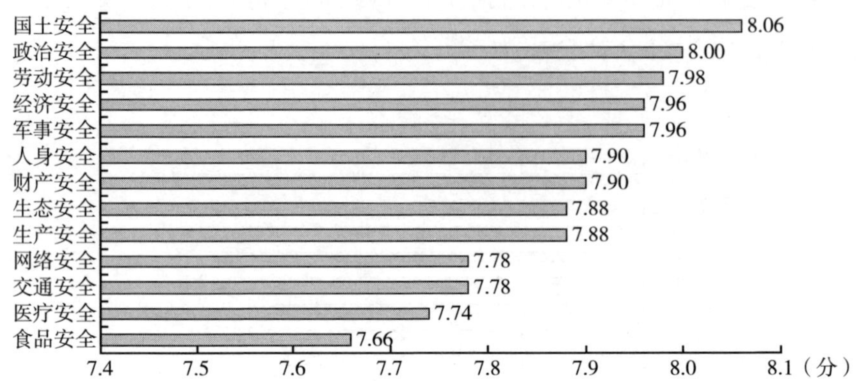

图 13　2018 年上半年各领域社会安全感得分

同时，公众对人身安全、财产安全等个人安全领域的安全感水平相对较高。35. 9% 的受访者对人身安全认可度较高，34. 8% 的受访者非常认可财产安全的维护管理工作。平安中国建设得到大力推进，国家依法开展扫黑除恶专项斗争，严厉惩治盗抢骗黄赌毒等违法犯罪活动，电信网络诈骗、侵犯公民个人信息、网络传销等突出问题得到有力惩治，公众的人身安全、财产安全等得到进一步保障。

另外，公众对医疗安全、食品安全等国家安全领域的安全感水平较低。一成左右的受访者对医疗安全和食品安全表示非常担忧。2018 年上半年，医疗垃圾处理问题、医患关系等问题加重公众的焦虑情绪，海底捞“苍蝇门”、烧烤使用仿造肉等食品安全事件多次挑战公众的安全感认知，加强医疗安全、食品安全等安全建设工作迫在眉睫。

5. 以熟人关系为基础的传统支持对公众帮助最大，社会组织的支持力度待加强

根据社会支持网络理论，个人所拥有的资源可分为个人资源和社会资源，社会支持网络可以分为以熟人关系为基础的传统支持和以组

织关系为基础的现代支持。

2018 年上半年社会支持感来源得分如图 14 所示。数据显示，家庭、朋友、单位或党组织是公众认为“在遇到困难和自己无力解决的问题时”帮助较大的主体，其中 38.4% 的受访者表示家庭或家族对自身帮助很大，分别有 32.0% 和 33.0% 的受访者认为朋友等私人关系、工作单位或党组织帮助很大。家庭、朋友、同事等均属于以熟人关系为基础的传统支持，受中国传统文化和历史脉络影响，熟人社会是传统乡土中国差序格局社会结构的必然产物，直至今日熟人关系仍是公众信赖、依靠的主要社会支持来源，公众依赖血缘、地缘、业缘等关系网络，结成了相互关系，互相依存，守望相助。

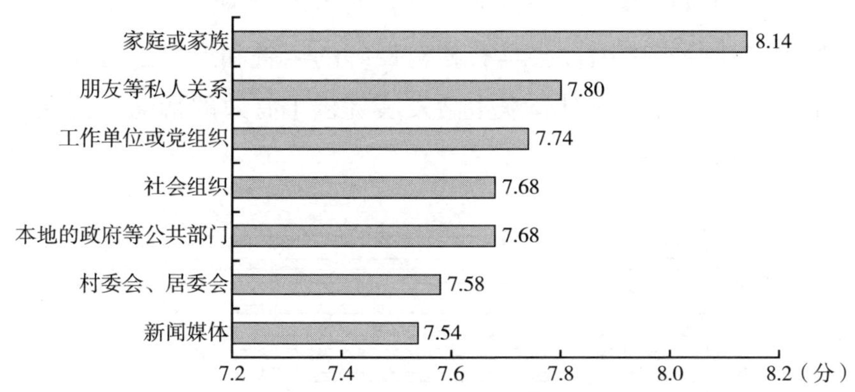

图 14　2018 年上半年社会支持感来源得分

另外，与熟人关系相比，公众对以组织关系为基础的现代支持信赖度相对较低，分别有 10.6% 和 9.7% 的受访者表示不太信任本地政府等公共部门和社会组织，分别有 10.8% 和 11.9% 的受访者表示对村委会/居委会和新闻媒体的信任程度较低。随着市场经济的快速发展，社会正从熟人社会向依赖市场、契约、制度和规则的陌生人社会转变，转型期的多种不稳定因素和有待完善的社会管理体制使得公众对以组织关系为基础的现代支持信赖度较低，官僚作风、形式主义、不作为、互相推诿等问题增加了公共部门的信任危机。

6. 公众对警察、教师和律师的社会信任感水平较高

社会信任是测试社会约束机制和道德发展水平的晴雨表，公众的社会信任状况是社会心态的重要组成部分。数据结果显示，公众对警察、教师、律师等群体的信任感较高，对专家和政府官员的信任度中等偏下，对宗教信徒、中介机构人员和神职人员的信任度较低，得分在7.5分以下（见图15）。

公众对警察、教师以及律师的社会信任感较高，36.8%的受访者表示非常相信警察，分别有34.8%和34.7%的受访者对教师和律师的信任感较高，公众对此类群体的信任大部分属于声誉信任，由声誉产生的信任即对他人过去的行为和声誉的了解而决定信任感水平，警察、教师和律师在中国社会具有相对良好的声誉和形象，对社会发展贡献了实质性的力量，对公众生活发展提供了有效的帮助，公众普遍对此类群体信任度较高。

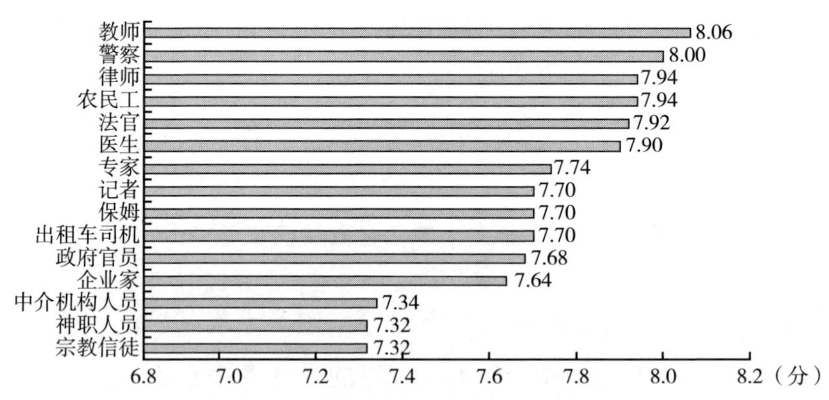

图15　2018年上半年社会信任感得分

公众对政府官员的信任感中等偏下，近三成的受访者表示不太信任政府官员或信任度一般。政府公信力是政府的影响力和号召力，体现的是政府的信用能力，反映的是公民在何种程度上对政府行为持信

任态度。政府信息未能公开或及时公开、官僚主义、腐败现象、公共服务供给水平较低等问题给政府公信力带来诸多考验。习近平总书记在十九大报告中提到，要坚持以人民为中心，践行全心全意为人民服务的根本宗旨，转变政府职能，深化简政放权，创新监管方式，增强政府公信力和执行力，建设人民满意的服务型政府，从而提升公众对政府官员的信任度水平。

7. 公众在义务教育领域公平感水平最高，对财富和收入分配的公平度有更高期待

公平是社会制度的首要价值，社会公平感是公众对公平问题进行判断时产生的一种心理感受，是社会运行过程中对资源分配、人际关系等因素的价值判断，公众的公平感越高，则倾向于表现出更多亲社会行为，公众的总体社会公平感得分为7.73分。

数据结果显示，公众对义务教育领域的公平度评价最高（见图16），得分为8.00分，38.0%的受访者认为义务教育（入校、择校）非常公平。2018年3月，教育部发布《关于做好2018年普通高校招生工作的通知》，指出全面取消高考加分项目。教育公平是社会公平的重要基础，考试招录政策向农村学生倾斜，重点高校适当提高

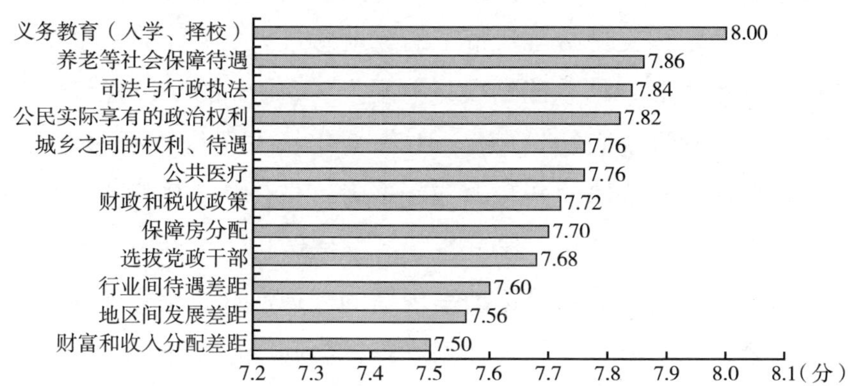

图16　2018年上半年部分领域公平感得分

招收农村学生比例，义务教育均衡发展督导评估工作不断推进，大力促进教育公平，提升了公众的公平感。

另外，公众在“财富和收入分配差距”“行业间待遇差距”“地区间发展差距”的公平感水平较低，30.3%的受访者表示在“财富和收入分配差距”方面感到不太公平，三成左右的受访者明显感受到了“行业间待遇”和“地区间发展”的差距。当前我国处在跨越中等收入陷阱、缓解社会矛盾的关键时期，城乡之间、地区之间、行业之间的收入差距巨大，部分公众的公平感水平降低，迫切希望革除不合理因素带来的收入鸿沟，十八大以来，我国持续深化收入分配改革，基尼系数有所下降，但缩小收入差距尚有改善空间。

8. 家庭支持是公众社会成就感提升的主要动力，工作胜任维度的成就感待加强

公众的社会成就感分为工作胜任、社会适应和家庭支持三个维度，工作胜任维度主要指公众在工作中的表现情况、成果收获和工作意义等内容，社会适应维度指公众的人际交往能力以及应对人际冲突的能力等内容，家庭支持维度指与家庭成员关系和情感互动情况等内容。数据结果显示，公众总体社会成就感得分为7.94分，其中家庭支持维度得分最高，工作胜任维度得分最低（见图17）。

家庭的稳定和支持给公众带来的成就感最大，35.2%的受访者表示“回想起家人和亲情总能给我以慰藉”，33.8%的受访者认同“我和家人之间经常诉说表达情感”。中华文化从古至今重视家庭建设，家庭对公众来说有浓厚的亲和力和凝聚力，是公众工作和生活的动力之一。随着社会转型变化，家庭观念、家庭结构、生活方式、家庭关系、亲子关系、代际关系等逐渐呈现新的表现形式，留守儿童、老漂族、空巢老人、空巢青年、失独家庭等社会问题层出不穷，因此需重视家庭建设，尤其需推动形成社会主义家庭文明新风尚，注重家庭、注重家教、注重家风。

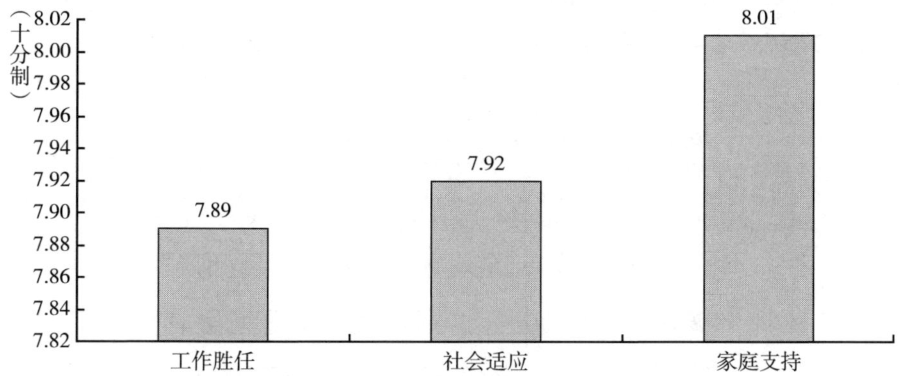

图 17　2018 年上半年社会成就感得分

另外，公众在工作胜任维度得分相对较低，25.8% 的受访者不太认同“我的工作成果经常得到领导和同事的认可”，32.2% 的受访者不太认同“我总能在工作中提出创造性的解决方案并付诸实施”。就业市场劳动力数量不断增多、就业工作竞争日益激烈，就业歧视现象在一定范围内依然存在，收入分配不均、贫富差距较大、过度加班等工作问题长期困扰劳动者，使得公众在工作胜任维度成就感较低，不断推进高质量就业，增强劳动者的干事动力和奋斗精神至关重要。

9. 公众的民族归属感和使命感非常强烈，且拥有坚定的社会主义制度自信

本次调查发现，公众的民族归属感和使命感非常强烈，74.5% 的受访者非常认同或比较认同“作为一个中国人，我感到自豪”，75.7% 的受访者非常认同或比较认同“即使可以选择加入世界上任何其他国家的国籍，我也更愿意做中国公民”。2018 年上半年民族认同感得分如图 18 所示。改革开放 40 年，从新中国到新时代，中华民族抗击风雨的洗礼，团结一致砥砺前行，取得了改革开放和社会主义现代化建设的历史性成就，无论是经济实力、科技实力还是国防实力，都已经步入世界前列，中国方案为世界贡献了中国智慧，公众与

祖国命运紧紧相连，国家的发展提升了公众的民族归属感和使命感，愿意共同积极奋斗来夺取新时代中国特色社会主义的伟大胜利。

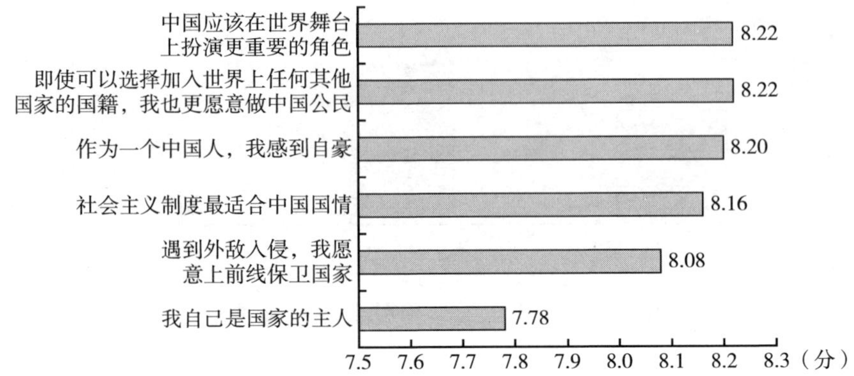

图 18　2018 年上半年民族认同感得分

数据结果表明，中国公众拥有坚定的社会主义制度自信，75.4%的受访者非常认同或比较认同“社会主义制度最适合中国国情”。制度自信有其坚实的基础，已被时间和实践所证明，目前人民群众的物质文化生活水平显著提高，综合国力大幅提升，公众获得感增强，证明了社会主义制度的合理性、稳定性和优越性，公众相信，只有坚持社会主义制度自信，中国特色社会主义事业发展才有根本保障，只有拥有坚定的制度自信，才能够汇聚中国力量。

10. 公众的城市文化认同感水平较高，城市地位认同感有待提升

城市认同感指的是城市全体社会成员共同拥有的信仰、价值和行动取向的集中体现，是城市成员从内心深处产生的一种对所在城市的心理依赖感、文化归属感，是对城市独特价值、生活方式、文化气质的体悟和内化。此次调查的城市认同感主要包括文化、身份、地域和地位四个维度。数据结果显示，公众的总体城市认同感较高，平均得分为 8.04 分，其中城市文化认同得分最高（见图 19）。

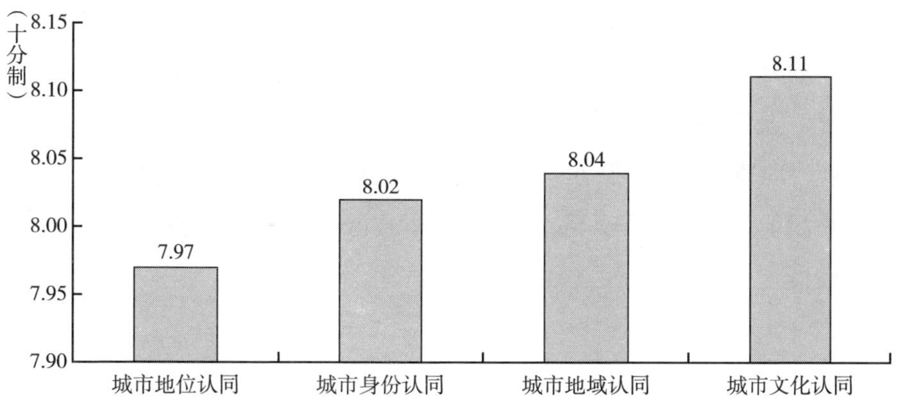

图 19　2018 年上半年城市认同感得分

公众的城市文化认同得分为 8.11 分，77.9% 的受访者非常认同或比较认同“我接受所居住城市的行为规范”，72.2% 的受访者非常认同或比较认同“我热爱所居住城市的风俗文化”。城市文化是传统文化和现代文化的融合，包含行为方式、组织结构、道德规范、观念形态、风俗习惯等内容，对于塑造城市形象、凝聚人才具有重要意义，本次调查发现受访者对城市的认同集中体现在城市文化上。

同时调查数据显示，受访者的城市地位认同得分较低（7.97 分），12.7% 的受访者不认同或不太认同“我在所居住城市有满意的经济收入”或者“我在所居住城市有一定的社会地位”。当前城市化发展不断加速，人口流动性增强，城市化率不断提高，城市人口持续增加且向大城市集聚，“城市病”逐渐凸显，交通拥堵、户籍等问题依然存在，公共服务资源的稀缺、拥挤不适的工作生活环境降低了部分公众的城市归属感和认同感。另外，收入分配差距不断扩大、就业机会不均等问题降低了城市居民的地位认同水平。

11. 公众对基础公共服务满意度最高，经济公共服务需要完善

党的十九大报告强调要转变政府职能，积极建设服务型政府，聚

焦发展所需、基层所盼，更好服务人民，让人民更加满意。数据结果显示，公众对公共服务的总体满意度较高，得分为8分，属于中等偏上水平。其中对基础公共服务（如交通、水电）的满意度最高（见图20），对安全公共服务（如治安、风气）和社会公共服务（如医疗、环境）的满意度较高，对经济公共服务（如融资、纳税）的满意度较低。

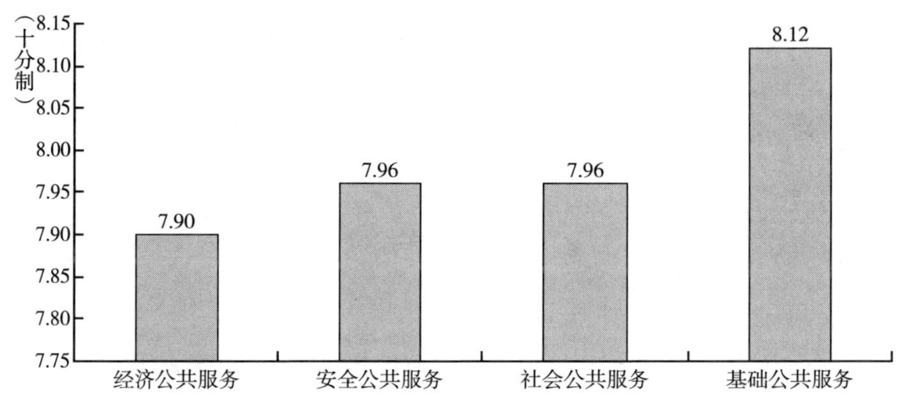

图20　2018年上半年公众对政府公共服务的满意度评价

公众对基础公共服务的满意度最高（8.12分），其中39.1%的受访者表示非常满意政府提供的基础公共服务，如交通、水电等。目前，我国高速铁路里程和高速公路里程均位居世界第一，十九大报告中明确提出要建设交通强国，为未来交通建设奠定了总基调，伴随交通的改善，公众生活便利程度将有显著提高。另外，我国电网城市供电可靠率达99.9%，农村供电可靠率达99.8%，新能源的研发和利用蒸蒸日上，基础公共服务的完善使得公众的获得感不断增强。

公众对经济公共服务的满意度较低（7.90分），反映出经济公共服务有待完善。33.9%的受访者表示对经济公共服务（如融资、纳税）非常满意，此数据低于平均满意率（35.6%）。中小企业尤其是小微企业融资难问题直接影响了中小企业的生存和发展。另外，纳税也存在着流程复杂、时间冗长等问题。

（五）公众的主要行为倾向状况与分析

社会行为倾向并不指公众已经做出的行为表现和结果，而是对公众倾向性行为的一种预判，是对公众有可能做出的行为的倾向性分析，调查主要是了解大部分群体就某一方面的行为倾向。社会心态是社会中多数成员表现出的普遍的、一致的心理特点和行为模式。成熟的社会心态下，也会产生更加理性平和的社会行为，因此，了解公众的行为倾向，是社会心态研究的重要部分。

1. 政治领域：公众对于参与公共事务表现出较强的意愿

结果表明，在政治领域，公众倾向于积极依法参与公共事务，为社会治理出力。47.6%的受访者非常认同“政府有义务向公众发布信息，公众也有责任向政府查询有关信息”，46.9%的受访者非常赞同“我愿意在公共政策过程中积极地表达自己的意见和利益要求”。党的十八大以来，全面推进依法治国，法治宣传教育取得显著成就，党的十九大报告强调“加大全民普法力度”，明确普法责任清单，公众法律意识显著提升，对于自身义务和权利更加明晰。另外，公众主人翁意识、爱国主义精神不断加强，作为中国人的责任感和使命感逐步加深，公众倾向于积极依法参与公共事务，积极表达个人利益和追求，依法参与社会治理，行使作为人民拥有的政治权利，将实干的力量凝聚，为实现中国梦而努力奋斗。

2. 经济领域：公众更看重契约精神，在经济行为中践行诚信

数据结果显示，在经济领域，公众倾向于遵守信用，更看重契约精神。48.3%的受访者非常认同“在经济活动中，如果有合同，我会严格按照合同来执行”，49.7%的受访者非常认可“我遵守法律和承诺，不欺瞒顾客或商家”。诚实守信自古以来便是中华民族的优良

传统美德，在经济领域被大部分公众传承遵守，另外，改革开放以来，社会主义市场经济发展，受市场利益驱动的“契约关系”逐步代替熟人社会的人际关系，合同和法律、法规成为维持信用的硬性指标，法治成为社会诚信体系建设的最根本保障，伴随经济领域法律法规的逐渐完善，交易买卖的流程体制更加规范，严厉打击不诚信行为动作加强，公众更加看重合同以及法规的约束作用，道德失范和诚信缺失的现象逐渐减少，例如，目前租房市场火爆，各类中介层出不穷，租金飞速上涨，面对“租房贷”等社会问题，公众以及各地政府更加看重契约精神，住房租赁合同向大众征求意见，规范租赁市场。

3. 文化领域：公众展现出显著的亲社会行为

结果表明，在文化领域，公众倾向于选择利他、维护正义等亲社会行为。46.3%的受访者非常认同“遇到陌生人需要帮助，我大多情况会伸出援手”，45.2%的受访者非常同意“如果有人插队，我大多情况会去提醒并制止”。中华传统文化注重乐于助人、尊老爱幼，文化是民族精神的延续，坚持文化自信，继承和弘扬优秀传统文化和民族精神使得大多数公众秉持利他、维护正义的行为倾向。另外，党的十九大报告明确提出培育和践行社会主义核心价值观，充分发挥社会主义核心价值观对国民教育、精神文明创建、精神文化产品创作生产传播的引领作用，社会主义核心价值观融入贯穿于社会各个方面，社会各界崇尚和谐、友善、文明、公正，能够主动帮助他人并阻止不公正行为。

4. 社会领域：公众倾向于积极理性解决冲突矛盾

根据表1做以下分析，我们将应对策略归纳为四种主要应对策略，分别为个人积极应对（打官司、与对方当事人/单位协商、找关系疏通）、社会积极应对（上访/向政府有关部门反映、找媒体帮助）、个人消极应对（没有采用任何办法、无可奈何，只好忍了）和社会消极应对（暴力反抗、罢工/静坐/示威）。此外，我们将政府有关部门乱收费、医患纠纷、拖欠/克扣工资/超时工作等利益冲突归类，归纳为四大主要矛盾，分别为政府公权矛盾、劳资矛盾、公共服务矛盾和消费矛盾。数据结果显示，面对社会矛盾和冲突，公众倾向于采用积极理性的方式应对，与个人积极应对途径相比，公众更倾向于选择采用社会积极应对的方式。

表1　2018年上半年公众矛盾应对策略选项占比

单位：%

应对策略	政府公权矛盾	公共服务矛盾	劳资矛盾	消费矛盾	平均值
个人积极应对	13.8	12.8	12.7	12.6	13.0
社会积极应对	27.1	27.3	26.6	26.9	27.0
个人消极应对	23.4	22.4	22.4	21.3	22.4
社会消极应对	13.9	11.4	11.1	11.1	11.9

5. 生态领域：公众更加认同绿色生态生活理念

数据结果显示，公众更愿意采取利于生态文明建设的环保行为，节约资源、保护环境，实现人与自然和谐共处，其中，49.5%的受访者非常认同“我提倡绿色出行”，48.9%的受访者非常同意“我提倡‘光盘’行动”。党的十九大报告强调坚持人与自然和谐共生，必须树立和践行“绿水青山就是金山银山”的理念，坚持节约资源和保护环境的基本国策。当前我国生态文明建设取得明显成就，公众逐步形成节约意识、环保意识、生态意识，逐步营造了爱护生态环境的良好风气。当前，共享单车已遍布各地，成为公众主要的交通工具，绿色出行理念深入人心。2018年，多地开展“文明餐桌，光盘行动”的宣传和推广活动，推动全社会树立“节约光荣、浪费可耻”的意识，避免铺张浪费。

6. 网络领域：公众普遍立场坚定，理性面对网络谣言

互联网的匿名性和快速传播性等特点导致许多虚假信息、不健康内容在网络传播，网络违法犯罪活动时有发生，在情绪爆发的后真相时代，每一起事件都容易在情感诉求中形成舆论共同体，然后又在新的事实出现后突然转向，部分公众关注的不是真相本身，而是寻求情绪的共鸣。十九大报告中强调，要加强互联网内容建设，建立网络综合治理体系，营造清朗的网络空间。十八大以来，中国不断加强对互联网犯罪的打击和对公民个人信息的保护力度，面对网络负面舆情事件，可以做到正面引导舆论，解答网民诉求，进一步提升了公众的理性、独立思考能力。数据结果显示，大多数公众拥有积极理性的舆论倾向行为，即面对网络恶意、虚假的舆论和谣言，倾向于理性思考、不造谣不传谣，其中近五成的受访者非常认同“对于网络上曝出的事件，我通常具有理性和独立的思考”和“在网络中我秉承着不造谣、不信谣、不传谣的原则”。

（六）公众社会心态变化预测

社会心态具有一定的稳定性，是社会现实在公众心理层面的反映。与2017年三次以及2018年第一季度的社会心态研究相比，本次2018年上半年社会心态几乎没有产生较大的变化。但是，不得忽视依然严峻的经济压力感、不得否认公众获得感不断提升，以及在当下风云变化的国际局势下公众社会心态的细微波动。“社会心态是经济社会发展的晴雨表”，为此积极研判、分析对于引导公众树立健康积极的社会心态具有重要意义。

公众更加自信，民族自豪感不断提升。2018年，多场重量级的国际峰会将在中国举办，包括4月博鳌亚洲论坛年会，6月上海合作组织峰会，11月的中非合作论坛以及中国国际进口博览会。在各大峰会中，我们积极开展国际交流，展现出了大国风采。同时2018年

也是重要的时间节点，是北京奥运会10周年，是改革开放40周年。伴随经济取得举世瞩目的成就，社会也发生了翻天覆地的变化，我国国际地位实现前所未有的提升，中华民族的面貌发生了前所未有的变化。站在中国特色社会主义新时代的起点上，公众更坚定了对中国特色社会主义的道路自信、理论自信、制度自信和文化自信。

在经济领域，2018年上半年，已有超35个城市发布了40多次人才吸引政策。引进人才的门槛在“拼抢”中不断被放宽和降低，与楼市调控政策紧密相关的户籍限制资格也被打开。各地引才新政、人才引进政策在一定程度上推动了房价上涨。历次社会心态调查显示，住房问题一直是受访者的主要压力来源，2017年各地出台有力的调控政策，使得公众的住房压力有所缓解，但随着各地“抢人”大战的爆发，公众的住房压力不减。

在社会民生领域，养老、环境保护等民生领域政策的落实有助于提升获得感。2018年，养老保险全国统筹将迈出第一步，先实行基本养老保险基金中央调剂制度，均衡地区之间由于人口结构特别是人口的流动导致的抚养比差异过大带来的养老保险负担。另外，《企业年金办法》正式施行，为职工退休收入增添了新来源，一系列养老领域政策的推出和落实，将有助于提升公众退休后的收入水平和生活质量，增强公众的获得感。《环境保护税法》年初施行，对环境保护将起到激励作用，为生态文明建设提供必要法律保障，改善公众居住环境，实现人与自然和谐共处，将大幅提升公众对美好生活的期待和获得感水平。

参考文献

范树成：《国外意识形态新变化对中国的影响及其对策研究》，社会科学文献出版社，2017。

高文珺：《社会心态与社会问题应对策略分析》，载王俊秀主编《中国社会心态研究报告（2016）》，社会科学文献出版社，2016。

高学德：《2016 中国社会信任调查报告》，载王俊秀主编《中国社会心态研究报告（2016）》，社会科学文献出版社，2016。

谭旭云、杨宜音、黄志宽、蒋凡：《不同类型城市的城市认同感调查报告》，载王俊秀主编《中国社会心态研究报告（2016）》，社会科学文献出版社，2016。

王俊秀：《社会心态的结构和指标体系》，《社会科学战线》2013 年第 2 期。

王俊秀主编《中国社会心态研究报告（2017）》，社会科学文献出版社，2017。

阳毅：《大学生复原力量表的编制与应用》，华中师范大学硕士学位论文，2005。

应小萍：《居民生活压力感：城市比较研究》，载王俊秀主编《中国社会心态研究报告（2016）》，社会科学文献出版社，2016。

赵德雷：《社会比较倾向于公平感的状况分析》，载王俊秀主编《中国社会心态研究报告（2016）》，社会科学文献出版社，2016。

B.16 社会心理服务体系建设之“赣州模式”的实践探索

马玉福　秦秀清　黄亮明*

摘　要： 社会心理服务体系建设是一项时代新课题。2016年，中央政法委和中央综治办在全国启动建设了12个“社会心理服务体系建设工作联系点”。江西省赣州市作为联系点之一，通过积极建构“以人民为中心、分层分类服务”的工作理念，整合培育“三位一体”的工作队伍，深入拓展“实体与智能相结合”的工作平台，着力推进“组织保障、多方联动融合”的服务模式，建立健全了“严实”的工作机制，开拓了社会心理服务体系建设的“赣州模式”，积累了丰富的、可借鉴的，具有推广价值的实践经验。

关键词： 社会心理服务　赣州模式　以人民为中心

2016年12月30日，国家卫计委等22个部门联合印发的《关于加强心理健康服务的指导意见》中指出：“加强心理健康服务、健全社会心理服务体系是改善公众心理健康水平、促进社会心态稳定和人

---

* 马玉福，江西省赣州市委常委、政法委书记；秦秀清，江西理工大学硕士生导师，研究方向为心理健康教育；黄亮明，赣州市社会心理健康服务协会秘书长。

际和谐、提升公众幸福感的关键措施，是培养良好道德风尚、促进经济社会协调发展、培育和践行社会主义核心价值观的基本要求，是实现国家长治久安的一项源头性、基础性工作。”党的十九大报告中，习近平总书记明确指出，“中国特色社会主义进入新时代，我国社会主要矛盾已经转化为人民日益增长的美好生活需要和不平衡不充分的发展之间的矛盾”，同时也强调，“加强社会心理服务体系建设，培育自尊自信、理性平和、积极向上的社会心态”。赣州市委、市政府高度重视社会治理的创新工作，2015 年起积极推进社会心理服务体系建设，特别在中央政法委和中央综治委 2016 年启动建设 12 个“社会心理服务体系建设工作联系点”以来，以此为契机，通过学习借鉴“枫桥经验”，积极探索社会心理服务体系建设的“赣州模式”，结合实际、勇于学习、大胆实践、突破难题，探索出了一条极具赣州特色的社会心理服务体系建设的新路子。在社会治理创新实践上创建了一个学习样板，具有积极的推广价值，为我国社会心理服务体系构建，及社会心理建设的理论与学术研究奠定了良好的实践基础。

一　积极建构“以人民为中心、分层分类服务”的工作理念

党的十九大报告指出：“坚持以人民为中心。人民是历史的创造者，是决定党和国家前途命运的根本力量。必须坚持人民主体地位，坚持立党为公、执政为民，践行全心全意为人民服务的根本宗旨，把党的群众路线贯彻到治国理政全部活动之中，把人民对美好生活的向往作为奋斗目标，依靠人民创造历史伟业。”赣州市在创新社会心理服务体系建设中，坚持民本思维，从群众中来，到群众中去，深入社会实际，分析群众需求，有计划、分层次地制定了切实可行的工作方案。早在 2014 年，根据工作需要率先在社区矫正对象和刑满释放人

员以及重点青少年中，通过政府购买社会服务的方式，引入高等院校专业心理学团队为他们开展心理服务，收到了良好的服务效果。

2016 年 3 月，赣州市社会治安综合治理委员会出台了《关于加强社会治安特殊人群“心防”工程建设的实施意见》，把“心防”工程的服务对象确定为七大类：即刑满释放人员和社区矫正人员、吸毒人员、艾滋病病毒感染者和病人、易肇事肇祸精神障碍患者、重点青少年、言行极端人员和信访重点人员、其他具有治安隐患的特殊人群。从这七大类群体的实际出发，强化心理服务、心理疏导、危机干预，构建人防、物防、技防、心防“四位一体”的社会治安防控网。“心防”工程的工作方针和工作理念就是，紧紧围绕社会治安这七大类特殊人群，组建“心防”工程服务团队，实行专家服务、志愿服务、专业服务相结合，坚持因人施策，加强对特殊人群的心理预警、心理疏导，开展经常性心理辅导、心理危机干预，提高特殊人群承受挫折、适应环境、合理表达诉求、依法维护权益的能力，预防和减少特殊人群违法犯罪，防范和降低社会风险，防止发生极端案（事）件，维护社会和谐稳定。

近三年来，赣州市委、市政府围绕党的十八届五中全会、十九大提出的关于“加强社会心理服务体系建设”这一时代新课题，由过去的被动“防范”变为主动“介入”，积极适应新形势、新任务、新常态，相继出台并印发了《赣州市社会心理健康服务体系建设规划(2017～2020)》等 15 个社会心理服务工作配套文件，分层服务、整体推进，全市形成了“党政统筹、综治牵头、部门联动、社会参与、专业支撑、群众受益”的社会心理服务体系建设工作格局。

二　整合培育“三位一体”的工作队伍

开展社会心理服务需要大量心理学、社会学、精神医学等方面的专业人才。然而，政府部门、学校、医院，有这些专业背景的人员数量明显不足，高校在这些专业人才的培养方面又不能满足社会心理服务体系建设的现实需要。如何尽快提高社会心理服务专业化水平，避免各地停留在心理咨询师、社工师的思路上处理社会心理服务问题，是各级政府必须考虑的重要工作之一。面对心理学、社会学、医学等专业人才较为紧缺的现状，赣州市多措并举整合资源，为社会心理服务体系建设提供强力支撑。基础队伍、专门队伍、社会队伍构成“三位一体”的服务人才体系，共同承担社会心理服务的各项工作。

第一，壮大基础队伍。大力配备心理健康教师、精神卫生医生。目前，全市共配备专职心理教师566名、兼职教师5350名。保障乡镇中心小学以上学校至少配备1名专（兼）职心理健康教师。公立医疗机构至少配备1名精神卫生医生或培训1名精神卫生医务人员。同时，加强市县级综合医院精神专科建设，提升精神障碍诊疗、心理健康服务水平。强化县级精神专科医院建设，落实《赣州市提升卫生计生服务能力三年行动方案（2018～2020）》要求，在南康区、信丰县、大余县、上犹县、龙南县、定南县、瑞金市、会昌县、石城县9个县（市、区）各建设1所精神专科医院。加大对现有非公办精神卫生服务专业机构支持力度，同时加强服务监管，引导其规范经营、合法经营，使其成为有益补充。

第二，组建专门队伍。针对影响社会治安的特殊人群，市、县两级专门组建了“心防”工程“三支队伍”，其中专家服务团队634人，由医学会心理学分会常务委员，医院精神科主治医师以上职称和具有实际心理咨询、心理治疗经验的资深中级心理治疗师、国家二级心理治疗师，各大中专院校心理专业讲师以上职称的教师，以及赣州监狱从事心理健康服务的资深工作人员组成。志愿服务团队2848人，成员主要由各大医院心理健康服务方面的医生志愿者，各大中专院校、中小学心理健康服务的学生或教师志愿者，其他部门单位具有心理学相关背景的单位志愿者，社会各界具有心理咨询师或心理治疗师资质的社会志愿者组成。专业服务团队 2205 人，成员主要由综治、维稳、公安、检察、法院、司法行政、卫生计生、团委、教育、信访、人社、民政、妇联、残联等单位从事相关特殊人群服务管理工作、具有丰富工作经验和较高专业素养的人员组成，专门负责对“心防”工作对象开展心理服务。

第三，培育社会队伍。支持培育专业化、规范化的心理咨询、辅导机构，引导社区组织、社会组织、社会工作者参与社会心理服务体系建设。目前，全市有从事心理服务的社会机构 36 家，通过政府购买服务等形式，向机关、企事业单位、基层组织和群众提供心理服务。

三　深入拓展“实体与智能相结合”的工作平台

推进社会心理服务组织、机构、场所建设，搭建实体和智能化的工作平台，既能很好地监测、测试群体、团队、民众整体的健康、心态等变化轨迹，也能确保群众个体化心理问题有处倾诉、有人解决。全市整合各方力量，努力拓展不同层次的传统实体和信息化智能相结合的工作平台。

建立健全协会平台。在全省率先成立市级社会心理健康服务协会，各县（市、区）成立分会，构建了全市性社会心理服务实体化平台。在市协会的指导下，完善县协会组织机构，选好配强机构负责人；完善制度体系，按章程健全协会的各类工作制度。建设协会网站和微信公众号，实现会员电子化注册，建立会员电子档案，规范管理协会会员。由协会拓展建设赣州市“心理咨询热线”平台，

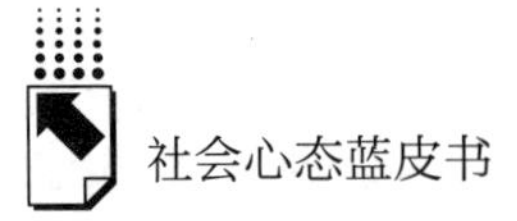

加大平台对外宣传力度，增加专职心理咨询接线人员。继续完善赣州市“心防”志愿者服务热线12355建设。各热线服务平台实现24小时全天候服务。目前，赣州市社会心理健康服务协会拥有会员2680名，落实工作经费350万元。

全面依托综治平台。落实《中央政法委、中央综治委关于充分发挥综治中心作用加强社会心理服务疏导和危机干预工作的若干意见》，加强县乡两级综治中心“心防”工作区软硬件建设，在村（社区）综治中心推进设立心理咨询室，通过政府购买服务等方式提供心理服务。同时发挥综治网格化管理的“底座”作用，组织基层综治网格员、职能部门工作人员、“心防”工作力量做好社会心理相关信息采集、重点人员摸排建档、矛盾纠纷排查化解等工作。在全市18个县级综治中心、280个乡镇（街道）综治中心、2330个村（居）综治中心专门建设“心防工作区”或心理咨询室，实现了心理服务在市、县、乡、村四级“全覆盖”。

深入拓展行业服务平台。将服务网络向各行业延伸，2018年，全市乡镇中心小学以上学校100%建立标准的心理辅导室。100%乡镇中心卫生院、社区卫生服务中心设立规范的心理咨询室，并配备专（兼）职精神卫生医生。各级机关和企事业单位依托本单位工会、共青团、妇联等，设立心理健康辅导室，配备专（兼）职心理健康辅导人员。公安、司法行政等部门根据行业特点在机关、看守所、强制戒毒所、社区矫正监管中心等普遍设立心理服务机构，配备专业人员，对系统内人员和工作对象开展心理健康教育、心理健康评估和心理训练等服务。在市青少年心理健康辅导中心投资700万元建设“心理梦幻工厂”和市机关企事业干部职工心理健康咨询中心。目前，全市共建有各级各类行业性心理服务机构3150个。

四　着力推进“组织保障，多方联动融合”的服务模式

社会治理是国家治理的重要方面，它是由作为治理主体的人（公务员、公民）及其组织（政府机构、社会组织）实现的对以人为中心的社会公共事务的治理，而社会治理本质上是多元主体的群体决策过程（辛自强，2018）。

加强组织领导，保障工作可持续推进。要求各级党委、政府将加强心理健康服务、健全社会心理服务体系作为健康赣州、平安赣州、法治赣州建设重要内容，纳入当地经济和社会发展总体规划，并作为政府目标管理和绩效考核的重要内容，市综治委牵头抓总，将工作任务细化分解到各级和各有关部门，建立了定期调度、台账管理、责任分工、协调联动等机制。市综治办、市文明办、市法建办把社会心理服务体系建设纳入综治和平安建设、精神文明创建、法治建设考核重要内容，奖优罚劣，以考核促动保障工作的持续开展。全市形成了“全员参与、职责分明”的社会心理服务体系建设工作氛围，增强了社会治理的全员化意识，社会心理建设服务政治、经济、文化等大局意识。

多部门联动，保障工作高效有序。加强社会心理服务体系建设是各级各部门的共同责任，改变过去由少数部门“单打独斗”的被动局面，由“大家”负责。综治、卫生计生、宣传、文化广电、发展改革、教育、公安、司法行政、民政、财政等部门和科协、工会、共青团、妇联、残联、老龄办等群团组织各司其职，相互配合，深度融合，共同促进社会心理服务体系的整体建设水平。

2017 年，开展“雪亮工程 + 社会心理服务”项目，将“雪亮工程”应用与社会心理服务体系建设深度融合，充分借助“雪亮工程”

智能化、信息化手段，与加强心理科普宣传、提升社会认知认同、管控重点特殊人群、增强“心防”工程实效、防范社会心理风险等结合起来，扩大了社会心理服务工作的覆盖范围，让更多的群众接受高质量、专业化、便利化的社会心理服务，实现了“雪亮工程”的深度应用。这一有益探索，具有鲜明的独创性，符合社会治理现代化的方向，符合时代发展要求，具有积极的应用推广价值。

2018 年，章贡区进一步创新了“老师傅 +”化解社会矛盾的新路径。全区选聘了一批包括心理咨询师、律师、调解能手等在内的 279 名“老师傅”调解员，首次把心理咨询服务纳入基层人民调解工作中，并对所有调解员进行了心理学理论与方法的培训，使其在工作过程中把握矛盾纠纷当事人的心理规律和行为规律，纠正其不良认知、不良心态，回归到理性平和的状态中解决问题。这项工作也实现了多部门、多专业的工作融合，取得了良好的化解社会疑难问题的效果。

五　建立健全“严实”的工作机制

社会心理服务工作是一个全局性、全员化的整体工作，也是利用新知识、新技术、新方法、新视角的一项具有现实挑战性的工作。因此，各部门、各单位、各服务团体，既需要高度自觉自律的精神，也需要一个严密的管理、协调、促进的工作机制。实践中，赣州市逐渐形成了“严实”的工作机制。

（一）所谓“严”，即是严格日常管理、严格协调沟通、严格奖惩激励

严格日常管理——由市卫生计生委负责专家服务团队的日常管理，团市委负责志愿服务团队的日常管理，市综治办负责专业服务团队的日常管理。各大中专院校、各医院、各市直（驻市）单位负责

本单位服务团队成员的日常管理，并接受市“心防”工程建设领导小组的统一调度指挥。各管理机构按照《中国注册志愿者管理办法》规定，为每位服务团队成员建立登记卡。组织开展“心防”服务时，团队成员一律实行手机打卡服务，统一记录服务时间。服务时间作为服务团队及成员个人评先评优的重要依据。

严格协调沟通——基本思路是工作中需要协调解决的问题，单位内部问题由单位自行解决，服务团队的问题由牵头单位负责解决，重大问题由市“心防”工程建设领导小组解决。市卫生计生委、团市委、市综治办三家牵头单位建立联络员制度和信息通报制度，定期召开联络员会议，通报有关情况，研究部署工作。工作情况及时报告市“心防”工程建设领导小组，必要时通报服务对象所在地的党委、政府和综治委。在基层一线发现的苗头性、倾向性问题，须及时通报服务对象所在地党委、政府和综治委。各成员单位明确一名分管领导负责工作的组织领导和沟通协调，并指定一名联络员负责日常工作信息的报送，推动工作常态化开展。

严格奖惩激励——各服务团队按照市“心防”工程建设领导小组及其办公室的统一部署和要求开展服务，每季度对服务情况进行记录和通报。市“心防”工程建设领导小组办公室定期进行督查和服务对象工作效果的评估，评估结果将作为年度服务团队及成员个人评先评优的重要依据。市“心防”工程建设领导小组每年年底对“心防”服务工作进行总结，对先进集体、先进个人进行表彰奖励。市综治办、市文明办、市法建办将各地、各有关单位开展、参与“心防”工程服务情况纳入全市综治工作（平安建设）、精神文明创建、法治赣州建设工作考核，对组织得力、成效显著的地方和单位，推荐表彰为先进县（市、区）、先进单位。对在“心防”服务工作中侵害群众利益的，依法追究有关人员责任，涉嫌违法犯罪的，依法追究其刑事责任。

正是通过“严”的工作机制，使得社会心理服务工作在人力、财力、物力、人身安全等多方面获得了保障，层层落实、步步推进，有序运行。

（二）所谓“实”，即是注重实际、实干、实效

社会治理从主体到客体，再到过程都涉及“人”的问题。而今天的“人”不同于过去以往的人，他们在社会情绪、社会认知等心理、精神上的要求更高、更独特。所以，在社会治理的各个层面上，都“内生出”大量的心理学问题（辛自强，2018）。因而，社会治理体系建设离不开心理学的支撑，社会心理服务人才离不开心理学的知识、方法和技能。基于这一现实：

一方面，赣州市委政法委、综治委的领导先后多次率领团队外出学习考察，参加各级各类高端会议或论坛，积极带头学习，争当行家里手。针对广大机关企事业单位干部职工工作压力增大、引发心理问题风险不断加大的现状，在全市政法机关率先全面开展心理健康服务。引进中科院心理研究所、国家公务员心理健康应用研究中心的专业团队，搭建微信工作平台，建设心理“梦工厂”，对全市政法干警进行心理健康知识科普、心理测评，对存在严重心理问题的政法干警及时进行心理危机干预，对特定时期、特定岗位、经历特殊突发事件的政法干警，及时提供心理援助，并逐步向全市机关企事业单位干部职工推开。党政机关、人民团体、企事业和其他用人单位把心理健康教育融入干部职工思想政治工作，制订实施干部职工心理健康教育计划，传授情绪管理、压力管理等自我心理调适方法和抑郁、焦虑等常见心理行为问题的识别防范方法。这些举措，不仅提升了干部职工的心理学理论水平、心理健康意识，也满足了“打铁还需自身硬”的现实需要，更重要的是提升了他们社会心理服务的实力。

另一方面，赣州市社会心理服务协会、科协等科普部门以“世界精神卫生日”“世界预防自杀日”及心理健康相关主题活动为载

体，广泛开展心理健康知识进机关、进学校、进社区、进乡村、进企业；结合科技宣传周、精准扶贫和科技下乡，整合力量资源，大力开展心理健康知识下乡进村活动，针对农村群众特别是贫困群众开展心理知识宣传教育和心理服务，实现在物质脱贫的基础上，促进贫困群众心理解困。全市整个社会心理服务人才队伍在加强自身学习的同时，积极形成团队，针对不同人员、不同情形，分别开展热线服务、购买服务、特定服务、个案服务、集中服务、指定服务、预约服务等专项心理服务，为广大社区群众解决实际问题，获得了好评。目前，全市建立心理服务微信公众号 5 个，关注人数近 40 万人；举办各类心理知识讲座 2800 余场、现场咨询 630 场，受益人数达 230 万人次。

近三年来，赣州市社会心理服务工作循序渐进，有条不紊，既体现了服务社会的实干精神，也取得了惠及更多民众的实效。群众对心理健康的认知认同普遍提升，心理健康服务的外部环境不断优化，社会的负面心理得到有效干预，因严重心理问题引发的各类案（事）件逐年下降。截至 2018 年 8 月，全市自杀案件同比下降 39.4%，学生自杀案件下降 55.2%；重点青少年心理矫治成功 1576 人；吸毒人员戒除“心瘾”达到 3 年未复吸的 3620 人；社区矫正人员重新犯罪率为 1.02‰，相当于全国平均水平的一半，刑释人员重新犯罪率为 1.05%，远低于国家的控制范围；严重精神障碍患者肇事肇祸案件大幅下降。赣州市连续六届获评全国社会治安综合治理优秀市，连续四届获得全国综治“长安杯”。

2017 年 7 月 25 日，全国社会心理服务疏导和危机干预工作座谈会在赣州市举行。《人民日报》《法制日报》《社会治安综合治理动态》等中央媒体刊物上多次对赣州市社会心理服务体系建设工作进行专题报道。2018 年 1 月，《法制日报》公布的 2017 年全国政法综治工作创新指数排行榜中，江西赣州“心防”工程——构建治安防控网，强化社会心理服务的创新举措位居全国第三。

“当前，社会结构调整，不同群体和阶层的社会冲突和社会矛盾也会出现，应明确地把社会心态培育、社会心理建设纳入社会治理的策略中，为实现中华民族伟大复兴调动社会心理资源，形成经济建设、法治建设、社会建设和心理建设不偏废的社会治理策略。”（王俊秀，2015）因此，社会心理建设绝不是短期行为，而是永久性的社会治理工作。赣州市在社会心理服务体系建设中虽然理念清晰，建立了基本的人才队伍、工作平台、软硬件投入，也形成了独特的服务模式、工作机制，取得了一些大众认可的成就，但仍然存在不足和新的挑战。体现在：其一，对本土文化背景下的民众心态走向以及各阶层民众心理需求的调查研究不够；其二，心理学工作者在疏解社会情绪、化解社会矛盾中的深度介入不足，科学化、专业化的干预不够深入；其三，社会心理服务三大类专门人才在处置信访、调解等重大社会事项中的密切配合以及积极社会认知、社会心态的引领中缺乏实战经验，等等。未来，这些问题仍需要在实践中进一步探索解决。

参考文献

王俊秀：《社会心理建设是创新社会治理的基础》，《光明日报》2015年9月7日，第11版。

王俊秀：《中国社会心态：问题与建议》，《中国党政干部论坛》2011年第5期。

辛自强：《社会心理服务体系建设的定位与思路》，《心理技术与应用》2018年第5期。

辛自强：《社会治理中的心理学问题》，《心理科学进展》2018年第26期。

杨宜音、王俊秀：《当代中国社会心态研究》，社会科学文献出版社，2013。

俞可平：《推进国家治理体系和治理能力现代化》，《前线》2014年第1期。

Abstract

This book is the seventh annual report of the Blue Book of Social Mentality, issued by Center for Social Psychological Studies (CSPS), Institute of Sociology, Chinese Academy of Social Science (CASS). This book's strategic partners are Intellvision and the school of communication and design of Sun Yat-sen University. Authors are from research institute and college, such as CASS, Sun Yat-sen University, Southwest University. The book is divided into five sections: social cognition; social mood; social values and social identification; space and social mobility; social mentality and its cultivation.

In the section of social cognition, the book described the people's sense of security, the sense of gain, subjective well-being and their related factors, analyzed how self-categorization effect on the sense of fairness. The results showed that people's sense of gain in high-important, high-gained and high-expectations projects included "safe living environment", "stable and orderly society", "law", etc; people's sense of gain in low-gained and low-expectations projects included "democracy", "fairness", "satisfying income". The evaluation worst projects were "satisfying income", "fairness", "stable work" and "high-level medical and health services". Based on the significant relationship among the sense of security, the sense of gain and subject well-being, the book put forward three suggestions to enhance security, the sense of gain and subjective well-being, including precaution against the public's life risk to improve the sense of security, satisfying the public's urgent need to boost the sense of gain, gradually accumulating the sense of gain to increase subjective well-being. The book also indicated that self-categorization became a systemic bias that affected individual social cognition, when public category self as disadvantaged group, its extent of fairness significantly lower than self-categorized as advantaged group.

In the section of social mood, the book described the emotion in the workplace and at home among occupational hierarchy and social emotions on doctor-patient relationship. The results indicated that in present China, Chinese doctor-patient social emotion was generally positive oriented, and doctor-patient social emotional experience in China shows a mixed emotional state. Compared with patients group, the social emotional experience of doctors group is generally more negative in that the intensity scores of positive and neutral emotions are lower.

In the section of social value and social identification, the book explored social value orientation and post-materialism value. The results showed that the post-90s believed that a society should emphasize collectivism, humane orientation and the equality of power; while they perceived that the social reality undervalued human concern and power equality. More than 60% people belonged in materialism trend, more than 1/3 people belonged in post-materialism trend. Post-materialism was higher in post-90s generation, in New first line cities. People with higher professional status level, higher income level, higher education level, higher subjective social status held higher post-materialism. For choosing the future goals of the country, people believed that economic development, order maintenance were still the first choices, but humane society, rights involving in the government decision were paying more and more attention.

In the section of space and social mobility, the book discussed subjective social mobility, relational mobility and life satisfaction of migrants. The results showed that the subjective social mobility of survey subjects was mainly short distance and upward flow; when subjective social mobility is upward flow and the greater the range of flow, people experience a higher sense of livelihood, a better quality of life evaluation, and a more positive social attitude; the proportion and level of life satisfaction benefited from the value of honor for the migrants, pursuing and achieving honor was a good way to promote life satisfaction in an increasingly mobile society; the urban netizens' character in China had distinct regional characteristics, which had important reference value for establishing urban network governance system and improving network governance capability.

In the section of social mentality and its cultivation, the book investigated social mentality of Hong Kong and Macau. The results showed that on social expectation, Hong Kong citizens had higher safety expectation than individual social mobility. People who had higher subjective social status cognition would be keen on security circumstance of Hong Kong. Hong Kong citizens were living under enormous pressure. They also had strong sense of security, as well as, general sense of happiness and fairness. Hong Kong citizens were more intend to support Free Market policy than Chinese Way. People who supported Chinese Way would have stronger Chinese identity. There was still a noticeable gap between ideal social condition of Hong Kong citizen and Mainland China, suggesting that the communication could provide a more solid way to promote exchanges and cooperation between the Mainland and Hong Kong and Macao.

Keywords: Social Mentality; Security; Subjective Well-Being; Sense of Gain

Contents

Ⅰ General Report

Abstract: This paper analyzes the changes of the residents' security and subjective well-being in the past 10 years by using the general social survey data CSS and CGSS, analyzes the current situation and characteristics of the security and well-being by using the Social Mentality Survey 2017, and analyzes the sense of gain by using the Survey of Sense of Gain in 2018. Based on the common samples of Social Mentality Survey and the Survey of the sense of gain, analyzes the relationship among security, the sense of gain and subject well-being, then the paper puts forward some suggestions to enhance security, the sense of gain and subjective well-being.

Keywords: Security; Subjective Well-Being; Sense of Gain; Social Mentality

Ⅱ Social Cognition

B. 2 People's Sense of Gain and Analysis of Related Factors

Tan Xuyun, Wang Junxiu and Zhang Ruoyu / 020

Abstract: "Sense of Gain" is the current social demand for the public who pursue the development of fairness and justice and the satisfaction of a better life. Understanding the current people's real problems and urgent needs is the basis for the rapid development of society. This report is based on the sample survey data of the CASS-Intellvision Sense of Gain Survey 2018 published jointly by the Chinese Academy of Social Sciences and Intellvision. It analyzes of the people's sense of gain and related factors from the three aspects: the importance of projects, the current gained experience, and the future gaining expectation. The results show that: (1) People's sense of gain in high-important and high-gained projects including: "safe living environment", "stable and orderly society", "good educational conditions", etc; High-important and low-gained projects including: "stable work", "fairness", "satisfying income", etc; (2) High-important and high-expectations projects including: "safe living environment", "stable and orderly society", "law", etc; (3) Low-gained and low-expectations projects including: "satisfied income", "fairness", "democracy", "justice", etc; (4) People's sense of gain differs in basic demographic variables such as gender, age, education level and monthly income.

Keywords: Sense of Gain; People Needs; Gained Experience; Gaining Expectations

B. 3 The Influence of Subjective and Objective Social Status on Citizens' Sense of Gain

Dou Xuejiao, Dong Hongjie and Tan Xuyun / 047

Abstract: "Sense of gain" can not only accurately reflect the objective situation of citizens' "gain" since the reform and opening up, but also be everyone's subjective evaluation of the benefits of real life. This report is based on the sample survey data of the Sense of Gain Scale 2018 published jointly by the Chinese Academy of Social Sciences and Intellvision, analyzing the quo of citizens' sense of gain, and to explore the influence of subjective and objective social status of the sense of gain. The results showed that: (1) In general, citizens' Need gaining, Involvement Gaining and Shared Gaining were higher, Support Gaining and Experience Gaining were lower. (2) Women have higher Need gaining and Shared Gaining than men, but men have higher Support Gaining and Involvement Gaining than women. The younger generation (post-90s and post-00s) have a higher sense of gain. Unmarried/single citizens have a higher sense of gain; citizens with urban residency in a foreign city and those without jobs scored lowest in terms of perceived gain and dimensions. (3) The objective social status affects the sense of gain, education, income, housing, and professional type in different influence results in different dimensions, especially the Need gaining and Experience Gaining. (4) Subjective social status affects the sense of gain, and there are significant differences between citizens with different subjective social status in the past, present and future in their overall sense of gain and their scores in all dimensions. Further regression analysis results show that after controlling for demographic variables and objective status indexes, subjective social status still has certain prediction effect to the sense of gain, but subjective social status of different time points and the impact of each dimension is different.

Keywords: Sense of Gain; Objective Social Status; Subjective Social Status

Abstract: This study analyzes the impact of self-categorization on the overall sense of fairness and different domain of fairness of the people. The data was from CASS-Intellvision Social Mentality Survey 2017. The results showed that self-categorization couldn't influence the public's ranking of fairness; the impact of self-categorization on the sense of fairness may be affected by the intensity of fairness; self-categorization became a systemic bias that affected individual social cognition; different taxonomies of self-categorization had different effects on the sense of fairness. Those results suggested that people had common consensus on fairness and unfairness region, and the fairness of allocation was the lowest, which meaned that the governance should take care of income distribution reform to improve people's sense of fairness. Those results also implied that self-categorization could affect individual's social cognition systematically, and then induced social cognition bias.

Keywords: Group; Self-categorization; the Sense of Fairness

Ⅲ Social Mood

B. 5 Reports on Emotion in the Workplace and at Home among Occupational Hierarchy

Liu Xiaoliu / 094

Abstract: Emotion refers to the attitude towards the outside world along with the process of cognition and consciousness. It is the reaction to the relationship between objective matters and subjective needs. It includes the actual experience of the individual, the behavior caused by the emotion, arousal level, and the perception of emotions and other components. This study will focus on the differences in the emotional experience of the different occupational classes and the emotion in the workplace and at home. The emotional differences will be compared, and correlations will be related. The database used in this report is from the large sample survey of the CASS-Intellvision Social Mentality Survey 2017. It is found that the gender, birth year, education, income, and development level of the city in the general demographic variables will lead to differences in emotional experience at workplace and at home, while emotional experience at workplace and at home of different occupational groups are also different.

Keywords: Occupational Hierarchy; Emotion in the Workplace; Emotion at Home

Abstract: Social emotions are the subjective emotional experience on doctor-patient relationship of patients and doctors' group respectively. This report uses Doctor-Patient Social Emotion Questionnaire established by the doctor-patient trust research team from social psychology department, Nankai University to conduct survey both online and offline. Data from 4522 respondents representing doctors group and 10005 respondents representing patients group were collected from July 2017 to July 2018, covering all provinces, municipalities and autonomous regions in mainland China. The questionnaire requires respondents select three out of fourteen emotional words and then rate the emotional intensity respectively. It also collects information on respondents' cognition of doctor-patient relationship which is helpful in the exploration of the influence factors of doctor-patient social emotional experience. Results from this survey show that in present China, Chinese doctor-patient social emotion is generally positive oriented, since the proportion of positive or neutral emotional words is higher than that of negative emotional words, and the rating score of experience intensity of positive or neutral emotions is generally higher than that of negative emotions. Especially, *friendly*, *gratitude*, *optimistic* and *calmness* are the emotion words with the highest frequency and also with the deepest intensity both in doctor and patient group. However, *anxiety* also occupies a high frequency with high intensity rating, indicating doctor-patient social emotional experience in China shows a mixed emotional state. Compared with patients group, the social emotional experience of doctors group is generally more negative in that the intensity scores of positive and neutral emotions are lower but the intensity score of *anger*, *fear* and *anxiety* are higher. Hence, more attention should be paid to mitigate the negative emotions of doctors group. This survey also indicates that intergroup factors such as patient satisfaction, trust, positive evaluation of doctor-patient relationship, and individual factors such as subjective well-being are the significant predictors of positive doctor-patient social emotional experience. However, whether there exists a causal relationship between those factors and social emotional experience remains to be verified.

Keywords: Doctor-patient Relationship; Doctor-patient Trust; Social Emotions; Social Mentality

Ⅳ Social Values and Social Identification

Abstract: The current research examined social values of the post-90s generation from individual and realistic levels, indicating personal values about how a society should be and shared beliefs about what the society is. The relevant values are collectivism, humane orientation and power equality. The data of 13779 post-90s samples from CASS-Intellvision Social Mentality Survey 2017 was analyzed. The results show that the social values are different between personal and realistic levels, to be more specific, the post-90s believed that a society should emphasize collectivism, humane orientation and the equality of power; while they perceived that the social reality undervalued human concern and power equality. Both levels of social values independently impacted components of social mentality, such as satisfaction with life, social fairness perception, social trust, national identity and social participation. The perceptions of realistic social values play a more important role.

Keywords: The post-90s; Social Values; Social Mentality

Abstract: Based on post-materialism theory, materialism focuses on economic development and safety assurance, while post-materialism focuses on self-expression, democratic involvement, humane society. The results show, (1) the average score of post-materialism is 2. 08 ±1. 12. More than 60% people belong in materialism trend, more than 1/3 people belong in post-materialism trend, 10% people belong to post-materialism category. (2) For choosing the future goals of the country, people believe that economic development, order maintenance are still the first choices, but humane society, rights involving in the government decision are paying more and more attention. (3) Post-materialism is higher in Post-90s generation, in New first line cities. The higher professional status level, higher income level, higher education level, higher subjective social status, the higher post-materialism. (4) Post-materialism weakens national identity sense, strengthens social helping behavior and social problems intervention.

Keywords: Post-Materialism; National Identity; Social Involvement

V Space and Social Mobility

B. 9 Analysis on the Performance of Subjective Social Mobility and Its Impact on Social Mentality

Wu Pengzhuo, Zhang Yue, Tan Xuyun and Lu Mengying / 222

Abstract: Social mobility is one of the core research topics in the field of sociology. Different from the objective social mobility, the subjective social mobility is more concerned with the individual's subjective feelings on the flow experience and the impact of such feelings on the individual and the whole society. In this study, the sampling survey data of the Sense of acquisition (2018), jointly released by the Chinese Academy of Social Sciences and the Intellvision, were used to analyze the current situation of subjective social mobility and its impact on social mentality (people's livelihood sense of achievement, life quality evaluation and social mentality). The results show that the subjective social mobility of survey subjects is mainly short distance and upward flow, while the subjective social mobility of male, rural and high-income respondents is higher. Flow direction and flow amplitude have a significant impact on social mentality. When subjective social mobility is upward flow and the greater the range of flow, people experience a higher sense of livelihood, a better quality of life evaluation, and a more positive social attitude; while downward flow has the opposite effect.

Keywords: Subjective Social Mobility; Flow Direction; Flow Range; Social Mentality

Abstract: Social mobility is the most common social phenomenon at present. Cultural compatibility is an important factor that affects the well-being of migrant population. Although our culture is not a typical honor oriented, this does not prevent people promoting wellbeing and maintain happiness with gain and defend honor. This article focuses on the role of honor in supporting life satisfaction of migrants (inter-provinces/municipalities/autonomous regions). The results showed that the proportion and level of life satisfaction benefited from the value of honor for the migrants, while for local workers, only a few people's life satisfaction benefited from the honor identity, and the life satisfaction of the vast majority of the people was not related to the honor value identity. A small proportion of people with low self-esteem lower their life satisfaction due to their recognition of the value of honor. Generally speaking, honor has more support for the life satisfaction of migrants. This article argues that pursuing and achieving honor is a good way to promote life satisfaction in an increasingly mobile society.

Keywords: Honors Values Identity; Life Satisfaction; Self-esteem

Abstract: Relational mobility is defined as the degree of options in a given social environment regarding interpersonal relationships and social groups. Compared with societies with low relational mobility, people in societies with high relational mobility have more chances to select and change whom to relate to. The data was from CASS-Intellvision Social Mentality Survey 2017. Social-moral behaviors included prosocial behaviors, altruistic behaviors and social-norm related behaviors in this report. The attitude and the frequency of social-moral behaviors were evaluated in the survey. Social-moral behaviors in urban and rural areas were analyzed. Relational mobility differed between urban and rural areas. The moderating effects of relational mobility on attitude of social norm related behavior, the frequency of prosocial behaviors and altruistic behaviors in urban and rural areas were revealed. How to promote social-moral behaviors related to social changes was also discussed.

Keywords: Social-Moral Behaviors; Relational Behaviors; Urban-Rural Differences; Social Ecology Psychology

Abstract: China has a vast land with different natural geographical environment, historical heritage and religious beliefs in various regions, there existing great regional cultural differences. However, with the development of urbanization, the cultural diffusion and blending among regions have been continuously enhanced. In the Internet era, the process of expression, communication and interaction of netizens in cyberspace reflects the characteristics of their individuals and their communities, to some extent. This study aims to explore whether the online behavior and character of netizens will have regional clustering patterns. Through the behavior data from the Weibo users in ninety cities of China, the character of urban netizens was analyzed from the three dimensions including hot topics, emotional expression and cognitive thinking. Result revealed that Chinese urban netizens show great regional differences in character, presenting certain regularity. It can be seen that the urban netizens' character in China has distinct regional characteristics, which has important reference value for establishing urban network governance system and improving network governance capability.

Keywords: City Character; Social Media; Urban Agglomeration; Regional Difference

Ⅵ Social Mentality and Its Cultivation

Abstract: According to resent Internet survey data, this report analyzed social mentality of Hong Kong citizens in terms of social expectation, social sensitivity and political attitude. The results show that: On social expectation, Hong Kong citizens have higher safety expectation than individual social mobility. People with higher subjective social status cognition would be keen on security circumstance of Hong Kong. Male and young people are more take care of wealth and social dignity. On social sensitivity: Hong Kong citizens are living under enormous pressure. They also have strong sense of security, as well as, general sense of happiness and fairness. The sense of happiness, security and fairness will be significantly promoted along with the rise of income and subjective social status cognition. People whose income is between $HK 10, 000 and $HK 40, 000 have the strongest pressure.

Keywords: Social Mentality; Social Expectation; Social Sensitivity; Political Attitude; Hong Kong

B. 14 Mainland Residents' Social Mentality about Hong Kong and Macau: An Empirical Study Based on Big-Data Analysis

Lan Tian, Lai Kaisheng and He Lingnan / 307

Abstract: There has been a tremendous growth in interaction and communication between Mainland, Hong Kong and Macao recently. Understanding the dynamic behind Mainland residents' cognition and evaluation about Hong Kong and Macao plays an important role in social mentality. According to the big-data analysis, this study found that the social cognition among different regions is different, correspondingly, the evaluation about Hong Kong and Macao is also slightly different. Therefore, it is suggested that the new media communication could provide a more solid way to improve the social mentality of mainland residents and promote exchanges and cooperation between the Mainland and Hong Kong and Macao.

Keywords: Social Mentality; Subjective Social Status; Evaluation of Hong Kong and Macau; Interaction with Hong Kong and Macau

B. 15 Social Mentality Report for the First Half of 2018

The Questionnaire Survey Center of People's Tribune / 324

Abstract: This report mainly evaluates the public's perception and creativity towards a better life by online and offline questionnaire. The report also analyzes the public's major social emotions, social mentality and behavioral inclinations and forecasts social mentality and social consciousness. According to 3288 pieces of statistics, the public generally think that they have a high happiness index of life and are able to have a better life filled with more abundant happiness. Statistics also indicates the most public are satisfied with basic public services and have a strong sense of belongings and responsibilities. Moreover, the public have a good expectation of the social development. On the other hand, the public are still influenced by negative emotions, such as social anxiety, fickleness, resentment, sense of loss and so on. Housing, education and consumer price are the public's three major pressures. The public lack sense of security in some security areas, such as medical security, food security and so on. Besides, they expect a more equitable and reasonable wealth allocation and urban status identification. Facing with social violence issues, the public support punishment instead of revisionism. Moreover, the public also hope a better ecological environment. The public also agree with the progressive reformation and an attitude of making progress while maintaining stability when confront challenges in a new era.

Keywords: Social Mentality; Perception of a Better Life; Social Emotion

B. 16 Construction of Social Psychological Service System: Practical Exploration of the "Ganzhou Pattern"

Ma Yufu, Qin Xiuqing and Huang Liangming / 359

Abstract: The construction of social psychological service system is a new project of the current era. In 2016, the Committee of Political and Legislative Affairs and The comprehensive treatment of social management committee established 12 job contact points in China, which could help construct the system of social psychological service. As one of job contact points, Ganzhou, in Jiangxi Province, has combined the peculiarities with the practical experience of the city to innovate new work pattern of "people centered, hierarchical service", including the three-in-one working model, work concept, talent cultivation, and platform construction. Therefore a strict working mechanism has been established. With the development of the new work pattern, the "Ganzhou Pattern" for the construction of the social psychological service system has been opened up, and a wealth of experience in learning from the value of the promotion has been accumulated.

Keywords: Social Psychological Service; Ganzhou Pattern; People Centered

皮书起源

“皮书”起源于十七、十八世纪的英国，主要指官方或社会组织正式发表的重要文件或报告，多以“白皮书”命名。在中国，“皮书”这一概念被社会广泛接受，并被成功运作、发展成为一种全新的出版形态，则源于中国社会科学院社会科学文献出版社。

皮书定义

皮书是对中国与世界发展状况和热点问题进行年度监测，以专业的角度、专家的视野和实证研究方法，针对某一领域或区域现状与发展态势展开分析和预测，具备原创性、实证性、专业性、连续性、前沿性、时效性等特点的公开出版物，由一系列权威研究报告组成。

皮书作者

皮书系列的作者以中国社会科学院、著名高校、地方社会科学院的研究人员为主，多为国内一流研究机构的权威专家学者，他们的看法和观点代表了学界对中国与世界的现实和未来最高水平的解读与分析。

皮书荣誉

皮书系列已成为社会科学文献出版社的著名图书品牌和中国社会科学院的知名学术品牌。2016 年，皮书系列正式列入“十三五”国家重点出版规划项目；2013~2018 年，重点皮书列入中国社会科学院承担的国家哲学社会科学创新工程项目；2018 年，59 种院外皮书使用“中国社会科学院创新工程学术出版项目”标识。

中国皮书网

（网址：www.pishu.cn）

发布皮书研创资讯，传播皮书精彩内容
引领皮书出版潮流，打造皮书服务平台

栏目设置

关于皮书：何谓皮书、皮书分类、皮书大事记、皮书荣誉、
皮书出版第一人、皮书编辑部

最新资讯：通知公告、新闻动态、媒体聚焦、网站专题、视频直播、下载专区

皮书研创：皮书规范、皮书选题、皮书出版、皮书研究、研创团队

皮书评奖评价：指标体系、皮书评价、皮书评奖

互动专区：皮书说、社科数托邦、皮书微博、留言板

所获荣誉

2008 年、2011 年，中国皮书网均在全国新闻出版业网站荣誉评选中获得“最具商业价值网站”称号；

2012 年,获得“出版业网站百强”称号。

网库合一

2014 年，中国皮书网与皮书数据库端口合一，实现资源共享。

S 基本子库
SUB DATABASE

中国社会发展数据库（下设 12 个子库）

全面整合国内外中国社会发展研究成果，汇聚独家统计数据、深度分析报告，涉及社会、人口、政治、教育、法律等 12 个领域，为了解中国社会发展动态、跟踪社会核心热点、分析社会发展趋势提供一站式资源搜索和数据分析与挖掘服务。

中国经济发展数据库（下设 12 个子库）

基于"皮书系列"中涉及中国经济发展的研究资料构建，内容涵盖宏观经济、农业经济、工业经济、产业经济等 12 个重点经济领域，为实时掌控经济运行态势、把握经济发展规律、洞察经济形势、进行经济决策提供参考和依据。

中国行业发展数据库（下设 17 个子库）

以中国国民经济行业分类为依据，覆盖金融业、旅游、医疗卫生、交通运输、能源矿产等 100 多个行业，跟踪分析国民经济相关行业市场运行状况和政策导向，汇集行业发展前沿资讯，为投资、从业及各种经济决策提供理论基础和实践指导。

中国区域发展数据库（下设 6 个子库）

对中国特定区域内的经济、社会、文化等领域现状与发展情况进行深度分析和预测，研究层级至县及县以下行政区，涉及地区、区域经济体、城市、农村等不同维度。为地方经济社会宏观态势研究、发展经验研究、案例分析提供数据服务。

中国文化传媒数据库（下设 18 个子库）

汇聚文化传媒领域专家观点、热点资讯，梳理国内外中国文化发展相关学术研究成果、一手统计数据，涵盖文化产业、新闻传播、电影娱乐、文学艺术、群众文化等 18 个重点研究领域。为文化传媒研究提供相关数据、研究报告和综合分析服务。

世界经济与国际关系数据库（下设 6 个子库）

立足"皮书系列"世界经济、国际关系相关学术资源，整合世界经济、国际政治、世界文化与科技、全球性问题、国际组织与国际法、区域研究 6 大领域研究成果，为世界经济与国际关系研究提供全方位数据分析，为决策和形势研判提供参考。

法律声明